KB041799

디지털자산 제도화의

첫걸음이 되길 바랍니다.

이해붕 올림

세상에 없던 새로운 것에 대한

능동적이고 창의적인 접근을

기대합니다.

김우곤 올림

특정금융정보법 주해

블록체인법학회

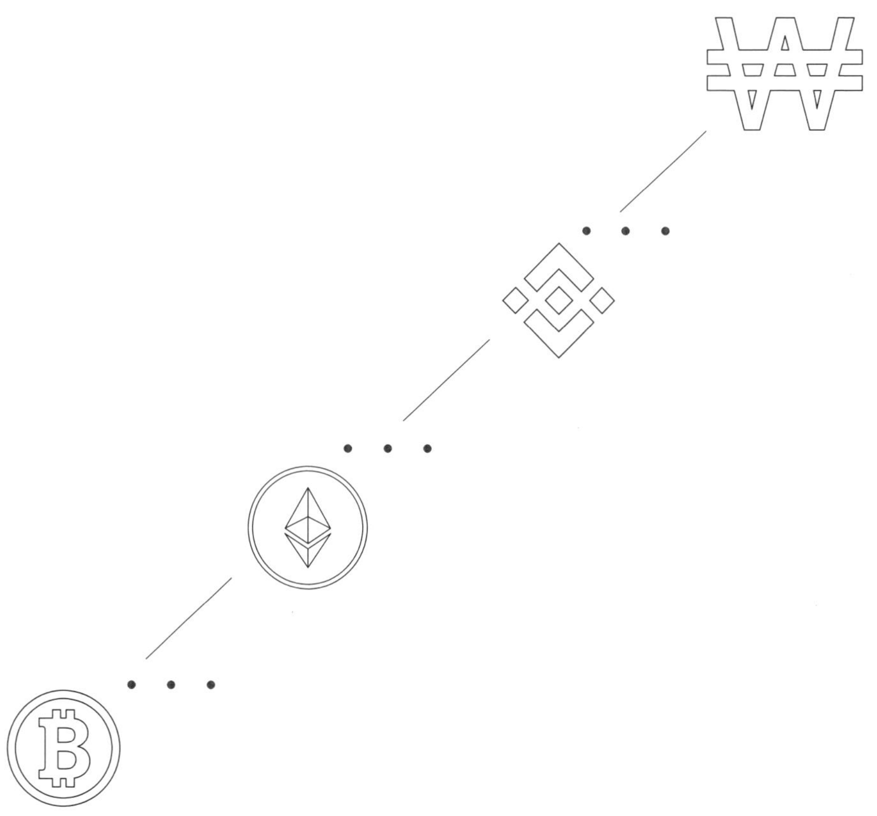

박영사

발 간 사

디지털정보를 자산으로 만들 수 있는 블록체인기술은 인류문명의 커다란 변화를 가져오고 있다. 비트코인혁명으로 촉발된 블록체인 생태계는 해가 갈수록 그 외연을 넓히고 있다. 자금세탁방지 국제기구(FATF)의 권고에 따라 가상자산에 대한 국내에서의 최초의 입법이라고 할 수 있는 특정금융정보법 개정안이 통과되었다. 블록체인기술의 잠재력과 가상자산(Virtual asset)의 가치를 믿는 블록체인법학회에서 자금세탁방지의 관점에서 가상자산과 가상자산사업자가 지켜야 할 의무를 규정한 특정금융정보법에 대한 주해서를 발간하는 것은 블록체인법학회가 존재하는 가치를 외부에 공표하는 꼭 필요한 일이기도 하였다. 블록체인법학회에서는 특정금융정보법 개정안이 통과되어 시행을 앞둔 단계부터 언론사와 함께 특정금융정보법의 의의와 문제점을 다루는 세미나를 진행하였다. 그리고 특정금융정보법 시행령이 만들어지자 블록체인법학회 회원들 사이에서 가상자산과 가상자산을 이용한 서비스가 충분히 성숙한 단계가 아니라 계속해서 혁신적으로 발전하고 있는 현실에서 가상자산과 관련한 혁신을 저해하지 않으면서 자금세탁방지 목적을 달성할 수 있도록 특정금융정보법을 해석하는 데 도움을 줄 해설서가 필요하다는 공감대가 형성되었다.

상당한 시간과 공력을 들인 엄밀한 연구도 필요하지만 가상자산이 너무도 빠르게 진화하는 현실에 비추어 특정금융정보법 해설서를 블록체인법학회 회원들의 공동작업을 통해 빠르게 출간하고 향후 후속 연구를 통해 개정판을 내는 방향으로 의견이 모아졌다. 블록체인법학회에서 특정금융정보법에 관심이 있는 회원들 중 특정금융정보법 주해서 프로젝트에 참여하고 싶은 분들을 섭외하였는데 최종적으로 16명의 집필자와 6명의 편집위원으로 프로젝트가 진행되었다. 16명의 집필자와 6명의 편집위원들 모두 본업이 따로 있는 상황에서 시간을 쪼개어 특정금융정보법 조문 해설 집필과 감수를 해 주셨다. 16명의 집필자들은 특정금융정보법과 관련한 입법자료, 해외자료를 검토하고 서로 논의를 하면서 집필을 하였는데 특정금융정보법에 대해서는 누구보다 전문가가 되었다고 개인적으로 생각하고 있다. 집필, 감수, 편집을 맡아주신 회원분들께 이 자리를 빌려 진심으로 감사의 말씀을 드리고 싶다. 특히 마지막에 주해서가 빠르게 나올 수 있도록 힘을 더해주신 김창권 변호사(집필당시 서울회생법원 부장판사) 및 김지인 변호사에게는 많은 빚을 졌다. 특정금융정보법 초안이 나오고 집필자들이 모여서 초안을 독회하였는데 향후 특정금융정보법이 실무에 적용되면서 발생하는 여러 문제를 다시 살펴보고 개정판을 발간하자는 데 의견을 같이 하였다.

블록체인법학회가 다수의 집필자와 감수자의 협업을 통해 빠르게 출간한 특정금융정보법 주해서는 현재 가상자산과 관련한 사업을 하고 있는 사람이나 조직, 앞으로 가상자산과 관련한 사업을 하려고 하는 사람이나 조직에게 특정금융정보법을 알기 쉽게 알려주고 규제를 준수하면서 사업을 영위할 수 있도록 도움을 줄 것이라고 생각한다. 블록체인법학회는 전통적인 방식으로 작동하는 학회이기보다는 블록체이니즘의 정신을 받아들여 다양한 연구자와 전문가들이 모여 새로운 혁신을 실험하고, 협업을 통해 빠르게 지적결과물을 산출하는 학회로 자리매김하고 싶다. 그런 의미에서 이 책 중 처음 출판된 책 30권 정도에 판화와 같이 일련번호를 붙이고 저자 친필사인을 한 후 이를 NFT로 만들어 판매할 예정이다. NFT를 구매한 사람들은 해당 NFT에 기재된 저자들이 사인한 해당 넘버의 책을 받게 되는데 이러한 실험의 결과가 궁금해진다.

블록체인법학회에서는 특정금융정보법 주해서 발간을 계기로 가상자산과 관련한 법과 제도에 대한 공동 연구를 통한 보고서, 해설서를 지속적으로 발간함으로써 블록체인생태계의 발전에 기여할 것이다. 마지막으로 다시 한 번 바쁜 와중에도 특정금융정보법 주해서 발간 프로젝트에 참여해 주신 블록체인법학회 회원분들께 진심으로 감사의 말씀을 올린다.

2022. 5. 28.

블록체인법학회장 이 정 엽

집필진 소회의 글

블록체인 기술로 등장한 가상자산은 혁신의 아이콘인지 아니면 단순한 도박수단에 불과한 것인지 그 논의에 있어 갈등이 있는 것이 현실이다. 이러한 가상자산에 대하여 처음으로 언급한 특정금융정보법은 가상자산을 마냥 부정만 할 수 없는 현실에서 개정된 것이고, 새로운 길을 모색해 보고자 하는 현상일 것이다. 이러한 때에 가상자산 관련 특정금융정보법 주해서 작업에 참여한 것은 뜻깊은 일이고, 향후 발전적 방향의 지속적인 연구가 필요할 것으로 생각된다.

강현구(법무법인(유) 광장 변호사)

돈세탁방지를 위한 특금법에 가상자산산업의 허가제도를 규정한 것은 사업을 못하게 하는 '막는 규제'를 도입한 최악의 입법이다. 가상자산 사업신고는 정상적인 기업이라면 누구나 할 수 있게 하고, 신고가 수리되면 정보보호관리체계와 실명계좌를 발급받아야 사업을 개시할 수 있게 재개정해야 할 것이다. 우리 정부는 누구를 위해 우리나라 국민들의 가상자산 사업의 자유를 이렇게 침해하는가? 구한말 일제에 맞서 분연히 일어난 동학동민군을 관군이 진압해 국운의 몰락을 재촉한 역사의 데자뷰다.

구태언(법무법인 린 변호사)

세상을 이끄는 것은 블록체인과 같은 번뜩이고 새로운 아이디어입니다. 안타깝게도, 법률은 산업과 기술아이디어의 발전을 따라가기 어렵습니다. 그렇다고 하더라도 기존의 법률이 산업의 발전을 가로막지는 말아야 할 것입니다. 가상자산에 대한 개정 특정금융정보법을 분석하면서, 법률의 한계를 다시 한 번 되짚어 보았습니다. 새로운 세상의 새로운 아이디어에 기여할 수 있는 법률 논의가 계속 이어지길 바랍니다.

권오훈(차앤권 법률사무소 변호사)

블록체인법학회 창립멤버로 활동을 시작하여 그동안에 검사와 변호사로 관련 업무를 하면서 세상에 없던 시스템이 생겨났을 때 이를 대하는 대한민국과 국민들, 외국과 외국인들의 반응과 조치를 보면서 우리가 조금 더 능동적이고 미래지향적으로 행동해야겠다는 생각이 많이 들었습니다. 이제 우리 법제상으로는 암호화폐에 대한 최초의 개념 규정과 규제가 시작된 셈인데 이에 대한 주석서 발간에 동참하게 되어 큰 영광과 자부심을 느끼고 같이 작업한 분들께 무한한 감사를 드립니다. 앞으로도 세상에 없던 새로운 것을 법률가로서도 능동적이고 창의적으로 대해야 한다는 결심을 또 한 번 해봅니다.

김욱준(김·장 법률사무소 변호사)

가상자산 법제화의 첫걸음, 특정금융정보법 개정안에 대한 블록체인법학회 주해서 집필에 참여할 수 있어서 큰 영광이었습니다. 이번 주해서가 가상자산업 및 이를 둘러싼 제도를 이해하는 데 도움이 되기를 바랍니다.

김지인(인천경제자유구역청 변호사)

가상자산사업은 아직 그 태동기에 있고, 이를 지원, 규제하는 관련 법규도 완비되지 않은 상황입니다. 개정 특정금융정보법이 가상자산을 규율대상으로 삼음으로써 가상자산 제도화의 첫 걸음이 시작되었습니다. 이를 계기로 적절한 규율과 혁신이 공존하는 건강한 생태계가 만들어지기를 희망해 봅니다. 본 주해서가 가상자산사업과 관련한 생산적인 논의의 시작이 되기를 바라며, 이러한 뜻깊은 작업에 참여하게 된 것을 영광으로 생각하고 주해서 발간에 함께한 모든 분들께 감사의 말씀을 드립니다.

김창권(법무법인(유) 화우 변호사)

가상자산업 제도화의 시작인 특금법의 주해서 프로젝트에 참여하게 되어 뜻깊게 생각합니다. 특금법을 시작으로 가상자산업을 합리적으로 규율할 수 있는 제도적 논의가 계속 이어지길 바랍니다.

도은정(한국산업기술진흥원 변호사)

가상자산관련 최초의 법에 대하여 법학회가 주해작업을 시도한 것은, 법개정 직후에 기민하게 시작한 점과 주로 실무 변호사들의 관점에서 분석한 점에서 의미가 있다고 생각합니다. 이번 공동작업의 팀워크정신과 집단지성은 향후 특금법 보완과 가상자산제도 전반의 논의에도 계속 발휘되기를 희망합니다.

박종백(법무법인(유) 태평양 변호사)

주해서 집필 작업을 통하여 올바른 가상자산 규제가 어떤 방식으로 이루어져야 하는가 고민해볼 수 있는 뜻깊은 시간이었습니다. 본 주해서가 가상자산과 관련된 현행 규제를 이해하고 가상자산을 법제화 함에 있어서 이바지할 수 있기를 바랍니다.

변서연(변서연 법률사무소 변호사)

자금세탁방지 차원에서 소극적인 동기로 인한 특금법 개정으로 암호화폐가 비로소 법률의 테두리 안에 들어왔지만 실상은 은행 계좌개설이 어려워 가상자산사업을 못하는 경우가 아직 허다하고 이미 시장은 단순한 가상자산거래를 넘어 NFT거래와 Defi거래를 하고 있는데 법률지체가 발생하고 있어 법률적 리스크를 떠안고 사업을 하거나 사업을 더 나아가지 못하는 상황에서 특금법의 해석과 이해의 초석이 될 수 있는 작업에 참여하게 된 것을 감사하게 생각합니다(thanks to 외국자료 정리에 도움을 주신 이해붕 센터장님과 유지희 변호사님).

이동국(법무법인 동인 변호사)

블록체인법학회와 함께 특금법 주해서를 출간할 수 있어 영광입니다. 산업과 기술혁신과 투자자보호를 조화롭게 모색할 수 있는 활동을 열심히 해보겠습니다.

이지은(법률사무소 리버티 변호사)

FATF의 '가상자산 및 가상자산사업자에 관한 위험기반 접근법' 가이던스를 번역하고 공유하는 등 글로벌 규제 동향을 커뮤니티에 소개해 왔던 지난 시간은 징검다리를 놓는 듯한 소중한 여정이었다. 특정금융정보법령 마련 과정을 지켜보고 개정법 시행 현장에서 느낀 경험을 토대로, 블록체인법학회가 발간하는 본 해설서 필진으로 참여하게 된 것을 영광으로 생각하며 감사드린다.

이해붕(두나무(주) 업비트 투자자보호센터장)

블록체인과 가상자산은 기술적 혁신으로 사회적 변화를 이끌 잠재력을 갖고 있으며, 이에 대하여 개정 특정금융정보법에서 국내 최초로 법제화하였다는 데 의의가 있다고 생각합니다. 이와 관련된 법적 쟁점에 대하여 여러 논의가 있었는데, 블록체인법학회의 전문가 분들께서 심혈을 기울여 집필하셨으며, 여기에 조금의 일조를 한 것을 영광으로 생각합니다. 특히 본 주해서의 중요하고 많은 부분을 집필, 감수하신 이해붕 센터장님께 감사드립니다. 본 주해서가 특정금융정보법 및 가상자산법제도 이해에 도움이 되고 향후 업계 발전을 위한 정책과 입법에도 참고가 되기를 기원합니다.

신용우(법무법인 지평 변호사)

혁신과 규제. 성장과 보호. 상충되는 듯 보이지만 올바른 제도가 있다면 양립될 수 있습니다. 국내 법률 중 블록체인, 가상자산과 관련한 내용이 처음 포함된 특정금융정보법 주석서 집필에 참여하게 되어 개인적으로 무척 뿌듯합니다. 본 주석서의 출간이 관련 산업에 직, 간접적으로 종사하시는 분들은 물론이고 향후 도입될 다른 법률의 입안자 등 각계각층의 다양한 분들께 많은 도움이 되면 좋겠습니다.

정수호(법무법인 르네상스 대표변호사)

처음에는 특정한 용어도 없이 가상화폐라고 지칭되는 비트코인 등의 자산군에 대해서 FATF에서 "virtual asset"이라는 용어 정의를 내놓았고 그 이후에는 이것이 "특정금융거래정보의 보고 및 이용 등에 관한 법률"에 "가상자산"이라는 용어로 입법되었습니다. 법의 영역에 들어오게 된 가상자산과 관련하여 가장 세밀하게 작성된 법률서적이라고 생각합니다. 업계와 금융당국에 도움이 되었으면 좋겠습니다.

한서희(법무법인(유한) 바른 변호사)

은행에서 가상자산거래소에 대한 실명계좌 발급, 가상자산 수탁서비스(커스터디) 합작법인 설립 및 지분투자, 블록체인 관련 업무를 하면서 관련 산업의 발전과 규제 등에 대하여 많은 고민을 했습니다.
이번 특정금융정보법 주해서 발간으로 가상자산 산업이 더욱 발전하고 안정적으로 정착하는 계기가 되었으면 합니다.

홍성환(케이프투자증권(주) 변호사)

편집위원회

집필위원
강현구(법무법인(유) 광장 변호사)
구태언(법무법인 린 변호사)
권오훈(차앤권 법률사무소 변호사)
김욱준(김・장 법률사무소 변호사)
김지인(인천경제자유구역청 변호사)
김창권(법무법인(유) 화우 변호사)
도은정(한국산업기술진흥원 변호사)
박종백(법무법인(유) 태평양 변호사)
변서연(변서연 법률사무소 변호사)
신용우(법무법인 지평 변호사)
이동국(법무법인 동인 변호사)
이지은(법률사무소 리버티 변호사)
이해붕(두나무(주) 업비트 투자자보호센터장)
정수호(법무법인 르네상스 대표변호사)
한서희(법무법인(유한) 바른 변호사)
홍성환(케이프투자증권(주) 변호사)

편집위원
김미진(서울중앙지방법원 판사)
김지인(인천경제자유구역청 변호사)
김창권(법무법인(유) 화우 변호사)
서연희(법무법인 율성 변호사)
이정엽(서울회생법원 부장판사)
이해붕(두나무(주) 업비트 투자자보호센터장)

간 사
김지인(인천경제자유구역청 변호사)
김창권(법무법인(유) 화우 변호사)
이정엽(서울회생법원 부장판사)

(이상, 가나다 순)

집 필 자

한서희 변호사	- 제2부 제1장 제1절 집필 - 제2부 제1장 제2절 공동집필
변서연 변호사	- 제2부 제1장 제3절 집필
김지인 변호사	- 제2부 제2장 제1절부터 제2절 공동집필
이해붕 업비트 투자자보호센터장	- 제1부 집필 - 제2부 제1장 제2절 공동집필 - 제2부 제2장 제1절부터 제6절 공동집필
신용우 변호사	- 제2부 제2장 제3절부터 제6절 공동집필
도은정 변호사	- 제2부 제3장 제1절 집필
강현구 변호사	- 제2부 제3장 제2절 공동집필
이동국 변호사	- 제2부 제3장 제2절 공동집필
권오훈 변호사	- 제2부 제3장 제4절 집필 - 제2부 제5장 제1절부터 제3절 집필
김욱준 변호사	- 제2부 제4장 제1절부터 제4절 집필
박종백 변호사	- 제2부 제5장 제4절 공동집필
홍성환 변호사	- 제2부 제5장 제4절 공동집필
김창권 변호사	- 제2부 제6장 제1절부터 제2절 집필
정수호 변호사	- 제2부 제7장 제1절 집필
구태언 변호사	- 제2부 제7장 제2절 집필
이지은 변호사	- 제2부 제7장 제3절부터 제5절 집필

(이상, 집필 순)

일러두기

이 책에 서술된 법률이론이나 견해는 집필자들이 소속된 기관의 공식 견해가 아님을 밝혀둔다.

[법률명칭 약어]
공중 등 협박목적을 위한 자금조달행위의 금지에 관한 법률 → 테러자금금지법
금융소비자 보호에 관한 법률 → 금융소비자보호법
금융실명거래 및 비밀보장에 관한 법률 → 금융실명법
게임산업진흥에 관한 법률 → 게임산업법
독점규제 및 공정거래에 관한 법률 → 공정거래법
대부업 등의 등록 및 금융이용자 보호에 관한 법률 → 대부업법
마약류 관리에 관한 법률 → 마약류관리법
마약류 불법거래 방지에 관한 특례법 → 마약거래방지법
범죄수익은닉의 규제 및 처벌 등에 관한 특례법 → 범죄수익은닉규제법
신용정보의 이용 및 보호에 관한 법률 → 신용정보법
온라인투자연계금융업 및 이용자 보호에 관한 법률 → 온라인투자연계금융업법
자본시장과 금융투자업에 관한 법률 → 자본시장법
전기통신금융사기 피해 방지 및 피해금 환급에 관한 특별법
→ 통신사기피해환급법
전자어음의 발행 및 유통에 관한 법률 → 전자어음법
정보통신망 이용촉진 및 정보보호 등에 관한 법률 → 정보통신망법
주식·사채 등의 전자등록에 관한 법률 → 전자증권법
특정 금융거래정보의 보고 및 이용 등에 관한 법률 → 특정금융정보법
특정범죄가중처벌 등에 관한 법률 → 특정범죄가중법

[기타 규정 등 약어]
자금세탁방지 및 공중협박자금조달금지에 관한 업무규정 → 업무규정
특정 금융거래정보 보고 및 감독규정 → 보고감독규정
특정 금융거래정보 보고등에 관한 검사 및 제재규정 → 검사제재규정

차 례

제 4 장 특정금융거래정보의 제공 등

제 5 장 보 칙

제 6 장 감독 · 검사

제 7 장 벌칙 등

제 1 부

특정금융정보법의 개정 배경 및 적용 범위

제 1 부 특정금융정보법의 개정 배경 및 적용 범위

Ⅰ. 개정 배경

특정금융정보법(이하 "특금법" 혹은 "법"이라고도 한다)의 일부를 개정하는 법률안이 2020년 3월 24일 공포되고(법률 제17113호), 1년의 유예기간을 거쳐 2021년 3월 25일 시행되었다. 이는 가상자산사업자에 대한 자금세탁방지 등의 의무를 부과하기 위한 개정이었고, 개정 특정금융정보법 공포 이후, 금융정보분석원이 특정 금융거래정보를 제공할 수 있는 대상을 추가하고 금융정보분석원의 감독·검사권의 근거를 명확히 하는 등 보완을 위해 2020년 5월 19일(법률 제17299호, 시행 2021.5.20.), 2021년 12월 28일(법률 제18662호, 시행 2021.12.28.) 두 차례에 걸쳐 추가 개정이 있었다.[1)]

본 해설서는 2020년 3월 공포된 개정 특정금융정보법을 중심으로 살펴보고자 한다. 동 개정법률은 국회 정무위원회에 제출된 4개 개정법률안(제윤경/전재수/김병욱/김수민 의원 대표발의법안)을 폐기하는 대신, 정무위원회 대안법률안으로 채택된 후 법제사법위원회의 자구 수정을 거쳐 2020년 3월 5일 국회 본회의를 통과한 것이다.

동 개정법률은 자금세탁(money laundering, ML) 및 테러자금조달(financing of terrorism, FT) 행위의 효율적 방지를 위해 금융회사등에 부과되던 의무를 가상자산사업자에게도 부과하고, 금융회사가 가상자산사업자와 금융거래 관계를 수행할 때 준수해야 할 사항들을 규정하였다. 익명성이 높은 가상자산거래의 경우 ML/FT의 위험성이 높음에도 불구하고 그 위험성을 식별·완화 및 예방하는데 필요한 법·제도적 장치가 마련되어 있지 않았으나, G20 정상회의와 국제자금세탁방지기구(FATF, Financial Action Task Force) 등 국제기구에서 가상자산(VA,

---

1) 2020년 5월 19일의 개정법(법률 제17299호)은 조세탈루혐의 확인을 위한 조사업무와 조세체납자에 대한 징수업무와 관련하여 지방세 포탈혐의 확인, 지방세 범칙사건 조사, 지방세 체납자에 대한 징수업무에 활용할 수 있도록 금융정보분석원장이 특정 금융거래정보를 제공하는 대상에 행정안전부장관을 추가한 것이다. 2021년 12월 28일의 개정법(법률 제18662호)은 가상자산사업자의 의심거래 및 고액현금거래보고 등 자금세탁방지 의무 이행을 위한 금융정보분석원장의 감독 및 검사 근거를 확보하는 한편(감독·검사권의 대상에 제8조 추가), 행정안전부장관이 특정금융거래정보를 지방자치단체의 장에게 공유할 수 있는 근거를 마련하는 것이었다.

virtual asset) 및 가상자산사업자(VASP, virtual asset service providers)에 대해 자금세탁방지(AML, Anti-Money Laundering) 및 테러자금조달금지(CFT, Counter-Financing of Terrorism)와 관련된 의무를 적용하기 위한 국제기준을 제정하고, 회원국들이 이를 이행하도록 요구한 데 따른 것이다.

FATF는 2012년 2월, 국제표준이 될 권고기준(Recommendations)으로서 「**자금세탁과 테러리즘 자금조달 및 대량살상무기 확산금융에 대처하기 위한 국제표준**」을 채택한 바 있고,[2] 2015년 6월에는 가상통화(VC, Virtual Currency) 지급(결제) 상품 및 서비스와 관련된 자금세탁 및 테러자금조달 위험을 다루기 위한 「**가상통화에 대한 위험기반접근법 지침서**」(2015 VC Guidance)를 발표하였다.[3] 2015 VC Guidance는 가상통화와 관계된 제반 활동(VC activities)이 규제를 받는 전통적인 금융시스템과 교차하면서 들고 나는 나들목(gateway)을 제공하는 사업자, 특히 법정화폐(fiat currency)·법정통화(legal tender)로 전환될 수 있는 가상통화(CVC, Convertible Virtual Currency) 교환업자들에 초점을 맞춘 것이었다.

FATF는 가상자산 영역에서 상품 및 서비스의 추가 진전과 새로운 유형의 서비스를 제공하는 사업자들이 출현하고 있다는 점에서, 신기술과 새로운 서비스 제공자들에 대한 국제표준의 적용을 좀 더 명확히 할 필요성을 인식하게 되었다. 가상자산 영역은 일련의 새로운 상품과 서비스, 사업모델과 활동, 그리고 가상자산 간의 거래를 포함하는 행위로 진화하였다. 가상자산 생태계에서는 금융 흐름의 투명성은 더 감소시키면서 거래(트랜잭션)를 모호하게 숨길 가능성은 더 높여주는 예컨대, 익명성을 강화한 암호화폐(AECs, Anonymity-Enhanced Cryptocurrencies), 믹서(Mixer), 텀블러(tumbler), 탈중앙화 플랫폼과 교환소와 같은 유형의 상품과 서비스가 등장하고, 사기와 시장가격의 조작 위험을 비롯해 ML/FT 위험을 제기하는 ICO(코인 공개를 통한 자금조달 행위)와 같은 가상자산 비즈니스 모델이나 활동이 등장하고, 거래를 좀 더 저렴하고 더 쉽게, 그리고 안전한 방식으로 좀 더 모호하게 숨기고자 가상자산 간의 거래를 중첩하는 구조(virtual-to-virtual layering schemes)의 사용이 증가하는 등 새로운 유형의 불법적인 금융성 행위(illegal financial activities)가 등장하였다.

FATF는 이러한 상황 진전 및 신기술과 결합한 새로운 서비스를 제공하는

2) FATF(2012-2019), *International Standards on Combating Money Laundering and the Financing of Terrorism & Proliferation*, FATF, Paris, France. www.fatf-gafi.org/recommendations.html

3) FATF(2015.6), *Guidance for a Risk-Based Approach to Virtual Currencies.*

사업자들에 대한 국제표준의 적용을 좀 더 명확히 할 필요성에서, 2018년 10월, "virtual asset"(VA, 가상자산), "virtual asset service provider"(VASP, 가상자산사업자)라는 두 개의 새로운 용어를 권고기준 용어집(FATF Glossary)에 추가하고, '신기술과 관련한' 권고기준 15(Recommendation 15)를 업데이트하였다. 이는 범세계적으로 가상자산사업자들에 대한 규제환경의 형평성을 확보하고, 각국이 가상자산 활동과 관련된 ML/FT 위험을 줄이고 글로벌 금융시스템의 무결성(integrity)이 확보되도록 하고, 가상자산 활동 및 가상자산사업자들에 대한 FATF 국제표준의 적용을 더 명확히 하려는 것이었다. FATF는 국제표준(권고기준)이 가상자산 간의 거래는 물론 가상자산과 법정화폐 간의 거래와 가상자산이 포함된 모든 행위(interactions)에 적용된다는 점을 분명히 하였다.

2019년 6월, FATF는 기존의 권고기준들을 업데이트하고 새 권고기준을 채택하면서, 신기술과 관련한 **'권고기준 15'**에 대한 주석서(INR 15, Interpretive Note to R. 15)도 확정하였다. 아울러 2015 VC Guidance를 좀 더 명확히 하는 지침서인 「**가상자산 및 가상자산서비스업자에 대한 위험기반접근법 가이던스**」(이하 '2019 Guidance')를 채택하고, 공개 성명서도 발표하였다.[4] 권고기준 15와 그 주석서인 INR 15는 회원국에 대해 구속력이 있고, FATF 요구사항이 가상자산 및 가상자산사업자와 관련하여 어떻게 적용되어야 하는지를 명확히 하는 것으로서, 가상자산 활동과 가상자산사업자들에 대한 위험기반 접근법(RBA, Risk Based Approach)의 적용; 가상자산사업자들에 대한 AML/CFT 목적의 감독과 모니터링; 인가·등록; 고객확인 의무, 기록보존 및 의심거래 보고 등의 예방적 조치; 제재 그 밖의 법집행 조치; 그리고 국제공조 등의 문제를 다루고 있다. 2019 Guidance(지침서)는 구속력은 없지만, 회원국이 FATF의 제반 권고기준을 가상자산 및 가상자산사업자들에게 준수하도록 법규화함에 있어 지침으로 삼도록 권고기준에 대한 해설서 역할을 하는 것이다.

개정 특정금융정보법의 기본틀은 FATF의 이러한 국제표준(권고기준)을 고려해, 종전 '가상통화취급업소'라 부르던 '가상자산사업자'에 대한 정의 규정을 마련하고, 가상자산사업자에게 금융회사의 고객으로서, 가상자산사업자 그리고

4) FATF(2019.06), *Guidance for a Risk-Based Approach: Virtual Assets and Virtual Asset Service Providers*. FATF는 2021년 10월 28일 동 가이던스를 한 차례 더 업데이트하고 있다. FATF (October 2021), *Updated Guidance for a Risk-Based Approach: Virtual Assets and Virtual Asset Service Providers*.

금융회사처럼 위험기반으로 고객을 확인하고 자금세탁 등 관련 의무를 준수하는 주체로서의 이중적 지위를 부여하는 것이었다.

이를 부연 설명하면, 첫째, '**금융회사등**'의 정의에 가상자산사업자가 포함되면서(제2조 제1호 하목), 가상자산사업자는 이용자와 거래관계를 수립한다는 측면에서 일반 금융회사와 동일한 지위를 갖게 되었다. 기존 금융회사처럼 가상자산사업자도 거래관계를 수립할 때와 거래를 실행할 때, 일반적인 고객확인(CDD, Customer Due Diligence)과 강화된 고객확인(EDD, Enhanced Due Diligence) 의무를 이행하고, 의심되는 거래의 보고(STR, Suspicious Transaction Report), 고액 현금거래 보고(CTR, Currency Transaction Report)를 하도록 하였다. 가상자산사업자에 대해 FIU 신고 의무를 비롯하여, 이용자별 거래내역 분리 기록 등 내부통제 의무도 추가되었다. 둘째, 가상자산사업자는 **은행의 고객으로서의 지위**를 갖는데, 이에 관한 규정도 마련되었다. 종전에는 가이드라인을 통해 은행이 고객인 가상통화취급업소를 확인하도록 행정지도하였다. 개정 특정금융정보법은 금융회사(은행)가 고객인 가상자산사업자에 대해 고객확인 의무 외에 사업자의 예치금 분리보관 및 정보보호시스템 확보 여부를 추가 확인하도록 했고, 자금세탁 관련 위험이 특별히 높다고 판단되는 가상자산사업자인 고객과는 거래를 거절할 수 있게 하였다.

개정 특정금융정보법은 금융업 관련법처럼 가상자산 취급 등에 관한 일반 사업법이 없는 상황에서, '가상자산사업자'를 자금세탁방지와 관련한 특정금융정보법상의 제반 의무의 적용대상으로 포섭하는 형식이다. 사업행위와 인가/등록 등을 규정한 일반법이 있던 '전자금융업자'와 일정 규모(자산 500억원) 이상인 '대부업자'를 특정금융정보법 적용대상으로 추가 편입했던 방식과는 다르다[동법 시행령 제2조 제13호·제14호 신설, 2019년 2월 26일 일부개정 및 시행(시행령 개정령 제29601호)]. FATF의 2019 Guidance가 AML/CFT 관점에서 위험기반접근법에 국한되어 있는 것처럼, 개정 특정금융정보법 역시 그러한 입법 목적으로 인하여 AML/CFT 관련 의무에 관한 사항만을 규정할 뿐, 가상자산사업자가 투자자 보호를 위하여 준수해야 할 영업행위 규칙 등을 전반적으로 규정할 수 없는 태생적 한계가 있다. 이러한 사항은 일반 사업자법에서 규정할 수 있는 것이다. 잘 알려진 바와 같이, 국회에는 소위 가상자산업권법으로서 제도화에 초점을 맞춘 '전자금융거래법 일부개정법률안'(박용진, 하태경, 이언주 의원발의), '가상화폐업에 관한 특별법안'(정태옥 의원발의), '암호통화 거래에 관한 법률안'(정병국 의원발의) 등이 제출된 바 있었고, 2021년 5월 이후에는 '가상자산업법안'(이용우의원 대표발의), '가상자산업 발전 및 이용자 보호에 관한 법률안'(김병욱의원 대표발의) 등이 제출되어 있다. 한편, 금융위원회는 국회 정무위원회의 법안소위의 내부 토의를 위해, 2021년 11월, "**「가상자산 이용자보호 등에 관한 법률」 기본방향 및 쟁점**"이라는 문건을 정무위원회에 제출한 바 있다. 동 문건은 ⅰ) 기본원칙, ⅱ) 시급한 단기대응 과제(가상자산 정의 발행 규제, 공모자금 보호, 상장·유통(업자) 규제, 가상자산업자 진입·행위 규제, 고객 예치금 보호, 불공정거래 규제, 협회, 현행법과의 관계 등 추가 고려사항), ⅲ) 추가 검토가 필요한 쟁점(DeFi 관련하여 그 허용 문제와 관련법 간의 관계, 발행 시 규제와 발행 후 규제 이슈, 가상자산업자 진입규제 수준과 불법 영업의 처벌수준, 영업행위 규제 범위, 불공정거래 규제의 범위, 기존 업체와 가상자산에 대한 적용 문제) 등을 제시하고 있다.

향후 관련 입법 논의가 진전되면, 기존의 금융관련 법률 등을 개정하거나 일반 사업자법적 요소를 혼합하여 기존 법률과 충돌을 방지하고자 했던 외국의 제도화 사례(일본, 프랑스, 싱가포르, 태국 등) 혹은 제도화 추진 사례도 참고가 될 수 있을 것이다.

한편, FATF는 2021년 10월, 가상자산 및 가상자산사업자에 대한 위험기반 접근법 가이던스를 업데이트하여 발표하였는바[5], 동 업데이트된 가이던스에 보강된 내용에 대한 우리나라 주무당국의 해석과 특정금융정보법의 추가 반영 여부를 지켜볼 필요가 있을 것이다.

Ⅱ. 개정 특정금융정보법의 적용 범위 및 하위법규

금융거래등을 이용한 자금세탁 및 공중협박자금조달 행위를 규제하는 데 필요한 특정금융거래정보의 보고 및 이용 등에 관한 사항을 규정하여 범죄행위를 예방하고 건전하고 투명한 금융거래 질서를 확립하기 위한 법률이 **특정금융정보법**이다. 개정 특정금융정보법은 **가상자산거래**를 금융거래등에 포함하면서 가상자산사업자에게 신고 및 자금세탁방지 등의 의무를 부과하였고, 다음과 같

5) FATF, 「Updated Guidance for a Risk-Based Approach to Virtual Assets and Virtual Asset Service Providers」(October 2021).

은 **하위법규**들이 개정법에서 위임된 사항의 시행을 위해 순차적으로 개정, 시행되었다.

- **특정금융정보법 시행령**(이하 "시행령" 또는 "영")

i) 2021. 3. 23. 일부개정(시행 2021. 3. 25., 2021. 5. 20.) — 가상자산 이전에 따른 고객정보의 제공 범위와 절차, 가상자산사업자 신고절차 및 유효기간, 가상자산사업자의 보고의무 이행 등 개정 특정금융정보법 시행을 위한 조치사항;

ii) 2021. 10. 5. 일부개정(시행 2021. 10. 5., 11. 5) — 금융회사등이 법인·단체인 고객과 금융거래등을 하는 경우 해당 법인·단체인 고객을 최종적으로 지배하거나 통제하는 실제소유자에 대해 예외 없이 생년월일 확인을 의무화, 가상자산사업자나 그 특수관계인이 발행한 가상자산의 매매·교환의 중개·알선·대행하는 행위와 가상자산사업자의 임직원이 해당 가상자산사업자를 통해 가상자산을 매매하거나 교환하는 행위 등에 대한 거래를 제한하는 기준을 가상자산사업자가 마련하여 시행하도록 함

- 「**특정 금융거래정보 보고 및 감독규정**」(이하 "보고감독규정")

2021. 3. 23. 일부개정(시행 2021. 3. 25.) — 가상자산 가격산정 방식; 실명확인 입출금 계정 발급 예외 사유; 가상자산사업자 신고(변경·갱신) 서식; 가상자산사업자의 보고의무 이행등 관련 조치; 이상거래보고(STR) 보고시점 명확화 등에 관한 규정을 정비

- 「**특정 금융거래정보 보고등에 관한 검사 및 제재규정**」(이하 "검사제재규정")

2021. 4. 23. 일부개정(시행 2021. 4. 23.) — 개정 특정금융정보법에 따라 신설된 과태료 부과대상 추가 반영(내부통제 의무, 자료·정보 보존의무, 가상자산사업자들의 조치의무의 위반); 과태료 부과기준 중 감경사유 추가 등 보완

- 「**가상통화 관련 자금세탁방지 가이드라인**」

「금융규제 운영규정」에 의거 행정지도 목적으로 제정되어 1년마다 그 시행을 연장. 동 가이드라인의 종전 시행기한은 2020. 7. 9.이었으나, 개정 특정금융정보법 시행일(2021. 3. 25)에 맞춰 추가 연장.

• 「**자금세탁방지 및 공중협박자금조달금지에 관한 업무규정**」(이하 "업무규정")[6)]
2019. 6. 26. 일부개정(시행 2019. 7. 1.); 이후 개정 없음[7)]

특정금융정보법 관련 법률에는 「**공중 등 협박목적을 위한 자금조달행위의 금지에 관한 법률**」(이하 "테러자금금지법")과 **동법 시행령**, 「**공중 등 협박목적을 위한 자금조달행위의 금지 관리규정**」이 있다. 이들 법규는 테러자금 및 대량살상무기 확산자금 조달을 금지하고, 금융거래등제한대상자 지정, 금융회사등 및 그 종사자의 의무, 금지행위 및 벌칙을 규정하고 있다. 일반적인 자금세탁방지등의 업무 수행과 내부통제 구축 등은 특정금융정보법 하위규정인 위 '업무규정'에서 다루고 있다.

개정 특정금융정보법의 제반 규정을 잘 준수하려면, 위임에 따라 마련된 하위법규의 내용을 잘 알아야 한다. 특정금융정보법 말단에 있는 **보고감독규정**과 **업무규정**의 편제와 주요 내용을 간단히 정리하면 각각 <참고1> 및 <참고2>와 같다. **업무규정** 제1편은 금융기관등(카지노사업자 제외)에 적용되며, 제2편은 카지노사업자에 적용된다.

---

6) 업무규정은 그 제목이 「자금세탁방지 및 공중협박자금조달금지에 관한 업무규정」이라 마치 「공중 등 협박목적을 위한 자금조달행위의 금지에 관한 법률」의 하위규정인 것으로 보일 수 있으나, 실은 특정금융정보법 하위규정이다. 동 업무규정 제1조(목적)에서는 "이 규정은 「특정금융거래정보의 보고 및 이용 등에 관한 법률」 제4조부터 제5조의4까지 및 동법 시행령 제5조 제4항·제15조 제4항에서 위임된 사항과 그 시행에 필요한 사항을 정함을 목적으로 한다"고 적고 있기 때문이다. 하지만, 두 가지 법 모두와 관련된 규정인 것은 사실이다. 업무규정에서 사용하는 용어는 "특별히 정한 경우 외에는 특정금융정보법령 및 공중협박자금조달금지법 등 관련 법령에서 정하는 바에 따른다"라고 정의되어 있기 때문이다.

7) 현행 「자금세탁방지 및 공중협박자금조달금지에 관한 업무규정」은 2019년 6월 26일 개정되어 같은 해 7월 1일부터 시행된 이후, 2020년 3월 24일 특정금융정보법이 개정되었으나 개정법 내용을 반영한 규정의 추가 개정은 없었다. 국가법령정보센터에는 '현행 행정규칙'으로 등재되어 있지만, 개정법에 맞춰 보완되지 않음으로써 일부 규정 적용상의 불명확성이 존재한다. 예컨대, 개정법에 따라 가상자산사업자가 '금융회사등'에 포함되었지만, 일부 업무규정의 조문에는 종전대로 '금융회사'로만 표시하고 있어 응당 적용을 받아야 하지만, 문리해석대로라면 가상자산사업자에게는 적용이 없는 것인지 의문이 제기될 수 있다(예: 업무규정 제17조 제1호). 따라서, 법규 적용의 명확성이 확보되려면 업무규정의 보완개정이 필요해 보인다. 본 해설서에서는 '현행 행정규칙'인 만큼 일부 규정이 종전대로이더라도 '가상자산사업자'에게도 적용되는 것으로 범위를 넓혀 풀어쓰기로 한다.

〈참고1〉「특정 금융거래정보 보고 및 감독규정」 편제와 주요 내용

• [시행 2021. 3. 25.] [금융정보분석원고시 제2021-1호, 2021. 3. 23., 일부개정]
• 특정금융정보법 및 동법 시행령 위임사항 및 그 시행 관련

주요 목차	주요 내용
제1장 총칙	
제1조 목적	- 특정금융정보법/시행령 위임사항 규정
제1조의2 금융회사등	- 금융회사등의 자회사 추가
제2조 해외자회사/해외지점에 대한 법령적용	- 특정금융정보법령 적용; 해외자회사등의 현금 지급/영수 고액현금거래보고 미적용; 현지법령으로 의심거래보고 및 고객확인 불가시 FIU 보고
제2장 금융회사등의 보고	
제3조 의심되는 거래의 보고시기	- 의심거래보고대상 금융거래 결정일부터 3영업일 이내 보고
제4조 의심되는 보고대상 금융거래의 판단등	- 상대방의 수, 거래횟수, 거래기간 등을 고려해 보고대상 여부 판단; 전산시스템 개발 및 STR 대상 효율적 확인 방안 강구
제6조 의심되는 거래의 보고서식, 제출방법	- 별지 제1호 서식 - 온라인 보고 원칙; 정상 금융거래자료 첨부 주의
제7조 의심되는 거래의 보고사항등 제8조 의심되는 거래보고서의 보정	- 금융회사등이 보존하는 보고 관련자료 - 형식요건 흠결 보정 요구
제9조 고액 현금거래 제외되는 공과금등	- 실명법상 공과금 수납액, 공탁금, 지로장표 수납 금액, 100만원 이하 선불카드 거래금액
제10조 공공단체의 범위	- 실제소유자 확인 면제 대상(별표1)
제11조 고액 현금거래 보고서식, 보고사항	- 별지 제2호 서식; 현금 지급/영수 분석 필요 자료 추가(무통장입금 송금시 수취인 계좌 정보)
제12조 긴급한 경우의 보고방법	- 전화/팩스 선보고; 전자기록매체로 재보고
제3장 관련자료의 보존	
제13조 보존해야 하는 관련자료의 종류	- 거래상대방 실지명의 확인 자료; 보고대상 금융거래등 관련자료; 의심근거 기록자료
제14조 관련자료의 보존장소 제16조 관련자료의 열람 등	- 본점, 보고책임자 근무점포에 일괄 보존 등 - FIU 직원 임점시 신분증 제시 후 열람, 복사
제4장 내부 보고체계	
제17조 보고책임자 임면 통보	- FIU 홈페이지에 임면통보서 등록(별지 제3호서식)
제18조 내부 보고체계 수립 등의 예외 등	- 해당 금융회사등을 관리/운용하는 금융회사등의 보고책임자가 겸임 가능(신기술투자조

주요 목차	주요 내용
	합등)
제19조 내부 보고체계의 수립 및 운용	- 원활한 내부보고체계, 업무지침 운용 등 점검
제20조 교육 및 연수 기록의 보존	- 교육/연수 일자, 대상, 내용 등 기록/보존
제5장 금융회사등의 고객확인의무	
제21조 고객확인면제 금융거래등의 범위	- 실명법상 각종 공과금 수납, 채권 거래; 전자화폐/선불전자지급수단 발행 등
제22조 일회성 금융거래 금액의 적용방법	- 혼합된 금융거래 구분해 금액 적용; 매매 환율
제22조의2 실지명의에 관한 사항	- 전자금융거래시 실지명의 확인 대체정보
제23조 거래후 고객확인을 할 수 있는 경우	- 일괄 계좌개설, 타인보험, 동일인 명의 일회성 금융거래 기준으로 시점 규정
제6장 금융회사등의 업무지침	
제24조 자금세탁방지/고객확인 위한 업무지침	- 업무특성/금융기법 변화 고려한 정책과 이행조치 등; 고객/거래별 위험에 따른 조치내용 등
제7장 감독 및 검사	<삭제> * 검사제재규정 별도
제8장 가상자산사업자에 대한 특례	
제26조 가상자산의 가격 산정 방식	- 현금 환산 기준(체결 시점, 이전 시점 표시 가액)
제27조 가상자산사업자의 신고	- 실명확인 입출금 계정 사용 예외(가상자산과 금전의 교환이 없는 사업자); - 신고(변경, 갱신) 서식; - 신고시 FIU원장이 정하는 추가 사항(본점 위치/명칭; 사업자 수행행위 유형; 실명 확인 입출금 계정 정보; 외국사업자 국내사업장 소재지 및 대표자 성명 등)
제28조 가상자산사업자의 조치	- 자사 고객과 타사업자 고객 간의 매매/교환 중개 금지 및 예외허용 요건; - 익명성 강화 가상자산 취급 금지
제9장 기타	- 규정 재검토기한

〈참고2〉「자금세탁방지 및 공중협박자금조달 금지에 관한 업무규정」 편제와 주요 내용

- [시행 2019. 7. 1.] [금융정보분석원고시 제2019-2호, 2019. 6. 26., 일부개정.]
- 특정금융정보법 제4조~제5조의4, 동법시행령 제5조 제4항 · 제15조 제4항 위임사항 시행 관련

주요 목차	주요 내용
제1편 금융기관등(카지노사업자 제외) 제2장 금융기관등의 내부통제 구축	주요 내용
제1절 구성원별 역할과 책임	- 이사회/경영진/보고책임자의 역할, 책임
제2절 교육과 연수	- 교육연수 실시, 교육내용, 교육방법 등
제3절 직원알기제도KYE	- 정의, 신원확인 등 절차수립
제4절 독립적 감사체계	- 정의, 독립적 감사 주체/주기/방법/범위/결과보고/기록관리
제5절 신상품 등 자금세탁방지 절차 수립	- 신상품/서비스 제공전 자금세탁등 위험평가
제6절 자금세탁방지제도 이행 평가	- FIU의 종합평가, 금융회사등의 자체 위험평가등과 적절한 조치
제3장 고객확인	
제1절 통칙	- 정의(간소화된 고객확인, 강화된 고객확인), 업무 지침 작성 및 운용
제2절 적용대상	- 계좌 신규개설, 일회성 금융거래, 기타 고객확인이 필요한 거래, 기존고객, 인수/합병, 해외지점 등에 대한 고객확인
제3절 위험평가	- 관련위험의 식별/평가/활용; 국가위험 평가 및 자료 활용; 고객유형 평가; 상품/서비스 위험 평가
제4절 이행시기	- 원칙; 예외; 지속적인 고객확인; 비대면거래 관련 위험 대처 절차/방법 마련; 고객공지의무
제5절 고객확인 및 검증	- 원칙; 개인/법인/단체 고객 신원확인/검증; 실제 당사자(실제소유자); 추가 확인정보의 범위; 요주의 인물 여부 확인; 고객확인/검증 거절시 조치; 누설금지
제6절 전신송금	- 적용대상; 송금/중개/수취 금융회사등의 의무; 관련정보의 보관
제7절 제3자를 통한 고객확인 이행	- 정의; 이행요건; 금융회사등의 최종책임
제4장 고위험군에 대한 강화된 고객확인	
제1절 통칙	- 정의; 타 고위험군에 대한 조치
제2절 환거래계약	- 정의; 주의의무 등; 환거래계약 조치 등,

주요 목차	주요 내용
	승인
제3절 추가정보 확인이 필요한 종합자산 관리서비스 고객	- 정의; 강화된 고객확인; 모니터링
제4절 외국의 정치적 주요인물	- 정의등; 확인절차; 고위경영진의 승인; 강화된 고객확인; 모니터링
제5절 FATF 지정 위험국가	- 정의; 특별 주의의무; 거래목적 확인; 대응조치
제6절 공중협박자금조달 고객	- 정의등; 강화된 고객확인; 모니터링
제5장 위험기반 거래모니터링 체계	- 범위; 비정상적 거래 등, 민사상 면책; 지속적인 거래모니터링 절차 등; 결과분석등 및 관련자료 보존
제6장 보고체제 수립 제7장 자료 보존	- 보고체제 수립; 내부보고체제; 외부보고체제 - 보존 기간/대상/방법/장소
제2편 카지노사업자	* 제1편 각 장 편제와 동일

[이 해 봉]

제 2 부

개정 특정금융정보법 축조 해설

제 2 부 개정 특정금융정보법 축조 해설

제2부에서는 2020년 3월 개정된 특정금융정보법 및 개정법 시행을 위해 개정된 법 시행령 등 하위법령의 개정 조문을 중심으로, 새롭게 정의된 가상자산의 범위, 가상자산사업자와 금융회사의 AML/CFT 관련 의무의 범위와 내용 등을 살펴보기로 한다.

제 1 장 총 칙

제 1 절 특정금융정보법의 목적(제1조)

제 1 조(목적)

이 법은 금융거래 등을 이용한 자금세탁행위와 공중협박자금조달행위를 규제하는 데 필요한 특정금융거래정보의 보고 및 이용 등에 관한 사항을 규정함으로써 범죄행위를 예방하고 나아가 건전하고 투명한 금융거래 질서를 확립하는 데 이바지함을 목적으로 한다. <개정 2020. 3. 24.>

특정금융정보법은 국제 자금세탁방지기구인 FATF가 제시한 국제적인 표준에 따라 불법적인 자금세탁(money laundering)과 테러자금조달(financing of terrorism) 행위를 금지하고 방지하기 위하여 금융회사등에게 자금세탁방지 및 테러자금조달금지(AML/CFT) 관련 의무를 부과하는 법률이다.

특정금융정보법은 2001년 9월 27일 제정되었으며, 그 제정 목적은 외환자유화 조치의 시행에 따라 증가할 것으로 예상되는 불법자금의 국내외 유출입에 효율적으로 대비하는 한편, 금융거래를 이용한 자금세탁행위를 규제하는데 필요한 특정 금융거래정보의 보고 및 이용 등에 관한 사항을 규정함으로써 반사회적인 범죄행위를 미리 예방하고 나아가 건전하고 투명한 금융거래 질서를 확립하려는 것이었다.

그 이후 제윤경 의원이 2018년 3월 27일, 특정금융정보법 일부개정법률안을 대표발의하면서, 가상자산을 특정금융정보법상 규제 대상으로 할 것을 제안하였다, 그리고 이어 전재수 · 김병욱 · 김수민 의원도 각각 개정안을 대표발의하였다. 국회에서는 위 4건의 법률안을 통합 조정하여 비트코인 거래소 등 가상자산사업자에게 신고 의무와 자금세탁 및 테러자금조달 행위 방지 의무를 부과하고, 금융회사가 가상자산사업자와 금융거래등을 수행할 때 준수해야 하는 사항을 규정함으로써 가상자산 관련 거래의 투명성을 확보하는 것을 내용으로 하는 특정금융정보법 개정법률안을 2020년 3월 5일자로 통과시켰다. 이후 정부는 위 개정법률을 2021년 3월 24일자로 공포하였다. 이로써 가상자산에 대한 정의 및 가상자산사업자의 의무사항 등이 법률에 규정되게 되었다. 하지만, 특정금융정보법은 가상자산 및 이와 관련한 가상자산서비스업에 관한 영업행위 등을 규정하는 일반법은 아니다.

특정금융정보법은 동법에 따른 AML/CFT 의무이행 주체의 범위를 점차 확대해 왔다. 2019년 2월 동법 시행령 개정을 통해 전자금융업자(영 제2조 제13호)와 일정규모 이상의 대부업자(영 제2조 제14호)를 적용대상에 추가하였는데, 이때에는 이미 전자금융거래법과 대부업법 이라는 일반법이 있었고, 해당 법에서 '전자금융업'과 '대부업' 행위를 금융거래 범주에 포함하고 있었기 때문에 '외국환거래 **등 금융거래**'라는 용어의 수정만으로도 법의 적용 범위를 확대하기에 충분하였다.

2020년 3월의 개정 특정금융정보법은 제1조에서 '외국환거래 등 **금융거래**'라는 문구를 '**금융거래등**'으로 변경하여 그 적용 범위를 확장하면서, 제2조(정의) 부분에서 '금융거래**등**'의 범위에 가상자산사업자가 수행하는 '가상자산거래'를 새로 포함하였다. 가상자산과 관계된 사업자의 영업행위를 일반적으로 규율하는 사업자법이 없는 상태에서, 개정법은 '금융거래등'이라는 용어를 통해 가상자산 거래를 지원하는 사업자가 법 적용 범주에 포함되도록 한 것이다.

다만, 글로벌 주요 금융규제당국이 가상자산거래를 가상자산이 관계된 금융성 활동(financial VA activities)으로 넓게 보고 있는 것과 비교하면 그 범위는 상대적으로 좁아 보인다. 특정금융정보법상의 제반 의무를 이행하도록 할 대상에 모든 가상자산사업자 유형을 포함하지는 아니하였다.[1)]

[한 서 희]

1) 금융위원회는 특정금융정보법 시행령 일부개정안을 입법예고하면서, 법에서 가상자산사업자를 '가상자산의 매도·매수, 교환, 이전, 보관·관리, 가상자산의 매도·매수·교환 행위의 중개·알선, 그 밖에 시행령으로 정하는 행위를 영업으로 하는 자'라고 정하고 있으나, 시행령에는 별도의 행위를 추가하지 않고 법 적용 범위를 '**주요 가상자산사업자로 제한**'하고자 한다고 밝힌 바 있다. 금융위원회는 주요 가상자산사업자를 가상자산 거래업자/보관관리업자/지갑서비스업자 등으로 예시하고, 사업모델에 따라 영업의 범위는 변경될 수 있으며, 단순히 P2P 거래플랫폼이나 지갑서비스 플랫폼만 제공하거나 하드웨어지갑을 제공할 경우에는 사업자에 해당하지 않는다고 하였다. 금융위원회 보도자료(2020.11.3.), "가상자산 관련 「특정금융정보법 시행령」 개정안 입법예고" 참조.

제 2 절 용어의 정의(제2조)

제 2 조(정의)

이 법에서 사용하는 용어의 뜻은 다음과 같다. <개정 2011. 5. 19., 2013. 8. 13., 2014. 5. 28., 2016. 5. 29., 2020. 3. 24., 2020. 5. 19.>

1. "**금융회사등**"이란 다음 각 목의 자를 말한다.

가.~파. (생략)

하. 가상자산과 관련하여 다음 1)부터 6)까지의 어느 하나에 해당하는 행위를 영업으로 하는 자(이하 "**가상자산사업자**"라 한다)

1) 가상자산을 매도, 매수하는 행위

2) 가상자산을 다른 가상자산과 교환하는 행위

3) 가상자산을 이전하는 행위 중 대통령령으로 정하는 행위

4) 가상자산을 보관 또는 관리하는 행위

5) 1) 및 2)의 행위를 중개, 알선하거나 대행하는 행위

6) 그 밖에 가상자산과 관련하여 자금세탁행위와 공중협박자금조달행위에 이용될 가능성이 높은 것으로서 대통령령으로 정하는 행위

거. 제2호에 따른 금융거래등을 하는 자로서 대통령령으로 정하는 자

2. "**금융거래등**"이란 다음 각 목의 것을 말한다.

가.~다. (생략)

라. 가상자산사업자가 수행하는 제1호 하목1)부터 6)까지의 어느 하나에 해당하는 것(이하 "**가상자산거래**"라 한다)

3. "**가상자산**"이란 경제적 가치를 지닌 것으로서 전자적으로 거래 또는 이전될 수 있는 전자적 증표(그에 관한 일체의 권리를 포함한다)를 말한다. 다만, 다음 각 목의 어느 하나에 해당하는 것은 제외한다.

가. 화폐 · 재화 · 용역 등으로 교환될 수 없는 전자적 증표 또는 그 증표에 관한 정보로서 발행인이 사용처와 그 용도를 제한한 것

나. 「게임산업진흥에 관한 법률」 제32조 제1항 제7호에 따른 게임물의 이용을 통하여 획득한 유 · 무형의 결과물

다. 「전자금융거래법」 제2조 제14호에 따른 선불전자지급수단 및 같은 조 제15호에 따른 전자화폐

라. 「주식 · 사채 등의 전자등록에 관한 법률」 제2조 제4호에 따른 전자등

록주식등
마. 「전자어음의 발행 및 유통에 관한 법률」 제2조 제2호에 따른 전자어음
바. 「상법」 제862조에 따른 전자선하증권
사. 거래의 형태와 특성을 고려하여 대통령령으로 정하는 것
4. "불법재산"이란 다음 각 목의 것을 말한다.
가.~다. (생략)
5. "자금세탁행위"란 다음 각 목의 행위를 말한다.
가.~다. (생략)
6. "공중협박자금조달행위"란 「공중 등 협박목적 및 대량살상무기확산을 위한 자금조달행위의 금지에 관한 법률」 제6조 제1항의 죄에 해당하는 행위를 말한다.

Ⅰ. 본조의 의의

1. 개　　관

특정금융정보법에서 말하는 일반적인 '금융회사등'은 법 제2조 제1호 가목부터 파목 및 거목에 따라 시행령 제2조(금융회사등)에서 추가로 정의하고 있는 자를 말한다. 가상자산사업자(법 제2조 제1호 하목 1)부터 6)까지의 행위를 영업으로 하는 자)는 2020년 3월의 개정법률을 통해 '금융회사등'의 범위에 포함되었다.

그 배경에는 국제자금세탁방지기구(FATF)의 가이던스 개정이 있었다. FATF는 2019년 6월, 국제기준을 개정하면서 용어를 '가상자산'(VA, virtual asset)과 '가상자산사업자'(VASP, virtual asset service providers)로 통일하고 국제기준의 적용 범위와 적용 대상거래를 결정하여, 가상자산과 가상자산사업자에 관한 위험기반접근법 가이던스를 발표하였다.[2]

개정 특정금융정보법이 '금융회사등' 및 '금융거래등'에 각각 가상자산사업자와 가상자산거래를 포함하여 정의 규정을 확장한 것은 크게 다음과 같은 두 가지 목적을 위해서이다.

첫째는, 금융회사등의 의무를 규정한 법 제2장의 규정을 통해 가상자산사업자에게도 금융회사와 동일한 지위에서 CDD, EDD, STR, CTR을 이행하도록

2) FATF 2019 RBA Guidance paragraph 35~42 참조.

의무를 부과하고, 가상자산사업자에 대한 특례를 규정한 법 제3장을 통해 FIU에 대한 사업자 신고 의무, 가상자산사업자에 특화된 'Travel Rule'(자금이동규칙)의 적용, 이용자별 거래 내역의 분리 기록 등의 의무를 부과하기 위한 것이다. 둘째는, 가상자산사업자가 은행 등 금융회사의 고객이 된다는 점에서, 금융회사가 고객확인 의무를 이행할 때 가상자산사업자인 고객에 대해서는 예치금 분리보관, 정보보호관리체계(ISMS) 인증 여부, 실명확인입출금계정의 사용 여부 등을 추가 확인하도록 하고, 자금세탁위험이 특히 높으면 거래를 거절할 수 있도록 하는 규정을 적용하기 위한 것이다.

2. 외국 사례와 비교

글로벌 법제화 동향을 두 가지 관점에서 간략히 비교해 보도록 한다.

(1) 첫째는, 가상자산과 관계된 서비스를 제공하는 가상자산사업자에 관한 정의 방식인데, 크게는 1) 사업자 영업행위 규칙을 사업자법에서 정하고 AML/CFT 의무를 부과하는 법률을 병존시키는 사례, 2) 일반적인 사업자법이 없는 상태에서 기존 법규의 규제 경계(regulatory perimeter)를 명확히 하면서 AML/CFT 관련 법규를 적용하는 사례로 나눠 볼 수 있다. 일본과 프랑스가 1)의 사례에 해당한다 볼 수 있고, 영국이 2)의 사례에 해당한다고 볼 수 있다.

ⅰ. **일본의 사례.** 일본은 「자금결제법」 개정을 통해 '암호자산교환업(종전 가상통화교환업)' '암호자산교환업자(종전 가상통화교환업자)'에 대한 정의규정 등을 마련하고, 「범죄수익의 이전 방지법」(이하 '범수법') 제2조 제31호에서 자금결제법 상의 암호자산교환업자를 '특정사업자'의 범위에 추가하여 범수법 상의 제반 의무[3]가 암호자산교환업자에 대해서도 적용되도록 하는 방식을 취하였다. 우리 특정금융정보법에서 '가상자산사업'과 '가상자산사업자'를 구분하여 정의하지 않고 있는 것과 차이가 있다. 한편, FATF는 2019 Guidance에서 가상자산사업자(VASP)를 열거된 다섯 가지 유형의 서비스 중 하나 이상을 "타인을 위하여 혹은 그를 대리하여… 업으로 영위하는 자"라는 표현을 쓰고 있으나, 개정 특정금융정보법은 "타인을 위하여 혹은 그를 대리하여"라는 표현을 쓰고 있지 아니하다. "영업으로 하는 자"일 터이니 그 계속·반복적인 영업행위는 '그 상대측인 고객을 위한' 혹은 '그 고객을 대리하여 행하는' 행위라는 점을 축약한

3) 본인확인 의무, 확인기록 작성·보존 의무, 거래기록 작성·보존 의무, 혐의거래 신고 의무 등.

것이 아닌가 싶다. <참고3>은 개정 특정금융정보법의 가상자산사업자 범위와 FATF의 VASP 범위, 그리고 일본의 경우를 비교해 본 것이다.

〈참고3〉 가상자산사업자에 관한 정의 비교

<table>
<tr><th>FATF 2019 Guidance</th><th>특정금융정보법</th><th>일본 자금결제법(2019)</th></tr>
<tr><td>- VASPs
타인을 위하여 혹은 대리하여 다음 중 하나 이상을 업으로 영위하는 자</td><td>- 가상자산사업자
가상자산과 관련하여 다음 1)부터 6)에 해당하는 행위를 영업으로 하는 자</td><td>- 암호자산교환업
다음의 행위 어느 하나를 업으로 행하는 것
* 암호자산의 교환등; 1), 2)
* 암호자산의 관리: 4)
* 암호자산교환업자: 63조의2의 등록을 한 자를 말함</td></tr>
<tr><td>1) 가상자산과 법정화폐 간의 교환</td><td>1) 가상자산을 매도, 매수하는 행위</td><td rowspan="2">1) 암호자산의 매매 또는 다른 암호자산과의 교환</td></tr>
<tr><td>2) 1개 또는 그 이상의 가상자산 유형 간의 교환</td><td>2) 가상자산을 다른 가상자산과 교환하는 행위</td></tr>
<tr><td></td><td>5) 위 1), 2) 행위를 중개, 알선, 대행하는 행위</td><td>2) 전 1)호의 행위(매매/교환)의 매개, 중개, 대리</td></tr>
<tr><td></td><td></td><td>3) 위 1), 2)호의 행위와 관련하여, 이용자의 금전의 관리를 하는 것</td></tr>
<tr><td>3) 가상자산의 이전(전송/이체)</td><td>3) 가상자산 이전 행위 중 대통령으로 정하는 행위</td><td rowspan="2">4) 타인을 위하여 암호자산의 관리를 하는 것(해당관리를 업으로서 하는 것에 대하여 다른 법률에서 특별한 규정이 있는 경우를 제외)
* 암호자산의 교환등에 관여하지 않고 암호자산만 관리</td></tr>
<tr><td>4) 가상자산의 또는 가상자산에 대한 통제를 가능케 하는 수단의 안전 보관 및/또는 관리</td><td>4) 가상자산 보관/관리 행위</td></tr>
<tr><td>5) 발행인의 가상자산 권유 및/또는 판매와 관계된 금융서비스에의 참여 및 동 서비스 제공</td><td>6) 그 밖에 가상자산과 관련해 자금세탁 및 테러자금조달 행위에 이용될 가능성이 높은 것으로서 대통령령으로 정하는 행위</td><td></td></tr>
<tr><th colspan="3">※ 개정 특금법에 명시적으로 열거되지 않은 유형</th></tr>
<tr><td colspan="3">- 거래플랫폼 운영(해석상 이슈: 가상자산의 매도/매수/교환과 중개/알선/대행의 차이점)
- 제3자를 대신하여 가상자산을 위한 주문의 접수/전송</td></tr>
</table>

- 제3자를 대신하여 가상자산 포트폴리오 운영
- 가상자산에 대한 투자자 대상 자문
- 가상자산의 인수; 모집(총액인수, 모집주선 등)

ⅱ. **프랑스의 사례.** 개정 특정금융정보법에서의 가상자산사업자 범위는 FATF 가이던스 및 일본 자금결제법의 정의와 유사하지만, 규제대상 행위 및 사업자의 행위규칙을 정한, 소위 사업자법(소위 업권법) 관점에서 법제화한 프랑스의 「통화금융법」(MFC, Monetary and Financial Code) 사례와 비교하면 그 범위에 있어 약간의 차이가 있다. 프랑스는 「통화금융법」에서 디지털자산사업자를 10여개 유형으로 구분하고, 일부 사업자에 대해 인가 혹은 등록을 의무화하고 있다.[4] 이 차이점은 금융성 활동은 규제의 영역 경계 안에 속하는 규제대상 행위(regulated activities)로 하고, 그 범위에 가상자산거래 관련 서비스가 포함되는지 그 여부를 명확히 하면서 규제대상 행위를 업으로써 행하는 자는 가상자산(디지털자산) 관련 서비스업자(사업자)라 규정하는 접근방식과 다른 방식을 취한 데에서 비롯된 것이라 할 수 있다.

ⅲ. **영국의 사례.** 영국 금융감독청(FCA, Financial Conduct Authority)은 암호자산 및 암호자산 활동에 대한 규제와 관련하여, (1) 「암호자산에 관한 가이던스」(PS19/22, 2019. 7월),[5] (2) 「암호자산 활동에 대한 자금세탁방지 및 테러자금조달

4) 예컨대, 프랑스는 기업성장변화법(Loi PACTE)를 통해 개정된 통화금융법(Monetary and Financial Code, MFC)에서 디지털자산 서비스를 10개 유형으로 규정하였고(MFC Art. L. 54-10-2; Decree Art. D 54-10-1), 각 사업행위를 인가/등록받기 위한 조건 및 영업행위규칙(공통규칙, 사업별 특별 행위규칙)을 마련하고 있다(AMF GR Article 721-1~31).

1. 디지털자산 혹은 디지털자산에 대한 접근권을 제3자를 위해 수탁보관하는 서비스 — 의무등록
2. 디지털자산을 법정화폐로 구매하거나 판매하는 서비스 — 의무등록
3. 다른 디지털자산을 대가로 디지털자산을 거래하는 서비스
4. 디지털자산을 위한 거래플랫폼 운영

5a). 제3자를 대신하여 디지털자산을 위한 주문의 접수 및 전송
5b). 제3자를 대신하여 디지털자산 포트폴리오 운용
5c). 디지털자산 투자자들에 대한 자문
5d). 디지털자산의 인수
5e). 총액인수 기반으로 디지털자산의 모집(보증투자 모집)
5f). 총액인수 기반 없이 디지털자산의 모집(무보증투자 모집)

프랑스의 법제화 자료 번역은 업비트 투자자보호센터(http://www.upbitcare.com) 연구 배너에 소개되어 있는 것을 참조하였다.

5) UK FCA(2019.7월), PS19/22-Guidance on Cryptoasset. https://www.fca.org.uk/publication/policy/ps19-22.pdf

관련규제의 적용」(Cryptoassets: AML/CTF Regime, 2019. 10월)[6]이라는 두 가지 안내 문건을 발표하였다.

첫 번째 문건인 PS19/22는 FCA의 정책 성명서로, 「금융서비스시장법」(FSMA)에 따른 규제대상 금융 행위를 관장하는 FCA가 암호자산을 어떻게 취급할지 그 규제의 경계를 명확히 한 것이다. 기존 법체계의 규제 경계와 관련해서 암호자산(토큰)이 특정투자물(specified investment), 금융상품(financial investment), 전자화폐(electronic money), 또는 지급결제수단(payment instruments) 등 어디에 속할 수 있는지를 분석하고, 토큰의 유형을 증권형 · 전자화폐형 토큰 및 비규제토큰[7]으로 분류하면서, 규제대상 토큰과 관련된 행위를 수행하는 시장참여자 유형별로 필요한 인가목록을 정리하여 제시하였다. FCA가 그 과정에서 암호자산 취급 방향에 대한 초안서를 제시하고 공개적인 의견수렴(public consultation)을 실시한 사실은 널리 알려져 있다. PS19/22는 아울러, 2020년 1월부터는 모든 암호자산 활동에 대해 AML/CFT 규제를 적용하라는 유럽연합(EU)의 제5차 자금세탁방지지침(5AMLD)이 자국에서도 확대 시행된다는 점을 밝혔다.

2020년 10월의 두 번째 문건은 개정 자금세탁방지법규(MLR)와 암호자산사업자에 대한 적용 관계를 안내하는 것으로서, 2020년 1월 10일부터 개정 MLR의 적용을 받게 되는 활동의 범위를 크게 암호자산 교환업자(cryptoasset exchange provider)[8]와 수탁보관 지갑업자(custodian wallet provider)[9]로 구분하였다.

---

6) UK FCA(2019.10.25.), Cryptoassets: AML/CTF regime. '2019년 자금세탁방지 및 테러자금조달 개정 규정'(The Money Laundering and Terrorist Financing (Amendment) Regulation 2019, 약칭 "MLR")이 2020.1.10.부터 시행됨을 안내하는 문건.
https://www.fca.org.uk/firms/financial-crime/cryptoassets-aml-ctf-regime

7) 비규제형 토큰에는 utility(기능형) 토큰과 exchange(교환형) 토큰이 포함되는 것으로 하였다.

8) 영국의 개정 MLR의 정의 규정에서는 암호자산 교환업자의 행위에 암호자산 ATM, P2P 서비스업자, ICO나 IEO 등 새로운 암호자산 발행을 포함하였다:

암호자산 교환업자: 다음 세 가지 서비스 중 어느 하나를 업으로써 제공하는 개인이나 법인(기업), 여기에는 관계된 암호자산의 생성자 혹은 발행자로서 그러한 서비스를 제공하는 경우를 포함한다.

(a) 금전과 암호자산을 혹은 암호자산과 금전을 교환하거나, 그러한 교환을 위해 주선 혹은 약정을 체결하는 행위

(b) 한 암호자산을 다른 암호자산과 교환하거나, 그 교환을 위해 주선 혹은 약정을 체결하는 행위

(c) 금전과 암호자산의 혹은 암호자산과 금전의 교환하는 프로세스를 자동한 기계를 운영하는 행위

9) 영국의 개정 MLR에 포함된 수탁보관 지갑업자의 정의는 다음과 같다:

수탁지갑업자: 그 고객을 위하여 암호자산의 안전한 보관, 또는 안전한 보관 및 관리를

FCA는 AML 목적에서 위와 같은 암호자산사업자에 대해 등록제도를 도입하고 (신규 업체의 등록 전 영업행위 금지, 기존 업체에 대하여는 1년간 등록을 유예), AML 관련 위험평가, 위험 완화를 위한 내부 정책·시스템·절차 수립, STR 등 보고 담당자 지정, CDD·EDD 및 지속적인 고객 모니터링 등 감독상 요구되는 의무를 이행하도록 하였다.

한편, 영국 FCA는 개정 MLR에 따른 등록은 사업에 관한 라이선스나 추천 혹은 보증이 아니라는 점을 분명히 하였고, 암호자산사업자가 금융서비스시장법의 적용을 받지 않는 사업자라면 투자자 보호 등과 관계된 동 법상의 제도가 적용되지 않는다는 점을 반드시 고객에게 고지(공시)할 것을 요구하였다.

(2) 두 번째는 조문 축조의 순서와 내용에 관한 것이다. 개정 특정금융정보법은 '가상자산사업'(가상자산 관련 행위를 "영업으로 하는 것")과 '가상자산사업자'("영업으로 하는 자")를 구분하여 정의하지 않고, '가상자산사업자'에 관한 정의 규정만을 두고, 가상자산사업자에 대해 신고 의무(법 제7조), 신고 없이 가상자산거래를 영업으로 취급하는 행위를 처벌하는 형식을 취하고 있다(법 제17조 제1항). 개정법 시행과정에서는 약간의 혼란도 있었다. 예컨대, 기존의 가상자산사업자는 개정법에 따른 '적법한' 고객확인 의무를 이행하고 싶어도, 사업자 신고가 수리되기 전에는 '적법한 가상자산사업자'가 아닌 만큼 '주민등록번호' 정보를 수집할 수 없는 상황에 놓이게 되었고, 금융위원회(금융정보분석원)의 보도자료 등 지침 역시 그러한 취지를 담고 있어, 종전에 파악해 두었던 고객정보를 새 법에 따른 '적법한 고객확인' 수준의 고객확인 정보로 대체하기까지는 상당한 시간이 걸렸다.

반면, 일본 자금결제법은 "업"(암호자산교환업)과 "업자"(암호자산교환업자)를 구분하고 있을 뿐 아니라, 용어 역시 순차적 정의 방식을 취하고 있다. 즉, 자금결제법은 ① '암호자산'이란… → ② '암호자산교환업'이란… → ③ 그 중 '암호자산의 교환등'이란…, '암호자산의 관리'란… → ④ '암호자산교환업자'란… 이라는 순서를 따라 용어를 정의하고 있다. 이처럼 일본 자금결제법은 (암호자산)'교환업'과 '교환업자'를 분리함으로써, 금융청에 등록한 자만을 암호자산교환업자라 정의하고, 미등록자는 원천적으로 (암호자산)'교환업자'라는 명칭을 사

업으로써 제공하거나, 그러한 서비스를 제공하면서 그 고객을 위하여 암호자산을 보유·저장·전송하기 위하여 비밀키의 안전한 보관, 또는 안전한 보관 및 관리를 업으로써 제공하는 개인이나 법인(기업)

용하지 못하게 차단했고, 등록된 사업자(교환업자)에게는 법상 요구되는 의무를 이행하도록 하는 효과를 도모하고 있다. <참고4>는 일본의 자금결제법과 우리나라 개정 특정금융정보법의 조문 축조 순서를 비교한 것이다.

〈참고4〉 조문 축조내용 및 순서 비교: 일본 자금결제법, 우리 특정금융정보법

일본 자금결제법(2019)	개정 특정금융정보법
제2조(정의) ⑤ 이 법률에서 「**암호자산**」이라 함은 다음에 열거된 것을 말한다. … ⑥ (생략) ⑦ 이 법률에서 「**암호자산교환업**」이라 함은 다음에 열거된 행위 어느 하나를 업으로서 하는 것을 말하고, 「암호자산**교환등**」이라 함은 제1호 및 제2호의 행위를 말하고, 「암호자산의 **관리**」라 함은 … 1.~4. (생략) ⑧ 이 법률에서 「암호자산**교환업자**」라 함은 제63조의2의 **등록을 받은 자**를 말한다.	**제2조(정의)** 1. "**금융회사등**"이란 … 하. 가상자산과 관련하여 다음 1)부터 6)까지의 어느 하나에 해당하는 행위를 영업으로 하는 자(이하 "**가상자산사업자**"라 한다) 1) ~ 6) (생략) 2. "**금융거래등**"이란 … 라. 가상자산사업자가 수행하는 제1호 하목 1)부터 6)까지의 어느 하나에 해당하는 것(이하 "**가상자산거래**"라 한다) 3. "**가상자산**"이란 …

(3) 한편, 개정 특정금융정보법의 '가상자산거래'에 관한 정의 규정을 보면, "가상자산사업자가 수행하는 제2조 제1호 하목 1)부터 6)의 행위"라고 되어 있어(법 제2조 제2호 라목), 조문으로만 보면 그 범위도 좁아 보인다. 법정 범위에 있는 가상자산사업자의 행위로만 인식될 우려가 있다. 아무튼, 이러한 정의 규정의 순서와 내용의 차이가 있다는 점을 염두에 두고 축조 해석을 통해 그 의미를 명확히 살펴볼 필요가 있겠다.

Ⅱ. 용어의 정의

특정금융정보법 제2조(정의)에서는 "가상자산사업자"란 '가상자산과 관련하여 같은 조 제1호 하목 1)부터 6)까지의 어느 하나에 해당하는 행위를 영업으로 하는 자'이고(법 제2조 제1호 하목), "가상자산거래"란 '가상자산사업자가 수행하는 제1호 하목 1)부터 6)까지의 어느 하나에 해당하는 것'이며(법 제2조 제2호 라

목), "가상자산"이란 '경제적 가치를 지닌 것으로서 전자적으로 거래 또는 이전될 수 있는 전자적 증표(그에 관한 일체의 권리를 포함한다)를 말하며, 법 제2조 제3호 각 목의 어느 하나에 해당하는 것은 제외한다'(법 제2조 제3호)고 규정하고 있다. 아래에서는 이해를 돕기 위해 특정금융정보법의 조문 순서와 달리하여 "가상자산", "가상자산거래" 및 "가상자산사업자"의 순으로 그 구성요건을 중심으로 살펴보고자 한다.

1. 가상자산(법 제2조 제3호)

제2조(정의)

이 법에서 사용하는 용어의 뜻은 다음과 같다. <개정 2011. 5. 19., 2013. 8. 13., 2014. 5. 28., 2016. 5. 29., 2020. 3. 24., 2020. 5. 19.>

1.·2. (생략)

3. "**가상자산**"이란 경제적 가치를 지닌 것으로서 전자적으로 거래 또는 이전될 수 있는 전자적 증표(그에 관한 일체의 권리를 포함한다)를 말한다. **다만, 다음 각 목의 어느 하나에 해당하는 것은 제외한다.**

가. 화폐·재화·용역 등으로 교환될 수 없는 전자적 증표 또는 그 증표에 관한 정보로서 발행인이 사용처와 그 용도를 제한한 것

나. 「게임산업진흥에 관한 법률」 제32조 제1항 제7호에 따른 게임물의 이용을 통하여 획득한 유·무형의 결과물

다. 「전자금융거래법」 제2조 제14호에 따른 선불전자지급수단 및 같은 조 제15호에 따른 전자화폐

라. 「주식·사채 등의 전자등록에 관한 법률」 제2조 제4호에 따른 전자등록주식등

마. 「전자어음의 발행 및 유통에 관한 법률」 제2조 제2호에 따른 전자어음

바. 「상법」 제862조에 따른 전자선하증권

사. 거래의 형태와 특성을 고려하여 대통령령으로 정하는 것

가. 가상자산에 해당하는 경우

FATF 가이던스[10]에서는 "virtual asset"(가상자산)이란 '가치의 디지털 표시

10) FATF, 「Updated Guidance for a Risk-Based Approach to Virtual Assets and Virtual Asset Service Providers」 (October 2021).

(digital representation of value)로서 디지털 방식으로 거래될 수 있거나 이전(양도, 전송)될 수 있는 것, 그리고 지급(결제) 또는 투자 목적을 위해 사용될 수 있는 것을 말한다'라고 정의하고 있다.[11] 이에 비해, 특정금융정보법 제2조 제3호에서는 "가상자산"이란 i) 경제적 가치를 지닌 것으로서 ii) 전자적으로 거래 또는 이전될 수 있는 iii) 전자적 증표(그에 관한 일체의 권리를 포함한다)를 말하며, 같은 호 가목부터 사목에 해당하는 것은 제외한다고 규정하고 있다. 이러한 규정에 따르면 경제적 가치를 지니고 블록체인(분산원장 네트워크)상에서 거래되고 이전될 수 있는 것은 가상자산에 포함된다. 다만, '경제적 가치를 지닌 것'이 무엇을 의미하는지에 대해 보충적 정의가 없어, 법적 명확성 차원에서 아쉬움이 있다. FATF가 가이던스에서 가상자산(VA)을 디지털 방식으로 거래되거나 이전될 수 있는 가치의 디지털 표시(증표)로서 '지급(결제) 또는 투자 목적을 위해'(for payment or investment purpose) 사용될 수 있는 것이라고, 사용 목적성을 명확히 한 것과 달리, 특정금융정보법은 '경제적 가치를 지닌 것'이라는 표현으로 치환하고 있다. 더 범위가 넓어졌다고도 볼 여지가 있다. 문제는 그 '경제적 가치'의 유무에 대한 평가가 주관적일 수도 있고, 발행 당시는 경제적 가치가 없다고 여겨졌었지만, 이후 매매거래성 혹은 시장성(유통성) 혹은 양도성을 지니게 되었을 경우 그 경제적 가치의 유무 시점을 어떻게 판단해야 할 것인가의 의문도 제기될 수 있다는 점이다. 특히 가상자산거래에 따른 양도세(기타소득세) 부과를 앞두고, 관련 세법이 특정금융정보법의 '가상자산'의 정의 규정을 사용하게 될 경우 일부 혼란이 야기되지 않을까 우려되기도 한다.

특히, 이른바 ICO를 거친 암호화폐의 경우에는 가상자산으로 보는데 이견이 없을 것이나, ICO 이전에 소위 프리마이닝(Pre-mining)[12]된 토큰의 경우 어떤 경우에 '경제적 가치를 지닌 것'으로 볼 수 있을 것인지에 대하여는 아직까지 본격적으로 논의되지 않았다. 그나마 법에서는 가상자산사업자를 정의하면서 가상자산거래에 해당하는 행위란 가상자산의 매매, 가상자산 간의 교환, 가상자산의 이전(대통령령으로 정하는 행위), 가상자산의 보관·관리, 가상자산의 매매·교

11) VAs must be digital and must themselves be digitally traded or transferred and be capable of being used for payment or investment purposes. In choosing the terms "traded" and "transferred" the FATF intentionally created a broad, general definition of VA, which covers a wide range of activities.

12) 블록체인 프로젝트의 불특정 다수의 참여자가 채굴을 통하여 암호화폐를 얻기 이전에, 프로젝트를 주도하는 인원들이 일정량의 토큰 또는 암호화폐를 미리 할당하는 것을 말한다.

환의 중개·알선·대행 등 가운데 어느 하나를 말한다고 규정하고 있어, 이 규정에 비추어 보면, 프리마이닝된 토큰이라도 특정인에게 할당되는 등 가상자산 거래의 대상이 된 경우에는 '경제적 가치를 지닌 것'으로 보아 가상자산으로 볼 수 있을 것이다.

나. 가상자산에서 제외되는 것

특정금융정보법은 가상자산의 성격을 지급(결제) 수단으로 한정적으로 정의하고 있지는 아니하나, 성질상 지급(결제) 수단으로 활용될 수 없는 것(제3호 가목), 각 법률의 규정에 따라 지급(결제) 수단이나 금융투자상품에 해당하는 것(제3호 나목부터 바목), 그리고 기타 대통령령으로 정하는 것(제3호 사목)은 제외함으로써 규제대상 가상자산의 범위를 확정하고 있다. 이처럼 제외되는 범주는 FATF의 정의 범주와 다르지 않고, 일본의 경우 전자적으로 기록되는 것이지만 내국통화(법정화폐) 등으로 표시된 것을 제외하고 있는 자금결제법의 범주와도 크게 다르지 않다. 아래 <참고5>은 FATF, 일본, 프랑스의 가상자산(암호자산, 디지털자산) 정의규정을 비교한 것이다.

〈참고5〉 '가상자산' 등 정의 규정 비교

FATF 2019 Guidance (Glossary)	일본(2019 개정) 자금결제법, 금융상품거래법	프랑스 통화금융법(MFC) Art. L. 552-2; Art. L. 54-10-1
- Virtual Asset(**가상자산**) 디지털 방식으로 거래될 수 있거나 양도(이전)될 수 있고, 지급결제 또는 투자 목적을 위해 사용될 수 있는 가치의 디지털 표시(digital representation)를 말함. 법정화폐, 증권 및 여타 자산 등 이미 FATF의 다른 권고기준에서 다뤄지고 있는 것들의 디지털 표시는 제외	- **자금결제법**(제2조 제5항) **암호자산**(←**가상통화**) '암호자산'이란 다음의 것을 말하며, 금융상품거래법 제2조 제3항에서 정하는 '전자기록이전권리를 표시하는 것'을 제외 1. 물품의 구입이나 임차 또는 제공받은 용역에 대한 대가를 지불하기 위해 불특정인에게 사용할 수 있고, 불특정인을 상대로 하여 구입 및 매각할 수 있는 재산적 가치(전자기기 그 밖의 물에 전	- **토큰**(MFC Art. L. 552-2) 일체의 무형자산으로서, 해당 자산의 소유자를 직간접적으로 식별할 수 있게 하는 분산원장기술에 의하여 발행, 기록, 저장, 혹은 전송될 수 있는 하나 혹은 그 이상의 권리를 디지털 형태로 표시한 것 - **디지털자산**(MFC Art. L. 54-10-1) 1) Art. L. 552-2에 언급된 토큰. 다만, 금융상품 및 예탁증서 특성에 부합하는 것 제외

	자적 방법으로 기록된 것에 한하며, 내국통화와 외국통화 및 통화표시자산을 제외)로서, 전자정보처리 조직을 이용하여 이전할 수 있는 것 2. 불특정인을 상대로 전호의 것과 상호교환할 수 있는 재산적 가치로서, 전자정보처리 조직을 이용해 이전할 수 있는 것 - **금융상품거래법**(제2조 제3항) **전자기록이전권리** 법 제2조 제2항에 규정된 권리 중 전자정보처리조직을 이용해 이전할 수 있는 재산적 가치(전자기기 그 밖의 물에 전자적 방법으로 기록될 수 있는 것에 한정)에 표시될 수 있는 것. 유통성 그 밖의 사정을 감안해 내각부령으로 정하는 것을 제외 * 유가증권 취급(자금결제법상 암호자산에서 제외)	2) 중앙은행이나 공공당국이 발행하거나 보증한 것이 아닌 **증권의 디지털 표시**로서, 법정통화인 화폐에 필요적으로 연결된 것이 아니면서 화폐로서의 법적지위를 갖지 아니하나, 자연인 혹은 법인들이 교환의 매개로 받아들이고 전자적으로 전송, 저장, 혹은 교환될 수 있는 것

1) **'화폐 · 재화 · 용역 등으로 교환될 수 없는 전자적 증표 또는 그 증표에 관한 정보로서 발행인이 사용처와 그 용도를 제한한 것'(제2조 제3호 가목)**

경제적 가치를 지닌 것으로서 전자적으로 거래되거나 이전될 수 있는 전자적 증표나 그 증표에 관한 정보라 하더라도 "화폐 · 재화 · 용역 등으로 교환될 수 없고 발행인이 사용처와 그 용도를 제한한 것"은 가상자산에서 제외된다. "화폐, 재화, 용역 등으로 교환될 수 있는 전자적 증표"로서 발행인 외에 일정한 사용처에서 사용될 수 있는 것의 대표적인 예로는 선불전자지급수단[13]과 전자화폐[14]가 있다. 즉, 가목에서 규정하는 것은 이러한 선불전자지급수단이나 전

13) 전자금융거래법 제2조 제14호.

자화폐는 이미 다목에서 제외하고 있으므로, "화폐, 재화, 용역 등으로 교환될 수 있는 전자적 증표"에 해당하는 것은 이러한 선불전자지급수단 등과 유사한 기능 즉, 지급(결제) 기능을 가진 가상자산을 의미하는 것이라 볼 수 있다. 이러한 해석을 전제로 할 경우, 제2조 제3호 가목에서 가상자산의 제외 규정으로 포섭하고자 하는 것은 사실상 화폐·재화 등으로 교환될 수 없어 지급(결제) 수단에 해당하지 않는 것으로서, 발행인이 사용처와 용도를 제한한 것을 의미한다고 볼 수 있다. 즉, 발행인 등으로 사용처가 제한되어 있고, 그 밖에는 광범위하게 지급(결제) 수단으로 사용될 수 없는 것이 그에 해당할 것이다.

2) 게임산업법 제32조 제1항 제7호에 따른 게임물의 이용을 통하여 획득한 유·무형의 결과물(제2조 제3호 나목)

두 번째로 가상자산의 정의에서 제외되는 것은 **게임산업법** 제32조 제1항 제7호에 따른 게임물의 이용을 통하여 획득한 유·무형의 결과물이다. 일본의 경우, 2019년 금융청은 블록체인에 기록된 게임 내 아이템 등과 관련하여, 게임 내 아이템 등을 블록체인상에서 토큰화하더라도 암호자산과 같은 '결제수단'으로서의 기능이 없으면 암호자산으로 규제하지 않아도 된다고 밝힌 것으로 전해지고 있다.[15]

참고로, 국내에서는 **게임산업법**에서 게임물의 이용을 통하여 획득한 유무형의 결과물인 게임 아이템이나 게임머니에 대해서는 그 환전이나 환전의 알선 및 재매입을 업으로 하는 행위를 금지하고 있다(동법 제32조 제1항 제7호).

3) 선불전자지급수단, 전자화폐, 전자등록주식등, 전자어음, 전자선하증권 및 거래의 형태와 특성을 고려하여 대통령령으로 정하는 것(제2조 제3호 다목부터 사목)

특정금융정보법 제2조 제3호 다목부터 사목에서는 전자금융거래법 제2조 제14호에 따른 선불전자지급수단 및 같은 조 제15호에 따른 전자화폐, 전자증권법 제2조 제4호에 따른 전자등록주식등, 전자어음법 제2조 제2호에 따른 전자어음, 상법 제862조에 따른 전자선하증권을 가상자산에서 제외하고, 그 밖에

---

14) 전자금융거래법 제2조 제15호.

15) 日本金融庁, 「『事務ガイドライン（第三分冊：金融会社関係）』の一部改正（案）に対するパブリックコメントの結果について－コメントの概要及びコメントに対する金融庁の考え方」(2019.9.3.).

거래의 형태와 특성을 고려하여 시행령에서 정하는 것은 제외한다고 규정하고 있다. 선불전자지급수단이나 전자화폐는 대표적으로 법정화폐인 원화로의 교환이 담보되어 있다. 전자증권이나 전자어음, 전자선하증권 역시 '가상'의 증표가 아니라 '법정화폐'를 기반으로 실재하는 경제적 가치물의 전자적 증표에 해당하므로 '가상자산'에서 제외한 것이다. 시행령 제4조에서는 전자금융거래법 제2조 제16호에 따른 전자채권, 모바일 상품권을 추가로 가상자산에서 제외하고 있고, 금융정보분석원장이 고시를 통해 제외대상을 추가 지정할 수 있도록 하였으나 현재 하위규정에 추가로 제외하는 규정을 두고 있지 않다. 특정금융정보법은 열거하여 제외하는 형식을 취하고 있어, 앞으로도 이와 유사한 사례를 빠짐없이 시행령과 규정에서 명시할 필요성이 내포되어 있다. 예컨대, 온누리 상품권, 도서문화상품권, 지방자치단체 상품권, 지역화폐 등을 열거해서 제외할 것인지, 선불전자지급수단 등의 성격에 해당된다고 보아 제외되는 것으로 판단할 것인지가 검토되어야 한다. 아울러, 정부나 한국은행이 CBDC(Central Bank Digital Currency) 형태의 디지털 원화를 발행하게 될 경우 이를 가상자산에서 제외하고 그 교환거래 등을 가상자산거래에서 제외하는 규정이 필요할 것이다. FATF 가이던스의 용어집(Glossary)이나 일본의 자금결제법처럼 내국통화(법정화폐)로 표시되는 것 혹은 증권을 제외한다고 간단하게 규정하는 방식이 더 바람직하지 않았을까 싶다.

한편, 특정금융정보법 제2조 제3호 본문의 정의 규정에 부합하는 대상이 선불전자지급수단, 전자화폐, 전자등록주식, 전자어음, 전자선하증권, 전자채권 등에 해당한다면 특정금융정보법이 아니라 각 개별법률의 적용을 받게 된다.

특정금융정보법 시행령

제4조(가상자산의 범위)

법 제2조 제3호 사목에서 "대통령령으로 정하는 것"이란 다음 각 호의 것을 말한다.

1. 「전자금융거래법」 제2조 제16호에 따른 전자채권
2. 발행자가 일정한 금액이나 물품 · 용역의 수량을 기재하여 발행한 상품권 중 휴대폰 등 모바일기기에 저장되어 사용되는 상품권
3. 그 밖에 제1호 및 제2호에 준하는 것으로서 거래의 형태와 특성을 고려하여 금융정보분석원의 장(이하 "금융정보분석원장"이라 한다)이 정하여 고시하는 것

[본조신설 2021. 3. 23.]

4) 기타 — NFT

NFT(Non-Fungible Token)란 대체불가토큰이라고 불리는 것으로, 최근 그 가상자산 해당 여부가 논의되고 있다. FATF 가이던스에서는 유일무이하고 교환가능하지 않은 것으로서 수집품으로 주로 사용되는, 투자수단이나 지급결제 목적으로 사용될 수 없는 디지털 자산을 NFT라고 정의하고, 이러한 것은 일반적으로 FATF에서 정의하는 가상자산(VA)에 해당하지 않는다고 명시하고 있다.[16] 다만, 명칭이 NFT라 하더라도 성질상 지급(결제) 수단으로 사용되는 등의 경우라면 달리 볼 수 있다는 점 역시 함께 언급하고 있다.

금융위원회(금융정보분석원)에서는 일부 NFT의 경우 특정금융정보법상 가상자산의 성질을 지닌 것으로 볼 수도 있다는 견해인데, 모든 NFT를 동일하게 볼 수는 없다는 입장으로 해석된다. 지급(결제) 수단 또는 금융상품으로서의 성격이 혼재된 일부 NFT의 경우, 이와 관련하여 별도 입법을 통하여 규제대상인지 여부를 확정할 필요가 있을 것으로 보인다.

2. 가상자산거래(법 제2조 제2호 라목)

제 2 조(정의)

이 법에서 사용하는 용어의 뜻은 다음과 같다. <개정 2011. 5. 19., 2013. 8. 13., 2014. 5. 28., 2016. 5. 29., 2020. 3. 24., 2020. 5. 19.>

1. "**금융회사등**"이란 다음 각 목의 자를 말한다.

가.~파. (생략)

하. 가상자산과 관련하여 다음 1)부터 6)까지의 어느 하나에 해당하는 행위를 영업으로 하는 자(이하 "가상자산사업자"라 한다)

1) 가상자산을 매도, 매수하는 행위

2) 가상자산을 다른 가상자산과 교환하는 행위

3) 가상자산을 이전하는 행위 중 대통령령으로 정하는 행위

16) Digital assets that are unique, rather than interchangeable, and that are in practice used as collectibles rather than as payment or investment instruments, can be referred to as a non-fungible tokens (NFT) or crypto-collectibles. Such assets, depending on their characteristics, are generally not considered to be VAs under the FATF definition. However, it is important to consider the nature of the NFT and its function in practice and not what terminology or marketing terms are used. This is because the FATF Standards may cover them, regardless of the terminology.

4) 가상자산을 보관 또는 관리하는 행위

5) 1) 및 2)의 행위를 중개, 알선하거나 대행하는 행위

6) 그 밖에 가상자산과 관련하여 자금세탁행위와 공중협박자금조달행위에 이용될 가능성이 높은 것으로서 대통령령으로 정하는 행위

거. 제2호에 따른 금융거래등을 하는 자로서 대통령령으로 정하는 자

2. "**금융거래등**"이란 다음 각 목의 것을 말한다.

가.~다. (생략)

라. 가상자산사업자가 수행하는 제1호 하목1)부터 6)까지의 어느 하나에 해당하는 것(이하 "**가상자산거래**"라 한다)

가. 의 의

특정금융정보법 제2조 제2호 라목은 종전의 '금융거래' 용어를 '**금융거래등**'으로 수정하면서 '**가상자산거래**'를 포함하였다. '금융거래등'에 '가상자산거래'가 포함됨으로써, 그 효과는 특정금융정보법의 여러 조문에 미치게 되었다.

즉, 불법재산등으로 의심되는 거래의 보고(법 제4조), 고액현금거래보고(법 제4조의2), 금융회사등의 고객 확인의무(법 제5조의2), 금융회사등의 금융거래등 정보의 보유기간(법 제5조의4), 특정금융거래정보의 제공/비밀보장/보존/폐기 등(법 제10조, 제10조의2, 제12조, 제12조의2, 제13조) 및 다른 법률에 우선 적용하는 규정(법 제14조) 등이 관련되고, 동법 시행령과 보고감독규정 및 업무규정의 적용에도 그 영향이 미치게 되었다.

특정금융정보법상 '가상자산거래'란 "<u>가상자산사업자가 수행하는</u> 법 제2조 제1호 하목 1)부터 6)까지의 어느 하나에 해당하는 것"을 말한다. 단순하게 '가상자산거래란 다음 1)부터 6)까지 어느 하나에 해당하는 것'이라 하지 않고 그와 같이 '가상자산사업자가 수행하는…것'을 말한다고 조문화한 이유는 무엇일까? 형식적으로는 '**금융회사등**' '**금융거래등**'이라는 핵심 정의 규정에 포함되어 편제되다 보니 그렇게 된 것으로 보인다. 가상자산사업자를 제외한 '금융회사등'에 대해 가상자산거래 혹은 가상자산거래의 취급을 간접적으로 금하거나, '금융회사등'이 가상자산사업자(예컨대, 커스터디 사업자 등)의 고객으로서 가상자산의 매수·매도·교환·보관을 위탁할 수 없도록 하고자 한 규정은 아니라고 본다. 기존의 금융회사등 역시 '가상자산사업자'로 신고하고 수리되면 특정금융정

보법상의 가상자산거래를 영업으로 취급할 수는 있다고 본다. FATF의 가이던스에서도 그러한 길을 배제하지 않고 있으며, 미국 증권거래위원회(SEC, Securities and Exchange Commission)의 경우 토큰화된 증권에 대한 커스터디(Custody)에 관한 가이던스를 발표하면서 증권형 토큰의 취급에 특화된 전문 브로커-딜러 라이선스를 언급한 사례나, 홍콩 증권선물위원회(SFC, Securities and Futures Commission)가 규제 샌드박스 제도를 통해 반드시 증권형 토큰 1개 이상을 취급하는 거래 플랫폼을 제시한 사례도 있기 때문이다. 다만, 우리나라의 경우 현재의 법 규정은 그 적용 범위를 상당히 좁히는 형식일 뿐만 아니라 규제당국의 정책적 입장도 명시적으로 표명된 바 없어 자회사 형식으로 가상자산 관련 서비스업에 진출하고 있는 형편이다.

나. 가상자산거래의 유형(제2조 제1호 하목 1)부터 6) 및 제2호 라목)

특정금융정보법 제2조 제2호 라목은 "가상자산사업자가 수행하는, 제1호 하목 1)부터 6)의 어느 하나에 해당하는 것"을 "가상자산거래"라 하여, 이를 "금융거래등"(제2호 본문)에 포함하고 있다. 이는 '**가상자산사업자만이** 열거된 **가상자산거래를** 영업으로 **취급할 수 있다**'는 것으로도 해석될 여지가 있는 조문 구성이다. 조문의 형태가 이렇게 구성되고, '가상자산거래'에 대한 정의가 마치 '**가상자산사업자가 수행하는**' 가상자산의 매매, 교환, 이전, 보관 · 관리, 매매 · 교환의 중개 · 알선 · 대행 행위 등으로 '한정'되는 것처럼 보이게 된 데에는, 제2조 제1호 하목에서 '가상자산사업자'에 관한 정의를 먼저 규정하다 보니 파생된 것으로 볼 수도 있고, '가상자산사업자만이 가상자산거래를 영업으로 취급할 수 있다'는 의미를 강조하기 위해 그렇게 한 것으로도 보인다. 한편으로는, 일반사업자법이 없는 상태에서 '가상자산사업자'를 정의하여 정의규정 순서상 앞에 있는 '금융회사등'에 포함시키다 보니 그렇게 된 것으로도 볼 수 있다.

아무튼, 특정금융정보법상 '가상자산거래'란 가상자산사업자가 수행하는 <u>법 제2조 제1호 하목 1)부터 6)까지의 어느 하나에 해당하는 행위</u>를 말한다. 즉, 가상자산사업자가 수행하는 행위라는 전제하에, 가상자산거래에 해당하는 행위란 가상자산의 매매, 가상자산 간의 교환, 가상자산의 이전(대통령령으로 정하는 행위), 가상자산의 보관 · 관리, 가상자산의 매매 · 교환의 중개 · 알선 · 대행 등 가운데 어느 하나를 말한다. 이처럼 특정금융정보법상의 가상자산거래 유형은 결국 가상자산사업자가 영업으로 수행하는 행위를 말하므로 아래 "3. 가상자산사업자" 부문에서 살펴보기로 하고, 여기서는 그 개념을 중심으로 살펴보고자 한다.

1) 가상자산을 매도·매수하는 행위(제2조 제1호 하목 1))

2) 가상자산을 다른 가상자산과 교환하는 행위(제2조 제1호 하목 2))

가상자산을 매도·매수하는 행위, 가상자산을 다른 가상자산과 교환하는 행위의 구분은 가상자산의 매매·교환의 매개물 혹은 전환 결과물이 '법정화폐'(금전)인지 가상자산인지에 따른 것이다.

가상자산의 매매, 가상자산 간의 교환 행위를 고객의 상대방으로서 직접 수행하는 경우는 소위 자기매매업(dealing)에 해당하고, 그 영업자는 자기매매업자(dealer)가 된다. 국내 가상자산거래소의 대부분은 이러한 자기매매업을 영위한다기보다는, 위 1)과 2)의 행위를 중개·알선하는 행위를 영업으로 하고 있는 경우에 해당한다(중개업의 형태).

3) 가상자산을 이전하는 행위 중 대통령령으로 정하는 행위(제2조 제1호 하목 3))

'가상자산사업자가 수행하는', '가상자산을 이전하는 행위 중 대통령령으로 정하는 행위'(제2조 제1호 하목 3))는 "금융거래등"에 포함되는 "가상자산거래"의 하나이다(법 제2조 제2호 라목). 위에 언급한 바와 같이, 가상자산의 이전에 관한 서비스를 제공하는 행위는 '가상자산사업자가 영업으로 수행하는(수행할 수 있는) 행위'라는 전제하에 그 범위를 살펴보고자 한다.

'가상자산의 이전' 행위에 관한 보충 규정인 시행령 제1조의2(가상자산거래의 범위)에서는 "**고객의 요청에 따라 가상자산의 매매, 교환, 보관 또는 관리 등을 위해 가상자산을 이전하는 모든 행위**"라고 규정하고 있다. 가상자산의 '이전'은 기존의 금융거래등에서 '전신송금'(wire transfer)이나 자금의 이체에 상응하는 개념인데, 가상자산거래의 특성을 고려하여 '가상자산의 이전'을 이처럼 규정하게 된 것이다. 가상자산의 매매, 교환, 보관·관리, 매매·교환의 알선·중개 등을 영업으로 수행하는 사업자가 그러한 서비스와 연결된 행위로서 가상자산을 맡긴 자의 지시에 따라 특정 지갑 주소로 '이전(전송, 이동)'시켜 주는 것이 가상자산의 '이전'인 것이다.

참고로, FATF는 가상자산의 이전(transfer)이란 "**다른 자연인/법인을 대리하**

여 가상자산을 하나의 가상자산 주소/계정으로부터 다른 주소/계정으로 이동시키려는 트랜잭션을 수행하는 것"이라 정의하고, 가상자산의 이전에는 사업자가 제공하는 고객의 지갑(hosted wallet)에서 그 동일한 고객이 보유하는 다른 지갑으로의 이전을 포함한다고 설명하고 있다.[17] 즉, 가상자산의 '이전'을 가상자산의 이동이라는 맥락에서 봐야 한다는 것이다. 소유권 변동을 수반하는 양도의 경우만으로 한정하지 않고, 양도뿐 아니라 소유권 자체는 변동됨이 없이 동일인이 통제하는 가상자산 계정이나 지갑주소 간에 이동하는, 가상자산이 보관되는 장소적 변동인 이동과 전송이 포함된다고 본 것이다. 이 점은 전신송금의 경우와 다르지 않다.

한편, 가상자산의 이전과 관련된 FATF의 이행 국제표준은 이른바 '자금이동규칙'(travel rule)인 **권고기준**(Recommendation) **16**이다.[18] 이 기준은 금융거래에서 자금이나 가치의 전송 관련 서비스를 제공하는 사업자(MVTS, Money or Value Transfer Services)에 적용되던 것이다. 의심되는 거래의 식별 · 보고를 위하여 요구되는 송금인 · 수취인 정보를 획득 · 보유 · 전송할 의무, 정보의 가용성 여부를 모니터링할 의무, 자산동결조치를 취할 의무, 금융거래제한 대상자로 지정된 인물 · 단체와의 거래를 금지할 의무를 비롯하여, 전신송금[19] 내지 전자적으로 지원하는 자금의 전송(electronically-facilitated funds transfers)과 관계된 메시지와 관련하여 준수할 요건을 제시하고 있는 기준이다. FATF는 권고기준 16을 가상자산의 이전에 대하여도 그 적용을 확대하면서, 가상자산 관련 활동의 특성과 가상자산사업자의 운영이 국경을 초월하고 있다는 점을 고려할 때, **모든 가상자산 전송**(이전)**을 국내 전신송금이 아닌, 국경간 전신송금**(cross-border wire transfer)**으로 취급해야 한다**고 하였다.[20]

기술적 관점에서 보면, 가상자산의 '이전'은 그 기반기술인 블록체인(분산원장기술)을 통해 전자적 기록이 이전되는 것을 뜻한다. 따라서, 트래블룰과

---

17) FATF 2019 Guidance, Glossary 각주; 2019 Guidance par. 37 참조.

18) FATF 2019 Guidance par.114 참조. FATF는 신기술에 관한 권고기준 15에 대한 주석서(INR. 15) 문단 7(b)에 나와 있듯이, Recommendation 16에 명시된 요구사항들은 가상자산 이전(전송)에 관여하는 가상자산사업자나 모든 의무주체에게 적용되어야 한다고 하였다.

19) FATF가 권고기준 초안을 마련할 당시에 'wire transfer'(전신송금)이라는 용어를 사용했고, 우리나라 특정금융정보법 및 규정에서도 '전신송금'이라는 용어를 사용하고 있다(법 제5조의3, 영 제10조의3, 업무규정 제6절).

20) FATF 2019 Guidance par. 113 참조.

AML/CFT 의무를 이행해야 하는 사업자로서는, 가상자산의 '이전'을 위한 트랜잭션이 블록(원장)에 포함되기 전 단계부터 문지기(gateway keeper) 역할을 하며 가상자산이 들고나는 것에 간여할 수 있는지(통제 혹은 모니터링 범위에 있는지)가 매우 중요한 논점이 될 것이다. 블록체인의 특성상 이동을 시도하는 트랜잭션이 블록에 포함되는 그 시점에 가상자산 거래플랫폼 등 사업자가 어느 수준에서 파악할 수 있는지 혹은 관여할 수 있는지의 문제가 있다. 따라서, 고객으로부터 가상자산의 이전에 관한 지시를 받는 시점에, 그 수취하는 지갑의 소유 주체가 식별될 수 있는 자인지에 검토의 초점이 맞춰져야 한다고 본다.

개정법에 따른 시행령 개정안에서도 이 부분이 언급되었다. 즉, 가상자산 이전시 정보제공의 대상과 기준의 적용 범위와 관련하여, 그 이전이 사업자를 매개하는지 여부에 따른 규제 여부가 관심사였다. 금융위원회는 시행령 개정을 입법예고한 2020년 11월 3일자 보도자료에서, 개인간의 거래에는 규정을 적용하지 않으며, 사업자가 간여하여 송신·수취를 이행하는 경우에 규정을 적용할 예정이고, 사업자가 관리하는 지갑에서 보내는 경우 중 '식별이 안 된 개인의 지갑으로 이체는 금지'하겠다는 방침을 밝혔다.[21] 이전되는 가상자산을 수취하게 될 지갑에 대해 소유권과 통제권을 갖는 주체가 식별되지 아니하는 경우 그 지갑으로의 이전을 금지하겠다는 원칙의 표현이었다.

그러한 방향성은 FATF의 지침과도 관련이 있어 보인다. FATF는 2019 RBA Guidance에서, 가상자산 및 가상자산사업자의 활동이라는 맥락에서 회원국은 자국 내에서 인가받거나 운영되고 있는 가상자산사업자들에 대하여 그 사업자가 예컨대 익명성이 강화된 암호화폐(AECs), 믹서(Mixer), 텀블러(tumblr) 등 익명성을 강화하는 기술이나 가상자산 전송(송금)인, 수취인, 보유자, 실제소유자의 신원을 모호하게 하는 그 밖의 기술을 사용하는 활동에 관여하는 데에서 오는 제반 위험을 관리하고 완화할 수 있는지 확실히 고려하라고 권고하였다. 만약 가상자산사업자가 그러한 활동에 관여함으로써 제기되는 제반 위험을 관리하고 완화할 수 없다면, 그 사업자가 그러한 활동에 관여하도록 허용해서는 안 된다고 하였다.[22]

---

21) 금융위원회 보도자료(2020.11.3.), "가상자산 관련 「특정금융정보법 시행령」 개정안 입법예고", 5면 참조.

22) FATF 2019 Guidance par. 110 참조.

하지만, 실제 개정된 시행령 제10조의10(가상자산이전시 정보제공)이나 제10조의20(가상자산사업자의 조치) 어느 곳에도 입법예고 당시 보도자료에서 밝힌 그러한 내용은 반영되지 아니하였다.[23] 향후 명확하게 보완될 필요가 있는 부분이다.

그 밖에 가상자산 이전을 '영업으로 취급하는 행위'와 관련하여, 외국환거래법, 가상자산의 신탁, ICO(Initial Coin Offering), P2P 플랫폼이나 탈중앙화된 앱(DApp, Decentralized Application), 가상자산 담보대출 등의 경우를 어떻게 보아야 할지 추가로 살펴보기로 한다.

ⅰ. **외국환거래법 적용 여부.** 가상자산의 이전이라는 개념이 국경이라는 물리적 경계와는 관계없이 폭넓게 규정됨으로써 외국환거래법 관련 이슈가 제기될 소지는 없는지 검토할 필요가 있다. 현행 외국환거래법과 가상자산 관계는 명확하지 않지만, 가상자산을 매개로 하는 소액해외송금업의 수행은 실질적으로는 허용되지 않고 있는 상황이다. 그 허용 여부를 떠나 가상자산을 매개로 환전영업이나 소액해외송금업을 영위하게 될 경우, 그러한 영업자는 특정금융정보법상의 가상자산사업자에 해당할 소지가 있다. 가상자산을 매개로 외국환 영업을 하는 사업자는 외국환거래업자와 가상자산사업자라는 이중적 지위에서 특정금융정보법상의 관련 의무를 이행해야 하는 문제가 뒤따를 수 있다.[24]

ⅱ. **가상자산 신탁의 경우.** 가상자산이 신탁의 대상물이 되는 경우 그 신탁행위에는 가상자산의 '이전'이 수반되는 것인지, 아니면 '보관·관리'에만 해당하는지 그 검토가 필요하다. 통상적인 신탁의 법리에 의하면, 신탁행위는 신탁자산에 대한 소유권을 위탁자에서 수탁자로 이전하는 것을 그 하나의 요소로

23) 그러함에도 불구하고, 가상자산거래소들의 트래블룰 본격 시행을 앞두고, 가상자산의 이전이 허용되는 소위 '화이트 리스트'를 먼저 등록하도록 하면서, 메타마스크 지갑을 허용대상에서 제외하는 현상이 발생하고 있다(개인지갑이라 하더라도 '그 소유/통제 주체가 식별될 수 있다면 이전할 수 있다'는 원칙을 여러 방법으로 강구하기 보다는, 아예 제외하는 손쉬운 방법을 택한 것이라는 비판도 있다).

24) 외국환거래법상 '가상자산'에 관한 정의 규정은 없지만 소액해외송금업자 등에 대해 '가상자산'을 매개로 한 해외송금 업무 수행은 실질적으로 금지되고 있다. 외국환거래법에 명시적이고 직접적인 표현이 없는 '가상자산을 매개로 한 해외송금 업무'에 대해 특정금융정보법을 어떻게 적용할 것인지, 어떻게 포섭해야 할 것인지 논란의 여지가 있다. 외국환거래법상 환전영업자나 소액해외송금업자는 특정금융정보법상 '가상자산 이전을 영업으로 하는' 사업자라는 지위도 겸할 수 있기 때문이다. 현재 특정금융정보법 시행령에는 「외국환거래법」에 따른 등록 환전영업자 및 등록 소액해외송금업자가 '금융회사등'에 이미 포함되어 있기는 하다(영 제2조 제10호, 제12호).

한다.[25] 가상자산이 위탁자 지갑(계정)에서 신탁사업자의 지갑으로 이전되는 신탁이라면 소유권 변동을 수반하는 가상자산의 '이전'에 해당할 것이다.

단순한 관리형 신탁인 경우는 신탁의 범위가 좁아져, 외형상으로는 가상자산 자체 또는 가상자산에 대한 접근권(통제권)의 보관·관리를 맡기는 커스터디와 유사하지만, 가상자산이 지갑의 주소/계정을 바꾸면서 이동된다면 이 경우 역시 가상자산의 '이전'으로 볼 수 있을 것이다. 현행 자본시장법의 신탁업 관련 규정에서는 가상자산의 신탁이 허용되지 않고 있지만,[26] 만약 허용된다면, 특정금융정보법의 '가상자산 이전'과 관계된 영업행위에 관한 보충적인 규정이 필요할 것이고(신탁업과 커스터디업과의 관계 등), 신탁업자 역시 AML/CFT 관련 의무의 이행 주체인 '금융회사등'(자본시장법에 따른 신탁업자)에 포함될 수 있을 것이다.

iii. ICO를 통한 가상자산 등을 모집하는 경우. 새로 발행하는 가상자산(코인)을 주는 대가로 받는 자산을 가상자산으로 한정하고, 청약자는 모집자나 모집주선자 혹은 에스크로 계정(지갑) 관리자에게 가상자산을 보내는 경우가 있을 수 있다. 이 경우 모집주선자 등으로의 가상자산 '이전'이 있을 수 있고, 그러한 행위는 '가상자산을 다른 가상자산과 교환하는 행위'에도 해당할 수 있다. 모집된 후 에스크로 계정(지갑)에서 관리되던 가상자산이 신규 가상자산 발행인의 사용계획에 맞춰 그에게 전송되는 사례도 있을 것이다(미리 설정된 스마트 컨트랙트의 조건에 따른 전송 포함). 이러한 행위에 '영업으로' 간여하는 자가 있다면 특정금융정보법에 따른 가상자산사업자에 해당할 소지가 있다. 현행법에 따르면 '가상자산의 이전'을 영업으로 하는 사업자에 해당하겠지만, FATF가 가상자산사업자(VASP)의 여섯 번째(vi) 유형으로 명시하고 있듯이, '발행인의 가상자산

---

25) 신탁법

제2조(정의) 이 법에서 "신탁"이란 신탁을 설정하는 자(위탁자)와 신탁을 인수하는 자(수탁자) 간의 신임관계에 기하여 위탁자가 수탁자에게 특정의 재산(…)을 이전하거나 담보권의 설정 또는 그 밖의 처분을 하고 수탁자로 하여금 일정한 자(수익자)의 이익 또는 특정의 목적을 위하여 그 재산의 관리, 처분, 운용, 개발, 그 밖에 신탁 목적의 달성을 위하여 필요한 행위를 하게 하는 법률관계를 말한다.

26) 자본시장법

제103조(신탁재산의 제한 등) ① 신탁업자는 다음 각 호의 재산 외의 재산을 신탁할 수 없다.

1. 금전 2. 증권 3. 금전채권 4 동산 5. 부동산 6. 지상권, 전세권, … , 그 밖의 부동산 관련 권리 7. 무체재산권(지식재산권을 포함한다)

권유 및/또는 판매와 관계된 금융서비스에의 참여 및 동 서비스의 제공'을 영업으로 하는 자가 특정금융정보법 시행령에 추가로 명시될 수도 있을 것이다.[27)]

iv. **가상자산 P2P 거래플랫폼이나 탈중앙화된 앱**(DApp)**의 경우.** 가상자산의 이전은 그 교환 등을 중개하는 P2P 거래플랫폼이나 DApp을 통해서도 일어날 수 있다. 그러한 서비스 제공자는 가상자산의 매수·매도 호가를 제시해 주는 장(場)만을 제공하고, 당사자 간의 교환 등 거래는 외부의 장소에서 혹은 그 거래플랫폼 등이 관리하지 않는 개인지갑 등을 통해 이루어지게 할 수도 있다. 이 때 그 P2P 거래플랫폼 등의 운영을 실질적으로 통제하거나 영향력을 갖고 있는 자가 존재한다면 가상자산사업자의 범위로 포섭될 수 있을 것이다. FATF 역시 2021년 10월의 Updated Guidance에서 "소유자/운영자" 판단 기준("owner/operator" test)을 제시하면서, 탈중앙화된 거래플랫폼이나 DApp의 통제하거나 충분한 영향력을 행사하는 자가 특정되는 경우, 그러한 소유자나 운영자는 해당 플랫폼이나 소프트웨어를 출시하거나 사용하기에 앞서 가상자산사업자(VASP)로서 ML/TF 위험의 평가를 수행하고 그 위험을 관리하고 완화하는 적절한 조치를 취해야 한다고 하였다.[28)]

v. **가상자산 담보대출의 경우.** 현재는 특정금융정보법 시행령에 관련 규정이 없지만, 그 담보물이 금전이든 가상자산이든 관계없이 '가상자산을 대여하는 행위'(가상자산 담보대출)를 법 제2조 제1호 하목 6)의 규정에 따라 시행령에서 가상자산사업자의 행위로 추가할 수 있을 것이다. 담보물로 맡기거나 대여받는 가상자산 자체가 지갑주소 간에 이전된다면 역시 가상자산의 '이전'에 해당할 것이다. 하지만, 일부 사업모델에서처럼, 가상자산 자체는 블록체인(분산원장)이나 지갑을 통해 거래플랫폼 밖으로는 이동되지 않게 통제하는 형태로 담보대출을 취급하는 경우라면 가상자산의 실질적 이전은 없을 것이다. 가상자산을 담보로 금전등을 대출하는 영업이 「대부업법」의 적용대상이 될 수 있는지는 별론으로 한다.

vi. **가상자산 ATM 서비스업자의 경우.** ATM기를 통해 다양한 가상자산 관

27) 프랑스의 경우, 소위 「기업의 성장과 변화에 관한 액션플랜법」(Loi PACTE)을 통해 「통화금융법」(MFC)을 개정하면서 디지털자산 사업자에 관한 일반규정을 마련하였는데, 디지털자산 발행시장에서의 '인수업' 또는 '모집주선업'을 디지털자산 사업자의 한 유형으로 규정한 바 있다.

28) FATF, Updated Guidance (Oct. 2021), paragraph 66~69 참조.

련 서비스가 제공될 수도 있다. 가상자산 인출 서비스가 제공된다면 이 역시 지갑을 통한 이전이 수반되는 경우로 볼 수 있을 것이고, 가상자산 간의 교환 서비스가 제공되는 경우 역시 가상자산의 '이전'이 수반될 것이다. 실제의 가상자산 ATM기 서비스 태양에 따라서는 법 제2조 제1호 하목 1), 2), 3)에 해당할 수도 있고, 하목 6)의 위임에 따른 시행령의 규정에 따라 가상자산사업자의 행위 범위로 포섭될 수도 있을 것이다.

vii. 가상자산 거래플랫폼 내에서 고객의 가상자산 보유포지션의 변동. 거래플랫폼 내에서 고객의 가상자산 보유포지션의 변동을 가상자산의 '이전'이라는 관점에서 어떻게 취급할 것인가도 검토가 필요하다. 고객의 가상자산 보유포지션은 플랫폼 내에서 매매 · 교환에 따라 변동할 수도 있고, 플랫폼 안에서 밖으로 혹은 밖에서 안으로의 전송(이동)에 따라 변동될 수도 있다.

보유포지션이 플랫폼 내에서의 매매등에 따라 변동하는 경우는 '이전'으로 보기보다는 내부 원장의 기재변경으로 보는 게 적절할 것이다. 매도자와 매수자 간에 가상자산이 이전된다고도 볼 수 있겠으나, 이 경우는 블록체인을 통해 가상자산이 실질적으로 이동하는 것이 아니라 계정 간 보유분의 변경이 내부 원장(플랫폼 운영자가 제공 · 관리해 주는 지갑 주소)에 반영되는 것에 불과한 경우이기 때문이다.

다른 거래플랫폼 등으로부터 당해 플랫폼이 제공하는 고객 계정이나 지갑 주소로 가상자산이 전송(입고)되거나 당해 플랫폼의 고객 계정/지갑에서 다른 거래플랫폼 등 외부로 전송(출고)되는 경우는 고객의 보유포지션의 변동과 더불어 블록체인이나 분산원장을 통해 전자적 기록의 실질적인 '이전'(이동)이 수반되므로 당연히 가상자산의 '이전'에 해당한다.

위와 같은 문제들을 법적으로 명확하게 해결하려면, 가상자산의 이전이라고 하는 트랜잭션을 영업으로 지원하는 사업자 형태를 염두에 두고 정의 규정을 보완하는 것이 바람직할 것이다. 예컨대, 가상자산의 이전의 개념을 보충하고 '영업으로 하는'이라는 표현과 합하여 읽을 수 있도록, 가상자산 이전이란 "(다른 자연인 혹은 법인을 대리하여) 가상자산을 하나의 가상자산 주소 또는 계정으로부터 다른 주소 또는 계정으로 이전(동일인의 지갑에서 그 동일인이 보유하는 다른 지갑으로의 이전을 포함)하는 거래(트랜잭션)를 영업으로 수행하는 자"로 정의하면 족할 것이다. 이렇게 되면, FATF가 지침서에서 언급한, 블록체인 내에서 가상자산 전송(이전)을 중개·지원하는 중개형 가상자산사업자(intermediary VASPs)도 포섭할 수 있을 것이다.[29)]

4) 가상자산을 보관 또는 관리하는 행위(제2조 제1호 하목 4))

가상자산사업자가 수행하는 법 제2조 제1호 하목 4)의 행위는 '가상자산의 보관·관리 행위'이다. '가상자산'의 정의는 '전자적으로 거래 또는 이전될 수 있는 전자적 증표와 그에 관한 일체의 권리를 포함'하므로, 가상자산을 보관·관리하는 행위의 대상에는 가상자산 자체뿐만 아니라 가상자산에 접근하거나 통제할 수 있는 매체인 비밀키도 포함된다고 보아야 할 것이다.

FATF는 용어집(Glossary)에서 가상자산사업자(VASP)의 한 유형으로, "다른 자를 위하여 혹은 대리하여 가상자산 또는 가상자산에 대한 통제를 가능하게 하는 수단의 안전보관 및/또는 관리를 업으로 영위하는 자"라고 규정하고 있다. 가상자산의 '이전' 행위를 영업으로 하는 사업자가 '커스터디' 행위를 영업으로 동시에 수행하는 경우도 있을 것이다.

외국의 정의 규정 사례를 살펴보도록 한다. 개정 특정금융정보법과 FATF의 가이던스는 가상자산의 '이전' 행위와 '보관·관리' 행위를 구분하고 있지만, 일본의 자금결제법, 프랑스의 금융통화법은 이 둘을 구분하지 않고 가상자산 커스터디 비즈니스 범주에 하나로 묶고 있다. <참고6>는 FATF의 가이던스, 프랑스와 일본의 관련법에서의 정의 규정을 비교한 것이다.

---

29) FATF 2019 Guidance par. 118 참조. FATF는 가상자산 전송이라는 체인 내에서 중개적 요소로서 가상자산 전송을 지원해 주는 중개형 가상자산사업자(intermediary VASPs) 혹은 여타 중개형 의무주체들이 결부되는 가상자산 전송 시나리오가 있을 수 있다고 보고, 이들 중개기관 역시 모든 가상자산 전송을 국경간 전송요건에 부합하는 것으로 취급하는 등 권고기준 16의 요구사항을 준수하도록 확실히 하여야 한다고 하였다. 전통적인 중개 금융기관들이 전신송금에 수반되는 송금인 및 수취인 관련 요구정보 모두를 확보하고 있어야 하는 것처럼, 가상자산의 전송을 원활하게 지원하는 이들 중개형 가상자산서비스업자 역시 의심거래를 식별하고, 동결조치를 취하며, 거래제한대상자로 지정된 인물이나 단체와의 거래를 금지할 의무가 있고 필요한 기록을 유지하며 적절한 당국의 요청이 있으면 그 정보를 이용할 수 있도록 해야 한다고 하였다.

〈참고6〉 가상자산사업자 - 커스터디 업무 정의사례 비교

FATF 2019 Guidance Glossary	프랑스 통화금융법(MFC) Article L. 54-10-2	일본 자금결제법(2019) 제2조 제7항 4호
- VASPs 타인을 위하여 혹은 대리하여 다음 중 하나 이상을 업으로 영위하는 자	- **디지털자산서비스** 디지털자산 서비스에는 다음 서비스를 포함 * **커스터디업 사전 등록의무**	- **암호자산교환업** 다음의 행위 어느 하나를 업으로 행하는 것 * **암호자산의 관리**: 4)
3) 가상자산의 **이전*** * 그 의미를 주석에서 설명 4) 가상자산의 또는 가상자산에 대한 통제를 가능케 하는 수단의 안전 보관 및/또는 관리	1° 제3자를 위하여, 디지털자산의 보유, 저장 및 전송이라는 목적을 위해, 적절하게는 비밀 암호키의 형태로, 디지털자산 혹은 디지털자산에 대한 접근권을 수탁보관하는 서비스(custody service)	4) 타인을 위하여 **암호자산**의 관리를 하는 것(해당 관리를 업으로서 하는 것에 대하여 다른 법률에서 특별한 규정이 있는 경우를 제외) * 암호자산의 교환등에 관여하지 않고 암호자산만 관리

프랑스는 원칙적으로 디지털자산사업자(DASP)의 한 유형으로 '제3자를 위한 디지털자산의 수탁보관 서비스 제공자'를 규정하고, AML/CFT 이행의무를 부과할 목적에서 등록을 의무화한 바 있다.[30] 커스터디업은 "디지털자산의 보유, 저장 및 전송이라는 목적에서, 비밀 암호키 형태로 된, 디지털자산 혹은 디지털자산에 대한 접근권을 제3자를 위하여 수탁보관하는 서비스"라고 규정하고 있다.[31] 이와 함께, 커스터디사업자 및 제3자를 위한 디지털자산 포트폴리오 운용자를 제외한 다른 유형의 사업자는 제3자 전용지갑 관리, 암호화 비밀키 보관 서비스를 제공할 수 없도록 하고 있는 점이 특이하다. 프랑스는 앞서도 언급한 바와 같이, 일반사업자법 형태로 사업자의 제반 요건을 자세하게 정비하고 있는 것이 특징이다.

일본은 2019년 5월, 자금결제법 2차 개정시, 암호자산교환업에 "타인을 위해 암호자산을 관리하는 것(해당 관리를 업으로 하는 것에 관하여 타법에서 특별한 규정이 있는 경우를 제외)"이라는 커스터디업을 추가하였다.[32] 법문상 '암호자산의 이전'이라는 명시적 문구는 사용되지 않았지만, 암호자산의 매매등에 관여함

30) Loi PACTE Article 86 (Monetary and Financial Code Article L. 54-10-2).

31) Monetary and Financial Code Article L. 54-10-2; 통화금융법 시행령에서는 조금 더 자세하게 정의하고 있다: "1° 제3자를 위한 디지털자산의 수탁보관(custody) 서비스라 함은 제3자를 위하여, 분산원장 시스템에 등재된 디지털자산에 대한 접근수단을 통제하는 행위(act of controlling the means of access), 그리고 그 제3자의 이름으로 개설된 등록부(register)에 그자의 포지션을 기록하며 보관하는 행위(act of keeping a register of positions)를 말한다" (MFC Decree Art. D. 54-10-1 — 1°).

32) 일본 자금결제법 제2조 제7항.

이 없이 이용자의 암호자산을 관리하고 이용자 지시에 따라 지정주소로 암호자산을 이전하는 업무까지를 말하는 것으로 이해되고 있다. 이처럼 암호자산 커스터디업을 추가한 데에는, 자금결제법이 송금과 지급결제 서비스를 관장하는 법이긴 하지만, 암호자산 관련 지갑 서비스의 중요성이 높아졌고, 지갑 서비스 제공업체의 해킹 피해 등으로 이용자 보호의 필요성이 늘어났기 때문이다.

보충적으로, 예컨대 신탁업자와 같이 '가상자산의 매매 · 교환 사업자로부터 가상자산 관리를 위탁받은 자'가 있는 경우, 그 행위가 가상자산의 보관 · 관리 영업에 해당하는지 살펴보도록 한다. 최근 몇몇 가상자산거래소에서 발생한 해킹 피해 사례(핫월렛 보관자산 탈취 등)를 계기로 그 피해를 예방하기 위하여 가상자산거래소가 신탁업자에게 가상자산의 보관관리를 신탁하려는 수요가 발생하고 있다. 현행 법체계 하에서 이와 같은 가상자산 신탁업을 영위할 수 있는지, 이러한 신탁(수탁) 행위를 특정금융정보법 제2조 제1호 하목 4)의 가상자산 보관 · 관리 행위(영업)으로 볼 것인지 검토가 필요하다. 자본시장법에는 신탁업자가 신탁받을 수 있는 신탁재산에 '가상자산'이 포함되어 있지 아니하다.[33] 만약 자본시장법에서 '가상자산'을 신탁업자가 신탁받을 수 있는 신탁재산으로 허용하여, 가상자산 관리의 수탁 행위를 신탁업의 유형으로 허용한다면, 특정금융정보법에서는 '그러한 관리를 업으로써 행하는 것에 관하여 다른 법률에서 특별히 정하는 경우를 제외한다'는 규정과 더불어 가상자산사업자로서의 신고 규정 적용의 특례 등이 필요할 것이다. 현재로서는 그러한 허용 및 신고 규정의 적용 면제 등에 관한 규정이 없으므로, 특정금융정보법의 규정(가상자산사업자 정의, 신고, AML등 관련 의무)이 우선하여 적용될 것이다.

5) 위 1) 및 2)의 행위를 중개 · 알선 · 대행하는 행위(제2조 제1호 하목 5))

특정금융정보법 제2조 제1호 하목 1)과 2)의 행위를 고객의 상대방이 되어 직접 수행하는 경우는 자기매매업(dealing)에 해당하고, 그러한 행위를 중개 · 알선 · 대행하는 행위는 위탁매매중개업(brokerage)에 해당한다.

일본의 경우는 자금결제법에서 '암호자산의 매매/교환의 매개, 중개, 대리'를 암호자산교환업의 한 유형으로 규정하고 있다. FATF는 '제3자를 위하여 혹

33) 자본시장법 제103조(신탁재산의 제한 등) 제1항. 신탁업자는 금전; 증권; 금전채권; 동산; 부동산; 지상권, 전세권, 부동산임차권, 부동산소유권 이전등기청구권, 그 밖의 부동산 관련 권리; 무체재산권(지식재산권 포함) 외의 재산을 수탁할 수 없다.

은 대리하여'라는 서비스의 실질에 초점을 두어, '가상자산과 법정화폐 간의 교환', '1개 유형 이상의 가상자산 간의 교환'이라는 항목에 관련 서비스가 모두 포섭되도록 하고 있다. 프랑스는 PACTE법(기업의 성장과 변화에 관한 액션플랜법)을 통해 개정한 「통화금융법」(MFC)에서 추가로 "제3자를 위하여 디지털자산에 관한 주문을 접수하거나 전송하는 서비스"를 디지털자산 서비스의 한 유형으로 명시하고 있는 것이 특징이다.[34] 아울러, 디지털자산 관련 서비스업에 관한 일반법 형태로 제도화하고 있어 관련된 특별 영업행위 규칙까지 마련하고 있는 점이 특징이다.[35]

6) 그 밖에 가상자산과 관련하여 자금세탁행위와 공중협박자금조달행위에 이용될 가능성이 높은 것으로 대통령령으로 정하는 행위(제2조 제1호 하목 6))

가상자산사업자가 수행하는 가상자산거래를 법 제2조 제1호 하목 6)에서는 특정금융정보법 시행령에서 추가할 수 있도록 규정하고 있다. "가상자산과 관련하여 ML/TF 행위에 이용될 가능성이 높은 가상자산 관련 행위"를 추가할 수 있도록 한 것인데, 현재는 정한 바 없다. 이는 법 적용 대상을 '주요 가상자산사업자'에 한정하겠다는 금융위원회(금융정보분석원)의 입장이 반영된 것으로 볼 수 있다.

그러나, FATF의 사업자 유형 분류 등의 사례로 볼 때, ML/TF 위험도를 고려하여 추가할 행위가 있을 수 있다. 이는 곧 AML/CFT 관련 의무를 이행할 주체를 어느 범위까지 확장할 것인지에 대한 정책적 판단의 문제이기도 하다. 아래와 같은 행위 유형이 추가될 수 있을 것으로 본다.

ⅰ. 가상자산 발행시장에서 가상자산의 모집·매출, 주선 혹은 중개 등을 적극적으로 지원하면서 포괄적으로 가상자산의 인수를 영업으로 하는 자. 가상자산(이를 취득할 수 있는 권리를 포함)의 모집·매출과 관련하여, 이를 후속 판매할 목적으로 그 발행자로부터 대가를 받고 가상자산을 인수(총액인수 등의 방법으로)하거나 가상자산의 모집·매출(청약의 권유 등)을 주선하거나 중개하는 행위가 있을 수 있다. 이를 영업으로 하면 사업자에 해당한다고 규정할 수 있을 것이다. 가상자산 역시 발행시장이 존재할 경우(발행자 특정을 포함), 발행시장에서의 인수 등의 영업행위는 증권 발행시장에서의 인수업[36]과 유사하며, 특정금융정보

34) Loi PACTE Article 86; 통화금융법(Monetary and Financial Code) Art. L. 54-10-2 — 5°a) 및 동시행령 Art. D. 54-10-1 — 5°-1.

35) AMF General Regulation Article 722-16~19; Article 722-25 참조.

36) 자본시장법에서는 "인수"란 제삼자에게 증권을 취득시킬 목적으로 1) 그 증권의 전부 또는

법 제2조 제1호 하목 1)과 2) 및 5)의 가상자산의 '매매 · 교환 · 중개 등' 유통시장에서의 행위와 구분될 수 있는 행위일 것이다. 만약 가상자산 인수 등의 행위도 ML/TF 행위에 이용될 위험성이 높다고 본다면, AML/CFT라는 목적을 위해 특정금융정보법 시행령에서 가상자산사업자가 수행하는 행위의 하나로 추가될 수 있을 것이다.

FATF는 '증권 발행에 참여하면서 발행 관련 서비스를 제공하는' 증권인수업자와 유사한 영업 행태가 가상자산이라는 맥락에서도 있다고 보았고, 가상자산사업자(VASP) 유형 항목 (v)에서 "발행인의 가상자산 권유 및/또는 판매와 관계된 금융서비스에의 참여 및 동 서비스의 제공을 영업으로 하는 자"를 포함하고 있다. 프랑스 역시 개정 「통화금융법」(MFC)에서 '디지털자산 인수, 총액인수방법의 모집, 총액인수 방법 외의 모집' 등으로 행위를 세분화, 각각 제3자를 위한 디지털자산 서비스 유형에 포함하고 있다. 일본은 금융상품거래법에서 수익배분형 암호자산(증권형 토큰)을 금융투자상품으로 포함하였는데, 우리나라도 이와 같은 자산을 금융투자상품의 디지털 버전으로 포섭하게 된다면, 이를 매개로 하는 자금조달 행위 역시 그 실질로 보아 증권 발행규제와 금융투자업(증권인수) 행위규제와 유사한 규제 장치를 마련할 수 있을 것이다. 그렇게 될 경우, 가상자산 관련 인수 등의 서비스를 제공하는 사업자는 특정금융정보법의 '금융회사 등'에 포함될 수 있을 것이다.

ii. **가상자산 대여를 영업으로 하는 사업자**. 차주에게 대여된 가상자산이 이후 어떻게 활용되는지 자산(자금) 이동의 흐름에 대해 AML/CFT 목적상 고객확인 등의 의무를 이행하게 할 필요성이 있다면, 가상자산 대여 사업 역시 가상자산사업자가 수행하는 행위의 한 유형으로 추가될 수 있을 것이다. 현재로서는, 가상자산을 담보로 받고 법정화폐인 '금전'을 대여하는 행위를 영업으로 하게 되면 대부업법의 규제를 받게 된다. 이 경우 자산규모 500억원 이상인 등록 대

일부를 취득하거나 취득하는 것을 내용으로 하는 계약을 체결하거나, 2) 그 증권의 전부 또는 일부에 대하여 이를 취득하는 자가 없는 때에 그 나머지를 취득하는 것을 내용으로 하는 계약을 체결하는 행위를 하거나 그 행위를 전제로 발행인/매출인을 위하여 증권의 모집/사모/매출을 하는 것이라 규정하고 있고(자본시장법 제9조 제11항), "인수인"이란 증권을 모집/사모/매출하는 경우 인수를 하는 자라고 규정하고 있다(제9조 제12항). 미국 증권법(Securities Act of 1933) Section 2(a)(11)의 경우 "underwriter"를 "any person who has purchased from an issuer with a view to ... the distribution of any security"(특정 증권의 분매를 할 목적으로 발행인에게서 증권을 매수한 자 일체)라고 규정하고 있다. 분매하려면 공개적 권유(공모)가 필요하므로('distribution' requires a 'public offering') 판례에서는 '분매'를 '공모'와 동의어로 본다.

부업자는 이미 특정금융정보법상의 의무이행 주체인 '금융회사등'에 포함되어 있다(영 제2조 제14호).

3. 가상자산사업자의 범위(법 제2조 제1호 하목)

특정금융정보법 제2조 제1호 하목에서는 가상자산사업자란 "❶ 가상자산의 매도 · 매수 행위, ❷ 다른 가상자산과의 교환 행위, ❸ 가상자산 이전 행위, ❹ 보관 · 관리 행위, ❺ ❶ · ❷ 행위를 중개 · 알선 · 대행하는 행위를 영업으로 하는 자"라고 규정하고 있다. 제1호 하목 6)에서는 "그 밖에 가상자산과 관련하여 자금세탁행위와 공중협박자금조달행위에 이용될 가능성이 높은 것으로서 대통령령으로 정하는 행위"를 추가하는 형식을 취하고 있다. 현재 동법 시행령에서는 별도의 행위를 추가하지 않고 있으므로, 특정금융정보법의 적용 범위는 제2조 제1호 하목에 열거된 가상자산사업자로 국한되어 있다.

가. 영업으로 하는 자(제2조 제1호 하목 본문)

특정금융정보법 제2조 제1호 하목 본문은 하목 1)부터 6)에 해당하는 가상자산거래를 '영업으로' 하는 자를 가상자산사업자라 규정하고 있다. 일본처럼 영업으로 하는 '**것**'을 '가상자산**사업**'으로 하고, '**신고한 자**'를 '가상자산**사업자**'로 보는 구조는 아니다. 어떤 사업자가 **영업행위로서**, '고객을 위하여 혹은 그를 대리하여' 금전을 받고 그에 대한 대가로 가상자산을 판매하거나 금전을 지급하고 가상자산을 매입하거나, 가상자산과 또 다른 가상자산을 교환하거나, 가상자산을 전자적 방식으로 이전하거나, 가상자산을 맡아 보관 · 관리해 주거나, 이러한 행위를 중개 · 알선하는 행위를 하는 경우 그자는 특정금융정보법 제2조 제1호 하목에 따른 가상자산사업자에 해당한다.

어떤 행위 혹은 서비스를 '영업으로' 한다는 의미는 영리를 목적으로, 그 행위를 상당한 정도의 계속성 · 반복성을 갖고 직접적인 재정적 편익이라고 하는 보수를 취하기 위해 하는 행위 혹은 서비스 제공 행위로 보는 것이 일반적이다.[37][38]

---

37) 「금융소비자보호법」(2020.3.24. 공포, 2021.3.25. 시행) 제2조 제2호에도 예시적인 표현이 있다.

2. "금융상품판매업"이란 **이익을 얻을 목적으로 계속적 또는 반복적인 방법으로 하는 행위로서** 다음 각 목의 어느 하나에 해당하는 업 … 다만, …(중략)… 대통령령으로 정하는 것은 제외.

가. 금융상품직접판매업: **자신이 직접 계약의 상대방으로서** 금융상품에 관한 **계약의 체결을 영업으로 하는 것** 또는 … (하략)

나. 금융상품판매**대리 · 중개업**: 금융상품에 관한 **계약의 체결을 대리하거나 중개하는 것**

형식적인 문구로만 비교해 보면, 가상자산사업자를 정의하고 있는 특정금융정보법과 FATF 가이던스의 문구는 약간 차이가 있다. 개정법 제2조 제1호 하목 본문은 가상자산사업자를 "가상자산과 관련하여 다음 1)부터 6)까지의 어느 하나에 해당하는 행위를 영업으로 하는 자"라 정의하고 있으나, FATF는 VASP를 정의하면서 "다른 자연인이나 법인을 위하여 혹은 대리하여 … 업으로서 … "[39] 라는 문구를 사용하고 있다. 하지만 '영업으로'라는 표현은 결국 FATF가 가이던스에서 사용한 표현과 같은 의미가 함축되어 있다고 봄이 타당할 것이다. '영업으로' 한다는 개념에는 관련 서비스를 이용하는 상대방인, 서비스 이용 대가를 지급하는 '고객'의 존재가 전제되어 있기 때문이다.

한편, 규정의 형식이 하목 1)부터 6)의 '가상자산 관련 행위 자체'(가상자산거래)와 '이를 영업으로 하는 주체'(가상자산사업자)를 구분하는 것이어서, 행위주체가 사업자인지를 판단하려면 '관련 행위 자체'를 하는 주체와 관련 행위를 '영업으로 하는' 주체를 구분할 필요가 있다. 즉, 하목 1)부터 6)의 가상자산 관련 행위를 하는 주체가 누구인지가 아니고, 그러한 가상자산거래 행위를 '영업으로 하는 자가 누구인가'에 초점이 맞춰져야 할 것이다.

제2조 제1호 하목 본문의 '영업으로 하는 자'라는 표현을 빼고, 하목 1)부터 6)의 행위만으로 보면 그러한 행위를 하는 주체는 가상자산사업자로 한정되

을 영업으로 하는 것

38) 참고로 영국 FCA는 AML/CTF 목적을 위해 암호자산사업자에 대해 등록제도를 시행(2020.1.10.)하면서, 암호자산 활동이 '영업으로'(by way of business) 행해지고 있는지는 사안별로 판단하게 된다면서 (1) 영업의 일환으로 서비스를 제공하는 것이라고 광고 또는 활동하거나 주장하고 있는지(commercial element); (2) 서비스 제공에 따른 직간접적인 대가를 수취하고 있는지(commercial benefit); (3) 암호자산 활동이 사업에서 차지하고 있는 비중이 어느 정도인지(Relevance to other business); (4) 암호자산 활동 수행의 빈도가 어느 정도인지(regularity/frequency) 등 4가지 요소를 감안할 것이라고 밝힌 바 있다. FCA(2020.1.10.), "Cryptoassets: AML/CTF regime: Register with the FCA" 참조.

39) FATF 2019 Guidance (Glossary).

Virtual asset service provider means any natural or legal person who is not covered elsewhere under the Recommendations, and as a business conducts one or more of the following activities or operations for or on behalf of another natural or legal person:

1) exchange between virtual assets and fiat currencies;
2) exchange between one or more forms of virtual assets;
3) transfer of virtual assets;
4) safekeeping and/or administration of virtual assets or instruments enabling control over virtual assets; and
5) participation in and provision of financial services related to an issuer's offer and/or sale of a virtual asset.

지 않고, 가상자산을 매도·매수·교환 등을 하는 '누구나'일 수 있다. 보통명사형의 가상자산거래는 다양하게 있을 수 있고, 어떤 행위의 결과가 귀속되는 본인을 행위 주체로 본다면 누구나 가상자산의 매도 등을 할 수 있으며, 가상자산을 매매하는 등의 행위 주체는 거래플랫폼 이용자(고객) 또는 가상자산 발행인, 또는 본인으로서 자신을 위해 하는 사업자 자신일 수도 있다. 그러나 AML/CFT 관련 의무를 이행하라는 주체를 규정하고 있는 특정금융정보법의 관점에서는 가상자산사업자는 그러한 가상자산거래 행위를 영업으로 하는 자이다. 이 점을 명확히 하려면, '가상자산거래'를 '가상자산사업자가 수행하는 제1호 하목 1)부터 6)까지의 어느 하나에 해당하는 것'이라고 규정하고 있는 특정금융정보법 제2조 제2호 라목의 규정 방식이 보완될 필요가 있어 보인다. 일본의 경우 자금결제법에서는 '교환등'과 '관리'라는 행위를 구분한 뒤, 이러한 행위를 영업으로 하는 것을 '암호자산교환업'이라 하고, 금융청에 교환업을 등록한 자를 '교환업자'라 정의하고 있다.

요컨대, 특정금융정보법상의 가상자산사업자 해당 여부 판단은 법 제2조 제1호 하목 본문의 표현 및 하목 1)부터 6)을 합하여 읽어야 한다. 고객 등 제3자가 1)부터 6)의 가상자산 관련 행위를 할 수 있게 가상자산 관련 서비스를 제공하면서 계속·반복적인 대가를 얻을 목적으로 영업을 하는 자가 가상자산사업자인 것이다.

이렇게 보면, 특정금융정보법상 AML/CFT 관련 의무를 이행할 의무주체는 가상자산거래를 하는 누구나가 아니라, 가상자산거래 행위를 '영업으로' 취급하는 사업자이다. FATF는 2019 Guidance에서, 가상자산 활동에 종사하는 자연인 혹은 법인의 가상자산사업자 해당 여부는 그자가 가상자산을 어떻게 사용하고 있는지 그리고 누구의 편익(benefit)을 위해 사용하고 있는지에 달려있다고 하였다.[40] 이는 곧 그자가 가상자산 관련 행위(서비스)를 '영업으로' 하고 있는지 아닌지에 초점을 두어야 하고, 영리 목적의 정규적 비즈니스로서 계속·반복적으로 수행하지 않거나 그러한 행위를 대리해 주는 대가로 상대방에게서 보수를 취하지 않는 자 혹은 그의 행위는 가상자산사업자 혹은 가상자산사업자의 행위에 해당하지 않는 것으로 보아야 한다는 의미이다.

어떠한 경우가 '영업으로' 하는 행위에 해당하지 않는지 살펴보도록 한다.

40) FATF 2019 Guidance, par. 46 참조.

먼저, 개인적으로 지인에게 가상자산에 관한 조언을 하되 아무런 대가나 편의를 받지 않는다면 '영업으로 하는 행위'라는 요건을 구성하지 않는다. 그러나 가상자산거래와 관련하여 조언자임을 스스로 표방하고 사람들에게 가상자산의 매도·매수 또는 교환에 관하여 계속·반복적으로 자문해 주고, 중개 혹은 알선의 대가를 받거나, 가상자산 발행인으로부터 어떤 편익을 수취하고 있다면 그는 하목 5)의 알선 등의 행위를 영업으로 하는 가상자산사업자에 해당할 것이다.

새로 발행하는 가상자산(코인등)을 취득하라고 권유하면서 가상자산이나 금전을 받는 행위인 소위 ICO(신규 코인 공개)의 경우는 어떠한가? 지금까지 ICO 전면 금지를 밝혀 온 정부 방침은 별론으로 하고, 가상자산사업자 해당 여부를 살펴보기로 한다.

일반적으로 ICO는 새로운 프로젝트를 위해 초기 후원자들로부터 자금(자산)을 조달하는 수단이고, 다양한 자들이 참여한다. 가상자산 발행인 중에는 일회성 발행에 그치는 자도 있고, 영리를 목적으로 즉 매도를 목적으로 반복적으로 발행하는 자도 있을 수 있다. ICO에서는 가상자산 청약자(프로젝트 투자자)들 외에도, 컨설팅 제공 대가로 토큰을 취득하는 자, 새로운 가상자산의 발행과 취득청약의 권유(offering) 혹은 판매를 적극적으로 지원하는 서비스 제공자, 새로 발행될 가상자산과의 교환이나 이와 관련된 전송(이전) 서비스 제공자 등이 있을 수 있다. 통상 가상자산 관련 사업자로 지칭될 여지가 있는 이러한 자들이 특정금융정보법상 (고객을 상대로) '영업으로 하는 자'인지 해당 여부는 그 행위의 특성과 목적에 따라 개별적으로 살펴볼 수밖에 없을 것이다.

'가상자산 발행인'의 경우, 영리를 목적으로 서비스 제공과 대가 수수 행위를 계속·반복하는 경우가 아니라면, 보통은 가상자산사업자로 불릴지언정, 특정금융정보법상 '영업으로 하는' 가상자산사업자로서의 요건을 구성하기는 어렵다고 보아야 할 것이다. 특정 사업이나 프로젝트에 필요한 자금이나 자산을 마련하고자 청약을 직접 권유하는 발행인의 경우, 법 제2조 제1호 하목 1) 혹은 2)의 행위 즉, 법정화폐를 받고 새로운 가상자산을 지급(매도/판매)하는 행위, 가상자산을 받고 새로 발행되는 가상자산을 지급(교환)하는 행위를 하는 주체로 볼 수 있다. 그러나, '영업으로 하는 자'인지의 관점에서 보면, 가상자산을 발행하는 발행인의 발행 및 청약권유 행위 자체는 서비스의 계속·반복적 제공 및 보수의 수취라는 측면의 영업행위로 보기 어렵다. 따라서 '발행인' 혹은 '발행인의 행위'를 '가상자산사업자' 혹은 '가상자산사업자의 행위'라고 보는 것은 상당한 무리가 따른다. 사업자의 고객에 불과한 자를, 가상자산거래 행위 주체이니 가상자산사업자라고 비약할 수는 없겠다. 이는 마치 자본시장법에서 모든 증권업자(금융투자업자)에게 적용되는 규제가 증권(주식, 사채권)을 발행하여 자금을 조달하는 일반 주식회사에도 적용되어야 한다고 무리한 주장을 펴는 것과 같다. 증권의 발행인에게는 공시의무(증권신고서 제출, 계속 공시 등)를 부과하는 것으로 족하고, 금융투자업자로 볼 수는 없는 것과 같은 이치이다.

가상자산 발행인에 대해서도 증권 발행인과 유사한 공시의무를 부과할 필요성이 있다면, 가상자산의 특성을 고려하여 가상자산 발행인에 대해서도 CDD 등 AML/CFT 관련 의무를 이행하도록 할 필요가 있다면 적절하고 명확한 방식으로 요구하는 것이 바람직할 것이다. 그리고 적용의 범위도 그러한 의무를 이행할 주체가 '특정'될 수 있는 경우로 좁혀져야 하고, 특정되지 않는(완전히 탈중앙화된) 경우는 적용에서 제외되어야 할 것이다. 또한, 필요하다면 가상자산 발행인에 대하여는 CDD 등 의무를 이행해야 할 가상자산 관련 사업자를 거치는 프로세스를 통해 규율하거나 별도의 특칙 조항을 두어 AML/CFT 관련 의무를 부과하는 방식도 고려할 수 있을 것이다. 프랑스의 「통화금융법」(MFC) 사례를 보면, 디지털자산 발행인(token issuer)을 별도로 규정하면서 이들에 대해서도 AML 관련 의무를 이행하도록 하고 있다.

새로 발행되는 가상자산에 대한 취득청약 권유의 대행은 발행인의 경우와 다르다. 청약권유 대행을 영업으로 하는 자의 행위는 당연히 법 제2조 제1호 하목 1)과 2)의 행위에 해당할 수 있다. 발행인의 자금조달과 새로운 가상자산 발행(교환) 행위를 알선·주선·대행해 주는 자라면 영업으로 하는 사업자로 보지 아니할 이유가 없는 것이다.

FATF는 2019 Guidance에서 가상자산의 발행, 청약권유, 또는 판매와 관련한 서비스를 제공하는 자를 가상자산사업자(VASP) 항목(item) (v)에 포함하고 있다. 예컨대, 가상자산을 발행자로부터 재판매 목적으로 매수하거나, 매수 주문과 청약자금을 접수하는 등의 방식으로 가상자산의 청약과 발행 및 거래를 원활하게 지원하고, 그 자금이나 자산을 분배하는 서비스를 제공하는 자라면, VASP에 관한 정의 항목 중 (ⅰ) 법정화폐와 가상자산 간의 교환, (ⅱ) 가상자산 간의 교환, (ⅲ) 가상자산의 이전, 또는 (ⅴ) 가상자산에 대한 발행자의 청약권유 및/또는 판매와 관련한 금융서비스에 간여하거나 동 서비스 제공을 영업으로 하는 사업자에 해당할 여지가 크다.[41] 영국의 금융감독청(FCA)도 금전과 암호자산 간의 교환·매매나 암호자산 간의 교환 혹은 암호자산 교환 자동화기기(ATM) 서비스를 제공하는 사업자로서 관련 암호자산을 발행하는 경우를 암호자산사업자의 범위에 포함하여 AML 관련법에 따른 등록을 의무화한 바 있다.

정리하면, 특정금융정보법 제2조 제1호 하목 본문, 하목 1)부터 5) 및 6)의 보충적 문구를 종합적으로 고려하면, 하목 전체는 ML/TF 행위에 이용될 위험이 큰 가상자산 관련 영업행위를 열거한 것으로 보아야 할 것이다. 법의 목적 자체가 일정한 가상자산거래를 영업으로 하는 가상자산사업자에게, 그리고 이러한 사업자와 고객 관계를 수립하는 금융회사에 대해 AML/CFT 관련 의무를 부과하려는 것이기 때문이다.

만약 법규준수 환경이 좀 더 투명해지도록 특정금융정보법 시행령에서 가상자산을 발행·매도하는 업체, 가상자산의 발행을 알선·대행 등으로 지원해주는 업체, 가상자산 투자 포트폴리오 운영업체, 가상자산 투자회사 등을 예시한다면 가상자산사업자 해당 여부가 좀 더 명확해질 수는 있을 것이다.

나. 신고대상 가상자산사업자(신고 매뉴얼 기준)

금융위원회(금융정보분석원)는 시장의 혼란을 방지하고 신고대상 사업자의 범위를 명확히 하기 위하여 가상자산사업자 신고매뉴얼에 가상자산사업자에 관하여 세부적으로 규정하고 있다. 이를 살펴보면 다음과 같다.

1) 가상자산거래업자(❶ 가상자산의 매도·매수, ❷ 다른 가상자산과의 교환, ❸ 가상자산 이전행위, ❹ 보관·관리, ❺ ❶·❷ 행위의 중개·알선 행위를 전부 수행)

가상자산거래업자는 가상자산 매매·교환 등을 중개·알선하기 위하여 플랫

41) FATF 2019 Guidance par. 42 참조. 개정 특정금융정보법 제2조 제1호 하목 1)~5)에는 명시되어 있지 않지만, FATF는 VASP(가상자산사업자)의 유형에 "v) 발행인의 가상자산 권유 및/또는 판매와 관계된 금융서비스에의 참여 및 동 서비스의 제공"을 명시하고 있다. FATF가 VASP 유형 v)를 명시한 이유는, 가상자산 맥락에서 행해지는 활동 중, 이전의 국제표준(FATF Recommendation)에서 금융기관의 행위 유형으로 포함된 것과 유사한 활동을 포섭하기 위한 것이다. FATF는 2012년 채택하고 2019년 6월 업데이트한 「자금세탁과 테러자금 조달 및 대량살상무기확산 자금조달 대응을 위한 국제표준」의 용어편(Glossary)에서, "증권 발행에의 간여 및 그러한 발행과 관계된 금융서비스의 제공"(*participation in securities issues and the provision of financial services related to such issues*)을 금융기관의 8번째 행위(Activity 8) 항목으로 명시한 바 있다.

폼을 개설하고 운영하는 사업자로서 가상자산 취급업, 교환업, 거래소 등으로 통용되고 있다. 일반적으로 가상자산거래업자는 ❺ 가상자산의 매도 · 매수(예: 현금과의 교환) 및 가상자산 간의 교환을 중개 · 알선하거나 대행, ❸ 가상자산을 이전하는 행위 등의 기능을 함께 수행하는 것으로 판단되는바, 가상자산거래업자가 사업자 신고를 위해 신고서를 작성하는 단계에서는 위 각 행위 모두를 수행하는 것으로 신고하여야 할 것이다.

가상자산사업자 신고 심사 매뉴얼에 따르면 다음의 경우는 가상자산사업자에서 제외될 수 있다.

- **단순히 매수 · 매도 제안을 게시할 수 있는 장(場)만을 제공하는 경우**

예컨대, 단순히 이용이 가능한 가상자산이 있다는 사실만 게재하는 게시판을 운영할 뿐, 당사자들 간의 거래는 개인 지갑이나 그 게시판 관련 회사의 지갑이 아닌 별도 지갑을 통해 이뤄지는 경우이다.

- **단순히 가상자산의 거래에 대한 조언이나 기술을 제공하는 경우**

2) 가상자산보관업자(❸ 가상자산 이전행위,[42] ❹ 보관 · 관리를 수행)

가상자산보관업자란 타인을 위하여 가상자산을 보관 · 관리하는 행위를 영업으로 하는 자로서, 일반적으로는 그 업무는 가상자산 커스터디, 수탁사업 등으로 통용되고 있다. 법 제2조 제1호 하목의 예시 중 ❹ 가상자산을 보관 · 관리하는 행위를 주된 업무로 수행하는 사업자를 의미하지만, 가상자산의 이전업무도 부수적으로 함께 수행하는 것이 일반적이다.

가상자산사업자 신고 심사 매뉴얼에 따르면 다음의 경우는 제외될 수 있다.

- **사업자가 개인 암호키 등을 보관 저장하는 프로그램만 제공할 뿐 개인 암호키에 대한 독립적인 통제권을 가지지 않아 가상자산의 이전 · 보관 · 교환 등에 관여하지 않는 경우**

개인 암호키에 대한 독립적인 통제권이 관건인데, 위 경우에는 프로그램을 공급하는 사업자는 가상자산사업자가 아니지만, 제3자가 개인 암호키 등을 보관 · 저장하는 프로그램을 공급받아 개인 암호키를 보관하면서 가상자산의 이전

42) 신고 심사 매뉴얼 상으로는 보관관리를 수행하는 사업자로 표시하고 있으나 신고서 제출 및 수리 단계에서는 실제 수행하는 모든 업무를 기준으로 신청서를 작성하도록 권고하고 있다. 보관업자 역시도 신고 신청서 작성 단계에서는 결국 보관 중인 가상자산을 요청에 따라 개인지갑 등으로 이전해야하는 경우가 발생하므로 "가상자산 이전행위"도 수행하는 것으로 보고 신청서에 기재할 필요가 있다.

및 보관에 직접 관여한다면 그자는 당연히 가상자산보관업자에 해당할 것이다.

3) 가상자산 지갑서비스업자(❸ 가상자산 이전행위, ❹ 보관·관리를 수행)

가상자산 지갑서비스업자란 일반적으로 가상자산의 보관·관리와 이전에 관한 서비스 등을 제공하는 사업자로서, 중앙화 지갑 서비스, 수탁형 지갑 서비스, 월렛 서비스 등으로 통용되는 자를 말한다. 특정금융정보법에 규정된 ❸ 가상자산의 이전, ❹ 가상자산의 보관·관리 행위를 주된 업무로 수행한다.

가상자산사업자 신고 심사 매뉴얼에 따르면 가상자산 지갑서비스의 경우에도 ① 가상자산 거래업자, ② 가상자산 관리보관업자와 동일하게 다음과 같은 경우는 제외될 수 있다.

i) 단순히 매수·매도 제안을 게시할 수 있는 장(場)만을 제공하는 경우, ii) 단순히 가상자산의 거래에 대한 조언이나 기술 서비스를 제공하는 경우, iii) 사업자가 개인 암호키 등을 보관·저장하는 프로그램만 제공할 뿐 독립적인 통제권을 가지지 않아 매도·매수 교환 등에 관여하지 않는 경우, iv) 콜드월렛(가상자산 개인 암호키를 보관하는 기기) 등 하드웨어 지갑서비스 제조자의 경우 등

4) FATF 가이던스에서 정한 가상자산사업자 범위와 비교[43)]

FATF가 2021년 10월 개정 발표한 Updated Guidance에는 언급되어 있으나 현행 특정금융정보법과 가상자산사업자 신고매뉴얼에는 언급되어 있지 아니한 사업자 중 대표적인 것이 분산금융(DeFi) 사업자와 대체불가토큰(NFT) 사업자

43) (가이던스의 예시) 가상자산 사업자로 포함되는지 여부
① 사업자에 포함되는 경우
- 가상자산 교환 및 이전 서비스
· 대가를 받고 가상자산 ↔ 법화, 다른 가상자산, 귀금속 간 교환을 적극적으로 촉진하는 서비스
· 사업모델은 현금, 신용카드, 가상자산 등 여러 지급수단을 수용
· 키오스크 제공자(예 : bitcoin ATM, 벤딩머신)
· 가상자산 에스크로 서비스(스마트계약 기술 관련 서비스 포함)
· 중개서비스(가상자산 발행 및 거래를 촉진)
· 주문체결서비스(order-book exchange service)
· 선진 거래서비스(가상자산 포트폴리오 매입, 마진 거래 · 알고리즘 거래 등)
- 가상자산 지갑 제공자 : 지갑 관리자(host), 다른 자연인과 법인의 가상자산/지갑, 개인키에 대해 보관·통제하는자 등
② 사업자에 포함되지 않는 경우 : 업이 아닌 개인을 위한 사용
- P2P 개인간 거래 플랫폼
- 개인이 가상자산으로 자신을 위해 재화·서비스를 구매하는 경우
- 시장에서 판매할 수 없는 항공마일리지, 신용카드 포인트(award) 등
- 단순 S/W 개발업자, 지갑 제조업자 및 비 보관 지갑 등

이다.

앞서 언급하였듯이, Updated Guidance는 "소유자/운영자"(owner/operator)라는 기능적 판단 기준을 채택하여, DeFi 프로젝트가 완전 자동화되어 있고 소유자/운영자의 통제 밖에서 작동하는 등 완벽하게 탈중앙화된 구조에 해당하면 이는 프로그램에 불과하여 그 프로그램 공급자를 가상자산사업자로 볼 수 없을 것이나, 해당 프로젝트가 탈중앙화된 것처럼 보여도 그 개발자(creator), 소유자 혹은 운영자가 해당 DApp에 대하여 통제권이나 충분한 영향력을 유지하고 있다면 DeFi에 대해 통제권을 행사하는 그 자를 가상자산사업자로 볼 여지가 있다고 언급하고 있다.[44] 소유자/운영자로서 통제권을 나타내는 지표에는 그 프로젝트에 대해 통제권을 행사하거나 이용자들과 지속적인 관계를 유지하는 것이 포함된다.[45] FATF는 회원국이 그러한 기준을 폭넓게 해석하고, 그 소유자/운영자들은 그 소프트웨어나 플랫폼을 출시하거나 이용하도록 하기에 앞서 ML/TF 위험평가를 수행하고 이러한 위험을 지속적인 기반으로 관리하고 완화하기 위한 적절한 조치를 취해야 한다고 권고하고 있다. 한편, 미국 증권거래위원회(SEC)의 겐슬러(Gary Gensler) 위원장은 DeFi 사업자의 경우 중앙화된 요소가 있다면 증권법의 규제대상에 해당할 여지가 있다고 밝힌 바 있다.[46]

4. 금융거래등의 정의(제2조 제2호)

특정금융정보법 제2조 제2호에서는 금융거래등에 대하여 정의하고 있다. 이 중 가상자산사업자는 법 제2조 제2호 가목에서 정의된 금융거래등의 행위 및 제2조 제2호 라목에서 정의된 가상자산거래를 할 경우에 본 법의 적용을 받

44) A DeFi application (i.e. the software program) is not a VASP under the FATF standards, as the Standards do not apply to underlying software or technology (see paragraph 82 below). However, creators, owners and operators or some other persons who maintain control or sufficient influence in the DeFi arrangements, even if those arrangements seem decentralized, may fall under the FATF definition of a VASP where they are providing or actively facilitating VASP services.

45) 이른바 DeFi의 소유자/운영자 판단 기준으로 예시된 것은 다음과 같다: 해당 자산이나 프로토콜 자체에 대해 통제권을 갖고 있는 자나 업체가 있는지; 비록 스마트 컨트랙트를 통해 행사되긴 하지만 본인과 고객들 간에 상업적 관계가 있는 자나 업체가 있는지; 고객들에게 그 서비스를 제공하면서 수익을 취하는 자나 업체가 있는지; 그 밖에 소유자/운영자로 볼 다른 지표는 없는지이다.

46) https://www.wsj.com/articles/cryptos-defi-projects-arent-immune-to-regulation-secs-gensler-says-11629365401?mod=hp_lead_pos10.

게 된다. 이 "금융거래등"의 범위가 특정금융정보법 제7조 제3항 제2호의 '실명확인이 가능한 입출금계정'을 통해서만 하여야 하는 "금융거래등"과 같기 때문에 법 제2조 제2호의 "금융거래등"의 범위가 중요하다. 그런데 현행 법률을 문언 그대로 해석하면 가상자산거래소가 M&A 등의 목적으로 다른 회사의 주식을 매수하는 거래를 한다고 가정할 때, 이는 특정금융정보법 제2조 제2호 가목에서 정하는 '금융거래등'(금융실명법 제2조 제2호에서 정하고 있는 금융자산인 '주식'의 매매)에 해당한다. 그리하여 현행 특정금융정보법 제2조와 제7조의 규정에 따르면 '가상자산사업자'가 하는 '금융거래등'에 해당하므로 특정금융정보법 제7조 제3항 제2호의 문언만으로 보면 위와 같은 거래도 '실명확인이 가능한 입출금계정'을 통해서만 하여야 하는 것으로 해석할 수 있다(특정금융정보법 제7조 제3항 제2호에서는 가상자산사업자가 주된 영업행위로서 하는 거래만이 아니라 모든 '금융거래등'을 실명확인이 가능한 입출금계정을 통해서만 하여야 하는 것으로 규정하고 있다). 따라서 특정금융정보법 제2조 제2호의 "금융거래등"의 범위는 특정금융정보법 제7조 제3항 제2호 규정을 고려하여 제한될 필요가 있다.

5. 그 밖의 정의(제2조 제5호, 제6호)

특정금융정보법 제2조 제5호에서는 '**자금세탁행위**'를 범죄수익은닉규제법 제3조의 범죄행위(범죄수익등의 은닉 · 가장)[47]; 마약거래방지법 제7조의 범죄행위(불법수익등의 은닉 · 가장)[48]; 조세범 처벌법 제3조(조세포탈), 관세법 제270조(관세포탈죄), 특정범죄가중법 제8조(조세포탈 가중처벌)의 죄를 범할 목적 또는 세법에 따른 조세를 탈루할 목적으로 재산의 취득 · 처분, 발생원인에 관한 사실을 가장하거나 그 재산을 은닉하는 행위라고 규정하고 있다.

특정금융정보법 제2조 제6호는 '**공중협박자금조달행위**'를 테러자금금지법 제6조 제1항의 죄에 해당하는 행위로 규정하고 있다. 즉, 공중협박 행위(동법 제2조 제1호 각목)를 하거나 하려는 개인 · 법인 · 단체라는 정을 알면서 그를 이롭게 할 목적으로 그 개인등에게 직접 또는 제3자를 통해 자금이나 재산을 제공 ·

47) 범죄수익등의 취득 · 처분 사실 가장, 범죄수익 발행원인 사실 가장, 특정범죄를 조장하거나 적법하게 취득한 재산으로 가장할 목적으로 범죄수익등을 은닉하는 행위를 말한다. 미수범, 예비/음모한 자도 처벌한다.

48) 마약류범죄의 발견이나 불법수익등의 출처 관련 수사를 방해하거나 불법수익등의 몰수를 회피할 목적으로 불법수익등의 성질, 소재, 출처, 귀속관계를 숨기거나 가장하는 행위. 미수범, 예비/음모한 자도 처벌한다.

모집하거나 운반 · 보관하는 행위, 그러한 개인등이라는 정을 알면서 그를 이롭게 할 목적으로 자금이나 재산을 제공 · 모집하거나 운반 · 보관하도록 강요하거나 권유하는 행위(동법 제5조의2)를 금지하고 있다.

[김 욱 준/이 해 붕/한 서 희]

제 3 절 금융정보분석원의 설치 및 업무(제3조)

제 3 조(금융정보분석원)

① 다음 각 호의 업무를 효율적으로 수행하기 위하여 금융위원회 소속으로 금융정보분석원을 둔다. <개정 2014. 5. 28., 2019. 1. 15., 2020. 3. 24., 2021. 12. 28.>

1. 제4조 · 제4조의2 및 제9조에 따라 보고받거나 통보받은 사항의 정리 · 분석 및 제공
2. 제4조 · 제4조의2 · 제5조 · 제5조의2 · 제5조의3 · 제5조의4 및 제8조에 따라 금융회사등이 수행하는 업무에 대한 감독 및 검사
3. 제4조 제6항 제2호에 따른 외국금융정보분석기구와의 협조 및 정보 교환
4. 제7조에 따른 가상자산사업자의 신고에 관한 업무
5. 제15조의2에 따른 외국 금융감독 · 검사기관과의 협조 및 정보교환
6. 「공중 등 협박목적 및 대량살상무기확산을 위한 자금조달행위의 금지에 관한 법률」에 따른 업무
7. 제1호부터 제6호까지의 업무와 관련된 업무로서 대통령령으로 정하는 업무

② 금융정보분석원은 그 권한에 속하는 사무를 독립적으로 수행하며, 그 소속 공무원은 이 법과 「공중 등 협박목적 및 대량살상무기확산을 위한 자금조달행위의 금지에 관한 법률」에 따른 업무 외에 다른 업무에 종사하지 못한다. <개정 2014. 5. 28.>

③ 금융정보분석원의 정원(다른 기관 소속 공무원의 정원을 포함한다) · 조직 및 운영 등에 필요한 사항은 업무의 독립성, 정치적 중립성 등을 고려하여 대통령령으로 정한다. <개정 2013. 8. 13.>

④ 금융정보분석원의 장(이하 "금융정보분석원장"이라 한다)은 제1항의 업무 수행과 관련하여 다음 각 호의 사항을 매년 정기국회에 보고하여야 한다. <개정 2013. 8. 13., 2020. 3. 24.>

1. 제4조에 따라 금융회사등으로부터 보고를 받은 건수
2. 제10조에 따라 특정금융거래정보의 제공을 요구받은 건수 및 제공한 건수

2의2. 제10조의2에 따른 통보 및 통보유예 현황에 관한 통계자료

3. 제11조에 따라 외국금융정보분석기구와 정보를 교환한 건수
4. 그 밖에 금융정보분석원 업무와 관련된 통계자료

Ⅰ. 본조의 취지

제3조는 금융정보분석원의 설치 근거 조항으로서, 금융정보분석원의 업무 범위 및 그 소속을 정하고 있다. 금융정보분석원은 자금세탁방지업무가 금융·경제에 대한 전문적인 지식을 요한다는 점을 고려하여 재정경제부장관 소속으로 설립되었으며, 금융감독위원회가 금융위원회로 개편되면서 재정경제부로부터 금융 및 외국환업무취급기관에 대한 건전성 감독에 관한 사무를 이관받게 됨에 따라 특정금융정보법 개정을 통해 2008년 2월 29일부터 금융위원회 소속이 되었다.

금융정보분석기구의 국제적 기구라 할 에그몽 그룹(Egmont Group)의 정의에 따르면, 금융정보분석기구(FIU, Financial Intelligence Unit)는 자금세탁의 방지를 위해 범죄로부터 연유한 것으로 의심되는 수익에 관련되거나 국가의 법률이나 규정에 따라 요청된 금융정보를 접수(또는 요청), 분석, 그리고 관계기관에 배포하는 단일의 중앙행정조직[49]을 의미한다. 대한민국 금융정보분석원(KoFIU, Korea Financial Intelligence Unit)은 본 조에 따라, 자금세탁방지와 관련한 국제기준을 준수하고 위와 같은 금융정보기구의 역할을 효율적으로 수행하기 위한 목적으로 설립되었다.

Ⅱ. 금융정보분석원의 업무(제3조 제1항)

금융정보분석기구를 별개의 행정기관으로 두는 목적은 금융기관 등으로부터 금융거래정보, 혐의거래 등을 보고받아 수집·분석하고 검찰청, 경찰청 등 법집행기관에 분석결과를 배포하는 전반적인 기능을 단일기관이 수행하도록 하여 자금세탁방지 업무의 효율성을 극대화함에 있다. 본조 제2항에서는 위와 같은 목적을 고려하여 금융정보분석원의 구체적인 업무의 범위를 정하고 있다.

---

49) “A central, national agency responsible for receiving(and, as permitted, requesting), analysing, and disseminating to the competent authorities, disclosures of financial information (ⅰ) concerning suspected proceeds of crime, or (ⅱ) required by national regislation or regulation, in order to counter money laundering.“ Egmont Group(1997.6).

1. 금융회사등 및 한국은행 총재 등으로부터 보고받거나 통보받은 사항의 정리·분석 및 제공(제1호)

금융정보분석원은 금융회사등으로부터 특정금융정보법 제4조에 따른 불법재산 등으로 의심되는 거래 보고(STR), 제4조의2에 따른 고액현금거래보고(CTR)를 받으며, 한국은행 총재, 세관의 장 등으로부터 외국환거래자료 등을 통보받는다. 금융정보분석원은 이러한 보고받거나 통보받은 사항을 정리·분석하는 업무 및 제10조에 따라 특정 형사사건의 수사등에 필요하다고 인정되는 특정 금융거래정보를 검찰총장, 행정안전부장관, 고위공직자범죄수사처장, 국세청장, 관세청장, 중앙선거관리위원회, 금융위원회 또는 국가정보원장에 제공하는 업무를 수행한다.

2. 금융회사등이 수행하는 자금세탁방지업무에 대한 감독 및 검사(제2호)

금융회사등은 특정금융정보법에 따라 의심거래 및 고액현금거래에 관한 보고, 금융거래등의 고객을 확인할 의무 및 전신송금 시 정보를 제공하여야 할 의무가 있으며, 이를 수행하기 위한 내부 보고체제를 수립하고 업무지침을 작성·운용하고, 금융거래등 정보를 보존하는 등 조치를 하여야 한다. 금융정보분석원은 위와 같이 금융회사등이 수행하는 자금세탁방지 업무를 감독하고 검사하는 업무를 수행한다.

3. 외국금융정보분석기구와의 협조 및 정보 교환(제3호), 외국 금융감독·검사기관과의 협조 및 정보교환(제5호)

자금세탁행위는 일반적으로 국경을 넘어 이루어지는 국제적인 범죄행위이므로 다른 유형의 범죄행위보다 외국기구와의 협조가 필수적이다. 각국은 국제적인 협력체제를 구축하여 국제적인 규모의 자금세탁을 효과적으로 방지하고자 하며, 금융정보분석원 또한 외국기구와 협조하고 정보를 교환하는 업무를 수행한다.

4. 가상자산사업자의 신고에 관한 업무(제4호)

새로운 디지털 기술 도입으로 인한 자금세탁의 경로 다양화에 대응하기 위하여, 특정금융정보법에 따른 의무가 적용되는 대상기관이 지속적으로 확대되었다. 2019년 7월에는 전자금융업자와 일정 규모 이상인 대부업자가, 2021년 5월에는 온라인투자연계금융업자가 각각 특정금융정보법에 따른 의무대상 기관이 되었다.

한편, 국제자금세탁방지기구(FATF)는 2019년 6월, 가상자산 및 가상자산사업자가 자금세탁 및 테러자금 조달에 이용되는 것을 방지하기 위한 국제기준을 제정하였으며, 이에 국제기준을 준수하기 위하여 2021년 3월 23일 가상자산사업자에게 자금세탁방지의무를 부과하는 내용의 특정금융정보법 개정이 이루어졌다. 전자금융업자, 대부업자, 온라인투자연계금융업자는 각각 전자금융거래법, 대부업법, 온라인투자연계금융업법에 의하여 사업자의 범위 및 신고·등록 등이 규정되었던 반면, 가상자산사업자는 가상자산사업에 대한 제도를 규율하는 개별 법률이 부재한 상태에서 자금세탁방지의무를 부과하기 위한 목적으로 이 법의 개정이 이루어졌다. 이례적으로 특정금융정보법에서 직접 가상자산사업자에 대한 정의가 이루어졌으며, 가상자산사업자의 신고에 관한 업무는 금융정보분석원의 업무 범위에 포함되었다.

5. 테러자금금지법에 따른 업무(제6호)

테러자금금지법은 2004년 2월 17일 비준된 테러자금조달 억제를 위한 국제협약(International Convention for the Suppression of the Financing of Terrorism)과 대량살상무기확산 방지와 관련된 국제연합(UN) 안전보장이사회의 결의를 이행하기 위한 목적으로 제정되었으며, UN 등 국제기구가 지정한 공중협박자금 조달행위 관련자의 금융거래를 제한하도록 하고 있다. 금융정보분석원은 특정금융정보법에 따른 자금세탁방지제도에 관한 업무와 더불어 테러자금금지법에 따른 공중협박자금조달금지제도에 관한 업무를 수행한다.

6. 제1호부터 제6호까지의 업무와 관련된 업무로서 대통령령으로 정하는 업무(제7호)

금융정보분석원은 위와 같은 업무 이외에도 특정금융정보법 시행령 제5조 제1항에 규정된 자금세탁행위와 공중협박자금조달행위의 동향 및 방지대책에 관한 조사 · 연구(제1호), 자금세탁행위와 공중협박자금조달행위의 방지를 위한 금융회사등에 대한 교육훈련 지원 및 상담(제2호), 자금세탁행위와 공중협박자금조달행위의 방지를 위한 국내외 협력증진 및 정보교류(제3호) 업무를 수행한다.

Ⅲ. 금융정보분석원의 독립성(제3조 제2항 · 제3항)

금융정보분석원은 민감한 정보에 해당하는 개인의 금융정보 내역을 취급한다는 점 및 자금세탁방지와 테러자금조달방지라는 업무의 특성상 업무의 독립성 및 정치적 중립성이 매우 강조된다. 이로 인하여 본조 제2항, 제3항에서는 금융정보분석원은 그 권한에 속하는 사무를 독립적으로 수행함을 명시하고 있으며, 소속 공무원이 특정금융정보법 및 테러자금금지법에 따른 업무 외에는 다른 업무를 수행하지 못하도록 하면서, 업무의 독립성, 중립성 등을 고려하여 그 정원 · 조직 및 운영을 정하도록 하고 있다.

Ⅳ. 금융정보분석원장의 국회 보고의무(제3조 제4항)

금융정보분석원장은 본조 제1항에서 정한 업무의 수행과 관련하여 금융회사등으로부터 불법재산등으로 의심되는 거래의 보고를 받은 건수, 검찰총장, 고위공직자범죄수사처장, 경찰청장 등 법 집행기관으로부터 특정금융거래정보의 제공을 요구받은 건수 및 제공한 건수, 특정금융거래정보를 제공함에 따라 명의인에게 제공사실을 통보하거나 통보를 유예한 현황에 관한 통계자료, 외국금융정보분석기구와 정보를 교환한 건수, 그 밖에 금융정보분석원 업무와 관련된 통계자료를 매년 정기 국회에 보고하여야 한다. 금융정보분석원은 자금세탁방지 업무를 수행함에 있어서 개인의 금융거래정보를 방대하게 수집하고 분석, 법 집행기관에 제공하게 되는바, 제3조 제4항은 금융정보분석원의 업무를 감시하기 위하여 금융정보분석원장에 대하여 매년 정기적으로 업무현황을 국회에 보고할 의무를 부과하고 있다.

[변 서 연]

제 2 장 금융회사등의 의무

제 1 절 의심거래의 보고 등(제4조)

제 4 조(불법재산 등으로 의심되는 거래의 보고 등)

① 금융회사등은 다음 각 호의 어느 하나에 해당하는 경우에는 대통령령으로 정하는 바에 따라 지체 없이 그 사실을 금융정보분석원장에게 보고하여야 한다. <개정 2013. 8. 13., 2014. 5. 28., 2020. 3. 24.>

1. 금융거래등과 관련하여 수수(授受)한 재산이 불법재산이라고 의심되는 합당한 근거가 있는 경우
2. 금융거래등의 상대방이 「금융실명거래 및 비밀보장에 관한 법률」 제3조 제3항을 위반하여 불법적인 금융거래등을 하는 등 자금세탁행위나 공중협박자금조달행위를 하고 있다고 의심되는 합당한 근거가 있는 경우
3. 「범죄수익은닉의 규제 및 처벌 등에 관한 법률」 제5조 제1항 및 「공중 등 협박목적 및 대량살상무기확산을 위한 자금조달행위의 금지에 관한 법률」 제5조 제2항에 따라 금융회사등의 종사자가 관할 수사기관에 신고한 경우

☞ 법 제17조 제3항 제1호: 제4조 제1항에 따른 보고를 거짓으로 한 자 → 1년 이하의 징역 / 1천만원 이하 벌금; 징역/벌금 병과(제18조), 법인 양벌(제19조)

☞ 법 제20조 제2항 제1호: 제4조 제1항 제1호・제2호를 위반하여 보고하지 아니한 자 → 3천만원 이하의 과태료(→1,800만원-영 제17조 별표2 과태료부과기준 2-가)

② 삭제 <2013. 8. 13.>

③ 금융회사등은 제1항에 따라 보고를 할 때에는 그 의심되는 합당한 근거를

분명하게 밝혀야 한다. <개정 2013. 8. 13.>

④ 삭제 <2019. 1. 15.>

⑤ 금융정보분석원장은 제1항에 따라 금융회사등으로부터 보고받은 사항을 분석할 때에는 보고받은 사항이 제1항의 요건에 해당하는지를 심사하기 위하여 필요한 경우에만 제5조의4 제1항 제1호에 따라 금융회사등이 보존하는 관련 자료를 열람하거나 복사할 수 있다. <개정 2013. 8. 13., 2019. 1. 15.>

☞ 법 제16조 제1호: 제4조 제5항의 요건에 해당하지 않음에도 불구하고 직권을 남용하여 금융회사등이 보존하는 관련자료를 열람·복사하거나 금융회사등의 장에게 금융거래등 관련 정보·자료의 제공을 요구한 자 → 5년 이하 징역 또는 5천만원 이하 벌금; 징역/벌금 병과(제18조).

⑥ 금융회사등에 종사하는 자는 제1항에 따른 보고를 하려고 하거나 보고를 하였을 때에는 그 사실을 그 보고와 관련된 금융거래등의 상대방을 포함하여 다른 사람에게 누설하여서는 아니 된다. 다만, 다음 각 호의 어느 하나에 해당하는 경우에는 그러하지 아니하다. <개정 2013. 8. 13., 2020. 3. 24.>

1. 자금세탁행위와 공중협박자금조달행위를 방지하기 위하여 같은 금융회사등의 내부에서 그 보고 사실을 제공하는 경우
2. 제3조 제1항 각 호의 업무에 상당하는 업무를 수행하는 외국의 기관(이하 "외국금융정보분석기구"라 한다)에 대하여 해당 외국의 법령에 따라 제1항에 따른 보고에 상당하는 보고를 하는 경우

☞ 법 제17조 제3항 제2호: 제4조 제6항을 위반한 자 → 1년 이하 징역 / 1천만원 이하 벌금; 징역/벌금 병과(제18조), 법인 양벌(제19조)

⑦ 제1항에 따른 보고를 한 금융회사등(금융회사등의 종사자를 포함한다)은 고의 또는 중대한 과실로 인하여 거짓 보고를 한 경우 외에는 그 보고와 관련된 금융거래등의 상대방 및 그의 관계자에 대하여 손해배상책임을 지지 아니한다. <개정 2013. 8. 13., 2020. 3. 24.>

〈참고 조문〉

제 8 조(가상자산사업자의 조치)

가상자산사업자는 제4조 제1항 및 제4조의2에 따른 보고의무 이행 등을 위하

여 고객별 거래내역을 분리하여 관리하는 등 대통령령으로 정하는 조치를 하여야 한다.

[본조신설 2020. 3. 24.]

☞ 법 제20조 제1항 제3호: 제8조를 위반하여 조치를 하지 아니한 자 → 1억원 이하의 과태료(→6,000만원-영 제17조 별표2 과태료부과기준 2-사)

제14조(다른 법률과의 관계)

① 제4조, 제4조의2, 제5조의3, 제9조, 제10조, 제10조의2, 제11조, 제13조 및 제15조 제7항은 「금융실명거래 및 비밀보장에 관한 법률」 제4조, 「신용정보의 이용 및 보호에 관한 법률」 제32조 · 제42조 및 「외국환거래법」 제22조에 우선하여 적용한다. <개정 2012. 3. 21., 2013. 8. 13., 2020. 3. 24.>

② 금융회사등과 중계기관이 이 법에 따라 제공한 정보에 대하여는 「신용정보의 이용 및 보호에 관한 법률」 제35조를 적용하지 아니한다.

Ⅰ. 본조의 의의

특정금융정보법은 금융거래등을 이용한 자금세탁 및 공중협박자금조달 행위를 규제하는 데 필요한 사항을 정하고 있는데, 그중 제4조부터 제5조의4는 금융회사 등의 의무를 규정하고 있다. 이하에서는 제4조(의심거래보고 의무)에 대하여 살펴보기로 한다.

의심거래 보고(STR, Suspicious Transaction Report)란, 금융회사 등이 금융거래와 관련하여 수수한 재산이 불법재산이라고 의심되는 합당한 근거가 있거나 금융거래 상대방이 자금세탁 행위를 하고 있다고 의심되는 합당한 근거가 있는 경우 이를 금융정보분석원장에게 보고하도록 한 제도이다. 일정 금액 이상의 현금거래를 주관적 판단없이 객관적으로 보고하는 고액현금거래보고(제4조의2)와 달리, 의심스러운 거래를 금융회사등의 주관적 입장에서 판단하고 보고하도록 한 제도이다. 법 제정 시에는 보고의무가 부과되는 기준금액이 있었으나 단계적으로 감소하여 2013년 폐지되었다. FATF는 권고기준(Recommendation) 20[1] 및

1) FATF **권고기준** 20. 금융회사는 특정자금이 범죄수익이거나 테러자금조달과 연관이 있다고 의심되는 경우 또는 의심할만한 합당한 정황이 있는 경우, 법률에 따라 그 의심 내용을 금융정보분석원에 보고할 의무가 있다고 규정.

21[2])에서 의심거래보고 제도를 규정하고 있다.

한편, 불법재산등 의심거래보고(STR) 의무이행에 관한 제4조의 개정규정은 부칙에 경과규정이나 적용례가 없어, 가상자산사업자에게도 법 시행일인 2021년 3월 25일부터 바로 적용되는 규정이었다. 개정 특정금융정보법은 가상자산사업자를 '제7조에 따른 사업자 신고가 수리된 자'라 하지 않고, "제2조 제1호 하목 1)부터 6)까지의 가상자산거래를 영업으로 하는 자"라 하고 있고(제2조 제1호 하목), 개정법 부칙 제5조는 기존에 영업 중인 가상자산사업자의 경우 법 시행 후 6개월 이내에 요건을 갖추어 신고하도록 하였으므로, 가상자산사업자는 신고 수리가 되기 전이라도 법 시행일부터 제4조에 따른 STR 보고의무를 이행해야 하는 것이었다.

가상자산사업자는 특정금융정보법 제4조 제1항 및 제4조의2에 따른 의심거래보고 및 고액현금거래보고 의무의 이행 등을 위하여 **고객별 거래내역을 분리하여 관리**하는 등 대통령령으로 정하는 조치를 하여야 하며(법 제8조), 구분관리 등의 조치를 하지 아니하면 1억원 이하의 과태료 부과 대상이 된다(법 제20조 제1항 제3호).

Ⅱ. 의심거래 보고의 요건

1. 보고주체 — 금융회사등 보고기관일 것

'금융회사등'이란 특정금융정보법 제2조 제1호 및 시행령 제2조 제1호에 따른 자를 의미한다. 범죄수익은닉규제법, 마약거래방지법, 테러자금금지법상의 불법재산의 경우 금융회사등에 종사하는 개인에게 신고 의무를 부과하고 있는 것과 달리, 특정금융정보법 제4조는 금융회사등의 법인 자체에 보고의무를 부과하고 있다.

2020년 3월 24일, 특정금융정보법 개정으로 인해 가상자산사업자도 '금융회사등'에 포함됨으로써, 가상자산사업자 역시 의심거래보고 의무(제4조) 및 고

2) FATF **권고기준** 21. 금융회사와 금융회사의 이사, 임원 및 직원은 (a) 선의에 의하여 FIU에 의심거래보고를 한 경우, 비록 그 전제된 범죄가 무엇인지 정확히 알지 못하고 불법행위가 실제로 일어나지 않았더라도, 계약서나 그 어떠한 법률, 규정 또는 행정적 조치에 의하여 부과된 정보누설금지 의무를 위배하더라도 형사 또는 민사상 책임을 지지 않는다. (b) 의심거래보고 또는 관련 정보가 FIU에 보고되었다는 사실을 공개하지 않도록 법으로 금지하여야 한다고 규정.

액현금거래보고 의무(제4조의2)뿐만 아니라 고객별 거래 내역을 분리하여 관리하는 등 추가적인 조치를 해야 할 의무이행 주체가 되었다(법 제8조). 금융정보분석원은 법 시행일인 2021년 3월 25일부터 가상자산사업자는 의심거래보고 등 자금세탁방지의무를 이행해야 하며, 기존 가상자산사업자의 경우 신고 수리 이후부터 자금세탁방지의무를 이행토록 하고, 가상자산사업자의 의무 위반에 대한 검사·감독 등도 신고 수리 이후부터의 의무 위반 여부에 대하여 실시할 계획이라고 하였으나, 가상자산사업자가 신고 수리 이전에 주민등록번호를 수집하는 경우 금융정보분석원의 판단에 따라 특정금융정보법상 의무이행에 대한 검사를 실시할 수 있다고 하면서, 신고가 수리되지 아니한 가상자산사업자의 주민등록번호 수집에 유의하도록 한 바 있다[3].

2. 보고대상 및 합당한 의심근거 확보

가. 금융거래등과 관련하여 수수(授受)한 재산이 불법재산이라고 의심되는 합당한 근거가 있는 경우(제4조 제1항 제1호)

'금융회사 등'은 ① 금융거래등과 관련하여 ② 수수한 재산이 ③ 불법재산이라고 ④ 의심되는 합당한 근거가 있는 경우 특정금융정보법 시행령 제7조(불법재산 등으로 의심되는 거래의 보고 방법)에서 정하는 바에 따라 지체없이(=금융정보분석원장에게 보고하는 금융거래 등으로 결정한 날로부터 3영업일 이내) 그 사실을 금융정보분석원장에게 보고하여야 한다.

가상자산사업자 역시 제4조 제1항 각 호에 해당하는 불법재산 등 의심되는 거래라는 합당한 의심의 근거를 갖게 되면 보고해야 한다. 의심거래보고를 거짓으로 하게 되면 행위자는 1년 이하의 징역이나 1천만원 이하의 벌금 처벌을 받을 수 있고(징역/벌금 병과), 행위자 외에 법인도 위반행위 방지를 위해 상당한 주의와 감독을 게을리하지 않았음을 입증하지 못하면 벌금형을 부과받을 수 있다(제17조 제3항 제1호, 제18조, 제19조). 한편, 제4조 제1항 제1호·제2호의 보고를 하지 아니한 자는 3천만원 이하의 과태료 부과 대상이 된다(제20조 제2항, 영 제17조 및 별표2 과태료 부과기준).

---

3) 금융위원회(2021.3.16.) '가상자산 거래를 하는 고객은 가상자산사업자의 신고 상황에 유의하시기 바랍니다.', 금융위원회 웹사이트(https://www.fsc.go.kr/) 보도자료 참조.

1) 금융거래등과 관련하여 수수한 재산

특정금융정보법 제2조 제2호에서는 '금융거래등'에 대하여 규정하고 있는데, 금융실명법에 따른 금융자산을 대상으로 하는 거래(가목), 자본시장법에 따른 파생상품시장에서의 거래 등(나목), 카지노사업자 영업에 관련된 거래(다목), 가상자산거래(라목)을 포함한다. 금융회사등이 특정금융정보법 제2조 제2호 가목부터 라목에 해당하는 금융거래등과 관련하여 수수한 재산이라면 금액과 관계없이 보고의 대상이 된다(기준금액 제도 폐지).

2) 불법재산

특정금융정보법 제2조 제4호에서는 '불법재산'에 대하여 규정하고 있다. 특정금융정보법상 불법재산이란 ⅰ) 범죄수익은닉규제법 제2조 제4호에 따른 범죄수익등,[4] ⅱ) 마약거래방지법 제2조 제5항에 따른 불법수익등,[5] ⅲ) 테러자금금지법 제2조 제1호에 따른 공중협박자금[6]을 의미한다.

한편, 중대사기범죄로서 그 수법이 지능화되는 보이스피싱 범죄에 엄중하게 대응하기 위하여 전자금융거래법과 통신사기피해환급법이 개정되어 2020년 5월 19일 공포됨으로써(2020. 11. 20. 시행), 그 개정의 효과가 특정금융정보법에도 간접적으로 미치게 되었다는 점을 염두에 둘 필요가 있다. 개정 전자금융거래법은 접근매체(대포통장)의 양수도·대여 등 금지행위 유형을 추가하고(동법 제6조 제3항 제5호 개정 및 제6조의3 신설[7]), 접근매체 양수도·대여 등을 한 자에 대

4) 범죄수익은닉규제법 제2조 제4호에서는 "범죄수익등"이란 동법 제2조 제2호에 따른 범죄수익, 제2조 제3호에 따른 범죄수익에서 유래한 재산 및 이들 재산과 그 외의 재산이 합쳐진 재산을 말한다고 규정하고 있다.

5) 마약거래방지법 제2조 제5항에서는 "불법수익등"이란 동법 제2조 제3항에 따른 불법수익, 제2조 제4항에 따른 불법수익에서 유래한 재산 및 그 재산과 그 재산 외의 재산이 합하여진 재산을 말한다고 규정하고 있다.

6) 테러자금금지법 제2조 제1호에서는 "공중협박자금"이란 국가·지방자치단체 또는 외국정부(외국지방자치단체와 조약 또는 그 밖의 국제적인 협약에 따라 설립된 국제기구를 포함)의 권한행사를 방해하거나 의무없는 일을 하게 할 목적으로 또는 공중에게 위해를 가하고자 하는 등 공중을 협박할 목적으로 행하는 행위(동법 제2조 제1호 각목의 행위)에 사용하기 위하여 모집·제공되거나 운반·보관된 자금이나 재산을 말한다고 규정하고 있다.

7) 2020년 5월 19일 공포된 법률에 따라, 전자금융거래법 제6조 제3항 제5호는 종전의 "5. 제1호부터 제4호까지의 행위를 알선하거나 광고하는 행위"에서 "5. 제1호부터 제4호까지의 행위를 알선·중개·광고하거나 대가를 수수·요구 또는 약속하면서 권유하는 행위"로 개정되었고; 다음과 같이 제6조의3이 신설되었다.

제6조의3(계좌정보의 사용 및 관리) 누구든지 계좌와 관련된 정보를 사용 및 관리함에 있어서 범죄에 이용할 목적으로 또는 범죄에 이용될 것을 알면서 계좌와 관련된 정보를 제공받

해 **5년 이하의 징역** 또는 3천만원 이하의 벌금에 처할 수 있게 처벌 수준을 강화하였다(동법 제49조 제4항). 위와 같은 범죄행위 유형에 따른 범죄수익등(범죄수익은닉규제법 제2조 참조)은 특정금융정보법이 규정하는 불법재산에 해당한다. 금융회사등은 불법재산이라는 합당한 의심이 있으면 지체없이 그 근거와 함께 STR 보고를 하도록 하고 있으므로, 결국 법개정의 효과가 특정금융정보법에 따른 의심거래의 보고에까지 미치게 된 것이다. 참고로, 개정된 통신사기피해환급법에서는 사기이용계좌의 명의인 등 보이스피싱 전과자에 대하여, 피해금 환급과 관계없이 전자금융거래제한대상자 지정을 일정 기간 지속하도록 강화하고 있다.8)

3) 의심되는 합당한 근거가 있는 경우

불법재산 의심거래보고를 할 때에는 그 의심되는 합당한 근거를 분명하게 밝혀야 한다(제4조 제3항). 자금세탁행위의 수단과 방법이 다양하고 수시로 변하고 있어 의심되는 합당한 근거의 객관적인 기준을 마련하기는 곤란하므로 고객확인 의무로 확인된 고객의 직업, 주소, 소득, 평소 거래상황, 사업내용, 실제 당사자 여부 및 거래목적 등을 감안하여 금융회사 직원이 업무지식이나 전문성, 경험 등을 바탕으로 판단한다.9)

'금융회사등'은 특정금융정보법 제4조의2(고액현금거래보고 의무) 제2항에 따라 금융거래등의 상대방이 금액을 분할하여 금융거래등을 하고 있다고 의심되는 경우에는 금융거래등의 상대방 수, 거래 횟수, 거래 점포 수, 거래 기간 등을 고려하여 당해 금융거래등이 의심되는 거래 보고대상 금융거래등인지 판단하여 금융정보분석원장에게 보고해야 한다(보고감독규정 제4조 제1항).

참고로, 금융정보분석원장은 보고대상 금융거래등의 참고유형을 금융회사등에 제공할 수 있도록 하고 있다(시행령 제8조). 즉 금융회사등이 취급하는 금융거래등이 의심거래보고대상 및 고액현금거래보고대상에 해당하는지 판단에 참고할 수 있도록 명백한 경제적 합리성이 없거나 합법적 목적을 가지지 아니

거나 제공하는 행위 또는 보관·전달·유통하는 행위를 하여서는 아니 된다.

8) 개정된 통신사기피해환급법은 사기이용계좌 명의인이 전기통신금융사기 관련 범죄로 벌금형을 선고받고 3년이 미경과하거나, 징역형(집행유예 포함)을 선고받고 5년 미경과한 경우 전자금융거래 제한을 종료하지 아니하고(동법 제8조 제1항 단서), 같은 사유에 해당하는 명의인을 전자금융거래제한대상자로 지정하도록 하였다(동법 제13조의2).

9) 『자금세탁방지 가이드』, 한국금융연수원, 66면.

한 고액의 현금거래, 타인명의 계좌를 이용한 금융거래 등 자금세탁행위와 공중협박자금조달행위에 해당할 가능성이 높은 거래유형을 금융회사등에 제공할 수 있도록 하고 있다.

이에 따라 금융위원회는 2018년 1월 23일, 가상통화 투기 근절을 위한 특별대책 중 금융부문 대책 시행 보도자료를 통하여 주요 의심거래 보고사례 및 가상통화 관련 자금세탁방지 가이드라인[10]을, 2018년 6월에는 가상통화 관련 자금세탁방지 가이드라인 개정안[11]을, 2018년 2월에는 자금세탁방지제도 유권해석 사례집[12]을 공개한 바 있다.

〈가상통화 관련 자금세탁방지 가이드라인 개정(2018. 6. 27) 일부, 금융위원회〉

1. (**현금을 수반하는 금융거래**) 금융회사등의 고객이 취급업소의 계좌로 송금한 금융거래 내역은 없으나, 그 고객이 해당 취급업소로부터 자금을 송금받아 그 자금을 대부분 현금으로 인출하는 경우
2. (**취급업소의 현금을 수반하는 금융거래**) 취급업소가 가상통화 금융거래와 관련된 취급업소 명의의 계좌에서 현금으로 출금하는 경우
3. (**분산 금융거래**) 금융회사등의 고객이 다수 개인으로부터 송금받은 자금을 취급업소에게 송금하고, 일정기간 후 다시 해당 취급업소로부터 송금받아 그 자금을 다수 개인들에게 송금하는 경우
4. (**외환 거래**) 해외송금 실적이 없으며, 컴퓨터와 같은 전산 장비 등의 수입 실적 또한 전혀 없는 금융회사등의 다수 고객이 해외법인 명의의 계좌에 전산설비 수입 명목 등으로 자금을 송금하는 경우
5. (**금융거래 액수**) 금융회사등 고객의 1일 금융거래 금액이 1천만원 이상이거나 7일 동안 합산한 금융거래 금액이 2천만원 이상을 거래하는 경우(금융거래 금액이 기준 이하인 경우에도 금융회사등의 고객이 고객확인 사항에 근거하여 볼 때 자금세탁등의 우려가 있다고 판단되는 경우를 포함)

* 금융거래 금액은 금융회사등을 통한 입·출금 등 금융거래 기준이며, 취급업소를 통한 가상통화 매매가 아님(취급업소에 이미 입금한 돈으로 가상통화를 매매하는 것은 보고대상이 아님)

** 금융회사등이 금액을 산정할 때는, 동일인 명의로 입금한 금액을 합산하거나, 출금한 금액을 합산함(예: 500만원 입금 후 400만원 출금시 500만원으로 산정)

10) 금융위원회(2018. 1 23.), 가상통화 투기근절을 위한 특별대책중 금융부문 대책 시행, 금융위원회 웹사이트(https://www.fsc.go.kr/) 보도자료 참조.

11) 금융위원회(2018. 6. 27.), 「가상통화 관련 자금세탁방지 가이드라인」 개정, 금융위원회 웹사이트(https://www.fsc.go.kr/) 보도자료 참조.

12) 금융정보분석원(2018. 3. 30.), 자금세탁방지제도 유권해석 사례집 발간, 금융정보분석원 웹사이트(https://www.kofiu.go.kr/) 보도자료 참조.

6. (**금융거래 빈도**) 금융회사등 고객의 금융거래 횟수가 1일 5회 이상이거나 7일 동안 7회 이상인 경우(거래 빈도가 기준 이하인 경우에도 금융회사등의 고객이 고객확인 사항에 근거하여 볼 때 자금세탁등의 우려가 있다고 판단되는 경우를 포함)
 * 금융회사등을 통한 입·출금 등 금융거래 기준이며, 취급업소를 통한 가상통화 매매가 아님(취급업소에 이미 입금한 돈으로 가상통화를 매매하는 것은 보고 대상이 아님)
7. (**분할 금융거래**) 금융회사등 고객이 위 금융거래 액수 및 금융거래 빈도를 회피할 목적으로 금액을 분할하여 금융거래를 하고 있다고 의심되는 합당한 근거가 있는 경우
8. (**금융거래의 주체**) 금융회사등의 고객 중 법인 또는 단체가 취급업소와 가상통화 관련 금융거래를 하는 경우
9. (**취급업소의 금융거래**) 취급업소가 취급업소의 실제소유자, 임직원과 지속적으로 송금 등의 금융거래를 하는 경우
10. (**기타**) 그 밖에 금융정보분석원장이 배포한 의심거래 유형

나. 금융거래등의 상대방이 금융실명법 제3조 제3항을 위반하여 불법적인 금융거래 등을 하는 등 자금세탁행위나 공중협박자금조달행위를 하고 있다고 의심되는 합당한 근거가 있는 경우(제4조 제1항 제2호)

‘금융회사등’은 거래자의 실명으로 금융거래를 하여야 하며(금융실명법 제3조 제1항), 누구든지 특정금융정보법 제2조 제4호에 따른 불법재산의 은닉, 같은 조 제5호에 따른 자금세탁행위 또는 같은 조 제6호에 따른 공중협박자금조달행위 및 강제집행의 면탈, 그 밖에 탈법행위를 목적으로 타인의 실명으로 금융거래를 해서는 안 된다(금융실명법 제3조 제3항). 또한, ‘금융회사등’은 거래자에게 불법재산의 은닉 등 탈법행위를 목적으로 타인의 실명으로 금융거래를 하여서는 안 된다는 내용을 설명해야 한다(금융실명법 제3조 제6항).

이때 유의해야 할 점은, 특정금융정보법과 금융실명법상의 정의 개념이 다르다는 점이다. ‘가상자산사업자’는 특정금융정보법상의 “금융회사등”에는 포함되지만, 금융실명법상의 “금융회사등”에는 포함되지 않는다(추가로 포함되는 범위를 동법 시행령과 총리령에서 정하고 있지만 포함한다는 규정이 없다). ‘가상자산거래’ 역시 특정금융정보법상의 “금융거래등”에는 포함되지만, 금융실명법에서는 “금융거래”만을 규정하고 있을 뿐 가상자산거래를 금융거래에 포함하지 않고 있다. 따라서, 타인 명의로 하는 금융거래를 알선·중개하지 못한다거나, 거래자에게 금융실명법 위반거래 금지의 내용을 설명해야 한다는 금융실명법 제3조 제3항 및 제6항의 규정은 가상자산사업자와 그 임직원에 적용될 법적 근거가 매우 약

하거나 없는 상황이다. 2020년 3월 24일의 특정금융정보법 개정법률(제17113호) 부칙에서 금융실명법 일부를 개정하는 조문이 있었지만(동 개정법률 부칙 제6조 제3항), 금융실명법상의 "금융회사등"과 "금융거래"의 정의를 수정하는 내용은 없기 때문이다.[13] 이와 같은 정의 개념의 차이점은 '금융거래의 비밀보장'의 예외에 관한 금융실명법 제4조 제1항 본문 단서와 같은 항 제1호의 규정과 관련하여, 법원과 특정금융정보법상의 "금융회사등"에 포함된 가상자산사업자(가상자산거래소) 간의 업무협조 실무에도 영향을 미치고 있어, 보완될 필요가 제기되는 실정이다.[14]

'금융회사등'은 특정금융정보법에서 규정한 고객확인 의무를 통하여 고객의 실제소유자 여부를 확인할 수 있고, 고객이 신원확인을 거부하는 등 일정한 경우 거래를 거절할 의무가 있다(법 제5조의2 제1항, 제4항)

'금융회사등'은 고객확인의무 이행 등을 통해 파악한 정보를 토대로 금융거래등의 상대방의 신원에 관한 사항을 확인한 후 거래자 이외에 실제소유자가 존재하는지를 확인하여, 고객이 금융실명법을 위반하여 불법재산을 은닉하거나, 자금세탁이나 공중협박자금조달 행위, 강제집행 면탈, 그밖에 탈법행위를 목적으로 차명으로 금융거래를 하고 있다고 의심되는 합당한 근거가 있는 경우 의심거래 보고를 하여야 한다.

거래거절로 인하여 금융거래등이 발생하지 않는 경우에도 의심거래보고 의무가 발생하는지가 문제될 수 있다. 범죄수익등의 은닉 및 가장행위에 대하여 범죄수익은닉규제법은 미수범, 예비·음모범도 처벌하고 있고(동법 제3조), 테러자금금지법은 공중협박자금을 모집, 운반, 보관하는 자까지 처벌하고 있다(동법

13) 특정금융정보법 개정법률(제17113호, 2020. 3. 24.) 부칙 제6조 제3항은 금융실명법 제3조 제3항 중 특정금융정보법 조문을 인용하는 문구를 특정금융정보법 제2조 제3호, 제4호, 제5호에서 각각 제2조 제4호, 제5호, 제6호로 수정하는 것에 그치고 있다.

14) 금융실명법 제4조(금융거래의 비밀보장) 제1항 본문은 금융거래의 내용에 관한 정보 또는 자료("거래정보등")의 타인 제공·누설 금지 및 금융회사등 종사자에 대한 요구 금지를 규정하되, 같은 항 단서 및 제1호에서는 "법원의 제출명령 또는 법관이 발부한 영장에 따른 거래정보등의 제공"에 해당하고 그 사용 목적에 필요한 최소한의 범위에서 거래정보등을 제공하거나 그 제공을 요구하는 경우 비밀보장의 예외로 하고 있다. 그러나, 가상자산거래소와 같은 가상자산사업자는 금융실명법상 "금융회사등"에 포함되지 않고, 가상자산거래 역시 금융실명법상 "금융거래"에 포함되지 않고 있어, 회사정리·파산 혹은 개인채무자회생 등의 사건을 주관하는 회생법원 등 법원이 금융실명법의 예외규정에 따라 가상자산사업자에게 가상자산거래와 관계된 정보를 요청할 근거는 없는 상황이다. 금융실명법에 이러한 근거를 확장하여 마련하는 게 적절하지 않다면, 특정금융정보법에 '가상자산거래 정보에 관한 비밀보장의 예외'에 관한 규정을 마련하는 것도 하나의 방법이 될 수 있을 것이다.

제6조 제1항). 본범은 물론 종범, 미수범, 예비·음모범의 행위까지 의심거래보고 대상으로 규정하는 이상, 자금세탁 또는 공중협박자금조달 행위로 의심되어 거래거절을 하였더라도 의심거래 보고대상에는 해당되어 보고의무가 존재하는 것으로 보인다.

다. 범죄수익은닉규제법 제5조 제1항 및 테러자금금지법 제5조 제2항에 따라 금융회사등의 종사자가 관할 수사기관에 신고한 경우(제4조 제1항 제3호)

2020년 3월 24일 개정된 특정금융정보법 부칙 제6조에서는 범죄수익은닉규제법과 테러자금금지법의 조문을 함께 개정하여, 개정 특정금융정보법의 '금융회사등'과 '금융거래등'의 개념이 같이 적용되게 되었다.

1) 범죄수익은닉규제법상의 금융회사등 종사자의 신고 의무(동법 제5조 제1항)

범죄수익은닉규제법

제5조(금융회사등의 신고 등)

① 「특정 금융거래정보의 보고 및 이용 등에 관한 법률」 제2조 제1호에 따른 금융회사등(이하 "금융회사등"이라 한다)에 종사하는 사람은 같은 법 제2조 제2호에 따른 금융거래등과 관련하여 수수한 재산이 범죄수익등이라는 사실을 알게 되었을 때 또는 금융거래등의 상대방이 제3조의 죄에 해당하는 행위를 하고 있다는 사실을 알게 되었을 때에는 다른 법률의 규정에도 불구하고 지체 없이 관할 수사기관에 신고하여야 한다. <개정 2011. 5. 19., 2020. 3. 24.>

② 금융회사등에 종사하는 사람은 제1항에 따라 신고를 하려는 경우 또는 신고를 한 경우에 그 사실을 그 신고와 관련된 금융거래등의 상대방 및 그의 관계자에게 누설하여서는 아니 된다. <개정 2011. 5. 19., 2020. 3. 24.>

③ 제1항이나 제2항을 위반한 사람은 2년 이하의 징역 또는 1천만원 이하의 벌금에 처한다.

특정금융정보법 개정법률(제17113호, 2020. 3. 24.) 부칙에서는 '금융회사등'(가상자산사업자 포함)과 '금융거래등'(가상자산거래 포함)으로 개정된 특정금융정보법 내용을 반영하기 위하여 범죄수익은닉규제법 제5조도 개정하였다(부칙 제6조 제4항). 따라서 특정금융정보법 제2조 제1호에 따른 '금융회사등'에 종사하는 사람은 '금융거래등'과 관련하여 수수한 재산이 범죄수익등이라는 사실을 알게 되었을 때, 또는 금융거래등의 상대방이 범죄수익은닉규제법 제3조(범죄수익등의 은닉 및 가장)의 죄에 해당하는 행위(미수, 예비 · 음모 포함)15)를 하고 있다는 사실을 알게 되었을 때에는 다른 법률의 규정에도 불구하고 지체 없이 관할 수사기관에 신고하여야 한다(범죄수익은닉규제법 제5조 제1항). 신고(또는 신고예정) 사실의 누설도 금지되며, 미신고 또는 신고사실을 누설한 때에는 2년 이하의 징역 또는 1천만원 이하의 벌금이 부과될 수 있다(동법 제5조 제2항 · 제3항). 가상자산사업자의 임직원 역시 '금융거래등'(가상자산거래)과 관련하여, 범죄수익은닉규제법에 따른 신고의무가 적용된다는 점을 인식할 필요가 있게 되었다.

2) 테러자금금지법상의 금융회사등 종사자의 신고 의무(동법 제5조 제2항)

테러자금금지법

제5조(금융회사등 및 그 종사자의 의무)

① (생략)

② 금융회사등의 종사자는 금융거래등과 관련하여 수수한 재산이 공중협박자금 또는 대량살상무기확산자금이라는 사실을 알게 되거나 금융거래등의 상대방이 제4조 제4항에 따른 허가를 받지 아니하고 금융거래등이나 그에 따른 지급 · 영수를 하고 있다는 사실 또는 제6조 제1항의 죄에 해당하는 행위를 하고 있다는 사실을 알게 된 때에는 다른 법률에도 불구하고 지체 없이 관할 수사기관에 그 사실을 신고하여야 한다. <개정 2011. 5. 19., 2011. 9. 15., 2014. 5. 28., 2020. 3. 24.>

③ 금융회사등의 종사자는 제2항에 따라 신고를 하려 하거나 신고한 경우에는 그 사실을 해당 금융거래등의 상대방을 포함한 다른 사람에게 누설하여서는 아니 된다. 다만, 동일한 금융회사등의 내부에서 대량살상무기확산등을 방지하기 위하여 필요한 경우 그 신고사실을 제공하는 때에는 그러하지 아니하다 <개정 2011. 5. 19., 2014. 5. 28., 2020. 3. 24.>

금융회사등과 그 종사자에 대해 테러자금조달행위 방지와 관련된 신고의무를 부과하는 테러자금금지법 제5조 역시, 특정금융정보법 개정법률(제17113호,

---

15) **범죄수익은닉규제법**

제3조(범죄수익등의 은닉 및 가장) ① 다음 각 호의 어느 하나에 해당하는 자는 5년 이하의 징역 또는 3천만원 이하의 벌금에 처한다.

1. 범죄수익등의 취득 또는 처분에 관한 사실을 가장한 자
2. 범죄수익의 발생 원인에 관한 사실을 가장한 자
3. 특정범죄를 조장하거나 적법하게 취득한 재산으로 가장할 목적으로 범죄수익등을 은닉한 자

② 제1항의 미수범은 처벌한다.

③ 제1항의 죄를 범할 목적으로 예비하거나 음모한 자는 2년 이하의 징역 또는 1천만원 이하의 벌금에 처한다.

2020. 3. 24.) 부칙에 의해 개정되었다(부칙 제6조 제2항). 이에 따라 금융회사등의 종사자는 1) 금융거래등과 관련하여 수수한 재산이 테러자금금지법상의 공중협박자금(동법 제2조 제1호) 또는 대량살상무기확산자금(동법 제2조 제3호)이라는 사실을 알게 되거나, 2) 금융거래등제한대상자로 지정되어 고시된 자가 금융위원회의 허가(동법 제4조 제4항)를 받지 아니하고 금융거래등이나 그에 따른 지급·영수를 하고 있다는 사실을 알게 되거나(그 취급도 금지), 3) 금융거래등의 상대방이 공중 등 협박목적을 위한 행위(동법 제2조 제1호 가목부터 마목)를 하려고 하는 자를 이롭게 할 목적으로 자금등을 모집, 운반, 보관하거나 행위를 강요 또는 권유하고 있다는 사실(제5조의2,[16] 제6조 제1항[17]))을 알게 된 때에는 다른 법률에도 불구하고 지체없이 관할 수사기관에 그 사실을 신고하여야 한다(제5조 제2항). 이를 위반한 금융회사등의 종사자는 2년 이하의 징역 또는 1천만원 이하의 벌금에 처해질 수 있다(제6조 제3항 제 1호). 그 신고에 관한 사실은 동일한 금융회사등 내부에서 테러자금조달행위등의 방지를 위해 필요하여 제공하는 경우를 제외하고는 누구에게든지 누설해서는 안 된다(제5조 제3항). 신고사실 누설에 대하여는 2년 이하의 징역이나 1천만원 이하의 벌금에 처해질 수 있다(동법 제6조 제3항 제2호).

3. 금융정보분석원에 대한 보고의무

금융회사등 종사자가 금융거래등과 관련하여 범죄수익은닉규제법 제5조 제1항 및 테러자금금지법 제5조 제2항에 해당하는 행위를 하고 있다는 사실을 알

16) **테러자금금지법**

제5조의2(금지행위) ① 누구든지 제2조 제1호 각 목의 어느 하나에 해당하는 행위를 하거나 하려고 하는 개인, 법인 또는 단체라는 정을 알면서 그를 이롭게 할 목적으로 그 개인, 법인 또는 단체에 직접 또는 제3자를 통하여 자금 또는 재산을 제공해서는 아니 된다.

② 누구든지 제1항에 따른 개인, 법인 또는 단체라는 정을 알면서 그를 이롭게 할 목적으로 자금 또는 재산을 모집하거나 운반·보관해서는 아니 된다.

③ 누구든지 제1항에 따른 개인, 법인 또는 단체라는 정을 알면서 그를 이롭게 할 목적으로 같은 항 또는 제2항에 따른 행위를 강요하거나 권유해서는 아니 된다.

17) **테러자금금지법**

제6조(벌칙) ① 다음 각 호의 어느 하나에 해당하는 자는 10년 이하의 징역 또는 1억원 이하의 벌금에 처한다.

1. 제5조의2 제1항 또는 제2항을 위반하여 자금 또는 재산을 제공·모집하거나 운반·보관한 자
2. 제5조의2 제3항을 위반하여 같은 조 제1항 또는 제2항에 따른 행위를 강요하거나 권유한 자

게 되어 관할 수사기관에 신고한 경우 특정금융정보법상의 의무를 다하였는지에 대하여 의문이 있을 수 있으나, 금융정보분석원은 수사기관에 해당하지 아니하므로 금융회사등 종사자는 의심거래 보고책임자에게 신고 사실을 내부 보고하고, 의심거래 보고책임자는 관할 수사기관에 대한 신고와는 별개로 금융정보분석원에 해당 사항을 보고하여야 한다.

4. 보고시기 — 금융정보분석원장에게 보고하는 금융거래등으로 결정한 날로부터 3영업일 이내

특정 금융거래정보 보고 및 감독규정[18]

제3조(의심되는 거래의 보고시기)

법 제4조 제1항 및 제4조의2 제2항의 규정에 의한 보고를 함에 있어서 금융회사등은 자신이 취급하는 금융거래등에 대하여 법 제5조 제1항 제1호 및 영 제9조의 규정에 의하여 보고업무를 담당할 자로 임명된 자(이하 "보고책임자"라 한다)가 자체적으로 파악한 내용 또는 그 임직원으로부터 보고된 내용과 자체적으로 파악한 관련자료등을 종합적으로 검토한 후 법 제4조 제1항 및 제4조의2 제2항의 규정에 의하여 금융정보분석원장에게 보고하는 금융거래등(이하 "의심되는 거래 보고대상 금융거래등"이라 한다)으로 결정한 날로부터 3영업일 이내에 보고하여야 한다.

금융회사등은 금액에 관계없이 의심거래에 대하여 지체 없이 그 사실을 금융정보분석원장에게 보고하도록 하고 있다(특정금융정보법 제4조 제1항). '지체 없이'란 시간적으로 지체함이 없음을 의미하는데, '지체 없이'의 기준이 금융거래 발생 시부터인지 보고책임자 결재일로부터인지, 시간적 지체란 얼마간의 기간을 의미하는 것인지에 대한 의문이 있었다. 이에 금융정보분석원은 2021년 3월 23일, 「특정 금융거래정보 보고 및 감독규정」을 개정하여 의심되는 거래의 보고시기를 '금융정보분석원장에게 보고하는 금융거래등으로 결정한 날로부터 3영업일 이내'에 보고하도록 함으로써 법률상 '지체 없이'의 의미를 명확히 하였다.

18) 금융정보분석원고시 제2021-1호, 2021. 3. 23. 일부개정. 2021. 3. 25. 시행.

Ⅲ. 비밀유지 의무 및 면책규정

1. 비밀유지 의무(제4조 제6항)

가. 원 칙

특정금융정보법은 '금융회사등'에 종사하는 자는 의심거래보고를 하려고 하거나 보고를 하였을 때에 그 사실을 그 보고와 관련된 금융거래등의 상대방을 포함하여 다른 사람에게 누설해서는 안 된다고 규정하고(제4조 제6항), 위반 시 형사처벌 규정을 두고 있다(제17조부터 제20조). 이는 FATF 권고기준(Recommendation) 21 (b)항[19]을 고려한 것이다.

의심거래 보고 사실을 누설하게 되면 1년 이하의 징역이나 1천만원 이하의 벌금 처벌(병과)을 받을 수 있고, 행위자를 벌하는 외에 법인도 위반행위 방지를 위해 상당한 주의와 감독을 게을리 하였다면 벌금형을 부과받을 수 있다(특정금융정보법 제17조 제3항 제2호, 제18조, 제19조). 이는 FIU를 거쳐 수사기관에 제공될 특정 금융거래정보로서 그 기밀성이 유지되게 할 필요가 있기 때문이고, 범죄수익은닉규제법과 테러자금금지법에서 금융회사등의 종사자에게 수사기관 신고 사실의 누설을 금지하고 있는 것과 같은 맥락이다.

한편, 고객의 거래가 의심거래보고 대상에 해당하여 금융정보분석원에 보고된 사실이 알려질 경우, 결과적으로 실제 자금세탁에 해당하지 아니할 수 있음에도 불구하고 의심거래보고 자체로 해당 고객은 개인 신용하락 등 경제적 피해를 입을 우려가 있으므로, 특정금융정보법은 정보공유를 엄격하게 제한하고 있다. 이러한 취지에 따라 특정금융정보법은 정보공유가 가능한 범위를 금융사 내부(점포 → 금융회사 본점 보고책임자)로 엄격히 한정하고, 의심거래정보 등을 재판에서 증거로서 사용할 수 없다는 규정을 두고 있다(제12조 제3항).[20]

나. 예 외

자금세탁 행위와 공중협박자금조달 행위를 방지하기 위해, 같은 금융회사 내부에서 그 보고 사실을 제공하는 경우(제6항 제1호), 외국금융정보분석기구에

---

19) FATF **권고기준** 21. 금융회사와 금융회사의 이사, 임원 및 직원은 (b) 의심거래보고 또는 관련 정보가 FIU에 보고되었다는 사실을 공개하지 않도록 법으로 금지하여야 한다고 규정.

20) 『자금세탁방지제도 유권해석 사례집』, 금융정보분석원.

대하여 해당 외국의 법령에 따라 의심거래보고에 상당하는 보고를 하는 경우(제6항 제2호)는 비밀유지 의무의 예외가 적용된다.

2. 면책규정(제4조 제7항)

특정금융정보법은 의심거래보고를 한 '금융회사등'(금융회사 종사자 포함)은 고의 또는 중대한 과실로 인하여 거짓 보고를 한 경우 외에는 그 보고와 관련된 금융거래등의 상대방 및 그의 관계자에 대하여 손해배상책임을 지지 아니한다는 면책규정을 두고 있다(제4조 제7항). 이는 FATF 권고기준(Recommendation) 21 (a)항[21]을 고려한 것이다. 의심의 합당한 근거를 확보해 보고하도록 한 것도 고의·중과실에 의한 거짓 보고를 방지하는 방편의 하나가 될 수 있다.

또한 누구든지 특정금융정보법에 따라 제공받은 정보를 제공할 것을 요구하거나 목적 외의 다른 용도로 사용할 것을 요구해서는 안 되며(제12조 제2항), 금융기관등이 금융정보분석원장에게 보고한 사항 중 금융정보분석원장이 수사기관 등 법집행기관 등에 제공한 특정 금융거래정보는 재판에서 증거로 할 수 없다(제12조 제3항), 의심거래보고에 관련한 금융회사등의 종사자는 특정금융정보법 제16조 및 제17조와 관련된 재판 또는 중대한 공익상의 필요를 제외하고는 당해 보고와 관련된 사항에 관하여 증언을 거부할 수 있다(제12조 제4항).

아울러 특정금융정보법에 따른 의심거래보고에 관한 규정(제4조)은 고액현금거래보고(제4조의2), 전신송금시 정보제공(제5조의3) 등의 규정과 더불어 금융거래의 비밀보장(금융실명법 제4조), 개인신용정보의 제공·활용에 대한 동의 및 업무목적 외 누설금지(신용정보법 제32조·제42조), 외국환거래의 비밀보장(외국환거래법 제22조)에 관한 법규에 우선하여 적용된다(법 제14조).

Ⅳ. 의심거래 보고 방법

'금융회사등'은 금융정보분석원장이 정하는 서식 및 방법으로 발생 일자와 장소, 상대방, 금융거래등의 내용 및 합당한 근거를 포함하여 지체 없이 금융정

21) FATF **권고기준** 21. 금융회사와 금융회사의 이사, 임원 및 직원은 (a) 선의에 의하여 FIU에 의심거래보고를 한 경우, 비록 그 전제된 범죄가 무엇인지 정확히 알지 못하고 불법행위가 실제로 일어나지 않았더라도, 계약서나 그 어떠한 법률, 규정 또는 행정적 조치에 의하여 부과된 정보누설금지의무를 위배하더라도 형사 또는 민사상 책임을 지지 않는다고 규정.

보분석원장에게 보고하면 된다(시행령 제7조). 보고한 때에는 해당 보고서를 다른 금융거래등에 관한 자료와 구분하여 보존해야 한다(시행령 제10조의9). 보고감독규정 제2장에서는 의심거래 보고 시기, 보고대상 금융거래등의 판단 기준과 전산시스템 개발, 보고서식 및 제출방법, 보고 관련 자료의 보존, 보고서의 흠결 보정 등을 규정하고 있다(보고감독규정 제3조부터 제8조).

[김 지 인/이 해 붕]

제 2 절 고액현금거래 보고(제4조의2)

제 4 조의2(금융회사등의 고액 현금거래 보고)

① 금융회사등은 5천만원의 범위에서 대통령령으로 정하는 금액 이상의 현금(외국통화는 제외한다)이나 현금과 비슷한 기능의 지급수단으로서 대통령령으로 정하는 것(이하 "현금등"이라 한다)을 금융거래등의 상대방에게 지급하거나 그로부터 영수(領收)한 경우에는 그 사실을 30일 이내에 금융정보분석원장에게 보고하여야 한다. 다만, 다음 각 호의 어느 하나에 해당하는 경우에는 그러하지 아니하다. <개정 2020. 3. 24.>

1. 다른 금융회사등(대통령령으로 정하는 자는 제외한다)과의 현금등의 지급 또는 영수
2. 국가, 지방자치단체, 그 밖에 대통령령으로 정하는 공공단체와의 현금등의 지급 또는 영수
3. 자금세탁의 위험성이 없는 일상적인 현금등의 지급 또는 영수로서 대통령령으로 정하는 것

② 금융회사등은 금융거래등의 상대방이 제1항을 회피할 목적으로 금액을 분할하여 금융거래등을 하고 있다고 의심되는 합당한 근거가 있는 경우에는 그 사실을 금융정보분석원장에게 보고하여야 한다. <개정 2020. 3. 24.>

☞ <u>법 제17조 제3항 제1호: 제4조의2 제1항·제2항에 따른 보고를 거짓으로 한 자 → 1년 이하의 징역 / 1천만원 이하 벌금; 징역/벌금 병과(제18조), 법인 양벌(제19조)</u>

☞ <u>법 제20조 제2항 제1호: 제4조의2 제1항·제2항을 위반하여 보고하지 아니한 자 → 3천만원 이하 과태료(→900만원-영 제17조 별표2 과태료부과기준 2-나)</u>

③ 금융정보분석원장은 다음 각 호의 기관을 고액 현금거래 보고에 관한 자료를 중계하는 기관(이하 "중계기관"이라 한다)으로 지정·운영할 수 있다.

1. 「민법」 제32조에 따라 금융위원회의 허가를 받아 설립된 사단법인 전국은행연합회
2. 「자본시장과 금융투자업에 관한 법률」 제283조에 따라 설립된 한국금융투자협회
3. 「상호저축은행법」 제25조에 따라 설립된 상호저축은행중앙회

④ 제1항 및 제2항에 따른 보고의 방법과 제3항에 따른 중계기관의 지정 · 운영과 그 밖에 필요한 사항은 대통령령으로 정한다.

〈참고 조문〉

제8조(가상자산사업자의 조치)

가상자산사업자는 제4조 제1항 및 제4조의2에 따른 보고의무 이행 등을 위하여 고객별 거래내역을 분리하여 관리하는 등 대통령령으로 정하는 조치를 하여야 한다.

[본조신설 2020. 3. 24.]

☞ 법 제20조 제1항 제3호: 제8조를 위반하여 조치를 하지 아니한 자 → 1억원 이하의 과태료(→6,000만원-영 제17조별표2 과태료부과기준 2-사)

제14조(다른 법률과의 관계)

① **제4조, 제4조의2,** 제5조의3, 제9조, 제10조, 제10조의2, 제11조, 제13조 및 제15조 제7항은 「금융실명거래 및 비밀보장에 관한 법률」 제4조, 「신용정보의 이용 및 보호에 관한 법률」 제32조 · 제42조 및 「외국환거래법」 제22조에 우선하여 적용한다. <개정 2012. 3. 21., 2013. 8. 13., 2020. 3. 24.>

② 금융회사등과 중계기관이 이 법에 따라 제공한 정보에 대하여는 「신용정보의 이용 및 보호에 관한 법률」 제35조를 적용하지 아니한다.

Ⅰ. 본조의 의의

고액현금거래보고(CTR, Currency Transaction Report)란, 일정금액(1천만 원 이상의 현금, 외국통화 제외) 이상의 현금거래를 금융정보분석원에 보고하도록 한 제도이다. 금융회사등의 주관적 판단에 의존하는 의심거래보고와 다르게 객관적 기준에 의하여 일정한 금액 이상의 현금거래를 보고하도록 제도화하였다. 고액현금거래보고는 현금의 지급 또는 영수를 기준으로 하므로 계좌이체는 대상에서 제외된다. 즉 계좌이체 등의 방식이 아니라 고객에게 혹은 고객으로부터 직접 일정 규모 이상의 현금을 지급하거나 영수하는 때에 고액현금거래보고 및 보고회피 의심거래 보고의무가 발생한다.

2020년 3월 24일 특정금융정보법 개정으로 인하여 가상자산사업자도 고액

현금거래보고 의무이행 주체가 되었지만, 가상자산사업의 다각화를 통해 현금을 직접 지급하거나 영수하는 경우가 아닌 한 현재 가상자산사업자에게 고액현금거래 보고의무는 거의 적용되지 않을 것이다. 금융위원회(FIU)가 밝힌 바와 같이, CTR 보고대상은 금융회사와 고객 간의 거래 중 고객이 현찰을 직접 금융회사에 지급(입금)하거나 금융회사로부터 받는 거래(출금) 혹은 수표와 현금 간의 교환 등이 해당되고, 계좌간 이체나 외국환송금 등은 보고대상이 아니다.[22] 가상자산거래소의 경우 고객들의 현금(가상자산 매수·매도 자금) 입출금은 동일 은행에 개설된 실명확인입출금계좌를 통한 이체 방식으로 이루어져야 하므로, 창구를 통해 직접 현찰을 지급·영수하는 경우가 있어서는 안 된다. 따라서, 가상자산거래소의 경우 CTR 보고사유가 발생할 여지는 없다고 할 것이다. 다만, 가상자산사업자 중에는 가상자산 환전소나 가상자산과 금전의 또는 금전과 가상자산 간의 교환을 지원하는 ATM을 운영하는 사업자도 있을 수 있고, 이 경우는 창구를 통한 현금의 지급·영수와 유사하게 볼 여지가 크므로, 이러한 가상자산사업자는 CTR 의무이행 대상이 될 것이다.

Ⅱ. 요건 — 금융회사등이 5천만 원의 범위에서 대통령령으로 정하는 금액 이상의 현금(외국통화는 제외)이나 현금과 비슷한 기능의 지급수단으로서 대통령령으로 정하는 것(이하 “현금 등”이라 한다)을 금융거래 상대방에게 지급하거나 그로부터 영수한 경우(제4조의2 제1항 본문)

1. 원 칙

가. 현 금

금융회사등은 1천만 원 이상의 현금(외국통화 제외)을 금융거래등의 상대방에게 지급하거나 그로부터 영수한 경우에는 그 사실을 30일 이내에 금융정보분석원장에게 보고해야 한다(영 제8조의2 제1항).

고액현금거래보고제도는 2006년 처음 특정금융정보법에 규정되었고, 고액현금거래보고제도의 실효성 확보와 금융기관의 보고의무에 따른 업무 과중 정도를 비교하여 도입 당시에는 5천만 원을 기준금액으로 정하였다. 다만, 기준금

22) 금융위, 특정금융정보법시행령 개정안 입법예고 보도자료(2018.9.13.) 참조.

액을 법이 아닌 시행령에 규정하여 5천만 원의 범위에서 현실에 맞게 그 기준금액을 조정할 수 있게 하였다[23]. 기준금액은 2008년 3천만 원, 2010년부터 2천만 원, 2019년부터 1천만 원으로 조정되었다.

기준금액을 산정할 때에는 금융회사등이 동일인 명의로 이루어지는 1거래일 동안의 금융거래등에 따라 지급한 금액을 합산하거나 영수한 금액을 합산한다. 단, 100만 원 이하의 원화 송금, 100만 원 이하의 외국 통화의 매입·매각금액, 금융정보분석원장이 정하는 공과금을 수납하거나 지출한 금액은 제외한다(영 제8조의2).

1거래일 동안 지급 또는 영수한 금액의 합산액이 1천만 원에 미치지 못하더라도, 금융회사등은 금융거래의 상대방이 고액현금거래를 회피할 목적으로 금액을 분할하여 금융거래등을 하고 있다고 의심되는 합당한 근거가 있는 경우 그 사실을 금융정보분석원장에게 보고하여야 한다(법 제4조의2 제2항).

나. 현금과 비슷한 기능의 지급수단

카지노사업자의 영업장에서 현금 또는 수표를 대신하여 쓰이는 것으로서 특정금융정보법 시행령 제3조에서 정하는 것과 현금 또는 수표를 교환하는 거래를 하는 경우(특정금융정보법 제2조 제2호 다목) 카지노사업자가 지급 또는 영수하는 수표 중 권면액이 100만 원을 초과하는 수표를 금융상대방에게 지급하거나 그로부터 영수한 경우에는 그 사실을 30일 이내에 금융정보분석원장에게 보고하여야 한다. 다만, 카지노사업자가 수표를 지급하거나 영수하면서 실명을 확인한 후 실명 및 수표번호를 기록 관리하는 경우는 그러하지 아니하다(영 제8조의3).

2. 예 외

특정금융정보법 제4조의2 제1항 단서에서는 제1호부터 제3호에 해당하는 사유가 존재하면 금융회사등의 고액현금거래보고 의무를 면제하고 있다.

23) **특정금융정보법 시행령 부칙 <대통령령 제19054호**, 2005. 9. 27.> ② (고액현금거래보고 기준금액의 특례) 금융기관등이 금융정보분석원장에게 보고하여야 하는 고액현금거래의 기준금액에 대하여는 제8조의2 제1항의 개정규정에 불구하고 2006년 1월 18일부터 2007년 12월 31일까지는 5천만원으로, 2008년 1월 1일부터 2009년 12월 31까지는 3천만원으로 한다.

가. 다른 금융회사등(대통령령으로 정하는 자는 제외한다)과의 현금 등의 지급 또는 영수(제4조의2 제1항 제1호)

특정금융정보법 제4조의2는 다른 금융회사등과의 현금 등의 지급 또는 영수의 경우 고액현금거래보고 의무를 면제하고 있다. 다만, 카지노사업자, 가상자산사업자, 자금세탁 및 공중협박자금조달 행위에 이용될 위험성이 높은 자로서 금융정보분석원장이 정하여 고시하는 자는 여전히 보고의무가 있다고 보았다(시행령 제8조의4). 특히 가상자산사업자는 2021년 3월 23일 일부 개정된 시행령에서, 보고의무가 면제되지 않는 금융기관등에도 포함되게 되었다.[24)]

나. 국가, 지방자치단체, 그 밖에 대통령령으로 정하는 공공단체와의 현금 등의 지급 또는 영수(제4조의2 제1항 제2호)

국가 또는 지방자치단체의 경우[25)][26)] 국가계약법, 지방계약법, 국가재정법 등 법률과 조례 및 규칙으로 회계를 엄격하게 관리하고 있어 자금세탁의 위험이 상대적으로 매우 낮으므로 고액현금거래보고 의무의 예외를 두었다.

그 밖에 대통령령으로 정하는 공공단체의 경우, 구 특정금융정보법(제29601호로 바뀌기 전의 것) 제8조의5 제1호부터 제5호에 걸쳐 고액현금거래보고 의무의 예외가 되는 공공단체를 시행령에 두었으나, 공금횡령 등의 문제가 발생할 수 있다는 우려로 2019년 2월 26일 해당 조항이 삭제되었다. 따라서 지방자치

---

24) **특정금융정보법 시행령**

제8조의4(고액 현금거래 보고의 예외에서 제외되는 금융회사등) 법 제4조의2 제1항 제1호에서 "대통령령으로 정하는 자"란 다음 각 호의 어느 하나에 해당하는 자를 말한다. <개정 2021. 3. 23.>

1. 카지노사업자

1의2. 법 제2조 제1호 하목에 따른 가상자산사업자(이하 "가상자산사업자"라 한다)

2. 자금세탁행위와 공중협박자금조달행위에 이용될 위험성이 높은 자로서 금융정보분석원장이 정하여 고시하는 자

25) ① 국회, 법원, 헌법재판소, 선거관리위원회, 감사원 등 헌법기관, ② 정부조직법에 따른 중앙행정기관 및 개별법에 따른 행정기관, ③ 지방자치법에 따른 지방자치단체, ④ 지방교육자치에 관한 법률에 따른 교육지원청, ⑤ 국·공립유치원 및 국·공립 초등·중·고등·대학교 및 ⑥위 기관들의 소속기관을 의미함. 국가 또는 지방자치단체인지를 판단하기 위하여, 사업자등록번호(10자리) 또는 부가가치세법에 따른 고유번호(10자리)를 판단기준으로 삼을 수 있음(10자리번호 중 4번째 및 5번째 자리숫자가 각각 8과 3인 경우).

26) 경제자유구역청의 경우, 1개의 지방자치단체장이 위임을 통하여 경제자유구역청을 설치하는 경우 지방자치단체의 소속기관(출장소)에 해당하므로 고액현금거래보고의무 예외대상에 해당하나(예: 인천광역시경제자유구역청), 2개 이상의 지방자치단체가 공동의 사무를 처리하기 위하여 설립한 경우에는 지방자치단체조합(지방자치법 제176조)에 해당하여 고액현금거래보고의무가 존재함(예: 광양만권경제자유구역청, 부산진해경제자유구역청).

단체가 아닌 공공단체의 경우 고액현금거래보고 의무의 예외가 되는 경우는 존재하지 아니한다.

Ⅲ. 고액현금거래 보고 방법 등

1. 보고방법

금융회사등은 동일인 명의로 이루어지는 1거래일 동안의 현금등의 지급 또는 영수의 합산금액이 1천만원 이상이면(보고기준금액), 금융정보분석원장이 정하는 서식에 따라 금융정보분석원장이 정하는 방법으로 보고 하여야 한다(영 제8조의2, 제8조의6; 보고감독규정 제11조).

2. 처벌규정

가상자산사업자는 특정금융정보법 제4조에 따른 불법재산등 의심거래 보고의무 및 제4조의2에 따른 고액현금거래 보고의무 이행 등을 위하여 **고객별 거래내역을 분리하여 관리**하는 등 대통령령으로 정하는 조치를 하여야 하며(법 제8조), 고객별 거래내역 구분관리 등의 조치를 하지 아니하면 과태료(1억원 이하) 부과대상이 된다(법 제20조 제1항 제3호).

법 제4조의2 제1항 및 제2항에 따른 고액현금거래보고 및 보고회피 의심거래보고를 거짓으로 하면, 1년 이하의 징역이나 1천만원 이하의 벌금에 처해질 수 있고(징역 · 벌금 병과), 행위자를 벌하는 외에 법인에 대하여도 위반행위 방지를 위해 상당한 주의와 감독을 게을리한 경우 벌금형이 부과될 수 있다(법 제17조 제3항 제1호, 제18조, 제19조).

고액현금거래 및 보고회피 의심거래보고를 하지 아니한 자는 3천만원 이하의 과태료 부과대상이다(법 제20조 제2항 제1호, 영 제17조 및 별표2 과태료 부과기준).

[김 지 인/이 해 붕]

제 3 절 자금세탁행위 등 방지를 위한 조치(제5조)

제 5 조(금융회사등의 조치 등)

① 금융회사등은 제4조 제1항 및 제4조의2에 따른 보고를 원활하게 하고 금융회사등을 통한 자금세탁행위와 공중협박자금조달행위를 효율적으로 방지하기 위하여 다음 각 호의 조치를 하여야 한다. <개정 2012. 3. 21., 2013. 8. 13., 2019. 1. 15.>

1. 제4조 제1항 및 제4조의2에 따른 보고 업무를 담당할 자의 임명 및 내부 보고 체제의 수립
2. 자금세탁행위와 공중협박자금조달행위의 방지를 위하여 해당 금융회사등의 임직원이 직무를 수행할 때 따라야 할 절차 및 업무지침의 작성·운용
3. 자금세탁행위와 공중협박자금조달행위의 방지를 위한 임직원의 교육 및 연수

☞ 법 제20조 제1항 제1호: 제5조 제1항을 위반하여 각 호의 조치를 하지 아니한 자 → 1억원 이하 과태료(→ 6,000만원 - 영 제17조 별표2 과태료 부과기준 2-다)

② 주된 거래유형, 거래규모 등을 고려하여 대통령령으로 정하는 금융회사등에 대해서는 제1항 각 호의 조치 중 전부 또는 일부를 면제할 수 있다. <신설 2019. 1. 15.>

③ 제1항 제2호에 따른 절차 및 업무지침은 다음 각 호의 사항을 포함하여야 한다. <신설 2019. 1. 15.>

1. 금융거래등에 내재된 자금세탁행위와 공중협박자금조달행위의 위험을 식별, 분석, 평가하여 위험도에 따라 관리 수준을 차등화하는 업무체계의 구축 및 운영에 관한 사항
2. 자금세탁행위와 공중협박자금조달행위의 방지 업무를 수행하는 부서로부터 독립된 부서나 기관에서 그 업무수행의 적절성, 효과성을 검토·평가하고 이에 따른 문제점을 개선하기 위한 업무체계의 마련 및 운영에 관한 사항
3. 그 밖에 자금세탁행위와 공중협박자금조달행위를 효율적으로 방지하기 위하여 대통령령으로 정하는 사항

④ 금융회사등은 임직원이 직무를 수행할 때 제1항 제2호에 따른 절차 및 업무지침을 준수하는지 여부를 감독하여야 한다. <신설 2019. 1. 15.>

[전문개정 2011. 5. 19.]

특정금융정보법 시행령

제9조(금융회사등의 조치 등)

① 금융회사등은 법 제5조 제1항 제1호에 따라 보고업무를 담당할 자를 임면한 때에는 그 사실을 금융정보분석원장에게 통보하여야 한다. <개정 2013. 8. 6., 2019. 6. 25.>

② 법 제5조 제3항 제3호에서 "대통령령으로 정하는 사항"이란 다음 각 호의 사항을 말한다. <신설 2019. 6. 25., 2021. 3. 23., 2021. 10. 5.>

1. 법 제4조 또는 제4조의2에 따른 보고를 효과적으로 수행하기 위해 필요한 금융거래등에 대한 감시체계의 구축 및 운영에 관한 사항
2. 법 제5조의2 제1항 각 호에 따른 고객 확인을 위해 고객의 자금세탁행위 및 공중협박자금조달행위의 위험을 평가하는 절차 및 방법에 관한 사항
3. 금융회사등이 다른 금융회사등을 통해 법 제5조의2에 따른 고객확인을 이행하는 경우에 준수해야 할 절차 및 방법에 관한 사항
4. 신규 금융상품 및 서비스를 제공하기 전 자금세탁행위와 공중협박자금조달행위의 위험을 평가하기 위한 절차 및 방법에 관한 사항
5. 금융회사등이 대한민국 외에 소재하는 자회사 또는 지점의 자금세탁행위와 공중협박자금조달행위 방지 의무의 이행을 감시하고 관리하기 위한 절차 및 방법에 관한 사항
6. 그 밖에 자금세탁행위 및 공중협박자금조달행위를 효율적으로 방지하기 위해 금융정보분석원장이 정하여 고시하는 사항

〈기타 참고 규정〉

보고감독규정 제4장(내부 보고체제)

업무규정 제2장(내부통제 구축)

Ⅰ. 본조의 의의

특정금융정보법 제5조는 금융회사등을 통한 자금세탁행위와 공중협박자금

조달행위를 방지하기 위해 보고책임자 임명, 내부 보고체제 수립, 업무지침 작성·운용, 임직원 교육·연수 등의 조치를 금융회사등에 요구하는 것으로, 형식적으로는 개정된 내용이 없다. 다만, 개정 특정금융정보법에서 '금융회사등'에 가상자산사업자를 포함하게 됨으로써 제5조에서 요구하는 제반 조치는 가상자산사업자도 이행해야 할 대상이 되었다.

법 제5조에 따라 가상자산사업자등이 이행해야 할 조치를 좀 더 종합적으로 살펴보려면 특정금융정보법과 그 시행령은 물론, **보고감독규정**과 **업무규정**에서 규정하는 세부기준과 절차까지 참조해야 한다. 업무규정은 특정금융정보법 제4조부터 제5조의4까지 및 동법 시행령 제5조 제4항·제15조 제4항에서 위임된 사항과 그 시행에 필요한 사항을 정하고 있는 특칙 규정이다. 다만, 현재 시행관련 규정을 여러 규정에 분산하기보다는 보고감독규정을 중심으로 업무규정과 보고감독규정의 내용을 단일규정으로 병합한다면 제반 적용규정의 가독성과 법규준수 환경의 개선에 도움이 되지 않을까 싶다.[27)]

Ⅱ. 금융회사등에 요구되는 제반 조치

금융회사등은 특정금융정보법이 요구하는 불법재산등 의심거래보고(제4조 제1항), 고액현금거래 및 보고회피 의심거래 보고(제4조의2)를 원활하게 하고, 금융회사등을 통한 자금세탁(ML)/테러자금조달(FT) 행위를 효율적으로 방지하기 위하여 다음 ⅰ.~ⅲ.의 조치를 이행하여야 한다(제5조 제1항).

ⅰ. **의심거래보고**(STR) **및 고액현금거래보고**(CTR) **업무를 담당할 자의 임명 및 내부 보고 체제의 수립;**

ⅱ. **자금세탁방지 등을 위하여 임직원이 직무를 수행할 때 따라야 할 절차 및 업무지침의 작성·운용;**

ⅲ. **ML/FT 행위 방지를 위한 임직원 교육 및 연수.**

해당 조치를 이행하지 않게 되면 1억원 이하의 과태료 처분 대상이며(법 제20조 제1항 제1호), 시행령에서는 과태료 최고 금액을 6,000만원으로 명시하고 있다(시행령 제17조 및 별표2-과태료 부과기준 2-다). 과태료 최종 부과금액은 「특정

27) 특히 「자금세탁방지 및 공중협박자금조달금지에 관한 업무규정」은 2019.6.26. 일부개정 이후 추가 개정 없이 법제처 국가법령정보센터에 현행 행정규칙으로 등재되어 있지만, 일부 조문에 삭제된 조문을 인용하고 있는 등 정비가 필요한 부분이 존재한다.

금융거래정보 보고 등에 관한 검사 및 제재 규정」(약칭 '검사제재규정') 별표(과태료 부과기준)에 나와 있는 과태료 산정방식, 예정금액의 산정, 최종 부과금액 결정 등의 세부 기준에 따라 결정된다.

1. 보고책임자 임명 및 내부 보고체제 수립

금융회사등(가상자산사업자 포함)은 특정금융정보법에 제4조 및 제4조의2에 따라 의심되는 거래 또는 고액현금거래를 금융정보분석원장에게 보고하고, 법 제5조의2에 따른 고객확인의 이행과 관련된 업무를 총괄하는 보고책임자를 임명하고 그 임면 사실을 금융정보분석원장에게 통보해야 한다(영 제9조 제1항. 보고책임자의 역할과 책임은 업무규정 제6조 참조). 통보는 금융정보분석원이 정한 보고책임자 임면통보서를 금융정보분석원 홈페이지에 등록하면 된다(보고감독규정 제17조 및 별지 제3호 서식).

한편, 보고감독규정 및 업무규정에서는 내부 보고체제의 수립 및 운용에 관한 규정을 두고 있다. 금융회사등(가상자산사업자 포함)은 보고대상 금융거래등이 보고책임자에게 신속·원활하게 보고될 수 있도록 내부 보고체제를 수립하고, 보고책임자는 보고가 원활히 이루어질 수 있도록 내부 보고체제, 업무지침 운용과 교육·연수 상황을 상시 점검하도록 하고 있다. 보고담당자 변경 등 정보의 변동이 있으면 금융정보분석원 홈페이지를 통해 즉시 갱신해야 하며, 필요한 경우 해당 기관 보고담당자 등을 FIU 홈페이지에 등록·관리할 수 있다(보고감독규정 제19조). 업무규정 제6장(제81조부터 제84조)에서는 보고체제의 수립, 내부보고체제, 외부 보고체제로 나누어 규정하고 있다.

2. 자금세탁방지등을 위한 업무 절차 및 업무지침

가. 업무지침의 작성·운용

가상자산사업자와 금융회사등은 자금세탁방지 등을 위하여 임직원이 직무수행시 따라야 할 절차 및 업무지침을 작성·운용하여야 한다(법 제5조 제1항 제2호). 한편, 특정금융정보법은 가상자산사업자와 그 고객 간에 사용될 실명확인입출금계정을 개시하려는 금융회사등은 가상자산사업자가 수립한 이러한 절차와 업무지침을 확인하고, 이를 통해 가상자산사업자와의 금융거래등에 내재된 자금세탁행위와 공중협박자금조달행위의 위험을 식별·분석·평가하도록 의무화하고 있다(법 제7조 제9항 및 영 제10조의18 제2항).

특정금융정보법에서는 자금세탁방지등을 위한 업무지침(제5조 제1항 제2호)과 고객확인 의무 이행을 위한 업무지침(제5조의2 제1항)이 언급되어 있는데, 금융회사등은 자금세탁방지 및 고객확인 의무의 이행과 관련한 지침 모두를 하나의 업무지침에 포함하여 작성·운용할 수 있다(업무규정 제21조 단서). 이러한 업무지침은 금융회사등이 자신의 업무특성이나 금융기법의 변화를 고려하여 자신이 자금세탁행위 및 공중협박자금조달행위에 이용되지 않도록 하기 위한 정책과 이를 이행하기 위한 구체적이고 적절한 조치 등을 서술한 내부지침을 말한다(보고감독규정 제24조 제1항).

그러한 절차와 업무지침에는 법 제5조 제3항 및 시행령 제9조 제2항에 명시된 사항들이 포함되어야 한다.

〈법 제5조 제3항에 명시된 사항〉

- 금융거래등(가상자산거래 포함)에 내재된 ML/FT 위험을 식별/분석/평가하여 위험도에 따라 관리 수준을 차등화하는 업무체계의 구축 및 운영[28];
- ML/FT 행위의 방지 업무를 수행하는 부서로부터 독립된 부서나 기관에서 그 업무수행의 적절성, 효과성을 검토·평가하고 문제점을 개선하기 위한 업무체계(독립적 감사체제)의 마련과 운영;
- 그 밖에 ML/FT 행위를 효율적으로 방지하기 위하여 시행령에서 정하는 사항

〈시행령 제9조 제2항에 명시된 사항〉

- STR·CTR 보고를 효과적으로 수행하는데 필요한 금융거래등(가상자산거래 포함)에 대한 감시체계의 구축과 운영;
- 법 제5조의2 제1항 각 호에 따른 고객 확인을 위해 고객의 ML/FT 위험을 평가하는 절차와 방법;
- 다른 금융회사등을 통해 고객확인을 이행(위탁)하는 경우 준수해야 할 절

28) 금융회사등은 금융거래등에 내재된 자금세탁행위와 공중협박자금조달행위의 위험을 식별, 분석, 평가하여 위험도에 따라 관리 수준을 차등화하는 업무체계의 구축 및 운영에 관한 사항을 업무지침에 포함하여야 하는바(법 제5조 제3항 제1호), 「자금세탁방지 및 공중협박자금조달금지에 관한 업무규정」 제19조 제3항에서는 동 규정 제19조 제1항 및 제2항에서 정하는 내용을 법 제5조 제3항 제1호의 의무이행과 관련하여 정해야 할 회사의 절차와 업무지침에 반영하고 준수할 것을 요구하고 있다.

차와 방법;

- 신규 금융상품 및 서비스를 제공하기 전 ML/FT 위험을 평가하기 위한 절차와 방법;
- 외국에 소재하는 자회사 또는 지점의 AML/CFT 의무 이행을 감시·관리하기 위한 절차와 방법;
- 그 밖에 ML/TF 행위를 효율적으로 방지하기 위해 금융정보분석원장이 정하여 고시하는 사항 등

한편, 금융회사등은 법 제4조에 따른 의심거래 보고, 법 제5조의2에 따른 고객확인의무에 관하여 고객 및 거래유형별로 자금세탁의 위험 정도에 따른 적절한 조치내용·절차·방법 등을 업무지침에서 정할 수 있다(보고감독규정 제24조 제2항).

나. 내부통제 구축

특정금융정보법은 자금세탁행위등의 방지를 위해 임직원이 직무를 수행할 때 따라야 할 내부절차와 업무지침을 준수하는지 감독하도록 금융회사등에 요구하고 있다(법 제5조 제4항). 이와 관련하여, 업무규정 제2장(내부통제 구축)에서는 경영진이 설계·운영하는 자금세탁방지, 테러자금조달금지 등의 활동과 관련한 내부통제의 구축과 관련하여 이사회, 경영진, 보고책임자 등 구성원별 역할과 책임(제4조부터 제6조); 임직원 교육과 연수(제7조부터 제10조); 직원알기제도(KYE, Know Your Employee) 이행 절차와 방법의 수립(제11조); 자금세탁방지등의 업무수행에 대한 독립적 감사체계(제12조부터 제16조); 회사 자체 및 금융거래 등에 내재된 자금세탁행위 등의 위험과 신상품 등과 관계된 자금세탁방지 절차 수립(제17조); 자금세탁방지제도 이행 평가(제18조·제19조)에 관하여 규정하고 있다.

1) 구성원별 역할과 책임

가) 이사회

금융회사등은 자금세탁방지 등의 활동과 관련하여 이사회에 역할과 책임을 부여하되, 그 역할과 책임에는 자금세탁방지등 활동과 관련하여 경영진이 설계·운영하는 내부통제 정책에 대한 감독책임, 자금세탁방지등과 관련한 경영진

과 감사(감사위원회)의 평가 및 조치결과에 대한 검토와 승인 등이 포함되도록 하여야 한다(업무규정 제4조).

나) 경영진

금융회사등은 경영진에게 자금세탁방지등의 활동에 관한 역할과 책임을 부여하되, 그 역할과 책임에는 자금세탁방지등을 위한 내부통제 정책(계열회사와 자회사를 포함하는 내부통제 정책)의 설계 · 운영 · 평가, 자금세탁방지등을 위한 내부통제규정 승인, 내부통제 정책의 준수책임 및 취약점 개선조치 사항의 이사회 보고, 내부통제 정책 이행과정에서 발견된 취약점 개선 책임, 자금세탁방지등의 효과적 수행에 필요한 전문성과 독립성을 갖춘 일정 직위 이상의 자를 보고책임자로 임명하고 그 임명사항을 금융정보분석원에 통보, 자금세탁행위등의 위험을 관리 · 경감하기 위한 정책 · 통제 · 절차에 관한 경영진의 승인 등의 사항이 포함되도록 하여야 한다(업무규정 제5조).

다) 보고책임자

앞서 말했듯이, 특정금융정보법에 따른 금융회사등의 보고책임자는 의심거래보고, 고액현금거래보고, 고객확인의무 이행과 관련된 업무를 총괄한다.

금융회사등은 자금세탁방지등을 위한 내부통제 정책의 설계 · 운영 · 평가와 관련하여 보고책임자에게 역할과 책임을 부여하되, 그 역할과 책임에는 일정한 사항이 포함되어야 한다(업무규정 제6조 제3항 · 제4항). 보고책임자에게 부여되는 역할과 책임에는 관련된 규정 및 세부 업무지침의 작성 · 운용, 직무기술서나 관련규정에 자금세탁방지등의 업무와 관련한 임직원별 역할과 책임 및 보고체계 등을 명시, 전자금융기술의 발전이나 금융 신상품의 개발 등에 따른 자금세탁행위등의 유형과 기법에 대한 대응방안 마련, 직원알기제도의 수립 및 운영, 임직원 교육 · 연수, 자금세탁방지등의 업무와 관련된 자료의 보존책임, 자금세탁방지등의 운영상황 모니터링 및 개선 · 보완, 자금세탁방지등 시스템 및 통제활동의 운영과 효과의 정기적 점검결과 및 그 개선사항의 경영진 보고, 금융거래 규모 등 자체 여건을 감안한 전담직원 배치 등의 사항이 포함되어야 한다.

한편, 금융회사등의 보고책임자는 금융정보분석원장이 특정금융거래정보의 분석을 위해 문서에 의해 금융거래 관련 정보나 자료의 제공을 요청하는 경우 그 제공, 금융정보분석원과 의심거래보고나 고액현금거래보고와 관련한 내부 보고체계 운용상황의 점검 · 개선사항에 관한 정보교환 등 금융정보분석원과의 업무협조 및 정보교환 등을 위해 적절한 조치를 취해야 한다(업무규정 제6조 제5항 · 6항).

2) 임직원 교육 · 연수

금융회사등(가상자산사업자 포함)은 STR · CTR 보고를 원활하게 하고, 회사를 통한 ML/FT 행위를 효율적으로 방지하기 위하여 임직원 교육 · 연수 프로그램을 수립 · 운용해야 하며(법 제5조 제1항 제3호), 교육 · 연수는 보고책임자 주관하에 연 1회 이상 실시해야 한다(업무규정 제7조 제2항).

교육과 연수는 직위나 담당업무 등에 따라 적절하게 구분하여 실시해야 하며, 교육내용에는 자금세탁방지등 관련 법규와 제도의 주요 내용, 자금세탁방지등과 관련된 내부정책 및 절차, 의심되는 거래의 유형과 최근 동향, 고객확인 이행 관련한 고객 유형별 업무처리 절차, STR · CTR 업무처리 절차, 자금세탁방지등과 관련한 임직원의 역할 등이 포함되어야 한다(업무규정 제8조). 교육 · 연수는 집합, 전달, 화상 등 다양한 방법으로 실시할 수 있고, 교육 · 연수 실시 일자 · 대상 · 내용 등을 기록 · 보존해야 한다(업무규정 제9조).

3) 직원알기제도(KYE)

직원알기제도(Know Your Employee)란 금융회사등(가상자산사업자 포함)이 자금세탁행위등에 자신의 임직원이 이용되지 않도록 하기 위해 임직원을 채용하거나 재직 중에 그 신원사항 등을 확인하고 심사하는 것을 말한다(업무규정 제10조).

금융회사등은 직원알기제도의 이행과 관련된 절차와 방법을 수립하고, 그 절차 등이 원활하게 운용될 수 있도록 적절한 조치를 취해야 한다(업무규정 제11조).

4) 독립적 감사체계

금융회사등(가상자산사업자 포함)은 자금세탁방지등의 업무를 수행하는 부서와는 독립된 부서에서 그 업무수행의 적절성, 효과성을 검토 · 평가하고 이에 따른 문제점 등을 개선하기 위해 취하는 절차와 방법을 말하는 독립적 감사를 실시하기 위한 체계(독립적 감사체계)를 구축 · 운영하여야 한다(업무규정 제12조).

업무규정은 독립적 감사의 실시 주체를 규정하고 있다. 즉, 독립적 감사는 감사 또는 감사위원회로 하여금 실시하게 해야 하는데, 독립적 감사를 수행하는 자는 자금세탁방지등의 업무평가를 위해 관련 전문성을 갖출 수 있도록 금융회사등이 적절한 조치를 취해야 한다(업무규정 제13조 제1항·제2항). 독립적 감사의 주체는 원칙적으로는 감사 또는 감사위원회여야 하지만, 금융회사등은 감사부서 외의 내부부서(자금세탁방지등의 업무 담당부서는 제외)나 외부전문가에게 독립적 감사를 수행하게 할 수 있다(업무규정 제13조 제3항).

또한 업무규정은 독립적 감사의 실시 주기, 방법과 범위, 결과보고 등을 규정하고 있다. 독립적 감사의 실시 주기는 연 1회 이상이어야 하며(업무규정 제14조), 독립적 감사의 범위에는 자금세탁방지등 관련정책, 절차 및 통제활동 등의 설계·운영의 적정성과 효과성, 자금세탁방지등 모니터링 시스템의 적정성, 관련업무의 효율적 수행을 위한 인원의 적정성 등이 포함되도록 하여, 자금세탁방지등의 업무수행의 적절성과 효과성 등을 검토·평가하고 그에 따른 의견을 제시할 수 있도록 해야 한다(업무규정 제15조). 감사 또는 감사위원회는 연 1회 이상 실시한 독립적 감사의 결과를 이사회에 보고하고 감사범위·내용·위반사항 및 사후조치 등을 기록·관리하여야 한다(업무규정 제16조).

5) 자금세탁방지 절차 수립

금융회사등은 회사 자체 및 금융거래등에 내재된 자금세탁행위등의 위험, 새로운 금융상품과 서비스(새로운 기술 및 지급·결제 수단의 이용에 따른 것을 포함) 등을 이용한 자금세탁행위등의 위험을 식별하고 확인·평가·이해하기 위한 정책과 절차를 수립·운영해야 하며, 위험요소를 관리·경감하기 위한 적절한 조치를 취해야 한다(업무규정 제17조).

다만, 「자금세탁방지 및 공중협박자금조달금지에 관한 업무규정」은 제목과 달리 특정금융정보법의 하위규정인데, 2019년 6월 26일 개정(2019.7.1. 시행)된 이후 특정금융정보법이 개정(2020년 3월 24일)되었음에도 보완개정이 없었다. 업무규정 제17 제1호에서는 '자금세탁방지 절차의 수립'을 규정하고 있는데, 여전히 '금융회사'라는 표기가 존재하여, 개정법에 따라 '금융회사등'에 포함된 가상자산사업자에 대한 적용 여부가 불명확할 수밖에 없다. 여기서는 그러한 보완을 전제로, 업무규정 제17조 역시 가상자산사업자에게 적용되는 규정으로 보기로 하겠다.

6) 자금세탁방지제도 이행 및 평가

업무규정 제6절에서는 자금세탁방지제도 이행현황 등에 관한 금융정보분석원의 종합평가, 자금세탁행위등의 위험관리 수준에 대한 금융회사등의 자체 평가 등 자금세탁방지제도 이행 평가에 관하여 규정하고 있다.

가) 금융정보분석원의 종합평가

금융정보분석원장은 자금세탁방지제도의 원활한 정착과 적극적 이행을 유도하기 위한 목적에서, 매년 금융회사등의 자금세탁방지제도 이행현황 등에 대하여 종합적으로 평가해야 한다(업무규정 제18조).

나) 금융회사등의 위험관리수준 평가

금융회사등은 업무규정에서 정하는 바에 따라, 자신의 자금세탁행위등의 위험을 확인 · 평가 · 이해하고, 자신의 자금세탁행위등의 위험을 관리 · 경감하기 위해 적절한 조치를 취해야 한다(업무규정 제19조).

(1) 자금세탁등의 위험평가등을 위한 적절한 조치 이행(업무규정 제19조 제1항)

금융회사등이 자신의 자금세탁행위등의 위험을 확인 · 평가 · 이해하는 것을 '위험평가등'이라 하는데, 금융회사등은 그러한 위험평가등을 위해 적절한 조치를 취해야 한다. 그러한 조치에는 1) 위험평가등의 결과를 문서화하고, 2) 전반적 위험의 수준과 위험의 완화를 위해 적용되어야 할 적절한 조치의 수준과 종류를 결정하기에 앞서 관련된 모든 위험요소들을 고려하며, 3) 위험평가등의 결과를 지속적으로 최신 상태로 유지하고, 4) 위험평가등의 정보를 금융정보분석원장 및 검사수탁기관의 장에게 제공하기 위해 적절한 운영체계를 구축하며, 5) 업무규정 제28조부터 제31조까지의 내용(위험평가의 대상, 국가위험, 고객유형 평가, 상품 · 서비스 위험 평가)[29]을 위험평가등에 반영하는 것이 포함되어야 한다.

29) • **업무규정 제28조(위험 평가)** — 자금세탁등과 관련하여 국가위험, 고객유형, 상품 및 서비스 위험 등을 반영하여 관련 위험을 식별 · 평가하고 고객확인에 활용할 것

• **업무규정 제29조(국가위험)** — 특정국가의 자금세탁방지제도와 금융거래 환경이 취약하여 발생할 수 있는 국가위험을 FATF의 고위험 국가 리스트 등 공신력 있는 기관의 자료를 활용하여 평가

• **업무규정 제30조(고객유형 평가)** — 고객의 특성에 따라 다양하게 발생하는 자금세탁행위등의 고객위험을 고객의 직업(업종) · 거래유형 및 거래빈도 등을 활용하여 평가. 위험이 낮은 고객을 고려할 수 있는 경우(제2항 각호)와 추가정보 확인이 필요한 고객의 유형(제3항 각호)을 명시,

• **업무규정 제31조(상품 및 서비스 위험)** — 고객에게 제공하는 상품 및 서비스에 따라 다

(2) 자금세탁등의 자체 위험의 관리 · 경감을 위한 조치(업무규정 제19조 제2항)

금융회사등은 자신의 자금세탁행위등의 위험을 관리하고 경감하기 위해, 1) 경영진의 승인을 거친 정책 · 통제 · 절차("통제등")를 구비하고, 2) 통제등의 시행 여부를 감시하며 필요한 경우 통제등을 강화하고, 3) 자금세탁행위등의 위험이 높은 것으로 확인된 분야에 대해 강화된 조치를 수행하며, 4) 업무규정 제17조 및 제70조 제2항에 따른 자금세탁행위등의 위험[30]을 평가할 수 있는 절차의 수립 · 운영에 관한 사항을 반영하는 등의 조치를 취해야 한다.

(3) 업무수행 절차 및 업무지침에 반영

금융회사등은 법 제5조 제1항 제2호의 규정에 따라 ML/FT 방지를 위하여 임직원이 직무수행시 따라야 할 절차 및 업무지침을 작성 · 운용하여야 하는데, 그 중 법 제5조 제3항에 따라 금융거래에 내재된 ML/FT의 위험도에 따라 관리수준을 차등화하는 업무체계를 구축 · 운영시 업무규정 제19조 제1항(위험평가등) 및 제2항(통제등)의 내용을 반영하여야 한다(제3항).

(4) FIU의 위험관리수준 평가(업무규정 제19조 제4항 · 제5항 · 제6항)

금융정보분석원장은 금융회사등이 자신의 금융거래등에 내재된 자금세탁행위등의 위험에 상응하여 적절한 조치를 취하고 있는지 '위험관리수준'을 주기적으로 평가해야 한다(제4항). 이때 금융회사등은 금융정보분석원장이 위험관리수준 평가를 위해 필요로 하는 내용을 금융정보분석원장이 정하여(또는 검사수탁기관의 장과 협의하여)통보한 방법과 기한 등에 따라 보고해야 한다(제5항).

금융정보분석원장과 검사수탁기관장은 위험관리수준 평가 결과를 공유하고 감독, 검사 및 교육에 활용한다. 금융정보분석원장과 검사수탁기관장은 각 금융

양하게 발생하는 상품위험을 상품등의 종류, 거래채널 등을 활용하여 평가해야 함. 자금세탁등의 위험도를 기준으로 그 위험이 낮은 상품과 서비스로 고려할 수 있는 경우가 예시되어 있고(제2항 각호), 증서식 무기명인 양도성 예금증서, 환거래 서비스, 비대면 거래 정부기관에서 고위험으로 판단하는 상품과 서비스는 자금세탁행위등의 위험이 높은 상품과 서비스로 고려해야 한다(제3항).

30) • **업무규정 제17조(자금세탁방지 절차 수립)** — 금융회사등 자신 및 금융거래등에 내재된 자금세탁행위등의 유형, 신규 상품과 서비스(새로운 기술 및 지급 · 결제 수단의 이용에 따른 것을 포함) 등을 이용한 자금세탁행위등의 위험을 식별, 확인, 평가, 이해하기 위한 정책과 절차의 수립 · 운영, 위험요소 관리 · 경감 조치를 취할 것을 요구.

• **업무규정 제70조(특별 주의의무 등)** — FATF가 지정하는 위험 국가의 고객(개인, 법인, 금융회사등)과 거래하는 경우 특별한 주의를 기울이고, 이들에 대해 AML/CFT 위험을 평가할 수 있는 절차의 수립 · 운영을 요구.

회사등의 위험 특성에 대한 평가를 통해 파악한 금융회사등의 ML/FT 위험과 관련 정책, 내부통제 및 절차 위험; 우리나라에 존재하거나 국가위험평가 등을 통해 확인된 ML/FT 위험, 금융회사등의 다양성, 수, 위험기반접근법(RBA)에 따라 금융회사등에 허용된 재량의 수준 등의 특성을 고려하여 금융회사등에 대한 검사계획 수립, 검사의 강도와 빈도를 결정하게 된다(제6항).

[이 해 붕/신 용 우]

제 4 절 고객 확인의무, 업무지침, 거래의 거절과 종료(제5조의2)

제 5 조의2(금융회사등의 고객 확인의무)

① 금융회사등은 금융거래등을 이용한 자금세탁행위 및 공중협박자금조달행위를 방지하기 위하여 합당한 주의(注意)로서 다음 각 호의 구분에 따른 조치를 하여야 한다. 이 경우 금융회사등은 이를 위한 업무 지침을 작성하고 운용하여야 한다. <개정 2014. 5. 28., 2020. 3. 24.>

1. 고객이 계좌를 신규로 개설하거나 대통령령으로 정하는 금액 이상으로 일회성 금융거래등을 하는 경우: 다음 각 목의 사항을 확인
   가. 대통령령으로 정하는 고객의 신원에 관한 사항
   나. 고객을 최종적으로 지배하거나 통제하는 자연인(이하 이 조에서 "실제 소유자"라 한다)에 관한 사항. 다만, 고객이 법인 또는 단체인 경우에는 대통령령으로 정하는 사항

   ☞ 법 제20조 제2항 제2호: 제5조의2 제1항 제1호를 위반하여 확인 조치를 하지 아니한 자 : 3천만원 이하 과태료(→ 1,800만원 - 영 제17조 별표2 과태료 부과기준 2-라)

2. 고객이 실제 소유자인지 여부가 의심되는 등 고객이 자금세탁행위나 공중협박자금조달행위를 할 우려가 있는 경우: 다음 각 목의 사항을 확인
   가. 제1호 각 목의 사항
   나. 금융거래등의 목적과 거래자금의 원천 등 금융정보분석원장이 정하여 고시하는 사항(금융회사등이 자금세탁행위나 공중협박자금조달행위의 위험성에 비례하여 합리적으로 가능하다고 판단하는 범위에 한정한다)

   ☞ 법 제20조 제1항 제2호: 제5조의2 제1항 제2호를 위반하여 확인 조치를 하지 아니한 자 : 1억원 이하 과태료(→ 6,000만원 - 영 제17조 별표2 과태료 부과기준 2-마)

3. 고객이 가상자산사업자인 경우: 다음 각 목의 사항을 확인
   가. 제1호 또는 제2호 각 목의 사항
   나. 제7조 제1항 및 제2항에 따른 신고 및 변경신고 의무의 이행에 관한

사항

다. 제7조 제3항에 따른 신고의 수리에 관한 사항

라. 제7조 제4항에 따른 신고 또는 변경신고의 직권 말소에 관한 사항

마. 다음 1) 또는 2)에 해당하는 사항의 이행에 관한 사항

1) 예치금(가상자산사업자의 고객인 자로부터 가상자산거래와 관련하여 예치받은 금전을 말한다)을 고유재산(가상자산사업자의 자기재산을 말한다)과 구분하여 관리

2) 「정보통신망 이용촉진 및 정보보호 등에 관한 법률」 제47조 또는 「개인정보 보호법」 제32조의2에 따른 정보보호 관리체계 인증(이하 "정보보호 관리체계 인증"이라 한다)의 획득

② 제1항의 업무 지침에는 고객 및 금융거래등의 유형별로 자금세탁행위 또는 공중협박자금조달행위의 방지와 관련되는 적절한 조치의 내용·절차·방법이 포함되어야 한다. <개정 2020. 3. 24.>

③ 제1항 각 호에 따른 확인 조치 등의 대상·기준·절차·방법과 그 밖에 필요한 사항은 대통령령으로 정한다.

④ 금융회사등은 다음 각 호의 어느 하나에 해당하는 경우에는 계좌 개설 등 해당 고객과의 신규 거래를 거절하고, 이미 거래관계가 수립되어 있는 경우에는 해당 거래를 종료하여야 한다. <신설 2014. 5. 28., 2020. 3. 24.>

1. 고객이 신원확인 등을 위한 정보 제공을 거부하는 등 고객확인을 할 수 없는 경우
2. 가상자산사업자인 고객이 다음 각 목의 어느 하나에 해당하는 경우

가. 제7조 제1항 및 제2항에 따른 신고 및 변경신고 의무를 이행하지 아니한 사실이 확인된 경우

나. 제7조 제3항 제1호 또는 제2호에 해당하는 사실이 확인된 경우

다. 제7조 제3항에 따라 신고가 수리되지 아니한 사실이 확인된 경우

라. 제7조 제4항에 따라 신고 또는 변경신고가 직권으로 말소된 사실이 확인된 경우

3. 그 밖에 고객이 자금세탁행위나 공중협박자금조달행위를 할 위험성이 특별히 높다고 판단되는 경우로서 대통령령으로 정하는 경우

⑤ 제4항에 따라 거래를 거절 또는 종료하는 경우에는 금융회사등은 제4조에 따른 의심되는 거래의 보고 여부를 검토하여야 한다. <신설 2014. 5. 28.>

[전문개정 2011. 5. 19.]

〈참고 조문〉

시행령 제10조의2(고객확인의무의 적용 범위 등), 제10조의3(일회성 금융거래등의 금액), 제10조의4(고객의 신원에 관한 사항), 제10조의5(실제 소유자에 대한 확인), 제10조의6(고객확인의 절차 등), 제10조의7(고객확인 절차에 따른 거래의 거절)

업무규정 제3장(고객확인), 제4장(고위험군에 대한 강화된 고객확인), 제5장(위험기반 거래모니터링 체계), 제6장(보고체제 수립), 제7장(자료 보존)

Ⅰ. 본조의 의의

특정금융정보법 제5조의2는 1) 가상자산사업자를 포함한 금융회사등의 고객 확인의무, 2) 가상자산사업자를 제외한[31] 금융회사등이 그 고객인 가상자산사업자에 대해 확인할 사항, 3) 가상자산사업자를 포함한 금융회사등의 고객확인 관련 업무지침 작성·운용 의무, 4) 고객(가상자산사업자인 고객에 대한 특칙 포함)과의 거래 거절·종료 조건 및 거래 거절·종료시 STR 보고 여부 검토 등 고객확인의무에 관한 규정이다.

특정금융정보법 시행령 제10조의2부터 제10조의7에서는 고객확인 의무의 적용범위 등, 일회성 금융거래등의 금액, 고객의 신원에 관한 사항, 실제소유자에 관한 사항, 고객확인의 절차 등, 고객확인 절차에 따른 거래의 거절에 관하여 규정하고 있고; 고객확인과 관련한 그 밖의 세부기준은 **보고감독규정** 제5장 및 제6장[32]과 **업무규정** 제3장[33]에서 정하고 있다.

31) 법조문상으로는 가상자산사업자가 제외되어 있지 않지만 현실적으로 그러하다고 보인다.

32) **「특정 금융거래정보 보고 및 감독규정」 제5장 금융회사등의 고객확인의무**: 제21조(고객확인면제 금융거래의 범위), 제22조(일회성 금융거래 금액의 적용방법), 제22조의2(실지명의에 관한 사항), 제23조(거래후 고객확인을 할 수 있는 경우); **제6장 금융회사등의 업무지침**: 제24조(자금세탁방지 및 고객확인을 위한 업무지침).

33) **「자금세탁방지 및 공중협박자금조달금지에 관한 업무규정」 제3장 고객확인, 제1절 통칙**: 제20조(고객확인의 정의), 제21조(업무지침 작성·운용); **제2절 적용대상**: 제22조(계좌 신규개설), 제23조(일회성 금융거래), 제24조(기타 고객확인이 필요한 거래), 제25조(기존고객), 제26조(인수·합병), 제27조(해외지점등에 대한 고객확인 등); **제3절 위험평가**: 제28조(위험평가), 제29조(국가위험), 제30조(고객유형 평가), 제31조(상품 및 서비스 위험); **제4절 이행시기**: 제32조(원칙), 제33조(예외), 제34조(지속적인 고객확인), 제35조(비대면거래), 제36조(고객공지의무); 제5절 고객확인 및 검증: 제37조(원칙), 제38조(신원확인), 제39조(개인고객의 검증 등), 제40조(법인·단체 고객의 검증 등), 제41조(실제당사자), 제42조(추가 확인정보의 범위),

Ⅱ. 고객확인 관련 용어의 정의

1. 고객확인(CDD)

고객확인(Customer Due Diligence)이란 금융회사등이 고객과 금융거래를 하는 때에 자신이 제공하는 금융상품 또는 서비스가 자금세탁행위등에 이용되지 않도록 법 제5조의2에 따라 고객의 신원확인 및 검증, 거래목적 및 실제 소유자 확인 등 고객에 대하여 합당한 주의를 기울이는 것을 말한다(업무규정 제20조 제1항). 자신의 고객에 대해 잘 파악하는 과정이므로 이를 고객바로알기(KYC, know your customer)라고도 한다. 다만, 금융회사등은 금융거래등의 성질상 그 적용이 적절하지 않거나 자금세탁행위등에 이용될 가능성이 현저히 적은 금융거래등으로서 금융정보분석원장이 정하여 고시하는 금융거래등의 경우에는 금융정보분석원장이 정하여 고시하는 바에 따라 고객확인 조치의 전부 또는 일부를 하지 않을 수 있다(영 제10조의2 제1항).

2. 간소화된 고객확인(simplified CDD)

간소화된 고객확인이란 고객확인 조치를 이행하는 금융회사 또는 금융정보분석원 등 정부에서 실시한 위험평가 결과 자금세탁행위등의 위험이 낮은 것으로 평가된 고객 또는 상품·서비스에 한해, 고객확인을 위한 절차와 방법 중 일부(고객신원확인 제외)를 적용하지 않을 수 있음을 말한다. 다만, 외국인인 고객이 국제자금세탁방지기구(FATF)의 권고사항을 도입하여 효과적으로 이행하고 있는 국가의 국민(법인 포함)이 아니거나, 자금세탁등이 의심되거나 위험이 높은 것으로 평가되는 경우 간소화된 고객확인 절차와 방법 등을 적용할 수 없다(업무규정 제20조 제2항).

3. 강화된 고객확인(EDD)

강화된 고객확인(Enhanced Due Diligence)이란 고객확인 조치를 이행하는 금융회사등 또는 정부에서 실시한 위험평가 결과 자금세탁행위등의 위험이 높은

제43조(요주의 인물 여부 확인), 제44조(고객확인 및 검증거절시 조치 등), 제44조의2(누설금지).

것으로 평가된 고객 또는 상품 및 서비스에 대하여 신원확인 및 검증 이외에 추가적인 정보(실제소유자; 대표자; 거래의 목적, 거래자금의 원천 등; 고위험군)를 확인하는 것을 말한다(업무규정 제20조 제3항). 추가로 확인해야 할 정보는 업무규정 제41조(실제당사자), 제42조(추가 확인정보의 범위), 제4장(고위험군에 대한 강화된 고객확인)에 규정되어 있다.

4. 계좌의 신규개설

계좌의 신규개설은 금융거래등을 개시할 목적으로 금융회사등과 계약을 체결하는 것을 말하며(영 제10조의2 제2항), 업무규정에서는 '계좌의 신규 개설'에 포함되는 사례를 예시하고 있다(업무규정 제22조).[34]

5. 일회성 금융거래등

일회성(occasional) **금융거래등**은 금융회사등과 계속하여 거래할 목적으로 계약을 체결하지 않은 고객에 의한 금융거래등을 말하며(영 제10조의2 제2항), 금융회사등에 계좌를 개설하지 않고 창구를 통해 거래하는 경우가 대표적인 '일회성' 금융거래등에 해당한다. 주의할 점은 '1회당' 거래가 아니라는 것이다. '일회성 금융거래'에 포함되는 사례를 예시하고 있는 업무규정을 보아도 그렇다.[35]

가상자산사업자의 경우 적용되는 '일회성 가상자산거래'의 기준금액은 1백만원에 상당하는 가상자산의 금액을 말한다(영 제10조의3 제1항 제1호의2).[36] 그 가상자산의 현금 환산은 가상자산의 매매 · 교환 거래체결 시점 또는 가상자산

---

34) '계좌의 신규 개설'은 1) 예금계좌, 위탁매매계좌 등의 신규 개설, 2) 보험 · 대출 등 계약의 체결, 3) 양도성 어음증서 등의 발행, 4) 펀드 신규 가입, 5) 대여금고 약정 등을 위한 계약, 기타 금융거래를 개시할 목적으로 금융회사등과 계약을 체결하는 것을 포함한다고 규정하고 있다.

35) 업무규정 제23조 — '**일회성 금융거래**'는 1) 무통장 입금(송금), 외화송금 및 환전, 2) 자기앞수표의 발행 및 지급, 3) 보호예수, 4) 선불카드 매매를 포함하고(제1항); 그 일회성 금융거래에는 시행령에 명시된 기준금액 이상의 단일 금융거래 뿐만 아니라 동일인 명의의 일회성 금융거래로서 7일 동안 합산한 금액이 그 기준금액 이상인 금융거래(이하 '연결거래')를 포함하며(제2항); 연결거래의 경우에는 당해 거래당사자가 동 거래를 한 이후 최초 금융거래 시 고객확인을 하도록 하고 있다(제3항).

36) 가상자산거래의 금액 외의 **일회성 금융거래등**의 금액은 다음과 같다: 법 제2조 제2호 다목에 따른 거래(카지노 영업장에서 현금/수표 대신 쓰이는 칩과 현금/수표를 교환하는 거래)의 경우 3백만원(이에 상당하는 다른 통화로 표시된 금액); 법 제5조의3에 따른 전신송금의 경우 1백만원(상당액); 그 밖의 일회성 금융거래로서 외국통화로 표시된 외국환거래는 미화 1만달러(상당액), 그 외의 금융거래는 1천만원이다.

사업자가 가상자산의 이전을 요청받거나 가상자산을 이전받은 시점에서 가상자산사업자가 표시하는 가상자산의 가액을 적용하여 원화로 환산하여 적용한다(보고감독규정 제26조).

국제 자금세탁방지기구(FATF)의 가상자산 및 가상자산사업자에 관한 위험기반접근법 지침(RBA Guidance)에도 '일회성 거래'(occasional transaction)가 언급되어 있다. 권고기준(Recommendation) 10에서는 CDD 이행이 요구되는 일회성 거래의 기준선(threshold)을 USD/EUR 1,000로 정하고 있다.[37] 권고기준 16에 명시된 전신송금(wire transfer) 규칙을 가상자산 및 가상자산사업자에 대해 수정된 형태로 요구하는 Travel rule(자금이동규칙)과도 관련이 있다. FATF는 각국이 규제·감독상의 제도를 마련할 때 가상자산사업자들이 어떤 거래가 좀 더 지속적인 기반(즉, non-occasional)에서가 아니라 한 번에 그치거나(one-off) 일회성 기반으로(occasional basis) 이루어지는 거래인지 판단할 수 있도록 고려하라고 권고하였다.[38] 가상자산사업자들에 대해서도, 고객을 받아들이고 거래를 지원하는데 필요한 업무처리 절차를 수립할 때, 그와 같은 판단 기준을 고려할 것을 권고하고 있으며,[39] 적절한 수준의 CDD를 수행할 수 없으면 신규 고객관계를 수립하지 말고, 일회성 거래의 수행을 거부하며, 이미 수립된 고객관계도 종료할 것을 권고하고 있다.[40]

다만, 가상자산거래소의 경우에는 고객의 '계좌 신규개설' 자체가 계속 거래할 목적으로 계약을 체결하는 행위이고, 그 과정에서 이미 KYC 등 고객확인이 반드시 이루어지고 있을 것이고, 회원으로 가입되어야 현금 입출금이든 가상자산 입출금(입출고)이든 가능하므로, '계속하여 거래할 목적으로 계약을 체결하지 않은 고객'에 의한 '일회성' 가상자산거래가 발생하기는 어렵다고 할 것이다.

6. 고객확인 원칙

금융회사등은 고객확인을 한 사항이 의심스러운 경우에는 그 출처를 신뢰

37) FATF Recommendation 10. FATF Updated RBA Guidance on VA and VASP(2021.10.28.), paragraph 149; INR 15, paragraph 8(a).

38) FATF Updated RBA Guidance on VA and VASP(2021.10.28.), paragraph 148~152; INR 15, paragraph 8(a) 참조. 일회성, 한 차례(one-off basis) 트랜잭션의 예를 들면 가상자산 키오스크(kiosk)나 가상자산 ATM에서 발생하는 거래와 같은 것이다.

39) FATF Updated RBA Guidance on VA and VASP(2021.10.28.), paragraph 266 참조.

40) FATF Updated RBA Guidance on VA and VASP(2021.10.28.), paragraph 271 참조.

할 만한 문서 · 정보 그 밖의 확인자료를 이용해 그 진위 여부를 확인해야 하며, 이 경우 금융회사등은 그 확인자료 및 확인방법을 업무지침에 반영하여 운용해야 한다(영 제10조의2 제3항).

업무규정 제37조에서는 고객확인의 원칙을 다음과 같이 규정하고 있다.

1) 금융회사등은 고객과 금융거래를 하는 때에는 그 신원을 확인해야 하며 신뢰할 수 있고 독립적인 문서 · 자료 · 정보 등을 통하여 그 정확성을 검증하여야 한다.

2) 금융회사등은 고객과 금융거래를 하는 경우에는 거래관계의 목적 및 성격을 이해하고, 필요한 경우 관련 정보를 확보하여야 한다.

3) 금융회사등은 법인 및 단체(영리 · 비영리법인, 외국법인, 신탁 및 그 밖의 단체를 포함) 고객에 대해서 영위하는 사업의 성격, 지배구조 및 통제구조 등을 이해하여야 한다.

7. 제3자를 통한 고객확인 이행

업무규정 제52조(정의)에서는 '제3자를 통한 고객확인'이란 금융회사등이 금융거래를 할 때마다 자신을 대신하여 타인인 제3자로 하여금 고객확인을 하도록 하거나 타인인 제3자가 이미 당해 고객에 대하여 고객확인을 통해 확보한 정보 등을 자신의 고객확인에 갈음하여 이를 활용하는 것으로 규정하고 있다. 동 규정 제53조(이행요건)에서는 금융회사등이 제3자를 통해 고객확인을 하고자 하는 경우 그 당사자들이 충족해야 하는 요건을 다음과 같이 규정하고, 제54조(최종책임)에서는 고객확인을 제3자가 하더라도 그 최종책임은 금융회사등에 있음을 명시하고 있다.

1) 제3자를 통해 고객확인을 하는 금융회사등은 제3자로부터 고객확인과 관련된 필요한 정보를 즉시 제공받을 것

2) 제3자를 통해 고객확인을 하는 금융회사등은 요청시 제3자로부터 고객 신원정보 및 기타 고객확인과 관련된 문서 사본 등의 자료를 지체없이 제공받을 것

3) 금융회사등은 제3자가 자금세탁방지등과 관련하여 감독기관의 규제 및 감독을 받고 있고, 고객확인을 위한 조치를 마련하고 있는 자인지를 확인할 것

4) 제3자를 통해 고객확인을 하는 금융회사등은 제3자가 국외에 거주하

는 자인 경우 FATF의 권고사항을 도입하여 효과적으로 이행하고 있는 국가에 거주하는 자에 한하며, 그 국가가 동 권고사항을 적절하게 준수하는지를 점검할 것.

한편, 개정 특정금융정보법의 시행과정에서, 가상자산사업자들이 신고가 수리된 직후 일시에 적법한 KYC를 진행할 수밖에 없는 상황에 놓이게 되면서, 시스템 과부하 등의 문제가 있었다. 제3자를 통한 고객확인 이행의 방법으로, 실명확인입출금계정 서비스를 제공하는 금융회사가 이미 진행하여 확보한 고객확인 정보를 가상자산사업자에게 제공하여 이용할 수도 있었으나, 시스템 개발기간 소요 등의 이유로 인해 그러하지 못하였다.

Ⅲ. 일반적인 고객확인의무(CDD)(제5조의2 제1항 제1호)

제5조의2(금융회사등의 고객 확인의무)

① 금융회사등은 금융거래등을 이용한 자금세탁행위 및 공중협박자금조달행위를 방지하기 위하여 합당한 주의(注意)로서 다음 각 호의 구분에 따른 조치를 하여야 한다. 이 경우 금융회사등은 이를 위한 업무 지침을 작성하고 운용하여야 한다. <개정 2014. 5. 28., 2020. 3. 24.>

1. **고객이 계좌를 신규로 개설**하거나 대통령령으로 정하는 금액 이상으로 **일회성 금융거래등**을 하는 경우: 다음 각 목의 사항을 확인

가. 대통령령으로 정하는 고객의 신원에 관한 사항

나. 고객을 최종적으로 지배하거나 통제하는 자연인(이하 이 조에서 "실제소유자"라 한다)에 관한 사항. 다만, 고객이 법인 또는 단체인 경우에는 대통령령으로 정하는 사항

☞ 법 제20조 제2항 제2호: 제5조의2 제1항 제1호를 위반하여 확인 조치를 하지 아니한 자 : 3천만원 이하 과태료(→ 1,800만원 ― 영 제17조 별표2 과태료 부과기준 2-라)

2.·3. (생략)

② 제1항의 업무 지침에는 고객 및 **금융거래등**의 유형별로 자금세탁행위 또는 공중협박자금조달행위의 방지와 관련되는 적절한 조치의 내용·절차·방법이 포함되어야 한다. <개정 2020. 3. 24.>

③ 제1항 각 호에 따른 확인 조치 등의 대상·기준·절차·방법과 그 밖에 필요한 사항은 대통령령으로 정한다.

④ · ⑤ (생략)
[전문개정 2011. 5. 19.]

1. 의 의

개정 특정금융정보법에 따라 가상자산사업자도 고객확인 의무를 이행해야 할 주체가 되었다. 가상자산사업자는 '금융거래등'에 포함된 가상자산거래가 자금세탁행위등에 이용되지 않도록 계좌를 신규로 개설하거나 대통령령으로 정하는 일정한 금액 이상의 일회성 금융거래등을 하는 고객에 대하여는 합당한 주의로서, (1) 대통령령으로 정하는 고객별로(개인, 영리법인, 비영리법인등 단체, 외국인 · 외국단체로 구분) 그 신원에 관한 사항 및 (2) 고객을 최종적으로 지배하거나 통제하는 자연인(실제 소유자)에 관한 사항을 확인하여야 한다(법 제5조의2 제1항 제1호). 고객이 법인 · 단체인 경우에는 그 실제 소유자에 관하여 대통령령으로 정하는 사항을 확인해야 한다.

이러한 고객확인 의무를 이행하지 않으면 3천만원 이하의 과태료 부과 대상이며, 시행령에서는 과태료 금액을 1,800만원으로 정하고 있다(법 제20조 제2항 제2호; 영 제17조 별표2 과태료 부과기준 2-라).

2. 고객의 신원확인

계좌를 신규로 개설하는 고객, 일정 금액 이상의 일회성 거래를 하는 고객에 대하여는 개인, 영리법인, 비영리법인등 단체, 외국인 · 외국단체로 구분하여 그 신원을 확인해야 한다(법 제5조의2 제1항 제1호 가목; 영 제10조의4).

(1) 고객이 **개인**(다른 개인, 법인 등을 위한 것임을 표시하여 금융거래등을 하는 자를 포함)이면 그 실지명의(금융실명법에 따른 실지명의), 주소, 연락처(전화번호, 전자우편주소)를;

(2) 고객이 **영리법인**이면 그 실지명의, 업종, 본점과 사업장 소재지, 연락처, 대표자 성명/생년월일/국적을;

(3) 고객이 **비영리법인 등 단체**이면 실지명의, 설립 목적, 주된 사무소 소재지, 연락처, 대표자 성명/생년월일/국적을;

(4) 고객이 **외국인 · 외국단체**이면 위 (1)~(3)의 사항 및 국적, 국내의 거소/사

무소 소재지를 확인해야 한다.

고객확인 및 검증에 관하여 보충적인 규정은 업무규정 제5절(제37조부터 제44조의2)에 명시돼 있다.

업무규정 제37조(원칙) 제1항에서는 금융회사등이 고객과 금융거래를 하는 때에 그 신원을 확인하되, 신뢰할 수 있고 독립적인 문서 · 자료 · 정보 등을 통해 그 정확성을 검증하도록 하고 있다.

업무규정 제38조(신원확인)에서는 금융회사등이 자금세탁행위등의 방지를 위하여 개인고객(제1항) 및 법인 · 단체인 고객(제2항)에 대해 확인해야 할 **신원정보**를 명시하고 있다. **개인고객**(외국인 포함)에 대하여는 성명, 생년월일 · 성별(외국인 비거주자에 한함), 실명번호, 국적(외국인에 한함), 주소와 연락처(외국인 비거주자는 실제 거소 또는 연락처), 직업 또는 업종 등의 **신원정보**를 확인해야 하며; **법인 · 단체인 고객**에 대하여는 법인(단체)명, 실명번호, 본점 및 사업자 주소 · 소재지(외국법인은 연락가능한 실제 사업장 소재지), 대표자 또는 대표이사 · 이사 등 고위 임원에 대한 정보(개인고객의 신원확인 사항에 준함), 업종(영리법인인 경우), 회사 연락처, 설립목적(비영리법인인 경우), 신탁의 경우 위탁자 · 수탁자,신탁관리인 및 수익자에 대한 신원정보를 확인해야 한다.

업무규정 제38조(신원확인) 제3항에서는 대리인과 관련한 확인사항을 규정하고 있는데, 금융회사등은 개인, 법인 · 단체 고객을 대신하여 계좌의 신규개설, 일회성 금융거래등 금융거래를 하는 대리인에 대해 그 권한이 있는지를 확인하고, 해당 대리인에 대해서도 고객확인을 하도록 하고 있다. 같은 조 제4항에서는 법인 · 단체 고객의 경우에는 그 설립사실을 증명할 수 있는 법인등기부등본 등의 문서 등을 통해 법인 또는 법률관계가 실제로 존재하는지를 확인하도록 하고 있다.

금융회사등이 개인 및 법인 · 단체인 고객에 대하여 검증해야 할 신원확인 정보의 범위와 검증의 방법은 업무규정 제39조와 제40조에서 각각 규정하고 있다.

업무규정 제39조(개인고객의 검증 등)에서는 **개인고객에 대해 검증해야 할 신원확인 정보**는 성명, 생년월일(외국인 비거주자에 한함), 실명번호, 국적(외국인에 한함), 주소와 연락처(외국인 비거주자는 실제 거소 또는 연락처)에 관한 정보로 하되(제1항); 자금세탁등의 위험이 낮은 경우로서 ⅰ) 주민등록증 또는 운전면허증과 같이 고객의 사진이 부착돼 있으면서 검증대상 정보(연락처는 제외)를 모두 확인할 수 있는 실명확인증표에 대하여 진위 여부에 주의를 기울여 고객의 신원을 확인하거나, ii) 학생·군인·경찰·교도소재소자 등에 대해 금융실명법상의 실명확인서류 원본에 의해 실명을 확인한 경우에는 검증을 이행한 것으로 볼 수 있다고 규정하고 있다(제2항). 만약 개인고객이 자금세탁등의 위험이 낮지 않고 그러한 실명확인증표 확인으로 검증할 수 있는 대상이 아닌 때에는 그 검증해야 하는 신원확인 정보에 대하여 정부가 발행한 문서 등에 의해 검증하는 등의 추가적인 조치를 취해야 한다(제3항).

업무규정 제40조(법인·단체 고객의 검증)는 **법인·단체인 고객에 대해 검증해야 할 신원확인 정보**는 법인(단체)명, 실명번호, 본점 및 사업장의 주소·소재지(외국법인은 연락 가능한 실제 사업장 소재지), 업종(영리법인), 설립목적(비영리법인)으로 하되(제1항); 국가·지자체·공공단체, 감독·검사 대상인 금융회사등(카지노, 환전영업자, 소액해외송금업자, 대부업자 제외), 공시의무를 부담하는 상장회사이고 자금세탁행위등의 위험이 낮은 것으로 평가된 법인·단체 고객에 대하여는 간소화된 고객확인을 할 수 있다고 규정하고 있다(제2항). 간소화된 고객확인 절차가 적용되지 않는 법인·단체 고객에 대하여는 검증해야 하는 신원확인정보에 대해 정부가 발행한 문서 등에 의해 검증하는 등 추가적인 조치를 취해야 한다(제3항).

3. 실제 소유자 확인

금융회사등은 계좌 신규개설 고객, 일정금액 이상의 일회성 거래를 하는 고객에 대하여는 그 고객의 신원을 확인함과 동시에, 그 실제 소유자에 관하여도 확인해야 한다. '실제 소유자'란 개인인 혹은 법인·단체인 고객의 실지명의로 금융거래등을 하기로 하는 약정이나 합의를 한 다른 개인 등, 고객을 최종적으로 지배하거나 통제하는 사람을 말한다(법 제5조의2 제1항 제1호 나목; 시행령 제10조의5 제1항). 금융회사등은 실제 소유자가 누구인지, 신뢰할 수 있고 독립적인 관련정보 및 자료 등을 이용해 그 신원을 확인하고 검증하기 위한 합리적인 조치를 취해야 한다(업무규정 제41조 제1항).

(1) 개인인 고객의 실제 소유자에 대하여는 그자의 실지명의와 국적(실제 소유자가 외국인인 경우로 한정)을 확인해야 한다(영 제10조의5 제1항).

(2) 법인·단체인 고객의 실제 소유자에 대하여는 그 실제 소유자의 성명, 생년월일, 국적(외국인인 경우)을 확인해야 하며, 다음 (ⅰ)~(ⅲ)에 해당하는 사람이 있는지 순차적으로 확인해야 한다. (ⅰ)에 해당하는 사람이 없으면 (ⅱ)에 해당하는 사람을, (ⅱ)에 해당하는 사람이 없으면 (ⅲ)에 해당하는 사람을 확인해야 한다(영 제10조의5 제2항).

(ⅰ) 해당 법인·단체의 의결권 있는 발행주식총수(출자총액을 포함)의 25% 이상의 주식, 그 밖의 출자지분(그 주식, 출자지분과 관련된 증권예탁증권을 포함)을 소유하는 주주등

(ⅱ) (가) 해당 법인·단체의 의결권 있는 발행주식총수를 기준으로 소유하는 주식, 그 밖의 출자지분의 수가 가장 많은 주주등; (나) 단독으로 또는 다른 주주등과의 합의·계약 등에 따라 대표자·업무집행사원·임원 등의 과반수를 선임한 주주등; (다) 해당 법인·단체를 사실상 지배하는 자가 (가) 및 (나)의 주주등과 명백히 다른 경우에는 그 사실상 지배하는 자

(ⅲ) 해당 법인·단체의 대표자[41]

(3) 위 (2)-(ⅰ), (ⅱ)(가)의 주주등이 다른 법인·단체인 경우에는 그 주주등인 법인·단체의 중요한 경영사항에 대해 **사실상 영향력을 행사할 수 있는 사람**으로서 다음 (ⅰ)~(ⅱ)에 해당하는 사람이 있으면 그 사람의 성명, 생년월일, 국적(외국인인 경우)을 확인할 수 있다. 이때, 아래 (ⅰ) 또는 (ⅱ)(가)에 해당하는 자가 또 다른 법인·단체인 때에는 그 또 다른 법인·단체에 대하여 아래 (ⅰ) 또는 (ⅱ)에 해당하는 사람의 성명, 생년월일, 국적(외국인인 경우)을 확인할 수 있다(영 제10조의5 제3항).

(ⅰ) 의결권 있는 발행주식총수(출자총액을 포함)의 25% 이상을 소유하는 주주등

(ⅱ) (가) 의결권 있는 발행주식총수(출자총액을 포함)를 기준으로 소유하는 주식, 그 밖의 출자지분의 수가 가장 많은 주주등; (나) 단독으로 또는 다른 주주등과의 합의·계약 등에 따라 대표자·업무집행사원·임원 등의 과반수를 선임한 주주등; (다) 그 주주등인 법인·

41) 업무규정 제41조 제2항 참조. "대표자"란 법인·단체를 대표하는 자, 법인·단체 고객을 최종적으로 지배하거나 통제하는 자로서 대표이사·임원 등 고위 경영진의 직책에 있는 자연인 등을 말한다.

단체를 사실상 지배하는 자가 (가) 및 (나)의 주주등과 명백히 다른 경우에는 그 사실상 지배하는 자

(4) 위 (2)와 (3)을 적용할 때 (2)의 (ⅱ)(가) 또는 (나), (3)의 (ⅰ) 또는 (ⅱ)에 해당하는 자가 여러 명인 때에는 의결권 있는 발행주식총수를 기준으로 소유하는 주식, 그 밖의 출자지분의 수가 가장 많은 주주등을 기준으로 확인해야 한다. 다만, 금융거래등을 이용한 자금세탁행위등을 방지하기 위해 필요성이 인정되면 그에 해당하는 자의 전부 또는 일부를 확인할 수 있다(영 제10조의5 제4항).

(5) 법인·단체인 고객이 국가, 지자체, 공공기관, 다른 금융회사등(카지노, 가상자산사업자 제외), 자본시장법에 따른 사업보고서 제출대상법인에 해당하면 위 (2)와 (3)에 따른 확인을 하지 아니할 수 있다(영 제10조의5 제5항). 그러나, 이러한 실제 소유자 확인 예외 대상에 해당하는 법인·단체 고객의 실제 거래당사자 여부가 의심되는 등 고객이 자금세탁행위등을 할 우려가 있는 경우에는 실제 소유자 여부를 파악하기 위한 조치를 하여야 한다(업무규정 제41조 제3항).

Ⅳ. 강화된 고객확인의무(제5조의2 제1항 제2호)

제5조의2(금융회사등의 고객 확인의무)

① 금융회사등은 금융거래등을 이용한 자금세탁행위 및 공중협박자금조달행위를 방지하기 위하여 합당한 주의(注意)로서 다음 각 호의 구분에 따른 조치를 하여야 한다. 이 경우 금융회사등은 이를 위한 업무 지침을 작성하고 운용하여야 한다. <개정 2014. 5. 28., 2020. 3. 24.>

1. 고객이 계좌를 신규로 개설하거나 대통령령으로 정하는 금액 이상으로 일회성 금융거래등을 하는 경우: 다음 각 목의 사항을 확인

가. 대통령령으로 정하는 고객의 신원에 관한 사항

나. 고객을 최종적으로 지배하거나 통제하는 자연인(이하 이 조에서 "실제 소유자"라 한다)에 관한 사항. 다만, 고객이 법인 또는 단체인 경우에는 대통령령으로 정하는 사항

2. 고객이 실제 소유자인지 여부가 의심되는 등 고객이 자금세탁행위나 공중협박자금조달행위를 할 우려가 있는 경우: 다음 각 목의 사항을 확인

가. 제1호 각 목의 사항

나. 금융거래등의 목적과 거래자금의 원천 등 금융정보분석원장이 정하여 고시하는 사항(금융회사등이 자금세탁행위나 공중협박자금조달행위의 위험성에 비례하여 합리적으로 가능하다고 판단하는 범위에 한정한다)

☞ 법 제20조 제1항 제1호: 제5조의2 제1항 제2호를 위반하여 확인 조치를 하지 아니한 자 : 1억원 이하 과태료(→ 6,000만원 – 영 제17조 별표2 과태료 부과기준 2-마)

3. (생략)

② 제1항의 업무 지침에는 고객 및 금융거래등의 유형별로 자금세탁행위 또는 공중협박자금조달행위의 방지와 관련되는 적절한 조치의 내용·절차·방법이 포함되어야 한다. <개정 2020. 3. 24.>

③ 제1항 각 호에 따른 확인 조치 등의 대상·기준·절차·방법과 그 밖에 필요한 사항은 대통령령으로 정한다.

④·⑤ (생략)

[전문개정 2011. 5. 19.]

1. 의 의

강화된 고객확인(EDD)이란 고객확인 조치를 이행하는 금융회사등이나 정부에서 실시한 위험평가 결과, 자금세탁행위등의 위험이 높은 것으로 평가된 고객 또는 상품·서비스에 대하여 신원확인 및 검증 이외에 실제당사자, 금융거래의 목적 등 추가적인 정보를 확인하고, 고위험군(외국의 정치적 주요인물, FATF 지정 위험국가의 고객, 공중협박자금조달 고객 등)에 대한 고객확인 조치를 강화하는 것을 말한다(업무규정 제20조 제3항).[42)]

금융회사등은 그 고객이 실제 소유자인지 여부가 의심되는 등 고객이 자금세탁행위등을 할 우려가 있는 경우에는 일반적인 고객확인 사항(고객 신원 및 실제 소유자 확인) 외에 추가로, 금융거래등의 목적과 거래자금의 원천 등 금융정보분석원장이 정하여 고시하는 사항(ML/FT 위험성에 비례하여 합리적으로 가능하다

42) 강화된 고객확인 조치의 내용은 업무규정 제41조(실제당사자)·제42조(추가 확인정보의 범위) 및 제4장(고위험군에 대한 강화된 고객확인)을 말함.

고 판단하는 범위에 한정)을 확인하여야 한다(법 제5조의2 제1항 제2호).

실제 소유자인지 의심되는 등의 우려가 있음에도 금융거래등의 목적과 자금의 원천 등에 대해 확인 조치를 하지 않으면 1억원 이하의 과태료 처분 대상이 된다. 시행령에서는 과태료 최고금액을 6,000만원으로 정하고 있다(법 제20조 제1항 제2호; 영 제17조 별표2 과태료 부과기준 2-마).

2. 강화된 고객확인 조치

실제당사자 확인, 추가 확인정보의 범위, 요주의 인물 여부에 대한 확인에 관하여는 업무규정 제41조부터 제43조에, 고위험군에 대한 강화된 고객확인에 관하여는 제4장(제55조부터 제75조)에 명시되어 있다.

가. 실제당사자 확인 · 검증(업무규정 제41조)

금융회사등은 고객을 궁극적으로 지배하거나 통제하는 자연인인 실제 소유자가 누구인지를 신뢰할 수 있고 독립적인 관련정보 및 자료 등을 이용해 그 신원을 확인 · 검증하기 위한 합리적 조치를 취해야 한다(제1항).

법인 · 단체를 대표하는 자, 법인 · 단체 고객을 최종적으로 지배하거나 통제하는 자인 대표이사 · 임원 등 고위 경영진의 직책에 있는 자연인 등 대표자도 검증 대상이다(제2항).

자금세탁행위등의 위험이 낮은 것으로 평가되어 간소화된 고객확인 대상이던 법인 · 단체 고객의 실제 거래당사자 여부가 의심되는 등 고객이 자금세탁행위등을 할 우려가 있으면 실제 소유자 여부를 파악하는데 필요한 조치를 하여야 한다(제3항).

나. 추가 확인정보의 범위(업무규정 제42조)

자금세탁행위등의 위험이 높은 것으로 평가된 고객에 대하여는 **추가적인 정보**를 확인해야 하며(업무규정 제42조 제1항), 개인 고객과 법인 · 단체 고객에 대해 확인해야 할 추가정보의 범위는 제2항 또는 제3항에 명시된 바에 따르면 된다. 다만, 금융회사등이 추가적인 정보를 확인할 때에는 고객에게 부당한 권리침해나 불편이 발생하지 않도록 주의하여야 한다(제4항).

(1) 개인고객에 대한 추가정보 확인

자금세탁등의 위험이 높은 것으로 평가된 **개인고객**에 대하여는 직업이나 업종(개인사업자); 거래의 목적; 거래자금의 원천; 기타 금융회사등이 자금세탁 우려의 해소에 필요하다고 판단하는 사항을 추가 확인해야 한다(제2항).

(2) 법인·단체 고객에 대한 추가정보 확인

위험성이 높은 **법인·단체 고객**에 대하여는 법인구분 정보(대기업, 중소기업 등), 상장정보(거래소, 코스닥 등), 사업체 설립일, 홈페이지(또는 이메일) 등 회사에 관한 기본 정보; 거래자금의 원천; 거래의 목적; 금융회사등이 필요하다고 판단하는 경우 예상거래 횟수 및 금액, 회사의 특징이나 세부정보 등(주요상품/서비스, 시장 점유율, 재무정보, 종업원 수, 주요 공급자, 주요 고객 등)을 추가로 확인해야 한다(제3항).

다. 요주의 인물 여부 확인(업무규정 제43조)

금융회사등은 금융거래가 완료되기 전에 요주의 인물 리스트 정보와의 비교를 통해 당해 거래고객(대리인, 실제 소유자 및 법인·단체 고객의 대표자를 포함)이 요주의 인물인지 여부를 확인할 수 있는 절차를 수립·운용해야 한다

고객이 요주의 인물에 해당하면 당해 고객과의 거래를 거절하거나 거래관계 수립을 위해 고위경영진의 승인을 얻는 등 필요한 조치를 취해야 한다. 요주의 인물 리스트는 다음과 같다.

1) 테러자금금지법에서 금융위원회가 고시하는 금융거래제한대상자 리스트
2) UN에서 지정하는 제재대상자
3) FATF 지정 위험국가의 국적자(개인, 법인·단체를 포함) 또는 거주자
4) 금융회사등의 주요 해외지점등 소재 국가의 정부에서 자금세탁행위등의 위험을 우려하여 발표한 금융거래제한 대상자 리스트
5) 외국의 정치적 주요인물 리스트 등

라. 고위험군에 대한 강화된 고객확인(업무규정 제4장)

고위험군에 대한 강화된 고객확인 의무는 업무규정 제4장에 규정되어 있다. 업무규정 제55조에서는 금융회사등은 업무규정 제30조(고객유형 평가) 제3항 및 제31조(상품 및 서비스 위험) 제3항에서 정한 고객 또는 상품·서비스 등에 해당하는 고위험군에 대하여는 강화된 고객확인을 하고, 이를 위해 적절한 조치를 취하도록 의무화하고 있고, 제56조(타 고위험군에 대한 조치)에서는 그 밖의 고위험군에 대해서도 제55조에 따라 강화된 고객확인 및 적절한 조치를 취하도록

하고 있다.

Ⅴ. 가상자산사업자인 고객에 대한 확인의무(제5조의2 제1항 제3호)

제5조의2(금융회사등의 고객 확인의무)

① 금융회사등은 금융거래등을 이용한 자금세탁행위 및 공중협박자금조달행위를 방지하기 위하여 합당한 주의(注意)로서 다음 각 호의 구분에 따른 조치를 하여야 한다. 이 경우 금융회사등은 이를 위한 업무 지침을 작성하고 운용하여야 한다. <개정 2014. 5. 28., 2020. 3. 24.>

1.ㆍ2. (생략)

3. 고객이 가상자산사업자인 경우: 다음 각 목의 사항을 확인

가. 제1호 또는 제2호 각 목의 사항

나. 제7조 제1항 및 제2항에 따른 신고 및 변경신고 의무의 이행에 관한 사항

다. 제7조 제3항에 따른 신고의 수리에 관한 사항

라. 제7조 제4항에 따른 신고 또는 변경신고의 직권 말소에 관한 사항

마. 다음 1) 또는 2)에 해당하는 사항의 이행에 관한 사항

1) 예치금(가상자산사업자의 고객인 자로부터 가상자산거래와 관련하여 예치받은 금전을 말한다)을 고유재산(가상자산사업자의 자기재산을 말한다)과 구분하여 관리

2) 「정보통신망 이용촉진 및 정보보호 등에 관한 법률」 제47조 또는 「개인정보 보호법」 제32조의2에 따른 정보보호 관리체계 인증(이하 “정보보호 관리체계 인증”이라 한다)의 획득

② 제1항의 업무 지침에는 고객 및 금융거래등의 유형별로 자금세탁행위 또는 공중협박자금조달행위의 방지와 관련되는 적절한 조치의 내용ㆍ절차ㆍ방법이 포함되어야 한다. <개정 2020. 3. 24.>

③ 제1항 각 호에 따른 확인 조치 등의 대상ㆍ기준ㆍ절차ㆍ방법과 그 밖에 필요한 사항은 대통령령으로 정한다.

④ㆍ⑤ (생략)

[전문개정 2011. 5. 19.]

1. 의 의

개정 특정금융정보법은 금융회사등(가상자산사업자를 포함)에 대해, 그 고객이 가상자산사업자일 경우 일반적인 고객 신원확인 및 실제소유자 의심 등 자금세탁행위등이 우려될 때의 강화된 고객확인 사항 외에, 별도로 가상자산사업자인 고객에 대해 확인해야 할 사항을 추가하였다(법 제5조의2 제1항 제3호).

금융회사등(가상자산사업자 포함)은 가상자산사업자인 고객을 대상으로 확인해야 할 조치의 내용과 절차·방법을 업무지침에 포함해야 한다(법 제5조의2 제2항). 그와 같은 내용은, 법시행 전 보도된 「가상통화 관련 자금세탁방지 가이드라인」에도 있었다.

2. 가상자산사업자인 고객에 대해 확인할 사항

금융회사등(가상자산사업자 포함)은 가상자산사업자인 고객에 대하여 아래의 사항을 확인해야 한다(제3호 가목부터 마목).

가. 고객인 **가상자산사업자의 신원정보**(법인등 고객에 대해 확인할 신원정보) 또는 그 가상자산사업자를 최종적으로 지배하거나 통제하는 **실제 소유자에 관한 정보**; 고객이 실제 소유자인지 여부가 의심되는 등 ML/FT **행위를 할 우려가 있는 때에는 신원정보, 실제 소유자 정보 외에 추가로 금융거래등의 목적과 거래자금의 원천** 등에 관한 정보

나. 법 제7조 제1항·제2항에 따른 사업자 **신고·변경신고 의무의 이행 여부**;

다. 법 제7조 제3항에 따른 사업자 **신고 수리에 관한 사항**;

라. 법 제7조 제4항에 따른 신고 또는 변경신고의 직권 말소에 관한 사항

마. 고객으로부터 가상자산거래와 관련하여 예치받은 **예치금을 가상자산사업자의 고유재산과 구분하여 관리**하고 있는지, 정보통신망법 제47조 또는 개인정보보호법 제32조의2에 따른 **정보보호관리체계**(ISMS) **인증을 획득**하고 있는지

위 다. 및 마.의 항목에 대하여는 보충적인 설명이 필요하다. 가상자산사업자와 고객관계를 수립하게 되는 금융회사등으로서는 가상자산사업자인 고객에 대해 해당 사항을 확인하고, 법 제5조의2 제4항에 열거된 사실에 해당하면 거래를 거절하거나 거래관계를 종료하면 된다. 가상자산사업자로서는 고유재산과 고객예치금 구분 관리, ISMS 인증 획득 등 사업자 신고 수리에 필요한 모든 요건

을 갖춰야 금융회사등(실제로는 은행)과 고객관계를 수립할 수 있고, 실명확인 입출금계정을 받을 수 있게 된다.

여기서는 고유재산과 고객예치금의 구분관리에 대하여만 설명하고, 아래의 거래관계 수립 거절 또는 종결에 관한 부분에서 실명확인입출금계정 발급, ISMS 인증과 관련된 내용을 종합하여 설명하기로 한다.

위 마.의 전단부와 같이, **고객예치금과 가상자산사업자의 고유재산**(자기재산)**을 구분하여 관리**하고 있는지 확인하라는 것은, 고객자산에 대한 안전보호 조치를 하고 있는지를 확인하라는 것으로도 해석될 여지도 있지만, 본래의 목적은 특정금융정보법 제8조(가상자산사업자의 조치)에서 명시하고 있듯이, 가상자산사업자가 자금세탁행위등의 방지를 위해 주어진 의무를 원활하게 이행할 수 있도록 하기 위한 것이다. 즉, 가상자산사업자는 특정금융정보법에 따라 법 제4조에 따른 불법재산 등 의심거래보고(STR) 및 법 제4조의2에 따른 고액현금거래보고(CTR) 의무이행 등을 위해 1) 고객별 거래내역의 분리 관리, 2) 고객예치금과 고유재산의 구분관리, 3) 고객확인 조치가 모두 끝나지 않은 고객에 대한 거래의 제한 등을 비롯하여, 투명한 가상자산거래를 위해 금융정보분석원장이 이에 준하는 조치로 정하여 고시하는 조치를 해야 한다. 이를 위반하게 되면 1억원 이하의 과태료 부과 대상인데, 시행령에서는 과태료 부과금액을 6천만원으로 정하고 있다(법 제20조 제1항 제3호, 영 제17조 별표2 과태료 부과기준 2-사).

한편, 금융회사등의 실명확인입출금계정 개시 기준에는 고객예치금과 고유재산의 구분관리 및 고객별 거래내역 분리 관리가 포함되어 있고(법 제7조 제9항, 영 제10조의18 제1항), 실명확인입출금계정을 개시하려는 경우 법 제5조(금융회사등의 조치 등) 제1항 제2호에 따른 가상자산사업자의 절차 및 업무지침을 확인하여 가상자산사업자와의 금융거래등에 내재된 자금세탁행위등의 위험을 식별 · 분석 · 평가하도록 하고 있다(영 제10조의18 제2항).

Ⅵ. 고객확인 의무 관련 업무지침 수립(제5조의2 제 2항)

제5조의2(금융회사등의 고객 확인의무)

① 금융회사등은 금융거래등을 이용한 자금세탁행위 및 공중협박자금조달행위를 방지하기 위하여 합당한 주의(注意)로서 다음 각 호의 구분에 따른 조치를

하여야 한다. 이 경우 금융회사등은 이를 위한 **업무 지침**을 작성하고 운용하여야 한다. <개정 2014. 5. 28., 2020. 3. 24.>

1.~3. (생략)

② 제1항의 업무 지침에는 고객 및 금융거래등의 유형별로 자금세탁행위 또는 공중협박자금조달행위의 방지와 관련되는 적절한 조치의 내용·절차·방법이 포함되어야 한다. <개정 2020. 3. 24.>

③ 제1항 각 호에 따른 확인 조치 등의 대상·기준·절차·방법과 그 밖에 필요한 사항은 대통령령으로 정한다.

④·⑤ (생략)

[전문개정 2011. 5. 19.]

1. 의 의

금융회사등(가상자산사업자 포함)은 자금세탁행위등을 방지하기 위하여 합당한 주의의무로써 고객확인 의무를 이행하기 위한 업무지침을 작성·운용해야 한다.

업무지침이란 금융회사등이 자신의 업무특성이나 금융기법의 변화를 고려하여 자신이 자금세탁행위등에 이용되지 않도록 하기 위한 정책과 이를 이행하기 위한 구체적이고 적절한 조치 등을 서술한 내부지침을 말한다(보고감독규정 제24조 제1항).

2. 업무지침에 포함될 내용

자금세탁방지 및 고객확인과 관련된 업무지침에는 고객 및 금융거래등(가상자산거래 포함)의 유형별로 자금세탁행위등의 방지와 관련되는 적절한 조치의 내용·절차·방법이 포함되어야 하며(법 제5조의2 제1항·제2항), 고객 및 거래유형별로 자금세탁의 위험 정도에 따른 적절한 조치내용·절차·방법 등을 정할 수 있다(보고감독규정 제24조 제2항).

금융회사등은 임직원이 직무를 수행할 때 동 절차와 업무지침에 대한 준수 여부를 감독해야 한다(법 제5조 제4항).

고객확인을 효과적으로 이행하기 위해 작성·운용하는 업무지침에 포함되어야 할 사항은 아래와 같고, 고객확인 의무 관련 업무지침은 법 제5조(금융회사등의 조치 등) 제1항 제2호에 따라 자금세탁방지등의 방지를 위해 마련해야 할 업무지침에 병합하여 하나로 작성할 수 있다(업무규정 제21조).

1) 고객확인의 적용대상 및 이행시기

2) 자금세탁행위등의 위험도에 따른 고객의 신원확인 및 검증 절차와 방법

3) 고객의 신원확인 및 검증 거절시의 처리 절차와 방법

4) 주요 고위험고객군에 대한 고객확인 이행

5) 지속적인 고객확인 이행

6) 자금세탁행위등의 위험도에 따른 거래모니터링 체계 구축 및 운용 등

한편, 금융회사등은 가상자산사업자인 고객이 법 제5조 제1항 제2호에 따라 마련한 절차와 업무지침(법 제5조의2 제1항에 따라 마련한 업무지침 포함)을 실명확인입출금계정을 개시하려는 때에 확인하고, 가상자산사업자인 고객과의 금융거래등에 내재된 자금세탁행위등의 위험을 식별·분석·평가해야 한다(영 제10조의18 제2항).

3. 고객확인의 시기와 절차

고객확인은 최초로 금융거래등이 이루어지기 전에 해야 하며, 이후 고객확인은 고객과 거래가 유지되는 동안 주기적으로 해야 한다. 이를 지속적 고객확인의무라 한다. 다만, 금융거래등의 성질로 인해 불가피한 경우로서 금융정보분석원장이 정하는 경우에는 금융거래등이 이루어진 후에 고객확인을 할 수 있다(영 제10조의6 제1항 및 보고감독규정 제23조 참조).[43)]

금융회사등은 고객의 거래행위 등을 고려한 자금세탁행위 등의 위험도에 따라 지속적인 고객확인 주기를 설정·운용해야 하며, 최초의 고객확인을 한 후에 그 고객과 다시 금융거래등을 하는 때에는 고객확인을 생략할 수 있다. 다만, 고객확인의 생략은 재확인 주기가 도래하지 않은 경우로 제한되며, 기존의 확인사항이 사실과 일치하지 않을 우려가 있거나 그 타당성에 의심이 있으면

43) 종업원·학생 등에 대한 일괄적인 계좌개설의 경우에는 거래당사자가 계좌개설 후 최초로 금융거래등을 하는 때(보고감독규정 제1호), 상법 제639조에서 정하는 타인을 위한 보험의 경우, 보험금 등을 청구권자에게 지급하는 때 또는 청구권이 행사되는 때(제2호), 7일 동안 동일인 명의로 이루어지는 일회성 금융거래등의 합계액이 기준금액(원화 2천만원, 외화 미화 환산 1만불 상당액) 이상인 경우 그 거래 후 거래당사자가 최초로 금융거래등을 하는 때(제3호)에는 예외적으로 금융거래등이 이루어진 후에 고객확인을 할 수 있다.

고객확인을 다시 해야 한다(영 제10조의6 제2항 · 제3항).

고객확인의 절차 등에 필요한 사항은 금융정보분석원장이 정하도록 하고 있는데, **업무규정 제3장 제4절**(이행시기)에서는 고객확인 이행시기에 관한 원칙과 그 예외, 지속적인 고객확인, 비대면거래, 고객공지의무에 관한 규정을 추가로 정하고 있다(제32조부터 제36조).[44)]

업무규정 제3장 제5절(고객확인 및 검증)에서는 고객확인 및 검증과 관련된 원칙, 개인고객/법인 · 단체등의 신원확인 정보, 개인고객 및 법인 · 단체등 고객의 신원확인정보 검증, 실제소유자 등 실제당사자 확인 절차, ML등의 위험이 높다고 평가된 고객에 대한 추가 확인정보의 범위, 요주의 인물 여부 확인, 신원정보의 제공 거부 등 고객확인을 할 수 없는 경우 거래 거절(또는 거래종료) 및 의심거래 보고의무 이행, 고객확인절차 수행시 비밀 누설우려가 있는 경우 확인절차 중단 및 의심거래 보고의무 이행 등을 규정하고 있다(제37조부터 제44조의2).[45)]

---

44) • **업무규정 제32조(원칙)**. 금융회사등은 영 제10조의6에 따라 고객이 계좌를 신규로 개설하기 전 또는 당해 금융거래가 완료되기 전까지 고객확인을 해야 하며, 보험금 수익자에 대한 고객확인 시기의 예외를 규정하고 있다.

• **업무규정 제33조(예외)**. 금융회사등이 영 제10조의6 및 보고감독규정 제23조에 따라 금융거래 후 고객확인을 하는 때에는 일정한 요건이 충족될 것을 전제로, 보고감독규정 제23조에 따른 고객확인 시기가 도래한 후 지체없이 이를 이행하도록 하면서, 그 충족될 전제요건으로 ⅰ) 고객확인이 가능한 때에는 지체없이 고객확인을 이행할 것, ⅱ) 금융회사등이 고객의 자금세탁행위등의 위험을 효과적으로 관리할 수 있을 것, ⅲ) 고객의 정상적인 사업 수행을 방해하지 않을 것이라는 요건을 명시하고 있으며, 금융회사등은 금융거래 후 고객확인을 하는 경우 발생할 수 있는 자금세탁행위등의 위험을 관리 · 통제할 수 있는 절차를 수립 · 운영하도록 요구하고 있다.

• **업무규정 제34조(지속적인 고객확인)**. 금융회사등은 고객확인을 한 고객과 거래가 유지되는 동안 당해 고객에 대하여 지속적으로 고객확인을 하여야 하며, 고객의 거래행위를 고려한 자금세탁행위등의 위험도에 따라 고객확인의 재이행 주기를 설정 · 운용해야 한다. 지속적인 고객확인은 ⅰ) 거래전반에 대한 면밀한 조사 및 이를 통해 금융회사등이 확보하고 있는 고객 · 사업 · 위험평가 · 자금출처 등 정보가 실제 거래내용과 일관성이 있는지 검토, ⅱ) 특히, 고위험군에 속하는 고객 또는 거래에 대하여는 현존 기록에 대한 검토를 통해 고객확인을 위해 수집된 문서, 자료, 정보가 최신이며 적절한 것인지를 확인하는 방법으로 하면 된다.

• **업무규정 제35조(비대면거래)**. 금융회사등은 비대면 거래와 관련된 자금세탁등의 위험에 대처하기 위한 절차와 방법을 마련하고, 비대면에 의해 고객과 새로운 금융거래를 하거나 지속적인 고객확인을 하는 경우 그 절차와 방법을 적용해야 한다.

• **업무규정 제36조(고객공지의무)**. 금융회사등은 고객에게 ⅰ) 고객확인의 법적근거, ⅱ) 고객확인에 필요한 정보, 문서, 자료 등, ⅲ) 고객이 정보 등의 제출을 거부하거나, 검증이 불가능한 경우에 금융회사등이 취하는 조치 등 고객확인을 위해 필요한 문서와 자료 등을 공지해야 한다.

45) 업무규정 제3장 제5절, 제37조~제44조의2.

Ⅶ. 고객과의 거래관계 거절 및 종료(제5조의2 제4항 · 제5항)

제5조의2(금융회사등의 고객 확인의무)

①~③ (생략)

④ 금융회사등은 **다음 각 호의 어느 하나에 해당하는 경우**에는 계좌 개설 등 해당 고객과의 신규 거래를 거절하고, 이미 거래관계가 수립되어 있는 경우에는 해당 거래를 종료하여야 한다. <신설 2014. 5. 28., 2020. 3. 24.>

1. 고객이 신원확인 등을 위한 정보 제공을 거부하는 등 고객확인을 할 수 없는 경우

2. 가상자산사업자인 고객이 다음 각 목의 어느 하나에 해당하는 경우

가. 제7조 제1항 및 제2항에 따른 신고 및 변경신고 의무를 이행하지 아니한 사실이 확인된 경우

나. 제7조 제3항 제1호 또는 제2호에 해당하는 사실이 확인된 경우

다. 제7조 제3항에 따라 신고가 수리되지 아니한 사실이 확인된 경우

라. 제7조 제4항에 따라 신고 또는 변경신고가 직권으로 말소된 사실이 확인된 경우

3. 그 밖에 고객이 자금세탁행위나 공중협박자금조달행위를 할 위험성이 특별히 높다고 판단되는 경우로서 대통령령으로 정하는 경우

⑤ 제4항에 따라 거래를 거절 또는 종료하는 경우에는 금융회사등은 제4조에 따른 의심되는 거래의 보고 여부를 검토하여야 한다. <신설 2014. 5. 28.>

[전문개정 2011. 5. 19.]

1. 의　　의

금융회사등(가상자산사업자 포함)은 신원확인 등 정보제공을 거부하거나 자금세탁행위 등의 위험이 특별히 높다고 판단되는 고객과는 거래관계 수립을 거절하거나 기존 거래관계를 종료해야 하고, 가상자산사업자인 고객에 대하여는 특별 확인사항에 해당될 경우에도 거래관계 수립을 거절하거나 종료하여야 한다.

2. 일반 고객과의 거래관계 거절 · 종료 조건

금융회사등(가상자산사업자 포함)은 고객이 신원확인 등을 위한 정보제공을 거부하는 등의 사유로 고객확인을 할 수 없거나, 고객이 ML/FT 등의 행위를 할 위험성이 특별히 높다고 판단되면 신규거래를 거절하거나 거래관계를 종료할 수 있고(법 제5조의2 제4항 제1호 · 제3호), 고객과의 신규 거래를 거절하거나 종료하는 경우 의심거래보고 여부를 검토하여야 한다(법 제5조의2 제5항).

한편, 업무규정 제44조(고객확인 및 검증거절시 조치 등)에서는 고객이 신원확인 정보 등의 제공을 거부하거나 자료를 제출하지 않는 등의 사유로 고객확인을 할 수 없으면 그 고객과의 거래를 거절하고, 법 제4조에 따른 의심거래보고 의무를 이행할 것을 요구하고 있다(제1항). 이미 거래관계는 수립하였으나 고객확인을 할 수 없는 때에는 그 고객과의 거래관계를 종료하고, 법 제4조에 따른 의심거래보고를 할 것을 요구하고 있다(제2항).

업무규정 제44조의2(누설금지)에서는 고객의 자금세탁행위등이 의심되나, 고객확인 절차를 수행하는 것이 비밀을 누설하게 될 우려가 있다고 합리적으로 판단되면 고객확인 절차를 중단하고, 법 제4조에 따른 의심거래보고 의무를 이행하도록 하고 있다.

3. 가상자산사업자인 고객에 대한 특칙

가. 가상자산사업자인 고객과의 거래관계 거절 · 종료 조건

특정금융정보법은 일반 고객과의 거래관계 거절/종료 요건 외에, 금융회사등(가상자산사업자 포함)은 가상자산사업자인 고객에 대하여 다음의 (1) 내지 (4)의 사실에 해당하는지를 확인하고, 이에 해당하면 신규 거래를 거절하고, 이미 수립된 거래관계를 종료하도록 하는 특별 조항을 신설하였다(법 제5조의2 제4항 제2호).

(1) **사업자 신고/변경신고**(법 제7조 제1항 · 제2항) **의무를 이행하지 않은 사실,**

(2) **정보보호관리체계**(ISMS) **인증을 획득하지 못하였거나**(법 제7조 제3항 제1호), **동일 금융회사등에 개설된 실명확인 입출금 계정**[46]**을 통하여 금융거래등을 하지 아니하는 자라는 사실**(법 제7조 제3항 제2호),

(3) **금융정보분석원**(FIU)**의 신고수리가 되지 않았다는 사실**(법 제7조 제3항),

(4) **신고 또는 변경신고가 직권 말소된 사실**(법 제7조 제4항)

46) 실명확인입출금계정이란 (현재로서는 동일한 금융회사에 개설된) 가상자산사업자의 계좌와 그 사업자의 고객의 계좌 사이에서만 금융거래등을 허용하는 계정을 말한다(법 제7조 제3항 제2호 참조).

위 사항에 해당하여 가상자산사업자인 고객과의 신규 거래를 거절하거나 거래관계를 종료하는 경우에는 의심거래보고 여부를 검토해야 한다(법 제5조의2 제5항). 가상자산사업자인 고객에 대하여도, 업무규정 제44조의2(누설금지)의 규정에 따라, 자금세탁행위등이 의심되고 고객확인 절차를 수행하게 되면 비밀누설의 우려가 있다고 합리적으로 판단되는 때에는 고객확인 절차를 중단하고, 법 제4조에 따른 의심거래보고 의무를 이행해야 한다. 종전의 「가상통화 관련 자금세탁방지 가이드라인」에도 반영되어 있던 내용이다.

위 (1), (3), (4)는 가상자산사업자인 고객에 대한, 법 제5조의2(금융회사등의 고객 확인의무) 제1항 제3호의 규정에 따른 확인의 연장선에 있는 것으로서, 가상자산사업자 신고(변경신고 포함)를 했는지, 신고 수리는 되었는지, 그리고 실질적으로는 법 제7조(신고) 제3항에서 정한 신고의 수리거부 사유에 해당하는지를 확인하라는 것이다. 즉 정보보호관리체계(ISMS) 인증 획득 여부, 그 유효기간 경과 여부, 실명확인입출금계정을 통한 금융거래등을 하고 있는지, ML/FT 위험이 없는지 여부도 확인하고, 이러한 사항을 확인할 수 없으면 그 가상자산사업자인 고객과는 거래관계를 거절하거나 종료하라는 것이다.

나. 정보보호관리체계(ISMS) 인증과 관련한 문제

위 (2)의 사항 중 **정보보호관리체계**(ISMS) **인증 획득 여부**의 확인과 관련해서는 약간의 보충 설명을 요한다. ISMS를 획득하지 못한(또는 그 유효기간이 지난) 가상자산사업자인 고객과는 신규 거래를 거절하고 기존의 거래관계를 종료해야 한다. ISMS 인증 획득은 가상자산사업자 신고(그 요건의 하나인 실명확인입출금계정 발급) 및 수리거부 요건과도 연결되어 있다.

정부부처에서 ISMS 인증의 관련 법규를 정비하면서 금융위원회(FIU) 소관 특정금융정보법의 규정과 과학기술정보통신부 소관 정보통신방법 및 관련 규정이 충돌하여 신규로 가상자산업을 영위하려는 사업자에게 상당히 큰 문제가 발생한 적이 있다. 그 내용은 아래와 같다.

특정금융정보법은 신고(수리) 없이 영업하는 가상자산사업자의 영업을 형사처벌하는데(법 제17조 제1항), 가상자산사업자가 가상자산업을 신고하려면 ISMS 인증을 첨부해야 하고(법 제7조 제3항 제1호), 금융회사등은 ISMS 인증을 획득하지 못한 가상자산사업자에 대해 계좌 신규개설 등 신규 거래를 거절하고 기존

거래관계를 종료할 것을 요구하였다(법 제5조의2 제4항 제2호 다목). 반면, 정보통신망법 및 과학기술정보통신부 고시에서는 ISMS 인증 신청인의 사전 준비사항으로서, 신청인이 ISMS 인증을 받으려면 신청 전에 인증기준에 따른 관리체계를 구축하여 최소 2개월 이상 운영해야 한다는 요건을 두었다(정보통신망법 제47조 제4항, 동 고시 제17조 제1항).[47]

ISMS 인증기관 또는 심사기관은 동 고시에 따라 최소한 2개월 이상 운영요건을 채운 사업자에 대해서만 인증심사를 진행할 수 있는 것인데, 신고 없이 운영하는 가상자산사업자는 특정금융정보법 위반이 되고, 이러한 위반 사업자에게 ISMS 인증을 내주면 특정금융정보법 위반행위를 눈감아 주는 결과라는 딜레마에 봉착하게 된 것이었다. 신규 가상자산사업자는 특정금융정보법 조항을 따르자니 신고전에 사업 운영을 해 볼 기회조차 없고, ISMS 인증 자체를 신청할 수 없으니, 특정금융정보법에 따른 사업자 신고 자체를 할 수 없게 된 상황이 벌어졌다. 이러한 문제를 인식한 금융정보분석원과 과학기술정보통신부는 보완책을 논의하게 되었다.

다. 실명확인입출금계정 개시요건 관련 이슈(1)

위 (2)의 사항 중 **'동일 금융회사등에 개설된 실명확인 입출금 계정을 통해 금융거래등을 하지 아니하는 자'** 라는 요건 역시, 보고감독규정 제27조의 조문구성과 관련하여 보충적인 설명이 필요한 부분이다.

원칙적으로, 가상자산사업자와 그 고객은 '동일한' 금융회사에 개설된 실명확인입출금계정을 통해서만 금융거래등을 해야 한다. '금융거래등'으로 되어 있지만, 실질적으로는 가상자산을 매수하기 위한 원화의 입금, 가상자산을 매도한 원화의 출금을 뜻한다. 가상자산사업자와 그 고객은 원화입출금을 할 때는 반드시 한 곳의 동일한 금융회사에 개설된 가상자산사업자의 계좌와 그 고객의 계좌를 통해서만 해야 한다. 금융회사등은 고객인 가상자산사업자가 그러한 자에

---

47) **「정보통신망 이용촉진 및 정보보호 등에 관한 법률」 제47조 제4항** ― 과기정통부장관은 정보보호 관리체계 인증을 위하여 관리적·기술적·물리적 보호대책을 포함한 인증기준 등 그 밖에 필요한 사항을 정하여 고시할 수 있다.

(과학기술정보통신부) 정보보호 및 개인정보보호 관리체계 인증 등에 관한 고시(과기정통부 고시 제2021-27호, 2021.3.31. 일부개정) **제17조(신청인의 사전 준비사항) 제1항** ― 정보보호 및 개인정보보호 관리체계 인증을 취득하려는 신청인은 인증을 신청하기 전에 인증기준에 다른 정보보호 및 개인정보보호 관리체계 또는 정보보호 관리체계를 구축하여 최소 2개월 이상 운영하여야 한다.

해당하는지 확인해야 한다.

실명확인입출금계정은 원화입출금을 하기 위해 실명확인을 거친 계좌인데, ‘원화’ 입출금 행위 자체가 불필요한 사업자(사업) 혹은 고객의 유형이 있을 수 있다. 이 점을 고려하여, 법에서는 가상자산거래의 특성을 고려하여 금융정보분석원장이 정하는 자에 대해서는 실명확인입출금계정 의무사용의 예외를 인정할 수 있도록 하였다(법 제7조 제3항 제2호단서). 이에 따라 보고감독규정 제27조(가상자산사업자의 신고) 제1항은 “가상자산사업자가 고객에게 제공하는 **가상자산거래와 관련하여 가상자산과 금전의 교환 행위가 없는 경우 그 가상자산사업자**를 말한다”고 규정하고 있다.

이 조문은 법에서 원화입출금 거래 강제의 예외가 인정되는 ‘사업자’를 규정하는 방식이며, 고객을 중심으로 원화입출금계정이 필요 없는 경우를 규정하는 방식은 아니다. 이 예외 규정을 두고자 했던 취지는 본래, 이른바 코인으로만 입출고를 허용하는 BTC마켓(소위 ‘코인마켓’)만 운영하는 사업자와 그 고객간에는 ‘원화’ 입출금 자체가 없으니, 예외를 인정한다는 것이었다. 코인마켓만 이용하는 고객들은 오로지 코인으로만 입출고하여 원화 입출금의 필요성이 전혀 없으므로, 가상자산거래소는 코인마켓 이용자가 AML/CFT 목적상 적법한 KYC를 거친 고객이면 그 고객의 요청에 따라 ‘코인 입출고만’을 지원해 왔다.

그러나, ‘**가상자산거래**’에 관한 법적 정의 개념에 가상자산의 ‘**매매, 교환, 이전**’ 모두가 포함된 상황에서, 이러한 법적 정의 개념을 그대로 가져온 보고감독규정 제27조 제1항의 문구를 문리대로 엄격히 해석하게 되면 “가상자산의 **매매, 교환, 이전과 관련하여** 가상자산과 금전의 교환 행위가 없는 경우”로 넓어지게 된다.

가상자산사업자 관점에서 보면, ‘시장 내에서 일어나는 매매·교환 거래’(trading)에 대해서까지 AML/CFT 의무를 이행할 필요는 없다. 거래소 내부의 원장으로 그 거래 내역을 관리하면 족하고, 사후에 원장을 따라 추적할 수 있다. 오히려 AML/CFT 의무의 이행이 요구되는 시점과 지점은, 거래소 안팎으로 금전이 들고나는 ‘금전의 입출금’, 가상자산이 들고나는 가상자산의 ‘이전 거래’(transfer transaction)의 경우이다. 실명확인입출금계정이 필요한 경우 역시 이와 다르지 않다. 거래소 안팎으로 ‘금전’이 들고나는 때에만 그러한 계정이 필요한 것이지, ‘시장 내에서 이루어지는 매매·교환 거래’에서는 그 거래 실행의 결과는 내부 원장에 기재되면 족하고, 고객의 입금·출금 지시가 있을 때만 그러한 실명계정이 필요하다.

종전에 소위 '코인마켓'(금전의 개입 없이 가상자산과 가상자산 간의 거래만을 중개)과 '원화마켓'(원화·달러 등 금전과 가상자산간 거래를 중개)을 함께 운영하던 사업자의 경우, 코인마켓 게이트로 들어온 고객에 대해 거래소 경계 안에서는 내부시장인 원화마켓으로 넘어와 가상자산을 원화로 교환할 수 있게 허용은 했지만, 원화마켓 게이트를 통한 원화 출금은 불허했다. 코인마켓으로 들어온 고객은 오로지 코인마켓 게이트를 통해서만 코인으로만 이전(출금)해 나갈 수 있게 했었다. 따라서 코인마켓 고객들은 원화 입출금 계정이 당연히 필요하지 않았던 것이다.

그러함에도, 실명확인입출금계정 사용의 예외에 관한 보고감독규정 제27조 제1항의 조문은 시행과정에서 문리적으로 엄격히 해석되었다. 실무적으로는 소위 '원화마켓'과 'BTC(코인)마켓'을 함께 운영해 오던 기존 가상자산사업자들의 사업 관행을 제약하게 되었다. 즉, 가상자산의 '**매매, 교환**, 이전' 모두를 포함하는 '가상자산거래'라는 용어를 그대로 사용하게 되면서, 그러한 '매매, 교환'의 경우를 포함하여 가상자산과 금전의 교환이 없는 경우로 해석하다 보니, 소위 코인마켓 입출구를 통해 코인으로만 입출고하던 이용자들의 사업자 내부시장 안에서 일시적으로 (원화마켓에서) 가상자산을 금전과 교환하는 행위에 대해서도 '실명확인입출금계정'이 필요하다는 해석으로 이어졌다. 코인으로만 입출고하던 이용자들이 '사업자 경계 안에서' 사업자가 개설한 '원화마켓'과 '코인마켓' 사이를 오갈 수 없게 된 것이다. 이는 비유하자면, AML/CFT 의무이행은 마치 집 안팎으로 들고나는 문만 감시하면 될 터인데, 이미 통제권이 미치는 집 안으로 들어와 있는 상태에서 집안 이방 저방을 옮겨 다니는 때에도 반드시 '욕실'(KYC & 실명확인입출금계정 사용)을 거쳐야 한다고 요구하는 것과 유사하지 않을까 싶다.

따라서 보고감독규정 제27조 제1항의 조문은 거래소 내부에서의 (코인마켓과 원화마켓 간의 이동을 통한) 가상자산과 금전의 교환 행위를 금지하는 형태가 아니라, 가상자산으로만 입출고를 허용하는 경우 원화 입출금계정이 불필요하다는 내용으로 개정될 필요가 있어 보인다. 예컨대, 해당 조문은 "가상자산사업자가 고객에게 제공하는 가상자산거래와 관련하여 가상자산으로만 입고·출고를 허용하는 경우(또는 가상자산거래와 관련하여 금전으로의 출금이 없는 경우) 그 가상자산사업자를 말한다"는 내용으로 개정될 필요가 있어 보인다.

라. 실명확인입출금계정 개시요건 관련 이슈(2)

금융회사등은 가상자산사업자와 그 고객 간의 실명확인입출금계정을 개시하려는 경우 법 제5조(금융회사등의 조치 등) 제1항 제2호에 따른 가상자산사업자의 절차와 업무지침을 확인해야 하고, 가상자산사업자는 실명확인입출금계정을 발급받아야 사업자 신고를 할 수 있다. 금융회사등은 가상자산사업자인 고객과 거래관계를 수립하는 과정에서 신고가 수리되었는지, 실명확인입출금계정을 통해 가상자산거래를 하는지를 확인해야 한다.

이 경우, 금융회사등이 실명확인입출금계정을 개시하는 기준, 조건 및 절차에 관하여 필요한 사항을 대통령령에 위임하고 있는데(법 제7조 제9항), 시행령 제10조의18(실명확인입출금계정의 개시) 제3항에서는 "금융회사등은 자금세탁행위 등의 방지를 위해 필요하다고 인정하는 경우 가상자산사업자의 **신고 또는 변경신고가 수리된 이후에 금융거래등이 이루어질 것을 조건으로 하여** 실명확인입출금계정을 개시할 수 있다"고 규정하고 있다.

법상 '금융거래등' 개념에는 '금융거래와 가상자산거래' 모두가 포함되어 있고, 그 용어를 그대로 사용함으로써 시행상 문제의 소지가 발생하였다. 조문의 표현에 따르면 기존 사업자는 "신고가 수리될 때까지는 금융거래는 물론 기존에 해 오던 가상자산거래까지도 취급을 정지"하라는 뜻으로 해석될 여지가 크기 때문이다. 이 규정은 당초 기존 가상자산사업자가 실명확인입출금계정 개시에 관하여 조건부 확인서를 발급받을 수 있는 근거라고 여겨졌지만, 결국 '신고가 수리된 이후에만 금융거래등(금융거래 및 가상자산거래)이 이루어질 것'이라는 조건을 따르라는 것으로 해석되었고, 실질적으로 '신규 가상자산사업자'에 대해서만 적용될 수 있는 조문이라는 점이 드러났다.

법령의 내용이 기존 가상자산사업자가 조건부 확인서를 받으려면 기존의 금융회사를 통한 금전의 입출금 및 사업자의 가상자산거래 지원 행위까지 모두를 중단해야 한다는 것이라면, 신고가 수리될 때까지는 그러한 사업행위 일체를 중지하라는 의미이고 이는 매우 가혹한 요구이다. 이 조문은 향후 사업자의 '신고 갱신' 과정에서도 다시 문제가 될 소지가 있으므로, 규정의 내용을 "신고 또는 변경신고가 수리된 이후에 '실명입출금 거래가' 이루어질 것을 조건으로 하여…"로 명확하게 정리할 필요가 있어 보인다.

[이 해 붕/신 용 우]

제 5 절 전신송금시 정보제공(제5조의3)

제 5 조의3(전신송금 시 정보제공)

① 금융회사등은 송금인이 전신송금(電信送金: 송금인의 계좌보유 여부를 불문하고 금융회사등을 이용하여 국내외의 다른 금융회사등으로 자금을 이체하는 서비스를 말한다)의 방법으로 500만원의 범위에서 대통령령으로 정하는 금액 이상을 송금하는 경우에는 다음 각 호의 구분에 따라 송금인 및 수취인에 관한 정보를 송금받는 금융회사등(이하 "수취 금융회사"라 한다)에 제공하여야 한다.

1. 국내송금
   가. 송금인의 성명(법인인 경우에는 법인의 명칭을 말한다. 이하 같다)
   나. 송금인의 계좌번호(계좌번호가 없는 경우에는 참조 가능한 번호를 말한다. 이하 같다)
   다. 수취인의 성명 및 계좌번호
2. 해외송금
   가. 송금인의 성명
   나. 송금인의 계좌번호
   다. 송금인의 주소 또는 주민등록번호(법인인 경우에는 법인등록번호, 외국인인 경우에는 여권번호 또는 외국인등록번호를 말한다)
   라. 수취인의 성명 및 계좌번호

② 국내송금의 경우 수취 금융회사와 금융정보분석원장은 제1항에 따라 송금한 금융회사등(이하 "송금 금융회사"라 한다)에 다음 각 호의 경우에 제1항 제2호 다목의 정보를 제공하여 줄 것을 요청할 수 있다.

1. 수취 금융회사가 제4조에 따른 보고를 하기 위하여 필요한 경우
2. 금융정보분석원장이 수취 금융회사로부터 보고받은 정보를 심사·분석하기 위하여 필요한 경우

③ 송금 금융회사는 제2항에 따라 송금정보의 제공을 요청받은 경우 3영업일 이내에 그 정보를 제공하여야 한다.

[본조신설 2013. 8. 13.]

☞ <u>법 제16조 제2호: 제5조의3에 따라 제공받은 정보를 다른 사람에게 제공·누설하거나 그 목적외의 용도로 사용한 자, 또는 제5조의3에 따라 제공받은 정</u>

보를 제공할 것을 요구하거나 목적외의 용도로 사용할 것을 요구한 자 → 5년 이하 징역 또는 5천만원 이하 벌금; 징역/벌금 병과(제18조).

〈참고 조문〉

제3장 가상자산사업자에 대한 특례 〈신설 2020. 3. 24.〉

제6조(적용범위 등)

① · ② (생략)

③ 가상자산사업자에 대하여 제5조의3을 적용하는 경우 정보제공의 대상 · 기준 · 절차 · 방법과 그 밖에 필요한 사항은 대통령령으로 정한다.

[본조신설 2020. 3. 24.]

시행령 제10조의8(정보제공대상 전신송금 기준금액); 제10조의10(가상자산이전 시 정보제공)

Ⅰ. 의 의

'전신송금'(wire transfer)이란 송금인의 계좌보유 여부를 불문하고 금융회사등을 이용하여 국내외의 다른 금융회사등으로 **자금을 이체**하는 서비스를 말한다.

그 국내송금 및 해외송금의 금액이 일정한 금액을 초과하면 송금하는 금융회사는 그 송금인과 수취인에 관한 정보를 수취금융회사에 제공해야 한다. 이것이 FATF 권고기준(Recommendation) 16에 규정되어 있는 전형적인 전신송금에 관한 규칙이다. 이를 가상자산의 이전(transfer)을 지원하는 가상자산사업자에게 적용하는 기준이 소위 Travel Rule(자금이동규칙)로서, FATF의 '신기술'에 관한 권고기준 15에 관한 주석서인 INR 15(Interpretive Note to Recommendation 15) 7(b)에 명시되어 있다.[48)]

특정금융정보법에서 정하고 있는 정보제공대상 전신송금 기준금액은 국내송금은 원화 1백만원(그에 상당하는 다른 통화로 표시된 금액), 해외송금은 1천USD(각각 그에 상당하는 다른 통화로 표시된 금액)를 초과하는 금액이다(법 제5조의

48) FATF(2019.6), "Guidance For a Risk-Based Approach: Virtual Assets and Virtual Asset Service Providers"(가상자산 및 가상자산사업자 관련 위험기반 접근법 지침서), Annex A, Interpretive Note to Recommendation 15 (권고기준15에 대한 주석서) 7(b) 참조.

3 제1항 본문 및 영 제10조의8).

Ⅱ. 정보제공의 범위

송금하는 금융회사등은 국내송금의 경우에는 송금인의 성명(법인이면 그 명칭), 계좌번호(계좌번호가 없으면 참조 가능한 번호), 수취인의 성명과 계좌번호를; 해외송금인 경우에는 송금인의 성명, 계좌번호, 주소 또는 주민등록번호(법인등록번호, 외국인이면 여권번호나 외국인등록번호), 수취인의 성명과 계좌번호를 수취 금융회사에게 제공하여야 한다(법 제5조의3 제1항 각호).

국내송금의 경우, 수취금융회사는 법 제4조의 의심거래보고를 하기 위해 필요한 경우 송금 금융회사등에게 송금인의 주소 또는 주민등록번호(법인의 경우 법인등록번호, 외국인의 경우 여권번호 등)의 제공을 요청할 수 있고, 송금 금융회사등은 3영업일 이내에 요청받은 정보를 제공해야 한다(법 제5조의3 제2항 · 제3항).

특정금융정보법에 따른 송금 금융회사등과 수취 금융회사등의 정보제공 및 정보제공 요청은 금융실명법 제4조, 신용정보법 제32조 · 제42조 및 외국환거래법 제22조에 우선하여 적용한다(법 제14조 제1항).

개정 특정금융정보법은 기존의 전통적인 금융회사등에 적용되던 제5조의3(전신송금 시 정보제공)의 규정을 가상자산사업자에게 적용하는 트래블룰에 적합하도록 수정하기 위한 특례규정을 마련하여, 가상자산사업자에게 제5조의3을 적용하는 경우 정보제공의 대상 · 기준 · 절차 · 방법 등 필요한 사항은 대통령령으로 정하도록 하였다(법 제6조 제3항; 영 제10조의10; 보고감독규정 제26조 제2항).

이에 따라, 가상자산사업자는 다른 가상자산사입자에게 금융정보분석원장이 고시하는 환산 기준에 따라 1백만원 이상에 상당하는 가상자산을 이전할 때, 가상자산을 보내는 고객과 받는 고객의 성명(법인 · 단체인 경우 그 명칭 및 대표자 성명), 가상자산을 보내는 고객과 받는 고객의 가상자산주소(가상자산의 전송기록 및 보관 내역의 관리를 위해 전자적으로 생성시킨 고유식별번호)를 가상자산을 이전하면서 함께 제공해야 하며; 금융정보분석원장이나 가상자산을 이전받는 가상자산사업자가 요청하면 가상자산 전송 고객의 주민등록번호(법인등록번호) 혹은 외국인이면 여권번호와 외국인등록번호를 요청일부터 3영업일 이내에 제공하도록 하는 규정이 마련되었다(영 제10조의10 제1호부터 제4호).

일반 금융회사등의 전신송금과 관련된 세부규정(적용대상, 송금금융회사/수취금융회사등의 의무)은 업무규정 제46조부터 제50조에 나와 있다.

[이 해 붕/신 용 우]

제 6 절 금융거래등 정보의 보유기간 등(제5조의4)

제 5 조의4(금융회사등의 금융거래등 정보의 보유기간 등)

① 금융회사등은 제4조, 제4조의2, 제5조의2 및 제5조의3에 따른 의무이행(이하 이 조에서 "의무이행"이라 한다)과 관련된 다음 각 호의 자료 및 정보를 금융거래등의 관계가 종료한 때부터 5년간 보존하여야 한다. <개정 2020. 3. 24.>

1. 제4조 및 제4조의2에 따른 보고와 관련된 다음 각 목의 자료
   가. 금융거래등 상대방의 실지명의(實地名義)를 확인할 수 있는 자료
   나. 보고 대상이 된 금융거래등 자료
   다. 금융회사등이 제4조 제3항에 따라 의심되는 합당한 근거를 기록한 자료
2. 제5조의2 제1항 각 호에 따른 고객확인자료
3. 제5조의3 제1항 각 호에 따른 송금인 및 수취인에 관한 정보
4. 그 밖에 의무이행과 관련하여 금융정보분석원장이 정하여 고시하는 자료

☞ <u>제20조 제2항 제3호: 제5조의4 제1항을 위반하여 자료 및 정보를 보존하지 아니한 자 : 3천만원 이하 과태료(→ 1,800만원 - 영 제17조 별표2 과태료 부과기준 2-바)</u>

② 제1항 각 호 외의 부분에서 "금융거래등의 관계가 종료한 때"의 기준은 다음 각 호의 날로 한다. <개정 2020. 3. 24.>

1. 제2조 제2호 가목의 경우에는 금융회사등과 고객 사이에 모든 채권채무관계가 종료한 날
2. 제2조 제2호 나목에서 규정하는 파생상품시장에서의 거래의 경우에는 거래종료사유 발생으로 거래종료일이 도래한 날. 다만, 고객의 계좌가 개설되어 있는 경우에는 그 계좌가 폐쇄된 날로 본다.
3. 제2조 제2호 다목의 경우에는 카지노사업자와 고객 사이에 카지노거래로 인한 채권채무관계를 정산한 날
4. **제2조 제2호 라목의 경우에는 가상자산사업자와 고객 사이에 가상자산거래로 인한 채권채무관계를 정산한 날**
5. 그 밖의 금융거래등의 경우에는 대통령령으로 정하는 날

③ 제1항에 따른 보존의 방법, 장소 등 그 밖에 필요한 사항은 대통령령으로

정한다.
[본조신설 2019. 1. 15.]
[제목개정 2020. 3. 24.]

〈참고 조문〉

시행령 제10조의9(금융거래등 정보의 보존방법 등)

금융회사등(가상자산사업자 포함)은 의심거래보고(STR) 및 고액현금거래보고(CTR) 관련한 자료(가상자산거래 상대방 실지명의 확인 자료, 보고대상이 된 가상자산거래 자료 및 합당한 의심근거 기록자료); 고객확인 의무이행 자료(고객 및 실제 소유자 확인 자료); 자금(가상자산) 전송(이전)과 관계된 송금인/수취인 관련 정보 등을 거래관계가 종료한 때부터 5년간 보존해야 한다(법 제5조의4 제1항 각호). 가상자산사업자의 경우 고객과의 가상자산거래로 인한 채권·채무 관계를 정산한 때부터 5년간 보존해야 한다(제2항 제4호).

관련자료의 보존과 관련하여 보존의 방법, 장소 등 그 밖에 필요한 사항은 대통령령으로 정하고 있다. STR 보고서와 관련 확인 자료는 다른 금융거래등에 관한 자료와 구분하여 보존해야 하며, 자료와 정보는 문서, 마이크로필름, 디스크, 자기테이프나 그 밖의 전산정보처리조직을 이용한 방법으로 보존해야 한다. 자료 및 정보의 보존방법, 장소 등 세부사항은 금융정보분석원장이 정하여 고시하도록 하고 있는데, 보고감독규정에는 보존해야 하는 관련자료의 종류(제13조), 관련자료의 보존장소(제14조), 관련자료의 열람(제16조)에 관한 규칙을 정하고 있으며, 업무규정에서도 관련정보의 보관(제50조), 분석자료 보존(제80조), 보존기간(제84조), 보존대상(제85조), 보존방법(제86조) 및 보존장소(제87조) 등에 관한 세부규정을 두고 있다.

관련 자료와 정보의 보존의무를 위반하면 3천만원 이하의 과태료 부과대상이며, 시행령에서는 그 최고금액을 1,800만원으로 정하고 있다(법 제20조 제2항 제3호 및 영 제17조 별표2 과태료 부과기준 2-바).

[이 해 붕/신 용 우]

제 3 장 가상자산사업자에 대한 특례

제 1 절 적용범위 등(제6조)

제 6 조(적용범위 등)

① 이 장은 가상자산사업자에 대하여 적용한다.

② 가상자산사업자의 금융거래등에 대해서는 국외에서 이루어진 행위로서 그 효과가 국내에 미치는 경우에도 이 법을 적용한다.

③ 가상자산사업자에 대하여 제5조의3을 적용하는 경우 정보제공의 대상·기준·절차·방법과 그 밖에 필요한 사항은 대통령령으로 정한다.

[본조신설 2020. 3. 24.]

〈참고 조문〉

특정금융정보법 시행령

제10조의10(가상자산이전 시 정보제공)

법 제6조 제3항에 따라 가상자산사업자에 대하여 법 제5조의3을 적용하는 경우 그 정보 제공에 관하여는 다음 각 호에서 정하는 바에 따른다.

1. 정보제공은 금융정보분석원장이 정하여 고시하는 환산 기준에 따라 가상자산사업자가 다른 가상자산사업자에게 1백만원 이상에 상당하는 가상자산을 이전하는 경우에 할 것
2. 가상자산을 이전하는 가상자산사업자는 가상자산을 이전받는 가상자산사업자에게 다음 각 목의 정보를 제공할 것
   가. 가상자산을 보내는 고객과 가상자산을 받는 고객의 성명(법인·단체의 경우에는 법인·단체의 명칭 및 대표자 성명을 말한다)
   나. 가상자산을 보내는 고객과 가상자산을 받는 고객의 가상자산주소(가상자산의 전송 기록 및 보관 내역의 관리를 위해 전자적으로 생성시킨

고유식별번호를 말한다)

3. 금융정보분석원장 또는 가상자산을 이전받는 가상자산사업자가 요청하는 경우에는 가상자산을 보내는 고객의 주민등록번호(법인의 경우에는 법인등록번호를 말한다) 또는 여권번호 · 외국인등록번호(외국인만 해당한다)를 제공할 것
4. 제2호에 따른 정보는 가상자산을 이전하는 경우에 함께 제공하고, 제3호에 따른 정보는 정보제공을 요청받은 날부터 3영업일 이내에 제공할 것

[본조신설 2021. 3. 23.]

특정 금융거래정보 보고 및 감독규정(보고감독규정)
제26조(가상자산의 가격 산정 방식)

① (생략)

② 영 제10조의10 제1호에서 "금융정보분석원장이 정하여 고시하는 환산 기준"이란 고객이 가상자산사업자에게 가상자산의 이전을 요청한 때 가상자산사업자가 표시하는 가상자산의 가액을 적용하여 원화로 환산하는 것을 말한다.

Ⅰ. '가상자산사업자에 대한 특례'의 적용범위

특정금융정보법은 제3장 '가상자산사업자에 대한 특례'를 신설하여 제6조에서 적용범위를, 제7조에서 가상자산사업자의 신고의무를, 제8조에서 가상자산사업자의 고객별 거래내역 분리관리 등을 규정하고 있다. 그중 제6조 제1항에서는 제3장이 가상자산사업자에 대하여 적용됨을 밝히고 있고, 제2항에서는 역외조항을 규정하고 있으며, 제3항에서는 이른바 트래블룰(Travel Rule)을 규정하고 있는바, 이하에서는 역외조항과 트래블룰을 중심으로 살펴보고자 한다.

Ⅱ. 역외조항

1. 의의 및 입법취지

제6조 제2항 역외조항은 국내법의 적용 범위를 국외로 확장하는 규정이다. '법의 적용대상이 되는 행위가 우리나라의 영역 외에서 이루어진 경우라도 그 효과가 우리나라에서 발생하면 동법이 적용된다'라는 효과주의(effect doctrine)를

반영한 것이다.[1)]

가상자산 전송은 국경의 제한을 받지 않으므로, 내국인이 해외 가상자산사업자를 통하여 가상자산을 거래하는 경우도 많은바, 자금세탁방지의 목적을 달성하려면, 필요한 경우 해외 가상자산사업자에게도 국내법을 적용할 수 있어야 한다.[2)] FATF 가이드라인에는 역외조항(extraterritorial application)에 관한 명시적인 규정은 없으나,[3)] 권고15에 관한 주석 제10항에서 신속하고 효과적인 국제협력을 강조한 부분을 고려하여 법에 반영되었다.[4)]

2. 적용기준[5)]

역외조항은 ① '국외'에서 이루어진 '행위'의 ② '효과'가 '국내'에 미치는 경우에 적용되는데, 행위가 이루어진 장소(국외)와 그 효과의 발생지(국내)가 다른 경우를 말한다. 이는 공정거래법 제3조 역외조항, 자본시장법 제2조 역외조항의 내용과 유사하다. 공정거래법은 외국인의 국외행위라도 '국내시장'에 영향을 미치는 경우에 적용되고,[6)] 자본시장법은 '국내자본시장'의 신뢰성과 안정성에 영향을 미치는 경우 또는 '국내투자자보호'에 영향을 미치는 경우에 적용된다.[7)]

특정금융정보법은 ① 외국 가상자산사업자의 가상자산거래행위의 ② 효과가 국내에 미치는 경우에 역외적용을 할 수 있는데, 예를 들어, 외국 가상자산

---

1) 석광현 · 정순섭(2010), "국제자본시장법의 서론적 고찰", 증권법연구 11(2), 34~36면.

2) 참고로 해외사업자의 국내지점이 있는 경우에는 국내에서 영업행위의 전부 또는 일부가 이루어지므로 역외조항을 굳이 적용하지 않더라도 특정금융정보법을 적용할 수 있다(보고감독규정 제27조 제4항 제3호). 역외적용이 문제 되는 경우는 해외사업자의 국내지점이 없이 영업행위가 모두 해외에서 이루어지는 경우이다.

3) FATF(2021), Updated Guidance for a Risk-Based Approach to Virtual Assets and Virtual Asset Service Providers

4) 제370회국회(임시회) 제1차 정무위원회(2019. 8.), 특정 금융거래정보의 보고 및 이용 등에 관한 법률 일부개정법률안 검토보고, 16면(FATF 가이드라인 권고15에 관한 주석 제8항으로 기재되어 있으나, 개정 가이드라인에서 주석 제10항으로 수정됨).

5) 석광현 · 정순섭(2010), "국제자본시장법의 서론적 고찰" 증권법연구 11(2), 36~38면.

6) 공정거래법 제3조는 국외에서 이루어진 행위라도 '국내시장'에 영향을 미치는 경우에 적용된다고 규정하고, 자본시장법 제2조는 국외에서 이루어진 행위의 효과가 '국내'에 미치는 경우에 적용된다고 규정하여 약간의 문구 차이가 있다.

7) ① 국내자본시장에서의 가격형성의 공정성을 저해하는 등의 방법으로 시장을 교란하는 경우 또는 ② 국내투자자를 상대방으로 하여 금융투자상품의 판매권유를 하거나 사기적 방법에 의한 거래로 결과적으로 국내투자자에게 손해를 입힐 가능성이 있는 경우 등이 이에 해당한다.

사업자가 내국인을 대상으로 영업을 하고 있는 경우 등을 생각해 볼 수 있다. 내국인 고객에게 영업을 하고 있는 외국 가상자산사업자들 중 일정한 요건을 충족하는 자는 특정금융정보법의 자금세탁방지 체계에 편입되어 신고의무 및 여러 가지 자금세탁방지 조치를 이행해야 한다.[8] '효과가 국내에 미치는 경우'에 관한 구체적인 기준은 후술하는 금융위원회 예시기준, 공정거래법 및 자본시장법의 법리를 참고하여 살펴보고자 한다.

3. 금융위원회의 외국 가상자산사업자에 대한 신고의무 통지[9]

금융위원회는 2021. 7. 22. 내국인을 대상으로 영업을 하고 있다고 판단한 외국 가상자산사업자 27개사에 대하여 2021. 9. 24.까지 특정금융정보법에 따라 신고를 해야 하고, 신고를 하지 않는 경우 2021. 9. 25.부터 내국인 대상 영업을 중지해야 한다고 통지하였다. 만약 2021. 9. 25. 이후에도 미신고 영업을 계속하는 경우 위법사실에 대하여 통보하고, 영업을 할 수 없도록 사이트 접속 차단 등의 조치를 취할 예정이며, 검찰 · 경찰 등 수사기관 고발과 외국 FIU와의 협력 및 국제 형사사법공조 등을 통해 사업자의 처벌을 적극적으로 추진할 계획이라고 밝혔다.

금융위원회에 따르면 신고를 해야 하는 외국 가상자산사업자는 내국인을 대상으로 영업을 하고 있는 자인데, 이는 <u>㉠ 한국어 서비스 지원 여부 ㉡ 내국인 대상 마케팅 · 홍보 여부 ㉢ 원화 거래 또는 결제지원 여부 등</u>을 고려하여 판단한다. 외국 가상자산사업자의 거래금액, 거래 건수, 이용자 수 등에 대한 명시적인 언급은 없다. 금융위원회의 통지를 받은 대부분의 외국 가상자산사업자는 한국어 서비스 및 원화 결제 서비스를 종료하였고, 한국인을 대상으로 영업을 하지 않는다고 금융위원회에 통보하였다.[10]

금융위원회는 3가지 기준을 모두 충족하여야 신고 대상인지(and) 또는 3가지 기준 중 1가지 이상만 충족해도 신고 대상인지(or) 밝히지 않았으나, 특정금

8) 기존 금융회사가 부담하는 불법재산 의심거래 보고(제4조), 고액 현금거래 보고(제4조의2), 업무 담당자 임명 및 내부 보고 체제 수립 등 조치(제5조), 고객 확인의무(제5조의2), 전신송금 시 정보제공(제5조의3) 의무 등.

9) 금융위원회, "제목 : 내국인을 대상으로 영업하는 외국 가상자산사업자에 대하여 신고 대상임을 통지하였습니다.", 보도자료(21.7.22.), 금융위원회 웹사이트(https://www.fsc.go.kr/) 참조.

10) 함지현, "9월25일부터 바이낸스 이용 못하나요? 금융위에 물어보니", 코인데스크코리아, http://www.coindeskkorea.com/news/articleView.html?idxno=75446(2021. 9. 24. 18:46).

융정보법은 후술하는 자본시장법과 같이 업종별 진입규제 및 면제조항을 규정하고 있지 않으므로, 공정거래법의 역외적용에 관한 판례의 해석과 같이 구체적 사정을 종합적으로 고려하는 해석이 필요하다. 만일 1가지 기준을 충족했다는 사실, 예를 들어 한국어 서비스는 지원하지 않지만, 내국인 대상 홍보행위가 있었다는 사실만으로 역외적용을 하는 것은 적용범위를 지나치게 확장할 우려가 있기 때문이다. 또한, 내국인을 대상으로 마케팅 · 홍보를 했다고 판단할 수 있는 기준(적극적 마케팅 · 홍보의 범위), 내국인을 대상으로 영업을 하고 있는지를 확인할 수 있는 기타 사정('등'에 해당)은 개별 사안마다 판단이 필요할 것이다.

4. 공정거래법의 역외조항[11)]

공정거래법 제3조는 "국외에서 이루어진 행위라도 그 행위가 국내 시장에 영향을 미치는 경우에는 이 법을 적용한다."라고 규정하여 동법을 국외행위에 적용할 수 있는 일반조항을 두고 있다. 공정거래위원회는 2002년 흑연전극봉 생산업자들의 국제카르텔 사건에서 외국사업자들이 외국에서 행한 가격담합행위에 대하여 우리의 공정거래법을 적용하여 시정명령과 과징금 납부명령을 내렸고,[12)] 대법원은 역외적용을 인정하는 판결을 선고하였다.[13)]

2004년 역외적용에 관한 규정이 신설된 후 대법원은 항공화물운송 유류할증료 국제담합 사건에서 "구 '독점규제 및 공정거래에 관한 법률'(2007. 8. 3. 법률 제8631호로 개정되기 전의 것) 제2조의2가 국외행위에 관하여 공정거래법을 적용하기 위한 요건으로 '국내시장에 영향을 미치는 경우'라고만 규정하고 있으나, 국가 간의 교역이 활발하게 이루어지는 현대 사회에서는 국외에서의 행위라도 그 행위가 이루어진 국가와 직 · 간접적인 교역이 있는 이상 국내시장에 어떠한 형태로든 어느 정도의 영향을 미치게 되고, <u>국외에서의 행위로 인하여 국내시장에 영향이 미친다고 하여 그러한 모든 국외행위에 대하여 국내의 공정거래</u>

11) 권오승(2017), "독점규제법의 역외적용", 학술원논문집(인문 · 사회과학편) 제56집 2호, 75~98면을 정리하였음을 밝힌다.

12) 권오승(2017), "독점규제법의 역외적용", 학술원논문집(인문 · 사회과학편) 제56집 2호, 77면.

13) 권오승(2017), "독점규제법의 역외적용", 학술원논문집(인문 · 사회과학편) 제56집 2호, 86면, 대법원은 공정거래법 제19조가 부당한 공동행위의 주체를 국내사업자에 한정하지 않고 있으며, 외국사업자가 외국에서 부당한 공동행위를 함으로써 그 영향이 국내시장에 미치는 경우에도 동법의 목적을 달성하기 위하여 이를 적용할 필요성이 있다는 점 등을 들어, "그 합의가 국내시장에 영향을 미친 한도 내에서" 독점규제법이 적용된다고 판시하였다(대법원 2006. 3. 23. 선고 2003두11124 판결).

법을 적용할 수 있다고 해석할 경우 국외행위에 대한 공정거래법의 적용범위를 지나치게 확장시켜 부당한 결과를 가져올 수 있는 점 등을 고려하면, 공정거래법 제2조의2에서 말하는 '국내시장에 영향을 미치는 경우'는 문제 된 국외행위로 인하여 국내시장에 직접적이고 상당하며 합리적으로 예측 가능한 영향을 미치는 경우로 제한 해석해야 하고, 그 해당 여부는 문제 된 행위의 내용·의도, 행위의 대상인 재화 또는 용역의 특성, 거래 구조 및 그로 인하여 국내시장에 미치는 영향의 내용과 정도 등을 종합적으로 고려하여 구체적·개별적으로 판단하여야 한다. 다만 국외에서 사업자들이 공동으로 한 경쟁을 제한하는 합의의 대상에 국내시장이 포함되어 있다면, 특별한 사정이 없는 한 그 합의가 국내시장에 영향을 미친다고 할 것이어서 이러한 국외행위에 대하여는 공정거래법 제19조 제1항 등을 적용할 수 있다"라고 판시하였다.[14]

위와 같은 판례 법리는 미국이 셔먼법(Sherman Act)의 역외적용에 대한 판례법을 성문화한 대외통상반독점개선법(Foreign Trade Antitrust Improvements Act of 1982)의 법리와 유사한바[15], 그 기준에 따르면 미국 셔먼법의 관할권은 해외기업이 미국으로 수출하는 상품이나 서비스에 관하여 '직접적이고, 실질적이며, 합리적으로 예견할 수 있는 영향(direct, substantial, and reasonably foreseeable effect)'을 미치는 반경쟁적인 행위를 한 경우에 적용된다.[16]

5. 자본시장법의 역외조항[17]

자본시장법 제2조는 "이 법은 국외에서 이루어진 행위로서 그 효과가 국내에 미치는 경우에도 적용한다."라고 규정한다. 외국금융투자업자가 외국에서 국내 거주자를 상대로 직접 금융투자업을 영위하고자 하는 경우 역외적용이 문제되나, 동법은 외국금융투자업자에 대한 진입규제 및 면제조항을 업종별로 열거하고 있으므로 제2조가 직접 적용되는 사안은 거의 없다.

외국금융투자업자가 국내 거주자를 상대로 금융투자업을 영위할 경우 투자매매업, 투자중개업, 집합투자업, 신탁업에 대해서는 인가를,[18] 투자자문업과 투

14) 대법원 2014. 12. 24. 선고 2012두6216 판결.

15) 15 U.S. Code § 6a — Conduct involving trade or commerce with foreign nations.

16) 권오승(2017), "독점규제법의 역외적용", 학술원논문집(인문·사회과학편) 제56집 2호, 78면.

17) 석광현·정순섭(2010), "국제자본시장법의 서론적 고찰", 증권법연구 11(2), 38~44면을 정리하였음을 밝힌다.

자일임업에 대하여는 등록을 하여야 하며,[19] 외국 투자자문업자 및 외국 투자일임업자가 외국에서 국내 거주자를 상대로 직접 영업을 하거나 통신수단을 이용하여 영업하는 경우를 제외하고는 국내에 지점 그 밖에 영업소를 갖추어야 한다.[20]

동법은 이러한 진입규제에 대하여 거래행위의 성격, 투자자 보호의 필요성 및 금융감독의 효율성 등을 고려하여 예외적으로 인가 및 등록을 면제하는 규정을 두고 있다.[21] 특히 외국 투자매매업자나 외국 투자중개업자가 국외에서 ㉠ 투자매매업자를 상대방으로 하여 금융투자상품을 매매하거나 투자중개업자를 통하여 금융투자상품의 매매를 중개·주선 또는 대리하는 행위는 투자매매업 또는 투자중개업에서 제외하고, ㉡ 투자매매업자 및 투자중개업자를 제외한 국내 거주자를 상대로 투자권유[22] 또는 투자광고[23]를 하지 아니하고 국내 거주자의 매매에 관한 청약을 받아 그 자를 상대방으로 하여 금융투자상품을 매매하거나 그 자의 매매주문을 받아 금융투자상품의 매매를 중개·주선 또는 대리하는 행위를 하는 경우에는 국내 투자자의 자발적인 거래요청에 따른 소극적 영업행위여서 투자매매업 또는 투자중개업에서 제외한다(인가 면제, 동 시행령 제7조 제4항 제6호). 특히 ㉡은 적극적 영업행위를 하지 않고 고객의 청약에만 대응하는 소극적 영업행위로(Reverse Inquiry 또는 Reverse Solicitation), 고객이 먼저 접촉하여 금융투자상품에 관심을 보였다는 것만으로는 부족하고, 먼저 '주문'에 이르는 행위를 하여야 하며, 그 이전에 투자 권유가 존재하여서는 아니된다.[24] 다만, 주문 이전에 전화, 이메일, 메신저 등 통신수단을 통하여 단순히 상품의

18) 자본시장법 제6조, 제11조, 제12조.

19) 자본시장법 제17조, 제18조.

20) 자본시장법 제12조 제2항 제1호 나목, 제18조 제2항 제1호.

21) 후술하는 자본시장법 시행령 제7조 제4항 제6호 사유 외에도 ① 외국 투자매매업자가 국외에서 일정한 범위의 파생결합증권을 일정한 기준을 모두 갖추어 발행하는 경우 이를 투자매매업으로 규제하지 않고(자본시상법 시행령 제7조 제4항 제5호의2), ② 외국 투자자문업자 또는 외국 투자일임업자가 국외에서 국가나 한국은행 등 일정한 전문투자자를 상대로 투자권유 또는 투자광고를 하지 아니하고 그 자를 상대방으로 투자자문업이나 투자일임업을 하는 경우에도 적극적인 투자권유나 투자광고 없이 소극적으로 영업이 이루어지는 것이어서 투자자문업이나 투자일임업의 적용을 제외한다(자본시장법 시행령 제7조 제4항 제7호).

22) 특정 투자자를 상대로 금융투자상품의 매매 또는 투자자문계약·투자일임계약·신탁계약(관리형신탁계약 및 투자성 없는 신탁계약을 제외한다)의 체결을 권유하는 것을 말한다(자본시장법 제9조 제4항).

23) 「금융소비자 보호에 관한 법률」 제22조에 따른 광고, 투자성 상품을 취급하는 금융판매업자나 금융상품자문업자의 업무에 관한 광고 또는 투자성 상품에 관한 광고로 한정한다.

24) 정성구(2016), "국제증권거래와 관련한 자본시장법의 역외적용", 국제거래법연구 제25집 제1호, 275~276면.

안내자료만 송부하는 것은 소극적 의미에서 상품을 열거하고 소개하는 것이어서 인가가 없어도 가능하다.[25]

6. 검 토

특정금융정보법은 자본시장법과 같이 업종별 진입규제 및 면제기준을 마련하고 있지 않으므로, 어떤 경우에 외국 가상자산사업자가 신고대상인지를 판단하려면, 금융위원회가 예시한 기준과 관련된 사정을 종합적으로 고려하여야 할 것이다. 1가지 기준을 충족했다는 사실만으로 기계적으로 역외조항을 적용하는 경우에는 법의 적용범위를 지나치게 확장시킬 수 있다. 또한, 법의 적용대상인 외국 가상자산사업자가 신고하지 않고 내국인을 대상으로 영업하는 경우 형사처벌까지 가능하므로(법 제17조), 역외적용의 구체적인 기준이 사전에 제시되어야 할 것이다.[26]

Ⅲ. 전신송금시 정보제공(Travel Rule)

1. 의의 및 입법취지

기존 금융기관은 고객이 돈을 송금할 때 그 금액이 100만 원 또는 1,000 USD 초과인 경우 전신송금시 정보제공에 관한 규정에 따라 송금인 및 수취인에 관한 정보를 수취기관에게 제공할 의무를 부담한다(영 제10조의8). 이를 자금이동규칙 또는 트래블룰(Travel Rule)이라 하는데, 트래블룰은 미국 은행법에서 조세 또는 범죄 수사를 하는 경우 자금출처와 수령인을 신속하게 확인하기 위하여 규정한 것에서 유래하였다.[27] 가상자산거래도 누가 누구에게 전송하였는지에 관한 이동 기록을 파악하여 의심거래 등이 발생한 경우 추적이 필요하므로 트래블룰이 적용된다.

제6조 제3항은 가상자산사업자의 트래블룰 적용에 관하여 정보제공 대상·기준·절차·방법과 그 밖에 필요한 사항을 대통령령으로 위임하였고,[28] 기준금

25) 정성구(2016), “국제증권거래와 관련한 자본시장법의 역외적용”, 국제거래법연구 제25집 제1호, 277면.

26) 석광현(2021. 7. 5.), 전자상거래법의 역외적용과 국제사법(國際私法)상 소비자의 보호, 법률신문, https://www.lawtimes.co.kr/Legal-Info/Legal-Info-View?serial=171144 (2021. 7. 5. 오후 1:20:45) 참조.

27) FinCEN(1997. 1.), Funds “Travel” Regulations: Questions & Answers, Advisory Issue 7, 5면.

액과 제공 대상 정보는 기존 금융기관에게 요구되는 것과 유사하게 규정되었다. 문제는 적용방법과 범위이다. 기존 금융기관의 경우와 달리 국내외 가상자산사업자간 공동망이 구축되어 있지 않고, 가상자산사업자를 거치지 않고 개인지갑으로 송금도 가능한바, 트래블룰의 적용범위를 합리적으로 규율하려면 거래의 투명성과 자율성 사이에서 균형점을 모색해야 한다. 이하에서는 기존 금융기관과 가상자산사업자의 트래블룰이 어떤 차이점이 있는지, 가상자산사업자의 트래블룰 적용방안은 무엇인지를 살펴보고자 한다.

2. 정보제공의 기준

가상자산사업자가 다른 가상자산사업자에게 100만 원 이상에 상당하는 가상자산을 이전하는 경우에는 가상자산을 이전받는 사업자에게 정보제공을 하여야 한다(영 제10조의10). 100만 원 미만의 소액 거래는 제외된다. FATF 가이드라인에서 가상자산거래액이 1,000 USD/EUR 이상이면, 가상자산사업자가 고객확인의무를 수행하여 당사자 관련 정보를 수집하여야 하고, 이를 수취기관 또는 감독기관에게 전송할 의무가 있다고 규정한 것과 유사하다.[29)]

가상자산의 가격산정은 고객이 가상자산사업자에게 가상자산의 이전을 요청한 때 가상자산사업자가 표시하는 가상자산의 가액을 적용하여 원화로 환산하는 방식을 따른다(보고감독규정 제26조 제2항). 예를 들어 A 거래소 지갑주소에서 B 거래소 지갑주소로 ○○가상자산 일정 수량을 보낼 때, 출금 요청을 한 시점의 A 거래소 시세를 기준으로 그 가치가 원화 100만 원 이상인 경우이다.

기존 트래블룰의 기준금액은 국내송금의 경우 원화 100만 원 또는 그에 상당하는 다른 통화로 표시된 금액, 해외송금의 경우 1,000 미합중국달러 또는 그

---

28) 정보제공의 대상 · 기준 · 절차 · 방법과 그 밖에 필요한 사항을 대통령령에 위임한 것은 가상자산 송금이 기존의 전신송금과 달리 수취하는 취급업소가 어디인지 모르더라도 수취하는 지갑주소만 알면 가능하므로, 송금을 받는 주체가 국내 취급업소인지 해외 취급업소인지 여부를 확인하기 어려울 수 있고, 해외송금의 경우 송금을 받는 취급업소가 확인되더라도 해당국의 자금세탁방지 규제가 취약하여 구체적인 수취인에 관한 정보를 확보하기 어려울 수 있는 등 규제 적용과정에서 발생할 수 있는 애로사항에 관해 보다 면밀한 준비가 필요함을 감안한 것으로, 가상자산 거래의 특수성을 고려한 타당한 입법방향으로 평가되었다. 제370회국회(임시회) 제1차 정무위원회(2019. 8.), 특정 금융거래정보의 보고 및 이용 등에 관한 법률 일부개정법률안 검토보고, 16면.

29) FATF(2021), Updated Guidance for a Risk-Based Approach to Virtual Assets and Virtual Asset Service Providers, 권고15에 대한 주석 제8항, 제9항(구 7(a), (b)).

에 상당하는 다른 통화로 표시된 금액으로 국내송금과 해외송금을 구분하였으나(영 제10조의8), 가상자산사업자의 트래블룰 기준금액은 국내 또는 해외를 구분하지 않고, 원화 가치 100만 원 이상을 기준으로 한다.

3. 정보제공의 대상

가상자산사업자가 100만 원 이상의 가상자산을 전송할 때 이전받는 가상자산사업자에게 제공해야 하는 정보는 가상자산을 보내는 고객의 성명(법인·단체의 경우에는 법인·단체의 명칭 및 대표자 성명) 및 가상자산주소(가상자산의 전송 기록 및 보관 내역의 관리를 위해 전자적으로 생성시킨 고유식별번호), 가상자산을 받는 고객의 성명 및 가상자산주소이고(영 제10조의10 제1호, 제2호), 이는 가상자산 이전과 함께 제공해야 한다(동조 제4호).

가상자산을 이전하는 가상자산사업자는 금융정보분석원장 또는 가상자산을 이전받는 가상자산사업자가 요청하는 경우 가상자산을 보내는 고객의 주민등록번호(법인의 경우에는 법인등록번호) 또는 여권번호·외국인등록번호(외국인만 해당)를 요청받은 날로부터 3영업일 이내에 추가로 제공해야 한다(영 제10조의10 제3호, 제4호).

기존 금융기관의 경우 국내송금과 해외송금으로 나누어 국내송금은 송금인의 성명·계좌번호 및 수취인의 성명·계좌번호를 제공하고, 수취기관이 의심거래보고를 위하여 요청하는 경우 또는 금융정보분석원장이 보고받은 정보를 심사·분석하기 위하여 요청하는 경우에는 송금인의 주소 또는 주민등록번호를 추가로 제공해야 하며(법 제5조의3 제1항 제1호, 제2항), 해외송금은 항상 송금인의 주소 또는 주민등록번호까지 제공해야 한다(동조 제1항 제2호). 가상자산사업자의 정보제공 대상은 금융기관의 국내송금 기준으로 규정되어 비교적 완화된 것으로 볼 수 있다.[30]

4. 적용시기 및 적용방법

가. 적용시기

금융위원회는 가상자산사업자간 정보공유 시스템 구축을 위한 충분한 기간

30) 참고로 가상자산사업자는 수취기관 또는 금융정보분석원장이 요청하는 경우 송신인의 주민등록번호 또는 여권번호·외국인등록번호를 제공하여야 하는데, 송신인의 주소는 제공 대상에서 제외되었다.

이 필요함을 감안하여 트래블룰 시행시기를 1년 유예하였고, 2022. 3. 25.에 그 효력이 발생한다.[31)]

나. 적용방법

기존 금융기관은 국내 전신송금의 경우 송금인 및 수취인의 성명과 계좌번호를 금융결제원망을 통하여 제공하고, 해외 전신송금의 경우 국제기준에 따라 SWIFT(Society for Worldwide Interbank Financial Telecommunication)에 송금인 및 수취인의 정보를 제공하여 트래블룰을 준수하고 있다.[32)] 그런데 가상자산거래는 국내외 공동망이 구축되어 있지 않고, 트래블룰 기술표준에 관한 논의가 진행 중이며,[33)] 업비트가 주도하는 베리파이바스프(VerifyVASP)와 빗썸 · 코인원 · 코빗이 주도하는 코드(CODE · COnnect Digital Exchanges) 등 여러 가지 트래블룰 솔루션이 경쟁하는 단계이다.[34)] 전 세계적으로 통용되는 솔루션이 없고, 각 솔루션의 상호 연동도 불분명하므로, 트래블룰을 제대로 준수하는 것은 어려운 상황이다.[35)]

FATF 가이드라인에 따르면, 송신기관 및 수취기관이 수집 · 전송 · 보관해야 하는 정보는 다음과 같다.

[FATF 가이드라인의 트래블룰]

	송신기관[36)]	수취기관[37)]
송신인	a. 송신인의 정확한 전체 이름	a. 송신인의 이름 * 송신기관이 제공한 송신인 이름의 정확성을 수취기관이 식별(verify)할 필요는 없으나, 의심거래보고(STR) 및 제재대상(sanction screening)에 해당하는지 여부는 검토 필요
	b. 송신인의 지갑 주소	b. 송신인의 지갑 주소

31) 금융위원회(2020. 11. 3.), 가상자산 관련 「특정금융정보법 시행령」 개정안 입법예고, 4면, 금융위원회 웹사이트(https://www.fsc.go.kr/) 참조.

32) 이민섭, 김지웅, 진형구, 온주 특정금융거래정보의보고및이용등에관한법률 제5조의3(2018. 12. 26.), Ⅲ. 3.

33) 배근미, "한국블록체인협회, 한국 최초 '트래블 룰 표준안' 발표", https://www.ajunews.com/view/20211221082042694#PL2(2021. 12. 21. 08:30)

34) 전지성, "국내 거래소 트래블룰 솔루션 개발 현황은", 코인데스크 코리아, http://www.coindeskkorea.com/news/articleView.html?idxno=76941(2022. 1. 5. 09:25)

35) 한서희, "트래블룰, 가상자산사업자, 개인지갑", 코인데스크 코리아, http://www.coindeskkorea.com/news/articleView.html?idxno=77150(2022. 1. 16. 12:19), BIS(2021).

	송신기관[36]	수취기관[37]
	c. 송신인의 물리적 주소(KYC 절차에서 확인된 것) 또는 국가가 부여한 신원확인 정보 등	c. 송신인의 물리적 주소 또는 국가가 부여한 신원확인 정보 등
수취인	d. 수취인의 이름 * 송신기관이 식별(verify)할 필요는 없으나, 의심거래보고(STR) 및 제재 대상(sanction screening)에 해당하는지 여부는 검토 필요	d. 수취인의 이름(이전에 식별된 적이 없는 경우 수취기관은 정확성 확인, 송신기관이 보낸 이름과 수취기관이 식별한 이름이 일치하는지 확인)
	e. 수취인의 지갑 주소	e. 수취인의 지갑 주소

송신기관은 송신인과 수취인의 정보를 수집하여 수취기관에게 전송하고, 수취기관은 이를 전송받되, 송신기관은 송신인의 정보를, 수취기관은 수취인의 정보를 식별할 의무를 부담한다. 송신기관이 수취인의 정보를, 수취기관이 송신인의 정보를 식별할 의무는 부담하지 않고, 이에 대하여는 의심거래보고(STR) 또는 제제 대상 스크리닝(sanction screening) 등의 검토 의무를 부담한다.

또한, 송신기관은 수취기관과 첫 번째 거래(가상자산 전송)를 하기 전에 상대 가상자산사업자에 대한 실사를 완료하여야 하고(counterparty VASP due diligence), 의심거래 이력 등이 있지 않은 한 매번 전송할 때마다 이를 이행하여야 하는 것은 아니지만, 주기적으로 실사 정보를 업데이트해야 한다.[38]

생각건대 가상자산 이동경로 보관 및 추적이라는 트래블룰의 취지를 고려하면, 가상자산사업자가 확인할 수 있는 정보(송신기관 - 송신인 신원정보, 수취기관 - 수취인 신원정보 등)를 철저히 식별하여 보관하고, 향후 조세 또는 범죄 수사에서 필요한 경우 위 정보를 바탕으로 거래목적 등 관련 정보를 추적하는 등의 방안을 고민할 필요가 있다. 후술하는 해외 규제에서도 유사한 내용이 논의되고

36) FATF(2021), Updated Guidance for a Risk-Based Approach to Virtual Assets and Virtual Asset Service Providers, 제182항.

37) FATF(2021), Updated Guidance for a Risk-Based Approach to Virtual Assets and Virtual Asset Service Providers, 제183항.

38) 참고로 FATF가 제시한 실사 지침(guidance)은 ① 1단계 : 가상자산 이전이 가상자산사업자에게 이루어지는지 확인 ② 2단계 : 상대방 가상자산사업자의 이름 식별 ③ 3단계 : 상대방 가상자산사업자가 고객 데이터를 안전하게 관리하고, 거래 관계를 맺을 만한 적격 거래처인지 평가(AML/CFT 관점에서 위험 기반 분석을 기반으로 하여, 데이터 저장·보안과 비즈니스 관계의 수익성을 포함한 기타 규정 준수 문제를 고려하여 거래여부를 결정)하는 것이다. FATF(2021), Updated Guidance for a Risk-Based Approach to Virtual Assets and Virtual Asset Service Providers, 제196항 내지 제201항.

있다.[39)]

5. 적용범위

전통적인 금융거래는 금융기관 사이에서 이루어지지만, 가상자산 이전은 가상자산사업자와 개인(unhosted wallet) 또는 개인과 개인 사이에서도 가능하므로, 당사자 유형에 따른 가상자산거래의 종류는 4가지가 존재한다. 다만, 특정금융정보법 트래블룰은 가상자산사업자 간의 관계에서 적용되므로, 개인지갑 전송에 관하여는 명시적인 규정이 없는 한 트래블룰 적용을 강제하기 어려울 것으로 보인다.

첫 번째 유형은 ① 가상자산사업자 간 거래이다. 송신기관은 100만 원 이상의 거래에서 송신인 및 수취인의 성명과 가상자산주소를 수집하여 수취기관에게 제공하고, 금융정보분석원 또는 수취기관의 요청이 있는 경우 송신인의 주민등록번호 또는 여권번호 · 외국인등록번호를 제공해야 한다.

다만, 국내외 모든 가상자산사업자가 채택한 트래블룰 솔루션은 존재하지 않으므로, 트래블룰이 아직 시행되지 않은 국가의 사업자 또는 트래블룰 솔루션을 채택하지 않은 사업자가 거래상대방인 경우 국내사업자의 트래블룰 준수는 어려울 수 있다. 금융정보분석원은 국내사업자 간 거래부터 트래블룰 적용시스템을 구축하는 것이 일차적인 목표라고 밝힌 바 있다.[40)]

생각건대 해외사업자와의 거래에도 트래블룰을 전면 시행하여 해외 거래를 제한하기보다는 전술한 FATF 가이드라인과 같이 국내사업자가 서비스 이용자의 신원정보(송신기관 - 송신인, 수취기관 - 수취인) 등을 철저히 식별하는 것을 전제로 거래하되, 기술 발전 정도 및 해외 규제의 흐름에 따라 트래블룰의 적용 범위를 점차 확대하는 방안 등을 보색해야 할 것으로 보인다.[41)]

다음으로 ② 가상자산사업자가 개인지갑으로 가상자산을 이전하거나 ③ 개인지갑으로부터 가상자산을 받는 경우이다. 이때 수취인 또는 송신인의 신원을 파악해야 하는지에 관하여는 명시적인 규정이 없으므로, 가상자산사업자 간 거

39) 자세한 내용은 6. 해외 규제 이하 참조.

40) 김하늬, “트래블룰 규제 단계적 적용… 람다256 vs CODE 경쟁 긍정적”, 머니투데이, https://news.mt.co.kr/mtview.php?no=2021122215333564067(2021.12.23. 04:24), 금융정보분석원(FIU) 기획행정실장 구두 발언 참조.

41) 박현영, “빗썸에서 바이낸스로 코인 못 보낸다”, 디지털데일리, http://m.ddaily.co.kr/m/m_article/?no=230149(2022.01.26 15:55:44).

래에만 트래블룰을 준수해야 하는 것으로 판단된다.[42] 금융정보분석원도 개인지갑을 통한 전송에 관하여는 명시적인 규정이 없으므로 트래블룰은 가상자산사업자에게만 적용된다는 입장을 밝혔다.[43]

다만, 실무에서는 은행이 실명계좌 발급계약을 체결할 때 트래블룰 적용을 조건으로 부가한 경우 신원정보가 연동되지 않은 개인지갑, 예를 들어 메타마스크 등으로의 출금을 제한하고, 신원정보가 연동된 개인지갑은 미리 등록하여야만 전송이 가능한 화이트리스트 제도를 시행하거나 신원정보 확인가부를 불문하고 모든 개인지갑으로의 전송을 제한하고 있어 사실상 광범위한 제한이 발생하고 있다.[44] 실명계좌 발급계약에서 트래블룰 이행조건을 부가하지 않은 경우에는 개인지갑으로의 전송이 가능한데, 이러한 사업자에게 이용자 쏠림 현상이 심해질 우려가 있고, 메타마스크 출금이 금지된 거래소의 이용자는 메타마스크로 송금하기 위하여 개인지갑 송금이 허용된 거래소로 가상자산을 옮긴 뒤 메타마스크로 다시 전송해야 하므로 수수료를 두 번 지급해야 하는 상황이다.[45] 심지어 같은 은행을 이용하는 가상자산사업자들 간에도 개인지갑 전송에 대하여 화이트리스트 또는 전면금지 등 각자 다른 정책을 취하고 있어 이용자의 혼란이 야기되고 있다.[46]

FATF 가이드라인에 따르면, 가상자산사업자가 개인지갑(unhosted wallet)과 거래하는 경우 사업자는 그들의 고객으로부터 송신인 또는 수취인의 정보를 수집해야 하고,[47] 의심거래보고(STR) 등을 위하여 해당 정보를 모니터링 및 평가

42) 금융위원회는 시행령 개정안 입법예고에서 ① 가상자산사업자가 개인지갑으로 전송하는 경우에는 개인지갑의 신원을 식별하여야 하고, 식별되지 않은 지갑으로 이체를 금지하였으며, ② 개인지갑으로부터 가상자산사업자가 가상자산을 전송받는 경우에는 의심거래에 해당하는지 판단하고, 송신인 정보를 요청하여야 한다고 밝힌 바 있으나, 현행 시행령에서는 개인지갑을 통한 송신 또는 수신에 관한 내용이 삭제되었다. 금융위원회(2020. 11. 3.), 가상자산 관련 「특정금융정보법 시행령」 개정안 입법예고, 5면, 금융위원회 웹사이트(https://www.fsc.go.kr/) 참조.

43) 김하늬, [단독]'코인실명제' 트래블룰 눈앞…금융당국 "개인지갑 차단 않겠다", 머니투데이, https://news.mt.co.kr/mtview.php?no=2022011013053669567(2022. 1. 11. 05:20), 금융정보분석원(FIU) 기획행정실장 구두 발언 참조.

44) 김유아, "등록 지갑으로만 출금 가능…코인거래소 화이트리스팅 속속 시행", 연합뉴스, https://www.yna.co.kr/view/AKR20220128203400002?input=1195m(2022. 1. 31. 13:22).

45) 앞의 기사 참조.

46) 도예리, "개인지갑 출금, 코인원은 되고 빗썸은 안 된다? … '이중잣대' 논란 확산", 디센터, https://decenter.kr/NewsView/2610LQLFKP/GZ03(2022.01.27 10:48:26).

47) FATF 가이드라인은 사업자가 고객으로부터 개인지갑 소유자 관련 정보를 얻어야 한다고 하였으나(제204항, 제295항), 특정금융정보법 시행령은 입법예고에서 유사한 내용을 규정하였

해야 하며, 추가적인 제한 및 통제(특정 사용자 계정, 위험 지역 등)를 가할 수 있다.[48] 해외 규제에서는 트래블룰을 거래소 간 거래에만 적용하거나(싱가포르), 가상자산사업자가 개인지갑과 거래하는 경우 서비스 이용자의 신원정보 및 거래 관련 정보를 수집하는 방안(미국) 등이 논의되고 있다.[49]

생각건대 특정금융정보법은 가상자산사업자와 개인지갑의 거래에 관하여는 규정하고 있지 않으므로 트래블룰을 적용하지 않거나, 가상자산사업자가 서비스 이용자의 신원정보 등을 철저히 파악하여 향후 조세 또는 범죄 수사에서 필요한 경우 위 정보를 바탕으로 해당 거래의 관련 정보를 추적하는 등의 방안을 모색할 필요가 있다고 판단된다.

④ 끝으로 트래블룰은 가상자산사업자에게 부과되는 의무이므로, 가상자산사업자를 매개하지 않고 개인지갑 간 전송하는 경우에는 적용되지 않는다.

6. 해외 규제[50]

독일은 2021. 10. 1. 가상자산 이전 조례(Kryptowertetransferverordnung, KryptoWTransferV)를 발효하여 가상자산사업자의 트래블룰 준수의무를 규정하였는데, 만일 사업자가 조례의 요구사항 전부 또는 일부를 이행할 수 없는 경우에는 2021. 11. 30.까지 독일 연방 금융 감독청에 그 사실을 알려 최대 24개월까지 연기를 요청하고, 기술적 장애의 내용 및 자금세탁 위험을 최소화하기 위해 취하고 있는 대안 조치가 무엇인지를 명시해야 했다.[51]

싱가포르는 2020년부터 관련 규칙(Notice PSN02 Section 13)을 통해 트래블룰을 시행하고 있으나, 거래소 간 거래에만 적용되어 송신기관은 송신인의 신원을, 수취기관은 수취인의 신원을 식별할 의무를 부담하고, 거래소와 개인의 거래에는 원칙적으로 트래블룰이 적용되지 않는다.[52]

다가 실제 시행된 시행령에서는 삭제하였다.

48) FATF(2021), Updated Guidance for a Risk-Based Approach to Virtual Assets and Virtual Asset Service Providers, 제295항 내지 제297항.

49) 한서희, "트래블룰, 가상자산사업자, 개인지갑", 코인데스크 코리아, http://www.coindeskkorea.com/news/articleView.html?idxno=77150 (2022. 1. 16. 12:19).

50) 한서희, "트래블룰, 가상자산사업자, 개인지갑", 코인데스크 코리아, http://www.coindeskkorea.com/news/articleView.html?idxno=77150 (2022. 1. 16. 12:19)을 정리하였음을 밝힌다.

51) Kryptowertetransferverordnung, KryptoWTransferV, https://www.bundesfinanzministerium.de/Content/DE/Gesetzestexte/Gesetze_Gesetzesvorhaben/Abteilungen/Abteilung_VII/19_Legislaturperiode/2021-09-29-KryptoWTransferV/0-Verordnung.html.

미국은 아직 트래블룰을 강제하지 않고 있으나 금융범죄단속국(FinCEN)이 2020. 12. 23. 제안한 규칙에 따르면, 개인지갑과의 거래 자체를 금지하지 않되, 가상자산사업자(hosted wallet provider)가 개인지갑과 거래하는 서비스 이용자의 거래 해시값과 신원정보(transaction hash and identity of persons)를 보관해야 할 것으로 보인다.[53)]

한편, 유럽연합 집행위원회는 2021. 7. 20. '가상자산과 펀드의 전송정보제공에 대한 유럽연합 규칙'을 제안하였는데, FATF 가이드라인 권고16(트래블룰)의 적용범위가 가상자산으로 확장된 것을 반영하였다.[54)]

7. 검 토

가상자산 트래블룰의 적용범위를 합리적으로 규율하려면, 가상자산거래의 투명성과 자율성이라는 상충되는 가치의 조화로운 해석이 필요하다. 국가는 규제로써 자유를 일방적으로 제한하는 것이 아니라, 충돌되는 이익을 공익적 관점에서 조정하는 규제를 하여야 하고,[55)] 어느 정도까지 허용하고 어느 정도의 위험을 통제할 것인지 등의 문제는 본질적으로 사회적 합의를 요구하므로, 다양한 이해관계자의 참여를 통해 다원적 의사결정과정을 거쳐야 할 것이다.[56)] 자금세탁이 아닌 대다수의 가상자산 거래를 과도하게 제한하지 않으려면, 트래블룰을 구현할 수 있는 기술의 발전 정도 및 해외 규제의 흐름 등에 맞추어 규제의 적용 범위를 점차 확대해 나가는 유연한 해석이 필요할 것이다.

[도 은 정]

52) MAS Notice PSN02 Section, https://www.mas.gov.sg/regulation/guidance/strengthening-amlcft-controls-of-digital-payment-token-service-providers.

53) Requirements for Certain Transactions Involving Convertible Virtual Currency or Digital Assets, https://www.federalregister.gov/documents/2020/12/23/2020-28437/requirements-for-certain-transactions-involving-convertible-virtual-currency-or-digital-assets.

54) REGULATION OF THE EUROPEAN PARLIAMENT AND OF THE COUNCIL on information accompanying transfers of funds and certain crypto-assets(2015/847/EU의 개정안), https://eur-lex.europa.eu/legal-content/EN/TXT/?uri=CELEX:52021PC0422.

55) 이원우(2021), "규제국가의 전개와 공법학의 과제 — 과학기술혁신에 따른 공법적 대응을 중심으로 —", 경제규제와 법 14(2), 12면.

56) 이원우(2019), "신융합산업 활성화를 위한 규제개혁입법의 현황과 과제", 경제규제와 법 12(2), 149면.

제 2 절 가상자산사업자 신고(제7조)

제 7 조(신고)

① 가상자산사업자(이를 운영하려는 자를 포함한다. 이하 이 조에서 같다)는 대통령령으로 정하는 바에 따라 다음 각 호의 사항을 금융정보분석원장에게 신고하여야 한다.

1. 상호 및 대표자의 성명
2. 사업장의 소재지, 연락처 등 대통령령으로 정하는 사항

② 제1항에 따라 신고한 자는 신고한 사항이 변경된 경우에는 대통령령으로 정하는 바에 따라 금융정보분석원장에게 변경신고를 하여야 한다.

③ 금융정보분석원장은 제1항에도 불구하고 다음 각 호의 어느 하나에 해당하는 자에 대해서는 대통령령으로 정하는 바에 따라 가상자산사업자의 신고를 수리하지 아니할 수 있다.

1. 정보보호 관리체계 인증을 획득하지 못한 자
2. 실명확인이 가능한 입출금 계정[동일 금융회사등(대통령령으로 정하는 금융회사등에 한정한다)에 개설된 가상자산사업자의 계좌와 그 가상자산사업자의 고객의 계좌 사이에서만 금융거래등을 허용하는 계정을 말한다]을 통하여 금융거래등을 하지 아니하는 자. 다만, 가상자산거래의 특성을 고려하여 금융정보분석원장이 정하는 자에 대해서는 예외로 한다.
3. 이 법, 「범죄수익은닉의 규제 및 처벌 등에 관한 법률」, 「공중 등 협박목적 및 대량살상무기확산을 위한 자금조달행위의 금지에 관한 법률」, 「외국환거래법」 및 「자본시장과 금융투자업에 관한 법률」 등 대통령령으로 정하는 금융관련 법률에 따라 벌금 이상의 형을 선고받고 그 집행이 끝나거나(집행이 끝난 것으로 보는 경우를 포함한다) 집행이 면제된 날부터 5년이 지나지 아니한 자(가상자산사업자가 법인인 경우에는 그 대표자와 임원을 포함한다)
4. 제4항에 따라 신고 또는 변경신고가 말소되고 5년이 지나지 아니한 자

④ 금융정보분석원장은 가상자산사업자가 다음 각 호의 어느 하나에 해당하는 경우에는 대통령령으로 정하는 바에 따라 제1항 또는 제2항에 따른 신고 또는 변경신고를 직권으로 말소할 수 있다.

1. 제3항 각 호의 어느 하나에 해당하는 경우. 다만, 제3항 제1호에 해당하는

경우로서 대통령령으로 정하는 경우에는 그러하지 아니하다.

2. 「부가가치세법」 제8조에 따라 관할 세무서장에게 폐업신고를 하거나 관할 세무서장이 사업자등록을 말소한 경우
3. 제5항에 따른 영업의 전부 또는 일부의 정지 명령을 이행하지 아니한 경우
4. 거짓이나 그 밖의 부정한 방법으로 신고 또는 변경신고를 하는 등 대통령령으로 정하는 경우

⑤ 금융정보분석원장은 가상자산사업자가 다음 각 호의 어느 하나에 해당하는 경우에는 대통령령으로 정하는 바에 따라 6개월의 범위에서 영업의 전부 또는 일부의 정지를 명할 수 있다.

1. 제15조 제2항 제1호에 따른 시정명령을 이행하지 아니한 경우
2. 제15조 제2항 제2호에 따른 기관경고를 3회 이상 받은 경우
3. 그 밖에 고의 또는 중대한 과실로 자금세탁행위와 공중협박자금조달행위를 방지하기 위하여 필요한 조치를 하지 아니한 경우로서 대통령령으로 정하는 경우

⑥ 제1항에 따른 신고의 유효기간은 신고를 수리한 날부터 5년 이하의 범위에서 대통령령으로 정하는 기간으로 한다. 신고 유효기간이 지난 후 계속하여 같은 행위를 영업으로 하려는 자는 대통령령으로 정하는 바에 따라 신고를 갱신하여야 한다.

⑦ 금융정보분석원장은 제1항부터 제6항까지에 따른 가상자산사업자의 신고에 관한 정보 및 금융정보분석원장의 조치를 대통령령으로 정하는 바에 따라 공개할 수 있다.

⑧ 금융정보분석원장은 이 조에 따른 가상자산사업자의 신고와 관련한 업무로서 대통령령으로 정하는 업무를 「금융위원회의 설치 등에 관한 법률」에 따른 금융감독원의 원장(이하 “금융감독원장”이라 한다)에게 위탁할 수 있다.

⑨ 금융회사등이 제3항 제2호에 따른 실명확인이 가능한 입출금 계정을 개시하는 기준, 조건 및 절차에 관하여 필요한 사항은 대통령령으로 정한다.

[본조신설 2020. 3. 24.]

Ⅰ. 도입배경

1. FATF 국제기준

가상자산을 이용한 자금세탁 등 범죄발생 위험이 지적됨에 따라 이를 예방하기 위하여 G20 FATF(Financial Action Task Force) 등은 국제기준을 개정하고, 각 국가에 대하여 개정된 국제기준의 이행을 촉구한 것이 동 규정을 도입하게 된 배경이 되었다.

즉, FATF는 1989년 설립된 자금세탁방지, 테러자금조달금지 관련 국제기구로 한국은 2009년 10월 가입하였는바, 아래와 같이 2018년 10월 FATF의 자금세탁방지를 위한 국제기준[57])이 개정되었다.

즉, 2018년 10월 FATF 제30기 제1차 총회에서 가상통화와 관련하여 FATF 국제기준을 개정하고, FATF의 이행 의지와 내용을 명확히 하기 위해 다음과 같은 성명서를 발표하였다. 가상자산으로부터 발생할 수 있는 위험의 관리와 그 저감을 위해, 각국이 자금세탁방지 측면에서 가상자산취급업소(Virtual Asset Service Provider)를 규제해야 함을 명시하였는바, 가상자산취급업소는 (i) 면허나 등록에 의한 진입규제의 적용을 받고, (ii) FATF의 다른 권고기준에서 요구되는 관련 조치의 적용을 받으며, (iii) 조치 준수 여부를 모니터링하는 시스템의 적용을 받도록 하였다.[58])

57) FATF 국제기준이란 국가가 자금세탁방지, 테러자금조달 금지를 위해 이행할 40개 조치를 권고한 기준으로 FATF는 회원국이 국내법으로 반영하고 이행했는지를 8-10년 주기로 평가하여, FATF 권고기준을 지키지 않은 회원국은 FATF 상호평가에서 부정 평가를 받게 되고, 비협조 국가 및 국제기준 미이행 국가에 대하여는 금융제재를 시행하게 된다. 따라서 FATF 권고기준(Recommendation)과 주석서(Interpretive Note)는 각국이 지켜야 하는 구속력 있는 국제기준에 해당한다.

58) 그 원문 내용은 다음과 같다. "Countries and financial institutions should identify and assess the money laundering or terrorist financing risks that may arise in relation to (a) the development of new products and new business practices, including new delivery mechanisms, and (b) the use of new or developing technologies for both new and pre-existing products. In the case of financial institutions, such a risk assessment should take place prior to the launch of the new products, business practices or the use of new or developing technologies. They should take appropriate measures to manage and mitigate those risks.
To manage and mitigate the risks emerging from virtual assets, countries should ensure that virtual asset service providers are regulated for AML/CFT purposes, and licensed or registered and subject to effective systems for monitoring and ensuring compliance with the relevant measures called for in the FATF Recommendations."

그 후 2019년 6월 FATF 제30기 제3차 총회에서 가상자산 관련 주석서(Interpretive Note to R.15), 지침서를 확정하고, 공개성명서를 다음과 같이 채택하였는바, 이는 가상자산 관련 FATF 권고기준을 채택한 2018년 10월 FATF 총회 결정의 후속조치에 해당한다. i) 가상자산취급업소는 감독당국에게 허가를 받거나 신고, 등록을 하여야 하고, ii) 면허 또는 등록은 감독당국에 의한 것을 말하며, 자율규제기관에 의한 면허는 허용치 않고, 미면허/미등록 영업은 제재해야 함을 명확히 하였으며, iii) 범죄자의 가상자산업 진입을 차단하고, 미신고영업은 제재(sanction)해야 하며, iv) 가상자산취급업소가 자금세탁방지 요건을 준수하지 못한 경우 동 취급업소의 이사 및 경영진에 대해 효과적이고, 비례적이며 억제력 있는 형사, 민사, 행정 제재를 가하여야 함을 규정하였다.[59)]

---

59) 그 원문 내용을 소개하면 다음과 같다. “2. In accordance with Recommendation 1, countries should identify, assess, and understand the money laundering and terrorist financing risks emerging from virtual asset activities and the activities or operations of VASPs. Based on that assessment, countries should apply a risk-based approach to ensure that measures to prevent or mitigate money laundering and terrorist financing are commensurate with the risks identified. Countries should require VASPs to identify, assess, and take effective action to mitigate their money laundering and terrorist financing risks.

3. VASPs should be required to be licensed or registered. At a minimum, VASPs should be required to be licensed or registered in the jurisdiction(s) where they are created. In cases where the VASP is a natural person, they should be required to be licensed or registered in the jurisdiction where their place of business is located. Jurisdictions may also require VASPs that offer products and/or services to customers in, or conduct operations from, their jurisdiction to be licensed or registered in this jurisdiction. Competent authorities should take the necessary legal or regulatory measures to prevent criminals or their associates from holding, or being the beneficial owner of, a significant or controlling interest, or holding a management function in, a VASP. Countries should take action to identify natural or legal persons that carry out VASP activities without the requisite license or registration, and apply appropriate sanctions.

4. A country need not impose a separate licensing or registration system with respect to natural or legal persons already licensed or registered as financial institutions (as defined by the FATF Recommendations) within that country, which, under such license or registration, are permitted to perform VASP activities and which are already subject to the full range of applicable obligations under the FATF Recommendations.

5. Countries should ensure that VASPs are subject to adequate regulation and supervision or monitoring for AML/CFT and are effectively implementing the relevant FATF Recommendations, to mitigate money laundering and terrorist financing risks emerging from virtual assets. VASPs should be subject to effective systems for monitoring and ensuring compliance with national AML/CFT requirements. VASPs should be supervised or monitored by a competent authority (not a SRB), which should conduct risk- based supervision or monitoring. Supervisors should have adequate powers to supervise or monitor and ensure compliance by VASPs with requirements to combat money laundering and terrorist financing

2. 개정 특정금융정보법 제7조의 도입

우리나라도 위 FATF 권고기준에 따라 2020년 3월 24일 특정금융정보법을 개정하여, 가상자산사업자의 경우 금융정보분석원(이하 "FIU")의 장에게 상호 및 대표자의 성명 등을 신고하도록 하고, 미신고 영업 시 처벌 규정을 신설하게 되었다(개정법 제7조, 제17조 및 제19조).

Ⅱ. 외국 입법례[60)]

1. 미 국

미국 연방재무부 산하의 금융범죄단속반(Financial Crimes Enforcement Network, 이하 "FinCEN")은 2013년 최초로 우리나라의 특정금융정보법과 비슷한 은행비밀법(Bank Secrecy Act)의 해석에 있어 가상자산 관련 지침을 통해, 가상통화를 실물통화 혹은 다른 가상화폐와 교환하는 거래업자(exchanger)와 가상화폐를 발행하는 관리자(administrator)로 구분하여 양자는 송금업자(a money transmitter)로서의 지위를 가진다고 해석하여, 가상자산 거래업과 발행업을 하려는 자는 자금서비스업자(Money Service Business) 등록을 하여야 한다고 보았다.[61)]

뉴욕주는 2015년 6월 암호자산 관련 범죄 예방 및 거래 투명성 제고 등을 위해 암호자산업 인가제도(BitLicense)를 도입하는 금융감독 규정을 개정하였고, 주정부 금융감독기관협의체(Conference of State Bank Supervisor)는 각 주정부가 지침으로 활용할 수 있는 '암호자산 표준 규제체계'를 마련하여 인가 요건 등 암호자산 관련 규제 마련시 포함되어야 할 사항을 제시하였다.

---

including the authority to conduct inspections, compel the production of information, and impose sanctions. Supervisors should have powers to impose a range of disciplinary and financial sanctions, including the power to withdraw, restrict or suspend the VASP's license or registration, where applicable.

6. Countries should ensure that there is a range of effective, proportionate and dissuasive sanctions, whether criminal, civil or administrative, available to deal with VASPs that fail to comply with AML/CFT requirements, in line with Recommendation 35. Sanctions should be applicable not only to VASPs, but also to their directors and senior management."

60) 한국은행, 『암호자산과 중앙은행』, 2018. 7, 51~57면 참조.

61) 이관형, "암호화폐 관련 범죄 예방과 수사에 관한 형사정책적 고찰 — 최근 국회 입법 논의를 중심으로 —", 경찰학연구 제19권 제4호, 84~85면.

2017년 7월 비영리 변호사협회인 통일주법위원회(Uniform Law Commission)는 '암호자산업 규제 모델법안'을 마련하였는바, 즉 스타트업 기업의 성장을 저해하지 않도록 일정 거래규모(연 35,000달러) 이상의 암호자산 취급업자에 한해 인가(license)를 의무화하고, 거래규모가 연간 5,000달러 미만일 경우 인가를 면제토록 하며, 연간 5,000달러 이상 35,000달러 미만 취급업자는 등록(registration) 절차를 거치도록 규정하였다.

2. 일 본

자금결제에 관한 법률 개정(2016년 5월, 2019년 5월 개정)을 통하여 암호자산 교환업을 영위하고자 하는 자는 내각총리대신(금융청)에게 암호자산 교환업자로 등록해야 하며, 최소자본금 요건 등을 충족하도록 하였다.

3. 프랑스

프랑스 금융시장감독청(Autorité des Marchés Financiers, AMF)은 최근 '디지털자산 서비스 제공자(DASP)'에 대한 감독규정(General Regulations)과 지침(Guidelines)을 발표하여, DASP 라이선스를 받으려는 기업은 금융시장감독청에 향후 2년 사업계획과 서비스하는 디지털자산 목록, 사업영역, 회사 조직도 등을 제출하도록 하였다. 이때 라이선스 보유는 의무는 아니지만 암호화폐 수탁회사 그리고 법정화폐와 암호화폐를 교환해주는 기업은 자금세탁방지를 위해 금융시장감독청에 등록하도록 하였다.

4. 독 일

금융감독기구(BaFin)는 암호자산을 '연방은행법'상 계산단위(unit of account)로 사용될 수 있는 금융수단(financial instrument)으로 해석하고, 암호자산 취급업자에게 인가 등 금융기관에 준하는 규제를 부과하였다. 또한 2020년 1월 1일 시행된 법에 따라 디지털자산 수탁사는 독일 금융감독기구(BaFin)의 라이선스를 받도록 하였다.

5. 스위스

가상통화취급업자는 금융당국(FINMA, Swiss Financial Market supervisory Authority)

으로부터의 자율규제조직(SRO)의 회원으로 가입하여 자금세탁방지의무를 이행함으로써 영업이 가능하도록 하였다.

Ⅲ. 가상자산사업자의 신고 수리

1. 신고 수리의 의미

개정 특정금융정보법 제7조 제1항은 가상자산사업자(이를 운영하려는 자를 포함)는 1) 상호 및 대표자의 성명, 2) 사업장의 소재지, 연락처 등 대통령령으로 정하는 사항을 대통령령이 정하는 바에 따라 금융정보분석원장에게 신고하도록 규정하고, 제7조 제3항은 신고가 수리되지 않는 사유를 4가지 열거하여 규정하면서 금융정보분석원장은 4가지 사유에 대해서만 가상자산사업자의 신고를 수리하지 않을 수 있도록 규정하여 그 재량을 인정하고 있다. 따라서 금융정보분석원장은 제7조 제3항에 열거되지 않은 사항을 이유로 신고를 수리하지 않을 재량이 있는지 실무상 문제된다. 특히 가상자산사업자가 신고를 하지 않고 영업한 경우 5년 이하의 징역 또는 5천만원 이하의 벌금을 받도록 규정하고 있다는 점에서(법 제17조 제1항), 이러한 금융정보분석원장의 신고 수리의 재량범위가 어디까지인지 여부는 실무상 중요하다고 하겠다. 이에 대한 분석은 후술하기로 한다.

한편, 지금까지는 자금세탁방지(AML) 및 테러자금조달방지(CFT) 의무이행기관들, 즉 금융기관들이 가상자산을 취급하는 업자에 대하여 강화된 고객확인을 적용하도록 하는 『가상통화 관련 자금세탁방지 가이드라인』을 통하여 간접규제를 하였다면, 앞으로는 정부가 직접 가상자산사업자를 규제한다는 점에서 의미가 있다고 본다.

2. 신고 수리의 요건

전술한 바와 같이 개정 특정금융정보법 제7조 제1항은 가상자산사업자(이를 운영하려는 자를 포함)는 일정한 내용을 금융정보분석원장에게 신고하도록 규정하고, 제7조 제3항은 아래 4가지 사유에 해당할 경우 신고가 수리되지 않을 수 있다고 규정하여, 신고 불수리 사유로 4가지를 규정하고 있으나, 결국 아래 4가지 사유가 충족되어야 신고수리가 된다는 점에서 신고 수리의 요건으로 작용한다고 볼 수 있다. 다만, 후술하는 신고 수리의 성격과 관련하여 아래 4가지 사유 외에도 다른 요건이 충족되어야 하는 것인지 여부는 여전히 의문으로 남는다.

가. 정보보호 관리체계 인증을 획득한 자(제1호)

가상자산사업자는 정보보호 관리체계(ISMS, Information Security Management System) 인증을 획득하여야 한다. 여기서 정보보호 관리체계 인증이란 정보통신망법 제47조 또는 개인정보보호법 제32조의2에 따른 정보보호 관리체계 인증으로 기업, 기관이 정보 자산의 안전성 확보를 위하여 관리, 수립, 운영하는 정보보호의 관리체계가 인증기준에 적합한지 여부를 심사하여 인증을 부여하는 제도를 말한다.[62][63] 신청인은 정보보호 및 개인정보보호 관리체계 인증(ISMS-P) 또는 정보보호 관리체계 인증(ISMS) 중에 선택하여 신청할 수 있다(정보보호 및 개인정보보호 관리체계 인증 등에 관한 고시 제18조 제1항).[64]

가상자산사업자 신고 요건인 ISMS 인증을 위한 통제항목은 80개로 세부항목까지 포함하면 236개이고, 추가로 개인정보를 포함한 ISMS-P까지 인증을 취득하고자 하는 경우 통제항목 22개와 세부항목 91개가 추가되어 300여개가 넘는바[65], 일반적으로 많은 사업자들이 외부 인증 컨설팅 및 솔루션 회사로부터 자문 등을 받아 ISMS 인증을 취득하고 있다.

ISMS 인증은 관리과정과 정보보호대책으로 구성된 인증기준에 대하여 적합성 평가를 하는 것으로 진행되고, 인증심사 신청에서부터 인증서 발급까지 실무적으로 약 5개월 정도 소요되는 것으로 보고 있다.[66]

한편, 최초 ISMS 인증을 받더라도 매년 사후심사와 갱신심사를 준비하여야 하므로, 정보보호 전문인력의 확보와 필요시 보안장비 도입 등에 필요한 예산이 수반되어야 하므로, 이를 유의하여야 한다. 그리고, AWS(Amazon Web Services)처럼 해외에 정보시스템을 두고 서비스를 하는 사업자의 경우도 정보시스템의 위치에 관계없이 한국인 이용자를 대상으로 서비스하고 있다면 ISMS 인증대상

62) 미래창조과학부 · 한국인터넷진흥원, 『정보보호 관리체계(ISMS) 인증제도 안내서』, 2017. 4., 11~12면.

63) 최인석 · 김익현, “특정금융정보법 개정에 따른 가상자산 산업의 변화”, 로앤비 법무리포트, 2020. 3. 24.

64) 코빗 · 광장 · KDAC, 『가상자산사업 및 투자를 위한 지침서』, 2021, 10면.

65) ISMS-P 인증기준_세부점검항목.

66) 미래창조과학부 · 한국인터넷진흥원, 전게 안내서, 26면.

이 된다는 점도 유의할 필요가 있다.[67)]

또한, 심사기관 3곳(금융보안원, 한국정보통신기술협회, 한국정보통신진흥협회)[68)] 과 인증기관 2곳(한국인터넷진흥원, 금융보안원)이라는 숫자의 제한으로, 가상자산사업자의 신청이 몰릴 경우 기간 도과의 우려가 있을 수 있다.

금융당국은 정보보호 관리체계 인증서를 통하여 인증 취득 내용, 유효기간 등을 확인하게 되는데, 만일 FIU 신고 유효기간 만료 전 정보보호 관리체계 인증 유효기간이 만료되는 등 변경사항이 발생할 경우에는 ISMS 인증 갱신 후 변경된 사항을 변경신고하여야 한다.[69)]

나. 실명확인이 가능한 입출금 계정(제2호)

가상자산사업자는 실명확인 입출금계정을 통하여 금융거래등(가상자산거래 포함)을 하여야 한다. 다시 말해, 실명확인이 가능한 입출금 계정, 즉 동일 금융회사등에 개설된 자상자산사업자의 계좌와 그 가상자산사업자의 고객의 계좌 사이에서만 금융거래등을 허용하는 계정을 통하여 금융거래등을 하여야 한다. 따라서 가상자산사업자는 금융정보분석원장에게 은행법상 은행등으로부터 실명확인 입출금계정을 발급받았다는 확인서를 제출해야 할 것이다.

다만 가상자산거래의 특성을 고려하여 금융정보분석원장이 정하는 자에 대해서는 예외를 두었다(동호 단서). 보고감독규정 제27조 제1항에 따르면 가상자산거래(법 제2조 제2호 라목)와 관련하여 가상자산과 금전의 교환행위가 없는 경우 그 가상자산사업자는 특정금융정보법 제7조 제3항 제2호의 예외를 인정받는 것으로 규정하고 있다. 따라서 가상자산사업자가 제공하는 서비스가 가상자산과 법화간의 교환이 없어 예치금 등이 없는 경우에는 실명확인 입출금계정의 확인서가 없더라도 FIU 신고를 할 수 있는 예외가 인정된 것이다.[70)]

현재 많은 가상자신사업자가 시중 은행으로부터 실명확인 입출금계정을 받지 못하는 상황에서 위 예외사유를 인정받고 FIU 신고를 할 가능성이 클 것으로 본다.

---

67) 박종백 · 윤주호, "특정 금융거래정보의 보고 및 이용 등에 관한 법률 국회 본회의 통과", 로앤비 최신법령해설, 2020. 3. 18.

68) 행정안전부 공고 제2019-390호, "정보보호 및 개인정보보호 관리체계 인증기관 지정"(2019. 6. 28.).

69) 금융정보분석원 · 금융감독원, 『가상자산사업자 신고 매뉴얼』, 2021. 2, 11면.

70) 금융정보분석원 · 금융감독원, 『가상자산사업자 신고 매뉴얼』, 2021. 2, 11면.

다. 범죄 경력의 유무(제3호)

가상자산사업자는 특정금융정보법, 범죄수익은닉규제법, 테러자금금지법, 외국환거래법, 자본시장법등 대통령령으로 정하는 금융관련 법률에 따라 벌금 이상의 형을 선고받고 그 집행이 끝나거나(집행이 끝난 것으로 보는 경우를 포함) 집행이 면제된 날부터 5년이 지나야 한다. 또한 가상자산사업자가 법인인 경우에는 그 대표자와 임원도 위 요건을 충족하여야 한다.

이는 FATF 권고기준 15에 대한 주석서 일부인 "Competent authorities should take the necessary legal or regulatory measures to prevent criminals or their associates from holding, or being the beneficial owner of, a significant or controlling interest, or holding a management function in, a VASP"의 내용을 참작하여, 범죄자의 가상자산 사업에의 진입을 차단할 것을 규정한 것으로 보인다.

그런데 다른 법에서의 규정, 예를 들어 자본시장법에서는 "최근 3년간 금융회사의 지배구조에 관한 법률 시행령 제5조에 따른 법령(이하 "금융관련법령"이라 한다), 공정거래법 및 조세범 처벌법을 위반하여 벌금형 이상에 상당하는 형사처벌을 받은 사실이 없을 것"이라고 규정하여 금융투자업 인가 또는 등록 요건으로 하고 있고, 그 신청법인의 대표자나 임원까지 동 요건 충족을 요구하지는 않으며, 다른 금융관련법률도 이와 유사하다. 반면, 가상자산사업자의 경우 (i) 법인의 대표자와 임원을 포함하여 신고대상으로 하고 있다는 점, (ii) 이전에 금융관련 법률 위반이 있었던 경우 집행이 끝나거나 면제된 날로부터 5년이 지나지 않으면 신고 수리를 받지 못한다고 규정하고 있다는 점에서 차이가 있다.

라. 신고 말소 이후 5년의 경과(제4호)

가상자산사업자는 금융정보분석원장으로부터 제4항에 따라 신고 또는 변경신고가 말소된 후 다시 신고할 경우, 그 말소 시점으로부터 5년이 경과하여야 한다.

3. 신고 수리의 법적 성격

전술한 바와 같이 특정금융정보법 제7조 제3항은 4가지 불수리 사유에 해당하는 경우 금융정보분석원장은 가상자산사업자의 신고를 수리하지 않을 수 있는 재량권을 부여하였는바, 이 경우 위 4가지 불수리 사유 외의 다른 사유를 이유로 금융정보분석원장이 신고 수리를 하지 않을 수 있는지 문제된다.

이에 대해서는 견해 대립이 있을 수 있을 것으로 본다. 즉 1) 특정금융정보법 제7조 제3항의 취지는 금융정보분석원장에게 4가지 불수리 사유에 대해서만 신고 수리를 하지 않을 수 있는 재량권을 부여하였으므로, 위 4가지 불수리 사유 외의 사유로 신고 수리를 거부할 수 없다는 견해이다. 특히 특정금융정보법 시행령 제10조의11 제1항에 따르면 신고서 서류에 첨부하여야 하는 서류 중 사업추진계획서가 있는바, 사업추진계획서 내용이 불충분한다고 하여 위 4가지 불수리 사유에 해당하지 않는 가상자산사업자의 신고를 불수리 하여서는 안된다는 견해이다. 반면, 2) 특정금융정보법 제7조 제3항의 취지는 금유정보분석원장에게 위 4가지 불수리 사유 외의 다른 사유로도 수리 거부를 할 수 있는 재량권을 부여하였으므로, 만일 사업추진계획서 내용이 불충분하다면 금융정보분석원장은 위 4가지 불수리 사유에 해당하지 않더라도 수리하지 않을 수 있는 재량권이 있다는 견해이다. 즉 사실상 허가제의 성격이 있다는 견해이다.[71)]

아직 선례가 있지 않고, 이에 대해 금융당국도 명확히 입장을 밝히지 않은 상황이라 결론을 내기는 쉽지 않을 것으로 보인다. 다만, 금융당국은 가상자산사업자 신고 시 첨부해야 하는 사업추진계획서에 반영해야 하는 내용을 구체적으로 명시하여 권유하고 있고, 특히 자금세탁방지체계 관련 내용을 상세히 언급하고 있는 점에 비추어 위 4가지 불수리 사유에 해당하지 않는 가상자산사업자가 사업추진계획서 상 자금세탁방지체계 관련 준비가 제대로 되어 있지 않다고 판단되면 금융당국은 신고를 수리해 주지 않을 가능성이 커 보인다. 즉, 금융당국은 특정금융정보법 제7조 제3항의 취지를 넓게 해석하여 금융정보분석원장의 재량범위를 넓게 인정할 가능성이 크다. 이에 대해서는 i) 특정금융정보법 제7조 제3항의 문언해석상 금융정보분석원장은 4가지 불수리 사유에 해낭하는 자에 대해서만 신고를 수리하지 않을 수 있다고만 규정하였을 뿐, 그 밖의 사유에 대해서는 규정하고 있지 않다는 점, ii) 특정금융정보법 제7조 제1항에 따른 신고의무를 위반한 자는 형사벌칙이 부과된다는 점에서 죄형법정주의 원칙에 따른 명확성의 원칙상 신고 수리 요건은 명확히 규정되어야 한다는 점, iii) 특정금융정보법이 신고 요건을 positive하게 규정하지 않고, 불수리 사유만 규정한

71) 지디넷코리아 인터넷기사 "사실상 가상자산 사업자 허가제 도입…특정금융정보법 주요 내용 총정리"(2020. 3. 9.) (https://www.zdnet.co.kr/view/?no=20200309162510 참조.)

취지는 불수리 사유에 해당하지 않는 한 신고는 원칙적으로 가능하게 하려는 취지라고 보이는 점 등을 이유로 금융당국이 재량권을 넓게 인정할 경우에는 비판이 제기될 가능성이 크다.

아직 선례가 없다는 점에서 명확히 판단하기는 어렵지만, 금융당국이 위 4가지 불수리 사유에 해당하지 않는 가상자산사업자에 대해 사업추진계획서 내용이 불충분하다는 이유로 신고 수리를 거부할 경우에는 소송제기 등 법적 분쟁에 휘말려들 가능성이 크므로, 신중히 판단해야 할 것으로 본다.

4. 신고 유효기간

가상자산사업자 신고의 유효기간은 신고를 수리한 날로부터 5년 이하의 범위에서 대통령령으로 정하는 기간으로 하며, 신고 유효기간이 지난 경우에도 계속하여 같은 행위를 영업으로 하려는 자는 대통령령으로 정하는 바에 따라 다시 신고하여야 한다(법 제7조 제6항). 특정금융정보법 시행령은 신고의 유효기간을 3년으로 정하였고(제10조의15 제1항), 신고를 갱신하려는 자는 i) 정보보호관리체계 인증에 관한 자료, ii) 실명확인 입출금 계정에 관한 자료를 갱신신고서에 참부하여 유효기간이 만료되기 45일 전까지 금융정보분석원장에게 제출하도록 규정하였다(제10조의15 제2항).

한편, 기존 가상자산사업자의 경우 해당 신고 규정은 효력발생시점부터 6개월의 유예기간이 주어지므로{부칙(법률 제17113호) 제2조[72], 이하 '부칙'), 기존 가상자산사업자는 개정 특정금융정보법 효력 발생시점인 2021년 3월 25일부터 6개월의 유예기간까지, 즉 2021년 9월 24일까지 FIU 신고 접수를 완료하면 되는 것으로 금융당국은 밝혔다.[73]

72) 부칙 <법률 제17113호, 2020.3.24.> 제2조(금융회사등의 가상자산사업자에 대한 고객 확인 의무에 관한 적용례) 금융회사등의 이 법 시행 전부터 영업 중인 가상자산사업자에 대한 제5조의2의 개정규정 적용은 이 법 시행 후 최초로 실시되는 금융거래등부터 한다. 다만, 이 법 시행 전부터 영업 중인 가상자산사업자가 이 법 시행일부터 6개월 이내에 제7조 제1항의 개정규정에 따라 신고를 하고 같은 조 제3항 및 제4항의 개정규정에 따라 신고가 수리되지 아니하거나 직권으로 말소된 사실이 확인되지 아니한 경우에는 제5조의2 제4항 제2호 가목의 개정규정은 적용하지 아니한다.

73) 금융위원회, "기존 가상자산사업자는 9.14일까지 금융정보분석원(FIU)에 신고 접수를 완료해야 합니다", 보도참고자료(2021.5.28).

Ⅳ. 가상자산사업자의 신고 직권 말소 및 영업 정지

1. 신고 직권 말소

금융정보분석원장은 가상자산사업자가 다음 어느 하나에 해당하는 경우 신고 또는 변경신고를 직권으로 말소할 수 있다(법 제7조 제4항).

1) 가상자산사업자에게 특정금융정보법 제7조 제3항에 따른 가상자산사업자의 4가지 신고 불수리 사유가 발생한 경우에는 직권으로 말소할 수 있다. 다만 정보보호 관리체계(ISMS) 인증을 획득하지 못한 경우로서 대통령령으로 정하는 경우에는 예외적으로 말소되지 않을 수 있다. 즉 특정금융정보법 시행령은 가상자산사업자의 ISMS 인증 갱신 신청에 대해 가상자산사업자의 책임 없는 사유로 그 갱신 여부가 결정되지 않을 경우에는 예외적으로 말소되지 않을 수 있도록 정하였다(제10조의13 제2항).

2) 가상자산사업자가 부가가치세법 제8조에 따른 폐업신고를 한 후에도 영업을 계속하거나, 관할 세무서장이 사업자등록을 말소한 경우에는 직권으로 말소할 수 있다.

3) 가상자산사업자가 특정금융정보법 제7조 제5항에 따른 금융정보분석원장의 영업 정지 명령을 이행하지 아니한 경우 직권으로 말소할 수 있다.

4) 가상자산사업자가 거짓 그 밖의 부정한 방법으로 신고 또는 변경신고를 하는 등 대통령령으로 정하는 경우에는 직권으로 말소할 수 있다. 여기서 대통령령이 정하는 경우란 거짓이나 부정한 방법으로 금융정보분석원장에게 신고 또는 변경신고를 한 경우를 말한다(시행령 제10조의13 제3항).

위에서 언급한 직권 말소 사유 중 세번째 사유, 즉 금융정보분석원장의 영업 정지 명령을 이행하지 않은 경우 직권 말소할 수 있는 경우는 후술하는 바와 같이 영업 정지 명령의 사유가 매우 포괄적이라는 점에서 이는 가장 강력한 제재수단으로 활용될 가능성이 클 것으로 보인다.

2. 영업 정지

금융정보분석원장은 가상자산사업자가 다음 어느 하나에 해당하는 경우 6개월의 범위에서 영업의 전부 또는 일부의 정지를 명할 수 있다(법 제7조 제5항).

1) 가상자산사업자가 특정금융정보법 제15조 제2항 제1호에 따른 금융정보분석원장의 시정명령을 이행하지 않은 경우 영업정지 될 수 있다. 즉 금융정보분석원장은 특정금융정보법 또는 동법에 따른 명령 또는 지시를 위반한 사실을 발견한 경우 가상자산사업자에게 위반행위의 시정명령을 내릴 수 있고, 가상자산사업자가 이러한 시정명령을 이행하지 않을 경우 영업정지를 명할 수 있다.

2) 가상자산사업자가 법 제15조 제2항 제2호에 따른 금융정보분석원장의 기관경고를 3회 이상 받은 경우 영업정지 될 수 있다.

3) 가상자산사업자가 고의 또는 중대한 과실로 자금세탁행위와 공중협박자금조달 행위를 방지하기 위하여 필요한 조치를 하지 아니한 경우로 대통령령으로 정하는 경우에는 영업정지 될 수 있다. 즉, i) 법 제8조에 따라 고객별로 거래내역을 분리 관리하는 등 조치를 하지 않는 경우, ii) 법 제15조 제1항 및 제6항에 따른 금융정보분석원장, 금융감독원장, 한국은행총재 등의 감독·명령·지시·검사·조치에 따르지 않거나 이를 거부·방해 또는 기피한 경우에는 영업정지 될 수 있다(시행령 제10조의14 제2항).

특정금융정보법 제15조 제2항은 금융정보분석원장이 가상자산사업자가 포괄적으로 특정금융정보법 및 그 하위규정을 위반하였을 경우 감독 및 검사권의 일환으로 제재할 수 있는 사유를 규정한 바,[74] 통상적인 가상자산사업자의 규제는 제15조가 적용될 것으로 보인다. 그런데 특정금융정보법 제15조 제1항부터 제6항은 금융정보분석원장 및 그 위탁에 따른 금융감독원장, 한국은행총재의 포괄적 감독, 검사권한의 근거 규정인바, 이러한 포괄적 감독, 검사권한에 따른 조치를 따르지 않을 경우에도 바로 영업정지 될 수 있도록 규정함으로써, 지나치게 사업자에게 불리하게 조치가 가능하도록 금융당국에 재량권을 준 것으로 비판 받을 수 있다. 따라서 영업정지의 사유는 포괄적으로 인정되도록 하는 것 보다는 되도록이면 구체적인 위규사항에 대해서 한정하는 것이 필요할 것으로 보인다.

74) 법 제15조 제2항은 가상자산사업자가 특정금융정보법 및 그 하위 규정을 위반하였을 경우 금융정보분석원장은 가상자산사업자에 대하여 1) 위반행위의 시정명령, 2) 기관경고, 3) 기관주의의 제재를 할 수 있도록 규정하고 있다.

V. 가상자산사업의 공개 및 업무위탁

1. 가상자산사업의 공개

금융정보분석원장은 가상자산사업자의 신고에 관한 정보 및 금융정보분석원장의 조치를 대통령령으로 정하는 바에 따라 공개할 수 있다(법 제7조 제7항). 특정금융정보법 시행령은 가상자산사업자의 신고에 관한 정보 및 금융정보분석원장의 조치를 공개할 경우 금융정보분석원의 인터넷 홈페이지에 게시하는 방법으로 하도록 하였다(제10조의16).

따라서 금융정보분석원장은 금융정보분석원의 인터넷 홈페이지에 가상자산사업자의 신고 및 조치현황 등을 공개함으로써, 소비자들이 신고하지 않거나 문제가 있는 가상자산사업자로부터 사기 위험 등에 노출될 가능성을 줄여 줄 수 있을 것으로 본다.

2. 업무위탁

금융정보분석원장은 가상자산사업자의 신고 관련 업무로서 대통령령으로 정하는 업무를 금융감독원장에게 위탁할 수 있다(법 제7조 제8항). 이에 따라 시행령은 금융정보분석원장이 i) 법 제7조 제1항 및 제2항에 따른 신고 또는 변경신고에 대한 심사업무, ii) 법 제7조 제3항에 따른 불수리 사유에 대한 심사업무, iii) 법 제7조 제4항에 따른 직권말소 사유에 대한 심사업무, iv) 법 제7조 제6항 후단에 따른 신고 갱신에 대한 심사업무를 금융감독원장에게 위탁하도록 정하였다(제10조의17 제1항). 그리고 금융감독원장은 위탁받은 업무의 처리결과를 금융정보분석원장에게 보고하도록 하였다(제10조의17 제2항).

따라서 가상자산사업자의 FIU 신고 및 변경 신고에 따른 실질적인 심사업무는 금융감독원이 맡게 될 것이므로, 가상자산사업자는 금융정보분석원에 신고서 원본을 제출하고 또한 금융감독원에 신고서 사본을 제출하여야 할 것이다.[75]

75) 금융정보분석원 · 금융감독원, 『가상자산사업자 신고 매뉴얼』, 2021. 2, 5면.

Ⅵ. 개선 필요성

1. 특정금융정보법상 신고제 도입에 대한 업계 반응 및 현황

특정금융정보법 제7조 도입에 따른 가상자산사업의 신고제와 관련하여, 업계에서는 다음과 같이 긍정적, 부정적 입장 모두 존재하는 것으로 보인다. 즉, 1) "특정금융정보법 통과는 거래소의 신고허가제를 골자로 하지만 장기적으로는 암호자산을 다루는 크립토금융 산업이 만들어지는 데 큰 역할을 할 것이며, 단기적으로는 거래소의 투명한 운영으로 이어져 신규자본 유입과 함께 블록체인 산업이 비약적으로 발전을 할 수 있는 인프라를 구축하는 계기가 될 것"이라고 기대하는 입장이 있는 반면, 2) "특정금융정보법 시행 이후 블록체인 산업에서 가상자산 관련 산업의 집중화와 대형화가 예상되며, 나아가 동일 서비스 제공 기업 간의 인수합병도 활성화될 것으로 기대된다고 내다보면서도, 가상자산사업자의 영업가능 여부가 FIU와 은행의 판단에 전적으로 달려 있다"는 우려를 표하는 입장도 있다.[76)]

최근 4대 가상자산거래소(업비트, 빗썸, 코인원, 코빗) 외에는 시중 은행으로부터 실명확인 입출금계정을 받은 가상자산거래소는 아직 존재하지 않는 것으로 파악된다. 따라서 위 4가지 신고 요건을 모두 충족시킬 수 있는 가상자산거래소는 위 4개 거래소 외에는 없다는 말인데, 결국 특정금융정보법상 신고제도가 도입되면서 대형 거래소 중심의 영업으로 재편될 가능성이 커졌다. 물론 실명입출금 계정을 받지 못한 거래소 중에는 가상자산간 거래만 가능하도록 하여 실명입출금 예외를 인정받아 FIU 신고를 추진하는 곳도 있으나, 사실상 대부분의 가상자산거래소는 영업을 중단해야 하는 위기에 있다고 파악된다.

2. 검 토

전술한 바와 같이 특정금융정보법 제7조 제3항은 신고 불수리 사유만을 규정하면서 금융정보분석원장으로 하여금 신고 수리여부에 대한 재량권을 인정하였다. 따라서 4가지 신고 불수리 사유에만 해당하지 않으면 신고 수리가 되는

---

76) 지디넷코리아 인터넷기사 "특정금융정보법, 가상자산 산업에 약일까 독일까"(2020.3.10.), (https://www.zdnet.co.kr/view/?no=20200310162705 참조.)

것인지, 아니면 4가지 사유 외의 사유로도 신고 수리 를 하지 않을 수 있는 재량권이 금융정보분석원장에게 인정된 것인지 불분명하다. 신고 없이 가상자산사업을 하는 경우 형사벌칙이 부과된다는 점에서 신고 요건에 대해서는 현행 규정과 같이 불수리 사유로만 규정할 것이 아니라, 명백하게 수리 요건의 형식으로 규정하는 것이 타당하다고 본다. 또한 특정금융정보법 제7조 제4항 및 제5항은 금융정보분석원장이 직권으로 신고를 말소하거나 영업정지 할 수 있는 사유에 대해 너무 포괄적으로 규정하고 있어, 가상자산사업자의 영업행위에 지나치게 자의적으로 불이익조치를 취할 수 있도록 되어 있는바, 해당 규정의 개선도 필요할 것으로 본다.

더불어 현재 신고 불수리 사유로 규정된 가상자산사업자의 실명입출금 계정 확보는 현실적으로 은행이 적극적으로 도와주지 않는 한, 가상자산사업자 스스로 충족할 수 있는 요건이 아닌 이상, 금융당국의 은행에 대한 적극적 행정지도도 필요할 것으로 보인다.

더 나아가, 전술한 바와 같이 FATF의 권고로 특정금융정보법상 개정규정이 도입되었는바, 자금세탁방지 등에 초점을 맞추어 FIU 신고제도를 도입한 것임은 분명하다. 그런데 미국, 일본, 독일 등 선진국에서는 가상자산사업자에 대한 규제를 자금세탁방지에만 초점을 둔 것이 아니라, 전체 가상자산 사업의 제도화 및 발전을 고려하여 영업에 대한 라이선스 제도로 운영하고 있다. 특정금융정보법은 자금세탁방지에 초점을 둔 법률이지 영업에 대한 라이선스를 부여하는 법은 아니기 때문에 법체계적으로 가상자산사업을 발전시키고자 한다면, 가상자산사업을 규율하는 독자적인 법률 규제체계가 필요하다고 본다.

Ⅶ. 실명확인입출금계정 요건 — 제7조 제3항, 제9항

제7조(신고)

① 가상자산사업자(이를 운영하려는 자를 포함한다. 이하 이 조에서 같다)는 대통령령으로 정하는 바에 따라 다음 각 호의 사항을 **금융정보분석원장에게 신고**하여야 한다.

1. 상호 및 대표자의 성명
2. 사업장의 소재지, 연락처 등 대통령령으로 정하는 사항

② 제1항에 따라 신고한 자는 신고한 사항이 변경된 경우에는 대통령령으로 정하는 바에 따라 금융정보분석원장에게 변경신고를 하여야 한다.

③ 금융정보분석원장은 제1항에도 불구하고 **다음 각 호의 어느 하나에 해당하는 자에 대해서는** 대통령령으로 정하는 바에 따라 **가상자산사업자의 신고를 수리하지 아니할 수 있다.**

1. (생략)
2. **실명확인이 가능한 입출금 계정**[동일 금융회사등(대통령령으로 정하는 금융회사등에 한정한다)에 개설된 가상자산사업자의 계좌와 그 가상자산사업자의 고객의 계좌 사이에서만 금융거래등을 허용하는 계정을 말한다]**을 통하여 금융거래등을 하지 아니하는 자.** 다만, **가상자산거래의 특성을 고려하여 금융정보분석원장이 정하는 자**에 대해서는 예외로 한다.

3.~4. (생략)

④~⑧ (생략)

⑨ 금융회사등이 제3항 제2호에 따른 **실명확인이 가능한 입출금 계정을 개시하는 기준, 조건 및 절차**에 관하여 필요한 사항은 **대통령령**으로 정한다.

1. 실명확인입출금계정 도입의 배경

가. 기존 가이드라인에 대한 논란

1) 강화된 KYC

금융위원회 산하 금융정보분석원은 가상자산 거래가 늘어가자 이를 규제하기 위한 목적으로 가상통화 관련 자금세탁방지 가이드라인(이하 “가이드라인”)을 제정, 시행하였었다.

가이드라인은 특정금융정보법과 그 하위법령의 시행에 필요한 사항을 명확히 하고, 자금세탁 및 공중협박자금 조달 행위의 효과적 방지를 표방하면서 개정 전 특정금융정보법상의 금융회사등을 수범자로 하여 고객에 대한 확인의무(KYC, know your customer)를 강력하게 부과하였는데, 특히 고객이 가상자산사업자(당시 용어로는 취급업소)로 확인되는 경우 강화된 고객확인 의무(EDD, enhanced due diligence)를 부과하였다.

가이드라인이 정한 강화된 고객확인 의무의 내용은 아래와 같았는데,

1. 취급업소가 제공하는 서비스의 내용
2. 취급업소의 실명확인 입출금계정서비스 이용여부 및 이용계획
3. 취급업소가 이용자의 생년월일, 주소, 연락처 등을 포함한 신원사항 확인 여부
4. 취급업소가 취급업소의 고유재산과 이용자의 예탁·거래금을 분리하여 관리하고 있는지 여부
5. 취급업소가 이용자별 거래내역을 구분하여 관리하고 있는지 여부
6. 취급업소가 이용자를 상대로 가상통화는 법정 화폐가 아니라는 사실과 가상통화의 내용, 매매 및 그 밖의 거래에 따르는 위험 등을 이용자가 이해할 수 있도록 설명하고 그 의사를 확인하는지 여부
7. 취급업소가 가상통화거래 관련 집금을 위해 임직원 계좌 등 별도의 계좌를 운용하는지 여부
8. 대한민국 정부에서 발표하는 가상통화와 관련한 정책의 준수 여부
9. 기타 금융회사등이 자금세탁등의 방지를 위해 필요하다고 인정하는 사항

그 중 제2호에 따라 가상자산사업자의 실명확인 입출금계정서비스 이용여부 및 이용계획을 확인하도록 되어 있었고, 이와 같이 "금융회사등의 고객이 취급업소인 경우로서 실명확인 입출금계정 서비스를 이용하지 않는 등 자금세탁등의 위험이 특별히 높다고 판단하는 경우" "금융회사등은 금융거래를 거절하거나 해당 금융거래를 종료할 수 있다"고 정하였다.

2) 가이드라인에 따른 거래거절

가이드라인은 금융회사등이 가상자산사업자와의 거래를 거절하거나 거래를 종료할 수 있다고 하여 금융회사등이 재량으로 판단할 수 있는 것처럼 하였지만, 특정금융정보법상 금융정보분석원은 금융회사등에 대한 지도감독권한이 있고 담당 임직원에 대한 징계요구권한이 있으므로 금융회사등은 가이드라인을 따르지 않을 수 없는 것이 현실이다.

실제로 가이드라인에 따라 은행들이 가상자산거래소와의 가상계좌거래를 중단하자 가처분 및 본안소송[77]이 제기되었고, 법원은 가이드라인의 법규명령

77) 입금정지금지가처분(서울중앙지방법원 2018. 11. 23.자 2018카합21459)사건에서 법원은 피보전권리와 관련하여 입금제한의 근거를 찾을 수 없고, 가이드라인상으로도 은행의 거래거절 여부는 의무가 아닌 재량사항일 뿐인 점, 거래소는 실명확인입출금계정거래를 하려고 하고 있는데 은행이 이를 이용할 기회도 주지 않은 채 재량규정을 근거로 입금정지조치를 취한 것은 계약이행거부에 해당한다고 보아 입금정지조치를 하여서는 아니된다는 가처분결정을 하였고, 거래소가 은행을 상대로 제기한 본안소송(서울중앙지방법원 2020. 12. 2. 선고 2019가합540577호, 확정)에서는 은행이 예금계약상 거래소가 갖는 권리를 제한할 계약상, 법률상

성을 부인하여 거래소의 가처분 및 본안소송을 인용하였다.

3) 가이드라인의 위헌성 논란

가이드라인은 헌법상 행복추구권(제10조), 직업의 자유(제15조)를 침해하는 것이 될 수 있고, 헌법 제37조 제2항에 정한 과잉금지, 포괄위임금지원칙 위반도 문제가 될 수 있는데, 기존에는 법률유보원칙위반이 가장 큰 쟁점이 되었다.

가이드라인은 거래의 목적, 고객신원확인의 범위를 넘어 사실상 거래소에 실명확인계좌를 이용할 의무를 부과하고 있는데, 가이드라인은 금융정보분석원의 금융회사등에 대한 각종 시정조치, 영업중지요구 등 권한을 배경으로 하여 금융회사등에 이와 같은 의무를 부과한 것이므로 가이드라인의 제정 및 실시는 권력적 처분행위에 해당함에도 불구하고 특정금융정보법에 구체적으로 범위를 정한 위임근거와 기준이 없고, 대외적 효력을 가지는데도 법규명령의 형식으로 규정하지 않았기 때문이다.[78]

나. 개정 특정금융정보법에 의한 직접 규제로의 전환

개정된 특정금융정보법은 제5조의2 제1항 제3호를 통해 가상자산사업자인 고객에 대한 금융회사등의 고객확인의무의 하나로 가이드라인 일부 규정을 반영하였으며, 가상자산사업자에 대하여는 가상자산사업자로 신고수리를 받기 위

근거가 없고, 가이드라인은 금융규제 운영규정 제8조에 따라 발령된 금융위원회의 행정지도로서 법적 구속력을 갖지 않아 은행이 이를 따라야 할 법률상 의무가 있다고 보기 어려우며, 가이드라인 중 거래거절규정은 금융회사등의 거래거절에 관한 구 특정금융정보법(법률 제17113호로 개정되기 전의 것) 제5조의2 제4항에 근거가 있지만 이 규정은 위임의 근거규정이 될 수 없다고 보아 거래소에 대한 입금정지조치를 해제하라는 판결이 선고되었다.

78) 2019가합540577호 판결에서는 가이드라인이 위임근거가 없고 대외적 구속력이 없다는 판단을 하였다. 한편, 거래중단으로 인해 피해를 입는 회원이 제기한 헌법소원사건{헌법재판소 2017헌마1384, 2018헌바90, 145, 391(병합)}에서 헌법재판소 다수의견은, 가이드라인은 금융기관의 자율적 호응을 전제로 한 것으로서 당국의 우월적 지위에 따라 일방적으로 강제된 것으로 볼 수 없어 공권력의 행사에 해당하지 않는다는 이유로 각하하였는데, 이선애, 이은애, 이종석, 이영진 재판관의 반대의견에 의하면, 가이드라인 불이행시 금융기관의 자금세탁방지나 공중협박자금조달행위 방지를 위한 조치의무 위반을 이유로 한 특정금융정보법이 예정한 불이익한 조치들(시정명령, 영업정지요구, 과태료 등)이 적용될 수 있고 금융기관이 계약체결 대상을 선정함에 있어서의 자율성을 부여하였을 뿐 다른 예외나 선택의 여지없이 실명제 자체는 강제되었으므로 단순한 행정지도를 넘어 규제적, 구속적 성격을 갖는 공권력의 행사에 해당하여 헌법소원의 대상이 된다고 보았다. 나아가 위 반대의견은 현대사회에 있어서 금융시스템은 공공재로 자리매김하였고, 사인인 서비스 제공자의 직업의 자유, 서비스 이용자인 국민의 기본권과 관련하여 헌법 제37조 제2항에 정한 한계를 준수해야 하고 법률유보원칙에 따라 공익의 발견과 상충하는 이익 간에 정당한 조정이 매개될 수 있어야 한다고 하면서, 위 조치가 법률유보원칙위반으로 기본권을 침해한다고 하였다.

한 요건의 하나로서 실명확인입출금계정을 이용하도록 하는 규정을 법률에 바로 도입하였다.

즉, 특정금융정보법 제7조 제3항 제2호는 “동일 금융회사등에 개설된 가상자산사업자의 계좌와 그 가상자산사업자의 고객의 계좌 사이에서만 금융거래등을 허용하는 계정”(실명확인입출금계정)을 통하여 금융거래등을 하지 않는 자에 대하여는 가상자산사업자 신고를 수리하지 않을 수 있다고 규정함으로써 결과적으로 실명확인입출금계정을 통한 금융거래를 가상자산사업자에게 강제하는 조항을 신설하였다.

FATF 가상자산 및 가상자산사업자에 대한 guidance가 실명확인입출금계정의 이용을 권고하지는 않았으나, 그럼에도 불구하고 우리나라에서 이와 같이 입법을 한 이유에 대하여는, 가상자산사업자와 가상자산사업 이용고객이 동일 은행에 계좌를 개설함으로써 가상자산사업 이용고객 정보를 확인하도록 하고 종래 이용되던 가상계좌나 벌집계좌를 근절하겠다는 취지로 알려져 있다[79].

이와 같은 특정금융정보법 개정을 통하여 가상자산거래에 대한 종래 가이드라인에 의존한 간접규제에서 직접규제로 전환이 이루어졌고, 종래 위헌론 중 법률유보원칙을 근거로 한 부분에 대한 방어를 한 셈이 되었다.

2. 실명확인입출금계정 개시와 가상자산사업자신고수리

가. 수리를 요하는 신고

1) 수리를 요하는 신고와 자기완결적 신고의 구분

법 제7조 제1항은 금융정보분석원장에게 신고를 하여야 한다고 정하고, 제2항은 특정한 경우 이를 수리하지 아니할 수 있다고 정하고 있어 가상자산사업자 신고는 수리를 요하는 신고인지가 문제된다.

원칙적으로 행정관청에 대한 신고는 일정한 법률사실 또는 법률관계에 관하여 관계 행정관청에 일방적인 통고를 하는 것을 뜻하는 것으로 법령에 별도의 규정이 있거나 다른 특별한 사정이 없는 한 행정관청에 대한 통고로써 그치는 것이고, 그에 대한 행정관청의 반사적 결정을 기다릴 필요가 없는 것이다(대

79) 가상계좌 이용시 송금은행의 정보제공, 펌뱅킹, 오픈뱅킹시 계좌실명조회, 입금확인증 송부 등 다양한 방식에 의한 실명확인이 가능하다는 취지에서 실명확인입출금계정만을 이용강제하는 것은 근거가 없다는 주장도 있다.

법원 1999. 12. 24. 선고 98다57419 판결). 그렇기 때문에 보통 법령이 신고를 하도록 정한 경우 별도의 수리를 요하지 않는 것으로 보며, 수리를 요하지 않는 신고는 신고 자체로 신고의 효력이 발생하는 자기완결적 신고이다. 이와 같은 자기완결적 신고는 행정청에 의한 실체적 심사와 별도의 수리를 요하는, 수리를 요하는 신고와 구분된다.

행정절차법 제40조는 ① 법령등에서 행정청에 일정한 사항을 통지함으로써 의무가 끝나는 신고를 규정하고 있는 경우 신고를 관장하는 행정청은 신고에 필요한 구비서류, 접수기관, 그 밖에 법령등에 따른 신고에 필요한 사항을 게시(인터넷 등을 통한 게시를 포함한다)하거나 이에 대한 편람을 갖추어 두고 누구나 열람할 수 있도록 하여야 한다. ② 제1항에 따른 신고가 다음 각 호의 요건을 갖춘 경우에는 신고서가 접수기관에 도달된 때에 신고 의무가 이행된 것으로 본다. 1. 신고서의 기재사항에 흠이 없을 것 2. 필요한 구비서류가 첨부되어 있을 것 3. 그 밖에 법령등에 규정된 형식상의 요건에 적합할 것이라고 정하여 자기완결적 신고를 규정하고 있다.

자기완결적 신고는 신고서가 접수기관에 도달된 때 행정청의 수리 여부를 불문하고 신고로서의 효력이 발생하고, 수리를 요하는 신고는 신고서가 접수된 후 행정청이 이를 수리하여야만 신고로서의 효력이 발생한다. 따라서 적법한 신고인 경우 자기완결적 신고라면 적법한 신고가 있었음에도 행정청이 신고서를 접수하지 아니하고 반려하여도 신고의무는 이행된 것이다. 따라서 수리가 거부된 상태에서 신고의 대상이 되는 행위를 하더라도 행정벌 등의 대상이 되지 아니한다.

그러나 수리를 요하는 신고라면 적법한 신고라 하더라도 일단 행정청이 이를 수리하지 아니하면 신고에 따른 법적 효과가 발생하지 아니하게 된다. 나아가 이러한 자기완결적 신고의 경우와 수리를 요하는 신고에 있어 수리를 하지 않고 반려될 경우 반려를 처분행위로 보아 항고소송의 대상으로 삼을 수 있는지도 쟁점이 될 수 있다.

2) 구분의 기준

행정청의 형식적 심사권한만 인정하면서 법령이 정한 형식적 요건만 갖추면 원칙적으로 신고의 효력이 발생하도록 정하고 있는 경우 자기완결적 신고로서의 법적 성질을 갖는 것으로 볼 수 있다. 그렇지 않고 행정청이 실체적 내용까지도 심사하여 수리 여부를 결정할 수 있도록 정한 경우 이는 수리를 요하는 신고로서의 성질을 갖게 된다.

따라서, 법령이 신고의무만을 규정할 뿐 실체적 요건에 관하여는 아무런 규정을 두지 않고 있는 경우, 법령에서 신고를 하게 한 취지가 국민에게 일정한 사항을 하기 전에 행정청에게 이를 알리도록 함으로써 행정청으로 하여금 행정상 정보를 파악하여 관리하는 정도의 최소한의 규제를 가하기 위한 경우, 즉 사회질서나 공공복리에 미치는 영향력이 적은 행위 내지 직접적으로 행정 목적을 침해하는 것이 아닌 행위, 정보제공적 신고는 자기완결적 신고에 해당한다고 볼 수 있다. 한편, 법령에서 신고대상 영업 등에 관하여 일정한 실체적(인적·물적) 요건을 정하거나 행정청의 실질적인 검토를 허용하고 있다고 볼 만한 규정을 두고 있는 경우, 사회질서나 공공복리에 미치는 영향력이 큰 행위 내지 직접적으로 행정목적을 침해하는 행위, 관계법령에서 명문으로 수리규정을 둔 경우(예를 들어 외국환거래법 제18조 제3항은 자본거래신고에 관하여 정하면서 "기획재정부장관은 제1항에 따라 신고하도록 정한 사항 중 거주자의 해외직접투자와 해외부동산 또는 이에 관한 권리의 취득의 경우에는 투자자 적격성 여부, 투자가격 적정성 여부 등의 타당성을 검토하여 신고수리 여부를 결정할 수 있다"라고 정하고 있다)에는 수리를 요하는 신고로 볼 수 있다[80].

특정금융정보법은 제7조 제1항에서 '상호 및 대표자의 성명, 사업장의 소재지, 연락처 등 대통령령으로 정하는 사항' 등 정보제공적 신고를 하도록 하여 마치 자기완결적 신고를 정한 것처럼 규정하였으면서도, 제1항 본문에서는 "대통령령으로 정하는 바에 따라" 신고하도록 하여 신고에 대하여 위임하고, 재차 제2호에서는 "신고할 사항"에 관하여 대통령령에 위임하는 특이한 위임을 하였다.

특정금융정보법 시행령 제10조의11 제1항은 신고에 관하여 아래와 같이 정하여, 각 첨부서류로 하여 신고하도록 정하였다.

제10조의11(가상자산사업자의 신고)

① 법 제7조 제1항에 따라 신고를 하려는 자는 금융정보분석원장이 정하여 고시하

80) 박재우, "인·허가의제 효과를 수반하는 건축신고가 수리를 요하는 신고인지 여부", 광주지방법원 재판실무연구(2013), 351~354면.

는 신고서에 다음 각 호의 서류를 첨부하여 금융정보분석원장에게 제출해야 한다.
1. 정관 또는 이에 준하는 업무운영규정
2. 사업추진계획서
3. 법 제5조의2 제1항 제3호 마목2)에 따른 정보보호 관리체계 인증(이하 "정보보호관리체계인증"이라 한다)에 관한 자료
4. 법 제7조 제3항 제2호 본문에 따른 실명확인이 가능한 입출금 계정(이하 "실명확인입출금계정"이라 한다)에 관한 자료
5. 그 밖에 가상자산사업자의 신고를 위해 금융정보분석원장이 필요하다고 정하여 고시하는 자료

②·③ (생략)

신고할 사항에 관한 위임에 따라 정한 같은 조 제2항은 다음과 같이 정하고 있다.

제10조의11(가상자산사업자의 신고)

① (생략)

② 법 제7조 제1항 제2호에서 "사업장의 소재지, 연락처 등 대통령령으로 정하는 사항"이란 다음 각 호의 사항을 말한다.
1. 사업장의 소재지 및 연락처
2. 국적 및 성명(법인의 경우에는 대표자 및 임원의 국적 및 성명을 말한다)
3. 전자우편주소 및 인터넷도메인 이름
4. 호스트서버의 소재지
5. 그 밖에 제1호부터 제4호까지에 준하는 사항으로서 금융정보분석원장이 정하여 고시하는 사항

③ (생략)

특정금융정보법 시행령 제10조의11 제1항은 다시 금융정보분석원장 고시로 위임하고 있는데, 보고감독규정 제27조(가상자산사업자의 신고)가 이를 정하고 있다.

위에서 본 특정금융정보법 시행령 제10조의11 제1항 제5호에서 위임한 바에 따라 정한 추가적인 첨부서류는 "본점의 위치와 명칭을 기재한 자료"뿐이다(보고감독규정 제27조 제3항).

시행령 제10조의11 제2항 제5호 신고할 사항에 대하여 위임한 내용에 따라 보고감독규정이 정한 사항은 아래와 같다(보고감독규정 제27조 제4항).

특정 금융거래정보 보고 및 감독규정(보고감독규정)
제27조(가상자산사업자의 신고)
①~③ (생략)
④ 영 제10조의11제2항 제5호에서 "금융정보분석원장이 정하여 고시하는 사항"이란 다음 각 호의 사항을 말한다.
1. 법 제2조 제1호 하목에 따른 행위 중 가상자산사업자가 수행할 행위의 유형
2. 법 제7조 제3항 제2호 본문에 따른 실명확인이 가능한 입출금 계정에 관한 정보
3. 외국 가상자산사업자[본점 또는 주사무소가 외국에 있는 자(사업의 실질적 관리장소가 국내에 있지 않은 경우만 해당한다)로서 내국인을 대상으로 가상자산거래를 영업으로 하는 자를 말한다]의 경우 다음 각 목의 사항
가. 국내 사업장의 소재지 및 연락처
나. 국내에 거주하면서 외국 가상자산사업자를 대표할 수 있는 자의 국적 및 성명

이들 조항을 종합하면,

가상자산사업자 신고시 신고하려는 자는 상호 및 대표자의 성명, 사업장의 소재지, 연락처, 국적 및 성명, 전자우편주소 및 인터넷도메인 이름, 호스트서버의 소재지와 함께 특정금융정보법이 정한 행위 유형 특정, 실명확인입출금계정 정보, 외국 가상자산사업자의 경우 국내 사업장의 소재지 및 연락처와 국내에 거주하면서 외국 가상자산사업자를 대표할 수 있는 자의 국적 및 성명 등을 신고하되, 신고시 아래 서류를 첨부해야 한다.[81]

1. 정관 또는 이에 준하는 업무운영규정
2. 사업추진계획서
3. 정보보호관리체계인증에 관한 자료
4. 실명확인입출금계정에 관한 자료[82]

81) 보고감독규정 별지 4 가상자산사업자 신고서식은 제출할 첨부서류로 ISMS인증은 그 인증서를, 실명확인입출금계정은 실명확인입출금계정 발급확인서를 요구하고 있고, 추가적으로 정관, 이사회의사록, 가상자산사업자 사업추진계획서(업무방법 기재 서류, 가상자산 취급목록)의 제출을 요구하고 있고 외국가상자산사업자에 대하여도 마찬가지로 정하고 있다.

82) 보고감독규정은 실명확인입출금계정에 관한 첨부자료로 발급확인서를 요구하고 있고 금융정보분석원이 발행한 가상자산사업자 신고매뉴얼에 따르면 발급확인자는 보고책임자 이상, 담당자는 발급 은행의 부서장급 이상이 기재되어야 한다고 정하고 있다. 발급확인서와 관련하여 특정금융정보법 시행령 제10조의18 제3항은 "금융회사등은 자금세탁행위와 공중협박자금조달행위의 방지를 위해 필요하다고 인정하는 경우 법 제7조 제1항 또는 제2항에 따른 신고 또는 변경신고가 수리된 이후에 금융거래등이 이루어질 것을 조건으로 하여 실명확인입출금계정을 개시할 수 있다"고 하여 특정금융정보법에 의한 가상자산사업자 신고수리가 되는 것을 조건으로 실명확인입출금계정 개시를 할 수 있는 예외를 인정하였다. 그러나 은행은

5. 본점의 위치와 명칭을 기재한 자료

따라서 특정금융정보법 제7조 제1항이 정한 사항들은 실체적 심사를 할 것이 없다.

그런데 특정금융정보법 제7조 제3항은 아래와 같이 정하고 있어 수리 여부에 대하여 재량이 있음을 정하고 있는데, 소극적 요건으로 정해진 사항들은 ISMS인증의 취득 여부, 실명확인입출금계정의 이용 여부, 형벌, 신고말소 등으로서 이들은 모두 형식적으로 요건판단이 가능한 것들이다.

특정금융정보법
제7조(신고)
①・② (생략)
③ 금융정보분석원장은 제1항에도 불구하고 다음 각 호의 어느 하나에 해당하는 자에 대해서는 대통령령으로 정하는 바에 따라 가상자산사업자의 신고를 수리하지 아니할 수 있다.
1. 정보보호 관리체계 인증을 획득하지 못한 자
2. 실명확인이 가능한 입출금 계정[동일 금융회사등(대통령령으로 정하는 금융회사등에 한정한다)에 개설된 가상자산사업자의 계좌와 그 가상자산사업자의 고객의 계좌 사이에서만 금융거래등을 허용하는 계정을 말한다]을 통하여 금융거래등을 하지 아니하는 자. 다만, 가상자산거래의 특성을 고려하여 금융정보분석원장이 정하는 자에 대해서는 예외로 한다.
3. 이 법, 「범죄수익은닉의 규제 및 처벌 등에 관한 법률」, 「공중 등 협박목적 및 대량살상무기확산을 위한 자금조달행위의 금지에 관한 법률」, 「외국환거래법」 및 「자본시장과 금융투자업에 관한 법률」 등 대통령령으로 정하는 금융관련 법률에 따라 벌금 이상의 형을 선고받고 그 집행이 끝나거나(집행이 끝난 것으로 보는 경우를 포함한다) 집행이 면제된 날부터 5년이 지나지 아니한 자(가상자산사업자가 법인인 경우에는 그 대표자와 임원을 포함한다)

여전히 가상자산사업자 신고수리를 선행요건으로 요구하고 있고 특정금융정보법 제7조 제3항은 실명확인입출금계정의 이용을 요건으로 하고 있어 가상자산사업을 하려는 사업자는 순환논리의 함정에 빠진 상태이다. 이에 금융정보분석원은 신고수리가 되면 실명계좌가 발급된다는 확인서로 이에 갈음할 수 있게 해 주겠다고 하였다고 하나(https://zdnet.co.kr/view/?no=20210605092703) 아직 보고감독규정 별지 4의 서식상 첨부자료로 발급확인서를 제출하도록 하고 있는 내용은 그대로이다.

다만 가상자산 신고 매뉴얼 중 2단계 신고 불수리 사유 해당여부 심사 중 실명확인입출금계정 항목에서 실명확인입출금계정을 발급받았는지 확인하는 것과 함께 "신고 완료 후 조건부 발급 여부 확인"이 가능하도록 정하고 있어 확인서가 은행의 확약서로 갈음이 되는 것으로 볼 여지가 있다.

4. 제4항에 따라 신고 또는 변경신고가 말소되고 5년이 지나지 아니한 자

소극적인 요건도 요건의 하나일 뿐이라는 점에서 수리를 요하는가의 문제는 실체적 심리를 요하는가의 관점에서 보아야 할 것이다. 이와 같이 실체적 심리를 요하지 않는다는 점에서 특정금융정보법 제7조가 정한 가상자산사업자의 신고는 자기완결적 신고의 법적 성질을 갖는 것으로 볼 여지가 있다. 이는 신고제와 허가제가 엄연히 구분되는 점, 수리를 요하는 신고는 사실상 허가제로 운영될 위험성이 많아 법체계적으로 문제가 있는 점[83]에 비추어 체계적 해석상으로도 신고제로 일단 규정한 이상 이는 자기완결적 신고로 보거나 이와 같이 운용해야 한다는 측면에서도 그러하다.

한편, 특정금융정보법 부칙 제2조 단서는 "이 법 시행 전부터 영업 중인 가상자산사업자가 이 법 시행일부터 6개월 이내에 제7조 제1항의 개정규정에 따라 신고를 하고 같은 조 제3항 및 제4항의 개정규정에 따라 신고가 수리되지 아니하거나 직권으로 말소된 사실이 확인되지 아니한 경우에는 제5조의2 제4항 제2호 가목의 개정규정(거래거절조항)은 적용하지 아니한다."고 정하여 신고에 일정한 효력을 부여하고 있어 수리와 별개로 신고 자체로 효력이 발생한다고 볼 근거가 될 수 있다[84].

다만, 법 제7조 제3항은 다음 각 호의 경우에 해당하는 자에 대해서는 "대통령령으로 정하는 바에 따라 가상자산사업자의 신고를 수리하지 아니할 수 있다"고 정하여 수리 여부에 대하여 재량을 부여하고 있어 이로 인하여 가상자산사업자신고는 수리를 요하는 신고로 볼 수 있는 것이 아닌가 하는 의문이 들 수 있다.

이 조항이 법 제7조 제3항 각호의 요건을 갖추지 못하였을 경우, 그 신고를 수리할 수 있는 경우와 수리하지 않을 수 있는 경우에 대한 선택재량을 행정청에 부여한 것으로 규정한 것이라면 이 부분에 있어서는 실체적 심리를 전제로 한 수리로서 수리를 요하는 신고라고 볼 근거가 생긴다.

83) 송동수, "행정법상 신고의 유형과 법적 효과", 토지공법연구 60집(2013), 한국토지공법학회, 299면.

84) 부칙 제2조와 관련하여 신고 자체로 인한 효과를 규정한 것이므로 허가제로 보기 어려운 근거로 본 견해도 있다, 한웅희 판사, "특정금융정보법 7조에 관하여", 2020. 7. 10. 특정금융정보법 개정안 해설 국회 세미나 발표자료.

그런데 특정금융정보법 시행령은 동 조항에 따라 수리하지 않는 경우 서면 고지할 의무만을 규정하고 있을 뿐이고(제10조의12 제1항) 제7조 제3항에 따른 불수리 사유에 대한 심사를 금융감독원장에게 업무위탁하도록 하고 있으며(제10조의17 제1항 제2호), 보고감독규정은 특정금융정보법 제7조 제3항이 정한, 대통령령이 정하는 바에 따라 "수리하지 않을 수 있는 경우"가 어떤 경우인지 정하지 않고 있다.

시행령 제10조의17 제1항 제2호에 따라 금융감독원장에게 업무위탁한 것은 불수리 사유, 즉 특정금융정보법 제7조 제3항 각호의 사유의 존부에 대한 확인을 업무위탁한 것에 불과하고 불수리 여부에 대한 실체적 심리 업무를 위탁한 것이라고 볼 수는 없을 것이다. 실제로 금융정보분석원장이 발행한 가상자산사업자 신고 매뉴얼은 금융감독원장의 신고요건 심사시 "가상자산사업자 신고 불수리 사유별 해당여부 확인방법"에서 "제출서류, 확인서, 사실조회 결과 등 검토"라고 정하고 제출된 서류만으로 이를 확인하게 되어 있어 형식적 서류심사임을 명시하고 있다.

매뉴얼은 서류접수시 주요 점검사항으로 실명확인입출금계정과 관련하여 실명확인입출금계정을 발급받았는지 확인하는 것에 더하여 발급확인서상 "발급요건 심사 결과 충족" 여부를 확인하라고 하면서, AML/CFT 위험 평가 결과, 예치금을 고유재산과 구분 · 관리, 고객별 거래내역 분리 · 관리를 확인하라고 정하고 있는데 이들 확인사항은 금융회사등이 실명확인입출금계정을 개시할 기준으로 정하고 있는 사항일 뿐이다(시행령 제10조의18 제1항, 제2항). 실명확인입출금계정 개시기준과 실명확인입출금계정확인은 구분되는 개념이며, 특정금융정보법 제7조 제3항이나 그 위임을 받은 시행령, 보고감독규정은 실명확인입출금계정의 개시요건까지 포함하여 확인할 사항으로 정하고 있지 않다는 점에 비추어 볼 때, 매뉴얼에서 발급확인서 외에 발급요건까지 확인하라고 하는 것은 법령에 정하지 않은 사항을 정한 것으로 위법한 것으로 판단된다.

나. 예외규정 — 보고감독규정 제27조

특정금융정보법 제7조 제3항 제2호 단서는 신고수리의 소극적 요건으로서 실명확인입출금계정의 예외로 "다만, 가상자산 거래의 특성을 고려하여 금융정보분석원장이 정하는 자에 대해서는 예외로 한다."고 하여 가상자산 거래의 특성을 고려하여 금융감독원장이 예외를 정할 수 있도록 하였다.

가상자산사업자에 대하여 신고제도를 둔 취지상 해당 가상자산 거래가 ① 자금세탁행위나 공중협박자금조달의 위험성이 낮거나(예를 들어, 거래규모가 의도적으로 분산된 것이 아닌 것으로서 소액인 경우, 반복적으로 행해지는 통상적 상거래인 경우), ② 실명추적이 용이한 거래(예를 들어, 가상자산 자체의 특성상 통상적인 경우에 비하여 실명추적이 용이한 경우)에 대하여 예외를 인정할 수 있을 것이다.

위 규정에 따라 보고감독규정이 정한 예외는 "법 제2조 제2호 라목에 따른 가상자산거래와 관련하여 가상자산과 금전의 교환 행위가 없는 경우 그 가상자산사업자"이다(보고감독규정 제27조 제1항).

이에 관하여 가상자산사업자 신고매뉴얼은 '가상자산사업자가 제공하는 서비스가 가상자산과 법화(法貨)간의 교환이 없어 예치금 등이 없는 경우 발급 제외'라고 정하고 있을 뿐인데, 가장자산 거래소 내에서 가상자산간의 교환만 이루어지고 현금의 입출금이 없는 경우가 대표적인 경우이고, 그 외에는 현금의 입출금이 수반되지 않고 고객이 직접 가상자산을 보내거나 받는 형태의 커스터디, 지갑서비스사업이 이에 해당할 수 있다.

따라서 금전과의 교환이 없는 사업을 하려는 가상자산사업자라면 특정금융정보법 제7조 제3항 제1호, 제 3호 및 제4호에 해당하지 않는 한 그 신고가 수리되어야 할 것이다.

보고감독규정은 단순히 금전과의 교환이 없는 경우의 가상자산사업자에 대하여만 예외를 인정했으나 앞서 본 바와 같이 그 취지상 자금세탁행위나 공중협박자금조달의 위험성이 낮은 경우를 다수 규정하여 예외를 인정해야 할 것이다.

다. 형사처벌규정 — 죄형법정주의에 따른 엄격해석의 대상

특정금융정보법 제7조 제1항을 위반하여 가상자산사업자신고를 하지 아니하고 가상자산거래를 영업으로 한 자는 5년 이하의 징역 또는 5천만원 이하 벌금형의 대상이 되고(특정금융정보법 제17조 제1항) 양벌규정의 적용대상이 된다(제19조).

죄형법정주의에 따라 형벌법규의 해석은 엄격하여야 하고, 명문의 형벌법규의 의미를 피고인에게 불리한 방향으로 지나치게 확장해석하거나 유추해석하는 것은 죄형법정주의의 원칙에 어긋나는 것으로서 허용되지 아니하며, 이러한 죄형법정주의는 행정형벌에도 적용된다. 따라서 특정금융정보법 제17조 제1항이 정한 구성요건의 일부를 이루는 법 제7조 제1항 및 그 소극적 요건을 규정한 제3항 및 관련 규정들은 죄형법정주의에 따라 엄격하게 해석되어야 하며 사업자에게 불리하게 확장해석되거나 유추해석되어서는 안 될 것이다.

3. 실명확인입출금계정 개시요건

가. 규 정

특정금융정보법 제7조 제9항은 금융회사등이 실명확인입출금계정을 개시하는 기준, 조건 및 절차에 관하여 필요한 사항을 대통령령에 위임하고 있으며, 실명확인입출금계정의 개시기준에 관하여 특정금융정보법 시행령은 아래와 같이 정하고 있다.

특정금융정보법 시행령

제10조의18(실명확인입출금계정의 개시)

① 법 제7조 제9항에 따른 실명확인입출금계정의 개시 기준은 다음 각 호와 같다.

1. 법 제5조의2 제1항 제3호 마목1)에 따라 예치금을 고유재산과 구분하여 관리하고 있을 것
2. 정보보호관리체계인증을 획득하였을 것
3. 가상자산사업자의 고객별로 거래내역을 분리하여 관리하고 있을 것

② 금융회사등은 실명확인입출금계정을 개시하려는 경우 법 제5조 제1항 제2호에 따른 가상자산사업자의 절차 및 업무지침을 확인하여 가상자산사업자와의 금융거래등에 내재된 자금세탁행위와 공중협박자금조달행위의 위험을 식별·분석·평가해야 한다.

③ 금융회사등은 자금세탁행위와 공중협박자금조달행위의 방지를 위해 필요하다고 인정하는 경우 법 제7조 제1항 또는 제2항에 따른 신고 또는 변경신고가 수리된 이후에 금융거래등이 이루어질 것을 조건으로 하여 실명확인입출금계정을 개시할 수 있다.

④ 실명확인입출금계정은 법 제7조 제6항에 따른 신고 또는 갱신신고 유효기간의 만료일까지 사용할 수 있다.

나. 가상자산사업자에 대한 비차별적 금융서비스 접근권의 보장

앞서 본 헌법재판소 2017헌마1384 반대의견은 금융서비스의 공공재로서의 성격을 인정한 바 있고, 최근 제정된 금융소비자보호법은 금융소비자보호를 위

한 영업상의 준수사항과 각종 의무를 부과하고 있으며 정당한 사유 없이 성별·학력·장애·사회적 신분 등을 이유로 계약조건에 관하여 금융소비자를 부당하게 차별해서는 아니 된다는 차별금지조항을 두기도 했다(제15조)[85].

EC가 제안한 암호자산시장규정(MiCAR)에 대한 안{Proposal for a Regulation of the european parliament and of the council on Markets in Crypto-assets, and amending Directive(EU) 2019/1937}에 의하면, 암호자산 사업의 원활한 운영을 위해 암호자산 서비스 제공자의 뱅킹서비스에 대한 접근이 용이하게 하도록 할 것을 권하고 있다[86].

프랑스에서는 Loi PACTE를 통해, 공모형 ICO에 관한 비자선택제도를 통해 비자를 받은 토큰발행인에게 은행계정에 대한 접근을 법적으로 허용하고, 이러한 은행계좌서비스에 대한 접근허용은 당국에 등록한 디지털자산사업자에게도 동일하게 적용하도록 하여 이들이 보유하는 예금계정 및 지급서비스에 대한 접근을 관장하는데 필요한 객관적인, 비차별적인, 그리고 위험에 비례하는 규칙을 마련하도록 하고 접근불허시 이에 대한 이의절차를 정하여 금융서비스에 대한 접근권을 보장하려 하고 있다.

<Loi PACTE Article L312-23>

«금융기관들(credit institutions; établissements de paiement)은 Article L. 552-4에 언급된 **비자를 취득한 토큰 발행인들**, Article L. 54-10-3에 따라 등록한 서비스제공자 및 Article L. 54-10-5에 언급된 라이선스를 취득한 서비스제공자들에 대하여, 이들이 보유하는 예금 및 지불 계정 서비스(services de comptes de dépôt et de paiement)에 대한 접근을 관장하는데 필요한 객관적인, 비차별적인 그리고 위험에 비례하는 규칙(objective, non-discriminatory and proportionate rules; règles objectives, non discriminatoires et proportionnées)을 마련하여야 한다. 이 접근은 이들이 효과적이고 방해받지 않으면서 그 서비스를 이용할 수 있게 할만한 충분히 포괄적인(sufficiently extensive; suffisamment étendu) 것이어야 한다. 이 조항의 적용의 구체적인 조건은 시행령에서 정한다. 시행령은 특히, 금융기관들에 의한 접근불허(refusal; refus)가 있을 경우 그에 대한 항변의 절차와 기한(processes and time limit

85) 위 조항이 금융상품판매업자의 청약이나 권유행위를 전제로 하고 있고 계약조건에 관한 차별금지만을 명시하고 있어 그 효력범위에 대하여는 앞으로 논의의 필요가 있다.

86) A clear framework should enable crypto-asset service providers to scale up their business on a cross-border basis and should facilitate their access to banking services to run their activities smoothly.

for appealing; les voies et délais de recours)을 구체적으로 정한다.»[87]

금융서비스가 공공재로서 갖는 성격을 고려할 때, 위에서 본 외국의 입법례들에 비추어 보아, 합리적 이유 없는 차별, 위험에 비례하는 원칙에 의하지 않은 접근불허나 제한은 금지되어야 할 것이다. 따라서 단지 가상자산을 거래하는 사업자라는 이유만으로 은행계정 취득이나 유지를 위해 다른 사업자들과 다르게 취급하거나 추가적인 기준을 요구하거나 나아가 사업내용 자체를 규제하고 이를 근거로 은행계좌 개설 및 이용이라는 금융서비스에의 접근을 제한하거나 금지한다면 이는 비합리적인 차별적 취급으로서 위법한 행위로 볼 가능성이 높아질 것이다.

그런데 특정금융정보법 시행령 제10조의18 제2항은 '금융회사등은 실명확인입출금계정을 개시하려는 경우 가상자산사업자의 절차 및 업무지침을 확인하여 가상자산사업자와의 금융거래등에 내재된 자금세탁행위와 공중협박자금조달행위의 위험을 식별·분석·평가해야 한다'고 하여 제2항이 실명확인입출금계정 개시를 위한 또 하나의 기준이나 조건인지 문제가 된다. 특히 제2항은 식별, 분석 및 평가결과 어떤 기준을 통과해야 실명확인입출금계정 개시가 가능하다는 것인지도 정하고 있지 않다. 아래에서 보는 바와 같이 보고감독규정도 이를 위한 상세규정을 두고 있지 않다. 앞서 본 프랑스 입법례에 비추어 보아도 은행서비스에의 접근을 제한하려면 객관적이고, 비차별적이며 위험에 비례한 일정한 규칙을 설정해야 할 것인데 시행령 제10조의18 제2항은 막연히 식별, 분석, 평가해야 한다고만 하고 있어 아무런 객관적인 기준을 제시하지 않고 있으므로, 만약 위 규정이 실명확인입출금계정 개시를 위한 기준이나 조건의 내용을 구성한다면 이는 객관적이지 않고, 비차별적이지 않으며, 위험에 비례한 일정한 규칙을 정한 것이 아니어서 결국 공공재인 금융서비스에의 접근권을 불합리하게 제한하는 것이라고 볼 수밖에 없다.

87) "Les établissements de crédit mettent en place des règles objectives, non discriminatoires et proportionnées pour régir l'accès des émetteurs de jetons ayant obtenu le visa mentionné à l'article L. 552-4, des prestataires enregistrés conformément à l'article L. 54-10-3 et des prestataires ayant obtenu l'agrément mentionné à l'article L. 54-10-5 aux services de comptes de dépôt et de paiement qu'ils tiennent. Cet accès est suffisamment étendu pour permettre à ces personnes de recourir à ces services de manière efficace et sans entraves. Les conditions d'application du présent article sont précisées par décret. Celui-ci précise notamment les voies et délais de recours en cas de refus des établissements de crédit.")

다. 위임법률이 정한 범위 내 규정인지 여부

종래 가이드라인이 은행을 통하여 가상자산사업자를 간접규제하다가 특정금융정보법 개정으로 신고제를 둠으로써 가상자산사업자를 직접규제하게 된 것이라는 점은 앞서 지적한 바와 같다.

그런데 특정금융정보법 제7조는 제3항에서 실명확인입출금계정의 이용을 사실상 강제하였으면서, 다시 제9항과 시행령 제10조의18에서 실명확인입출금계정의 개시 기준 등을 규정하고 금융회사등을 그 수범자로 하여 실명확인입출금계정 개시 기준의 충족 여부와 가상자산사업자와의 금융거래등에 내재된 자금세탁행위와 공중협박자금조달행위의 위험을 식별 · 분석 · 평가하도록 정하여 결국 은행을 통한 가상자산사업자 간접규제라는 가이드라인의 틀을 다시 가져왔다.

그러나 가상자산사업자에 대하여 허가제가 아닌 신고제를 둔 현 개정법 체제상 신고제가 허가제로 뒤바뀌어서는 아니될 것이다.

특정금융정보법은 실명확인입출금계정의 미이용을 신고수리의 소극적 요건으로 정하고 있으면서 신고수리에 대하여 형식적 심사제로 정하고 있는데, 정작 실명확인입출금계정이 개시되기 위한 기준과 조건을 엄격하게 규정할 경우 실명확인입출금계정 개시의 기준과 조건 자체가 다시 신고를 위한 소극적 요건을 구성하게 되어 가상자산사업에 대한 진입장벽을 설정하는 것이 될 수 있다. 따라서 만약 실명확인입출금계정 개시의 기준과 조건을 달성하기 어려운 요건으로 정하여 각각의 장애물을 넘어야만 비로소 실명확인입출금계정의 개시가 가능하도록 정한다면 결국 이는 실질적으로 허가제가 되어 법률이 신고제로 정한 취지에 반하는 규정이 될 수 밖에 없다.

한편, 은행도 커스터디, 신탁 등을 통해 가상자산사업에 진출하고 있어 기존 가상자산사업자들과 경쟁관계에 있다고도 볼 수 있는데, 실명확인입출금계정의 개시 여부에 대하여 은행에 자의적인 권한을 준다면 허가권을 동종업자에게 주는 부당한 결과에 이를 수 있다.

결국 이러한 점들에 비추어 보면, 특정금융정보법 제7조 제9항이 시행령에 위임한 취지는 금융회사등이 금융회사별로 자의적으로 실명확인입출금계정 개시를 거부하는 것을 방지하고자 하는 것으로 일률적인 기준을 정하고자 하는 취지에 있다 할 것이다. 따라서 이는 자금세탁이나 공중협박자금조달의 위험성이 있는 일정한 경우에 대하여는 위험에 비례하는 일정한 기준 혹은 최소의 수준을 명시하고 그 외에는 계정 개시가 되도록 네거티브하게 규제하고 은행 등 금융회사로 하여금 자의적인 개시 여부 결정을 금지하도록 정한 취지라고 보아야 할 것이다.[88)]

무엇보다 신고 수리의 요건은 특정금융정보법 제17조 제1항에 의하여 형사처벌의 대상이 되므로 제7조 제1항, 제3항은 제17조 제1항에 의한 형사처벌을 위한 각 구성요건을 이루게 되며, 제7조 제9항이 실명확인입출금계정 이용의 전제가 되는 개시기준을 정함으로써 이 역시 위 구성요건의 하나를 이루게 되므로 결국 제7조 제9항과 그 시행령도 죄형법정주의에 따라 규정되고 해석되어야 할 것이다.

이와 같은 검토를 기초로 하여 특정금융정보법 시행령 제10조의18 제1항을 보면, 동 규정은 "법 제7조 제9항에 따른 실명확인입출금계정의 개시기준은 다음 각 호와 같다"고 하면서, 예치금과 고유재산의 분리, ISMS인증취득, 고객별 거래내역 분리 관리라는 객관적이고 명확한 요건을 정하여 앞서 본 입법 및 위임 취지에 부합하게 정하고 있다.

그런데 제2항은 '금융회사등은 실명확인입출금계정을 개시하려는 경우 가상자산사업자의 절차 및 업무지침을 확인하여 가상자산사업자와의 금융거래등에 내재된 자금세탁행위와 공중협박자금조달행위의 위험을 식별·분석·평가해야 한다'고 하여 제2항이 실명확인입출금계정 개시를 위한 또 하나의 기준이나 조건인지에 대한 해석론을 야기한다.

만약 제2항도 실명확인입출금계정 개시를 위한 기준이나 조건 중 하나라고 보게 된다면 실명확인입출금계정 개시를 위하여 달성해야 할 기준 혹은 조건을 불확정개념으로 두게 되며, 이는 결국 가상자산사업자로 신고하려는 자들을 은행의 자의적인 평가 및 선택의 위험에 빠뜨리게 된다. 심지어 제2항은 식별, 분석 및 평가결과 어떤 기준을 통과해야 실명확인입출금계정 개시가 가능하다는 것인지도 정하고 있지 않다. 보고감독규정도 이를 위한 상세규정을 두고 있지 않다[89)].

---

88) 조정희, 2020. 4. 28. 블록체인포럼 발표 "개정 특정금융정보법에 따른 시행령 주요 검토사항", 35면.

법률의 시행령은 모법인 법률의 위임 없이 법률이 규정한 개인의 권리 · 의무에 관한 내용을 변경 · 보충하거나 법률에서 규정하지 아니한 새로운 내용을 규정할 수 없고, 특히 법률의 시행령이 형사처벌에 관한 사항을 규정하면서 법률의 명시적인 위임 범위를 벗어나 처벌의 대상을 확장하는 것은 죄형법정주의의 원칙에도 어긋나는 것이므로, 그러한 시행령은 위임입법의 한계를 벗어난 것으로서 무효라는 것이 판례이다(대법원 2017. 2. 16. 선고 2015도16014 전원합의체 판결).

시행령 제10조의18 제2항에 정한 식별 · 분석 · 평가를 특정금융정보법 제7조 제9항이 위임한 실명확인입출금계정 개시의 기준이나 조건 중 하나라고 보게 된다면 이는 동 규정이 정하거나 위임하지 아니한 새로운 내용을 규정한 것이고 법률이 정한 명시적 위임범위를 벗어나 처벌대상을 확장하는 것이 되어 죄형법정주의에도 반하게 되므로 위 조항은 위임입법의 한계를 벗어난 것으로서 무효이다.

한편 은행 등 금융회사에 대한 실명확인입출금계정을 개시함에 있어서 가상자산사업자는 고객으로서의 법적 지위를 갖는다. 그렇다면 은행은 특정금융정보법이 정한 바에 따라 고객인 가상자산사업자에 대한 고객확인의무를 이행해야 할 의무가 있다(특정금융정보법 제5조의2). 또한, 시행령 제10조의18 제2항은 제1항이 '실명확인입출금계정의 개시 기준'이 다음 각 호와 같다고 하여 실명확인입출금계정 개시의 기준이라고 명시하고 있음에 반하여, 실명확인입출금계정 개시를 위한 기준이라거나 조건이라고 명시하지 않고 단순히 "실명확인입출금계정을 개시하려는 경우"라고 정하여 실명확인입출금계정을 개시하는 기준이나 조건과는 별개로 규정하고 있다. 그리고 특정금융정보법 제7조 제9항은 실명확인입출금계정 개시를 위한 기준, 조건 외에 절차도 시행령에 위임하고 있어, 이러한 점을 종합하면, 결국 시행령 제10조의18 제2항은 실명확인입출금계정 개시를 위한 기준이나 조건이 아니라, 금융회사등 자신의 고객확인의무 이행을 위한 절차를 실명확인입출금계정 개시 단계에서 규정한 것이라고 보아야 시행령을 적법, 유효하게 할 수 있는 해석이 될 수 있다.[90] 만약 이와 같이 보지 않고

89) 은행연합회는 2021. 4월 가상자산사업자 자금세탁위험 평가방안을 마련하여 은행들에 공유하였다. 다만 위 기준은 참고자료로서 사용이 권고되거나 강제되지 않고, 개별 은행의 기준과 상이할 수 있다고 하였다.

90) 같은 취지의 금융위원회의 견해에 대한 보도.
https://www.edaily.co.kr/news/read?newsId=03509606625961784&mediaCodeNo=257.

위 조항을 통해 실명확인입출금계정 개시의 기준이나 조건을 정할 수 있는 것으로 해석한다면 시행령 제10조의18 제2항은 위법무효인 조항이 될 것이다.

따라서 특정금융정보법 제7조 제9항이 정한 바에 따른 개시기준, 조건은 특정금융정보법 시행령 제10조의18 제1항이 정한 예치금과 고유재산의 분리, ISMS인증취득, 고객별 거래내역 분리 관리 요건이라고 하는 객관적 기준을 의미하고, 이를 갖춘 가상자산사업자는 실명확인입출금계정 개시를 위한 요건을 갖춘 것이므로 계정을 개시해야 할 것이고, 위 법과 시행령이 정한 사항 외의 기준을 두어 자의적으로 계정 개시 여부를 결정하거나 거절하는 것은 특정금융정보법에 위반한 것이 될 것이다.

라. 특정금융정보법 시행령 제10조의18 제2항 위험의 식별 · 분석 · 평가

1) 평가의 기준

은행연합회가 밝힌 바[91]에 따르면, 가상자산사업자에 대한 자금세탁 위험 평가업무를 ① 필수요건 점검 ② 고유위험 평가 ③ 통제위험 평가 ④ 위험등급 산정 ⑤ 거래여부 결정의 단계로 구분하도록 하고 있다.

구체적으로, ① 필수요건 점검에서는 법률 및 은행의 자금세탁방지 정책에 따라 필수적으로 요구되는 항목으로 ISMS인증, 예치금과 고유재산간 구분 관리, 고객별 거래내역의 구분 관리, 외부해킹 발생이력을, ② 고유위험 평가 단계에서는 국가위험, 상품, 서비스의 위험, 고위험 고객 관련 위험을, ③ 통제위험 평가 단계에서는 AML 내부통제 수준, 내부감사체계 구축 여부, 고객확인 충실도, 전사위험평가 수행 여부를, ④ 고유위험과 통제위험 평가를 종합한 위험등급 산정 후 ⑤ 거래여부를 결정하도록 한다고 설명하고 있다.

점검항목으로 설정한 내용을 보면, 다크코인 취급 여부, FIU신고 유효 여부, 부도, 회생, 영업정지 이력, 대표자 및 임직원의 횡령, 사기 연루 이력, 외부해킹 발생이력, 신용등급 및 당기순손실 지속 여부가 기재되어 있는데 이들은 특정금융정보법이 가상자산사업자와 관련하여 규정한 사항도 아니며 가상자산사업자에게 일반 고객과 달리 자금세탁위험방지를 위해 특수하게 요구해야 하는 사항인지 그 근거도 불명확하다.

은행연합회는 고유위험 평가를 할 때 평가지표로는 상품 및 서비스 위험을

91) 은행연합회가 2021. 4월 공개한 가상자산사업자 자금세탁위험 평가방안.

신용도 여부를 기준으로 하되 쟁글(https://xangle.io/)의 신용도 정보를 활용한다고 발표하였다. 그러나 아직까지 가상자산의 신용도를 평가할 객관적인 기준이나 주체가 있지 않은데 공적 기관도 아닌 쟁글 사이트 하나만에 의존해서 신용도를 정하고 이를 기초로 고유위험평가를 하는 것은 고유위험 평가의 객관성에 대해 공격당하거나 부인당할 위험성이 있다.

고유위험 평가시 신용도 낮은 가상자산을 취급할수록, 거래가능한 가상자산이 많을수록, 신용도가 낮은 코인의 거래가 많을수록, 고위험국적의 고객이 많을수록, 고위험업종고객이 많을수록, 자기자본비율이 낮을수록 위험이 가중되는 것으로 평가하도록 정하고 있는데, 이 기준은 가상자산사업자 중 가상자산거래소를 위주로 기준을 정한 것이고 그 외 가상자산사업자, 예를 들어 키오스크 제공자, DApp운영주체, 지갑서비스, 커스터디서비스, 담보대출서비스, 마진거래서비스 및 계속 발전하고 파생해 나갈 수 있는 각종 가상자산사업들을 포괄하여 적용하기에는 적합하지 않다는 문제가 있다. 특정금융정보법상 가상자산사업자신고 및 실명확인입출금계정 이용과 관련하여 문제되는 위험은 가상자산사업자의 자금세탁 및 공중협박자금조달위험이지 가상자산사업자의 고객인 이용자들과 관련한 자금세탁 및 공중협박자금조달위험이 아니다. 특히 신용도 낮은 가상자산, 거래가능한 가상자산의 수 등은 가상자산사업자 고유의 위험이 아니라 그 이용자의 위험의 문제인데 위 기준은 이를 구분하지 않고 있다는 문제가 있다.

무엇보다 이와 같은 고유위험과 통제위험을 평가한 후 어떤 기준에 의해 거래를 거절하거나 거래를 개시할지 혹은 거래를 개시함에 있어 어떤 조건하에 가능한지를 결정할 수 있는 아무런 기준도 없다는 것이 문제이다.

2) 가상자산사업자 자금세탁위험 평가방안의 법적 성격

앞서 본 바와 같이 은행연합회는 평가방안이 참고자료에 불과하고 권고되거나 강제되지 않는다고 표시하였지만 실질적으로 은행들은 이 평가방안을 적용하여 가상자산사업자들을 평가하고 있다.

둘 이상의 사업자가 공동의 경제적인 이익을 증진할 목적으로 조직한 결합체를 사업자단체라 하며 공정거래법상 사업자단체의 부당한 공동행위(공정거래법 제51조 제1항 제1호, 제40조 제1항), 사업활동방해행위(공정거래법 제51조 제1항 제3호)는 금지된다. 그런데 은행연합회는 은행들의 사업자단체로서 평가방안을 통하여 사업자인 은행과 고객인 가상자산사업자 사이의 거래계좌 개설에 개입하여 이를 막는 행위를 같이 한 것으로 평가될 수 있다면 부당한 공동행위와 사업활동방해행위가 성립한다고 볼 수 있을 것이다.

나아가 특정금융정보법을 통해 가상자산사업자는 금융회사등의 지위를 취득하게 되었으며, 은행도 가상자산사업에 진출한 경우가 많은 바 평가방안을 통한 거래거절에 의해 가상자산사업자의 가상자산거래시장에의 진입을 방해한 것으로 평가할 수 있다면 공정거래법 제26조 제1항 제2호에 정한 사업자 수 제한행위에도 해당할 수 있을 것이다. 혹은 공정거래법상 부당공동행위로서의 거래조건결정, 거래제한, 거래상대방 제한에 해당하는지도 검토할 수 있을 것이다(제19조 제1항 제2호부터 제4호).[92)]

3) 위법한 평가에 대한 법적 조치

평가방안에 기초하거나 혹은 다른 방법으로 자금세탁 혹은 공중협박자금조달위험 평가를 하였는데 평가의 기준이 객관적이지 않거나 평가가 잘못되었다고 하더라도 법적으로 다툴 방법은 딱히 없다. 판례상 당사자의 권리의무 등 법률관계와는 아무런 관련이 없는 사실관계의 확인을 구하는 것은 당사자의 법률상 지위의 위험 또는 불안정을 제거하는 데 유효적절한 수단이 될 수 없다고 할 것이므로, 그 확인을 구하는 소는 확인의 이익을 결여한 부적법한 소라고 보고 있기 때문이다.

마. 금융회사등의 거래거절과 신고의 효력

1) 금융회사등의 고객확인의무

금융회사등은 자금세탁방지체계로, 위험기반 고객확인의무 이행체계, 거래에 대한 모니터링 체계를 구축해야 하며, 의심거래와 관련하여 금융정보분석원에 보고하기 위한 내, 외부 보고체계를 갖추고 내부통제체계를 구축, 운용해야 한다.

금융회사등은 고객확인의무(CDD, customer due diligence)의 이행을 위해 고객

---

92) 다만, 평가방안은 은행별로 결정하도록 하고 있으며 평가방안 자체적으로 일정한 평가결과를 이끌고 그 평가결과의 어느 기준을 넘기지 못하는 경우 거래거절을 하도록 정하고 있지도 않아(이를 지시하거나 합의했다거나 불이행시 불이익제공의 증거가 없는 한) 이를 은행연합회에 의한 공동행위나 방해행위로 평가하기는 어려운 면이 있다.

이 신규계좌 개설을 하거나 시행령이 정하는 일정 금액 이상 일회성 금융거래를 하는 경우 고객의 신원정보 및 실제소유자를 확인하고, 고객이 자금세탁행위나 공중협박자금조달행위를 할 우려가 있는 경우 금융거래의 목적과 거래자금의 원천 등을 추가로 확인해야 한다(EDD, enhanced due diligence, 특정금융정보법 제5조의2 제1항 제1호, 제2호). 만약 고객이 이러한 정보 제공을 거부하여 고객확인을 할 수 없는 경우 금융회사등은 고객과의 신규 거래를 거절하고 이미 거래관계가 수립되어 있는 경우에는 해당 거래를 종료하여야 한다.

고객이 가상자산사업자인 경우 일반 고객에 대한 CDD에 추가하여 금융정보분석원장에 대한 가상자산사업자신고 및 그 수리, 예치금과 고유재산의 구분관리, ISMS인증을 확인하도록 되어 있고(제1항 제3호), 거래거절의 사유로 ① 가상자산사업자 신고 미이행 ② 제7조 제3항에 정한 ISMS인증 미취득, 실명확인 입출금계정 미이용, ③ 금융정보분석원장의 가상자산사업자신고 불수리 ④ 가상자산사업자신고 말소가 확인되는 경우 및 ⑤ 가상자산사업자가 금융거래등제한대상자와 금융거래등을 한 사실이 밝혀진 경우가 있다(제4항 제2호, 제3호).

업무규정은 금융기관등이 자금세탁등과 관련된 위험을 식별하고 평가하여 고객확인에 활용하여야 한다고 하면서 국가위험, 고객유형, 상품 및 서비스 위험 등을 반영하여 자금세탁등의 위험을 평가하여야 한다고 하고 있고(업무규정 제28조), 제29조 내지 제31조에서는 국가위험, 고객유형 평가, 상품 및 서비스 위험 평가의 상세에 대하여 정하고 있다. 동 규정에서는 고객이 신원확인 정보 등의 제공을 거부하거나 자료를 제출하지 않는 등 고객확인을 할 수 없는 때에는 그 고객과의 거래를 거절하여야 하고, 이미 거래관계가 수립되었으나 고객확인을 할 수 없는 때에는 그 고객과의 거래관계를 종료하여야 한다고 정하고 있다(제44조).

한편, 위험기반접근법에 기반한 고객확인은 각종 위험요소를 근거로 고객의 자금세탁 등 위험을 평가하여 고객확인의 수준이나 정도를 결정하기 위한 것이고, 반대로 자금세탁 등의 위험성이 낮다고 판단되는 경우에는 간소화된 고객확인을 이용하도록 하기 위한 용도이다[93]. 즉 위험평가는 고객확인을 위한 수단 및 절차일 뿐이고, 위험평가결과 자체가 거래거절이나 중단의 요건이라고 볼 수는 없다 할 것이다.

---

93) 금융정보분석원, "자금세탁방지제도 유권해석 사례집", 45, 46면.

오히려 FAFT 2019년 6월 발행 “위험기반접근법에 대한 지침, 가상자산 및 가상자산취급업소”에 의하면 “금융기관은 취급업소 또는 가상자산활동에 참여하는 고객들과 관계를 구축하고 지속할 것을 고려할 때 위험기반접근법을 적용하여야 하며, 비즈니스 관계의 자금세탁, 테러자금 조달 관련 리스크를 평가하며, 그러한 리스크가 적절히 경감되거나 관리될 수 있는지 따져보아야 한다. 금융기관은 적절하게 위험기반접근법을 적용하며, 적절한 위험평가 없이 가상자산취급업소와의 고객관계를 일괄적으로 종결 또는 배제하는 방식에 의지하지 않는 것이 중요하다”고 하고(섹션 1 18항) 위험을 회피하기 위해 특정 분야(예 : 가상자산 취급업소와 금융기관과의 관계)와의 비즈니스 관계의 종료 또는 제한을 지원하지 않고 오히려 FATF 위험 기반 접근법에 따라 위험을 관리한다“고 하여(섹션 2 25항) 위험평가가 거래종료를 위한 목적이 아니라 위험관리를 위하여 이용되어야 함을 명시하고 있다. 이런 의미에서 본다면 은행연합회에서 공개한 평가방안도 고객확인의무를 이행하기 위하여 자료나 정보에 대한 요구수준을 정하기 위한 절차에 불과한 것이고, 그 평가결과를 가지고 거래거절의 근거로 삼을 수는 없다 할 것이다.

2) 고객확인의무에 따른 거래거절과 실명확인입출금계정 개시의 관계

앞서 본 바와 같이 특정금융정보법 제7조 제9항, 시행령 제10조의18 제1항이 정한 바에 따라 예치금과 고유재산의 분리, ISMS인증취득, 고객별 거래내역분리 관리 요건을 갖춘 가상자산사업자는 실명확인입출금계정 개시를 위한 요건을 갖춘 것이므로 계정 개시의 요건은 충족되는 것이다.

금융회사등이 실명확인입출금계정의 개시를 부당하게 거절하거나 개시하지 않고 지연하는 경우 가상자산사업자는 어떤 조치를 취해야 하는지 검토가 필요하다.

만약 금융회사등이 적극적으로 실명확인입출금계좌를 개설하는 거래를 개시해야 할 의무가 있다면 가상자산사업자로서는 부당하게 계좌개설을 거절당한 경우 직접 계좌개설의무의 이행을 청구하는 소송을 제기할 수 있을 것이다.

현행 특정금융정보법이나 은행법 및 보고감독규정 어디에도 은행 등이 계좌를 개설해야 할 의무를 명시적으로는 규정하고 있지 않다. 따라서 은행이 자금세탁위험평가의 부담을 덜고자 자의적으로 계정을 개설해주지 않을 경우 가상자산사업자가 취할 법적 조치가 모호해지게 된다.

특정금융정보법 제7조 제9항과 시행령 제10조의18 제1항은 실명확인입출금계정 개시를 위한 객관적이고 명확한 요건을 정하여 이를 갖춘 경우에는 개시기준이 충족되는 것으로 정하고 있는데, 이는 금융회사등이 실명확인입출금계정의 개설을 자의적으로 거부하지 못하도록 일률적으로 최소한의 요건을 정한 것이라는 입법취지를 고려할 때 더욱 그러하다.

따라서 실명확인입출금계정을 발급받고자 하는 가상자산사업자는 특정금융정보법 제7조 제9항의 위임을 받은 시행령 제10조의18 제1항이 정한 요건을 갖추지 못한 경우에 한하여 계정개시가 불가하다고 해석해야 할 것이다. 한편, 특정금융정보법은 거래거절의 일반적인 경우를 다루면서 그 중 가상자산사업자인 고객의 거래거절 사유에 대하여는 조문을 달리하여 법 제5조의2 제4항 제2호에서 따로 정하고 있다. 이를 종합하면, 금융회사등은 가상자산사업자에 대하여 시행령 제10조의18 제1항 및 특정금융정보법 제5조의2 제4항 제2호에서 정한 사유 이외의 사유를 들어 실명확인입출금계정의 개시를 거절할 수 없으며, 금융회사등은 반사적인 효과로 실명확인입출금계정을 개시해야 할 의무가 발생하게 된다 할 것이다.

이렇게 해석하지 않는다면 은행의 자의적인 실명확인계정입출금계정 개설거부 혹은 지연에 따라, 은행의 부당한 개시거절이 가상자산사업자에 대하여 형사상 면책사유가 되거나 위법성조각사유가 되지 않는 한, 가상자산사업자는 법 제17조 제1항에 따른 형사처벌의 위험에 놓이게 된다. 특정금융정보법 제7조 제9항과 시행령 제10조의18은 결국 형사처벌규정의 구성요건을 이루게 되는 점을 고려할 때, 죄형법정주의에 따른 엄격해석의 원칙에 따라 금융회사등은 가상자산사업자가 법 제7조 제9항과 시행령 제10조의18 제1항을 준수하는 한 실명확인입출금 계정 개시를 하여야 할 것이다.

만약 장기간에 걸친 지연 등으로 거절의 의사가 명확하거나, 기간의 지연으로 인하여 객관적으로 개시의 실익이 없게 되는 경우(예를 들어, 특정금융정보법에 의한 기존 가상자산사업자 신고기한 도과 등) 이는 거래거절을 한 것으로 볼 수 있을 것이다.

한편, 은행등도 일반 가상자산사업자들과 함께 가상자산사업시장에서 경쟁하는 사업자라는 관점에서 이들이 실명확인입출금계정의 제공을 거부하는 것이 공정거래법상 거래거절 혹은 차별적 취급(제23조 제1항 제1호), 부당하게 경쟁자를 배제하는 행위(제2호)나 기타 공정한 거래를 저해할 우려가 있는 행위(제8호), 시장지배적 지위남용과 관련하여 새로운 경쟁사업자의 참가를 부당하게 방해하는 행위(제5조 제1항 제4호, 제9조 제4항)에 해당할 가능성이 검토될 수 있다.

공정거래법상 각종 규정의 위반 여부는 추가적인 검토가 필요하지만 공정거래법이 정한 취지에 비추어 본다면 적어도 경쟁사업자의 시장진입을 부당하게 방해하는 행위는 민법 제750조가 정한 일반 불법행위로 평가될 가능성도 있다 할 것이다.

그렇다면 가상자산사업자로서는 위법행위유지청구권을 근거로 하여 실명확인입출금계정개설 거절에 대한 위법확인청구 혹은 적극적으로 잠정적 실명확인입출금계정개설청구를 본안 혹은 가처분신청으로 구하는 것을 고려할 수 있을 것이다.

바. 금융회사등의 실명확인입출금계정 개시 거절과 금융정보분석원장의 신고수리

금융회사등이 실명확인입출금계정개시를 거절하는 경우 가상자산사업자는 특정금융정보법 제7조 제3항의 요건을 갖추지 못하게 된다. 이 경우에 대하여 특정금융정보법 제7조 제3항은 각호의 어느 하나에 해당하는 자에 대하여 대통령령이 정하는 바에 따라 가상자산사업자의 신고를 수리하지 아니할 수 있다고 하였고 앞서 본 바와 같이 이러한 경우 금융정보분석원장으로서는 특정금융정보법 제3항 각호에 해당한다고 하여 바로 수리를 거부할 것이 아니라 가상자산사업자 신고제도를 둔 입법취지, 제3항 각호의 사유를 소극적 요건으로 규정하여 각호에 정한 사유를 통하여 달성하려는 공익과 수리거부시 침해되는 사익의 내용과 그 정도에 대하여 비교형량을 한 후 수리할지 말지를 결정하는 재량행사과정을 거쳐 결정하여야 하고 따라서 각호에 해당하더라도 신고를 수리할 수도 있는 것이다.

가장 문제되는 상황은 금융회사등이 실명확인입출금계정 개시를 부당하게 거절하거나 지연하는 경우이다. 이러한 경우 형식적으로는 특정금융정보법 제7조 제3항에 해당하더라도 금융정보분석원장으로서는 형식적인 실명확인입출금계정 개시 미비만을 가지고 수리 여부를 결정할 것이 아니라 해당 개시거절이나 지연의 사유를 확인하여 특정금융정보법 제7조 제9항 및 시행령 제10조의18 제1항이 정한 사유나 특정금융정보법 제5조의2 제4항에 해당하지 않는 경우에는 특정금융정보법 제7조 제3항 제2호에 해당하지 않는 것으로 보아야 할 것이고 제7조 제3항 각호에 해당하지 않는 경우에는 이를 수리할 의무가 있으므로, 금융정보분석원장으로서는 이러한 경우 가상자산사업자의 신고를 수리하여야 할 것이다.

또한, 앞서 본 바와 같이 특정금융정보법 시행령 제10조의18 제2항이 실명확인입출금계정의 개시 기준이나 조건을 정한 것이 아니라고 보는 한 이를 근거로 한 은행의 거래거절이나 중단은 실명확인입출금계정 개시의 부당한 거절에 해당한다고 볼 것이고 이러한 경우 금융정보분석원장으로서는 가상자산사업자의 신고를 수리하여야 할 것이다.

한편, 가상자산사업자신고를 자기완결적 신고로 보는 경우 수리 여부는 법률적 효력과 관계가 없어 처분행위라고 볼 수 없으므로 항고소송의 대상이 될 수 없다는 것이 원칙(대법원은 건축신고 반려처분에 대하여 처분성을 인정하고 있다, 대법원 2010. 11. 18. 선고 2008두167 판결)이나, 이를 수리를 요하는 신고라고 볼 경우 수리거부나 반려처분은 항고소송의 대상이 될 수 있다.

따라서 가상자산사업자로서 신고한 자는 제7조 제1항, 제3항에 정한 바에 따라 신고하고 필요한 첨부서류를 제출했음에도 불구하고 금융정보분석원장이 부당하게 혹은 법률에 정하지 아니한 실체적 사유를 이유로 수리를 거부하거나 반려할 경우, 혹은 금융회사등이 실명확인입출금계정의 개시를 부당한 사유를 이유로 거절하거나 지연하고 있 는데도 금융정보분석원장이 실명확인입출금계정의 미개시를 이유로 신고를 수리하지 아니할 경우, 이를 부당한 처분이라고 하여 그 취소를 구할 수 있을 것이다.

다만, 행정처분이 수리거부와 같은 소극적 행위일 경우 이에 대한 집행정지 결정을 받아도 신고가 수리된 것과 같이 간주하는 효력은 없으므로 사업자는 가상자산사업을 계속 할 수 없게 되는 한계에 봉착하게 된다.

4. 현행법령 개정의 필요성

개정 특정금융정보법은 실명확인입출금계정의 이용을 강제할 수 있는 근거를 법에 바로 도입하여 위헌논란은 방어했지만 실명확인입출금계정을 개시해야 할 금융회사들에게 책임을 전가시켰다는 비판을 받고 있다. 실제로 은행들은 기존 가상자산사업자들과의 실명확인입출금계정 개시 여부에 대하여 자금세탁방지 등 각종 책임으로부터 자유롭지 못하여 가상자산사업자와의 거래를 하는 것으로 인한 이익보다는 그 불이익을 고려하려는 경향이 있다. 결국 그로 인한 피해는 가상자산사업자 및 이미 가장자산거래소를 통해 투자를 하고 있는 다수의 고객들에게 전가되게 된다.

특정금융정보법 시행령 제10조의18 제2항을 절차규정으로 해석하고, 특정금융정보법 제7조 제1항, 제3항이 금융정보분석원장의 형식적 심사권한만을 정한 것으로 볼 경우 가상자산사업자신고의 수리 여부는 객관적이고 명확해지며 이를 통해 금융회사 및 가상자산사업자와 고객들의 법적 안정성을 찾을 수 있게 된다.

그럼에도 불구하고 현행 규정은 신고제로 규정한 의의를 불식시킬 위험성이 도사리고 있으므로 법령의 개정을 통해 신고요건을 객관적으로 명확히 하여 일정 기준을 갖추면 신고수리가 가능하다는 신호를 줌으로써 가상자산사업자의 영업활동이 가능하게 해 줄 필요가 있다. 이와 같은 변화없이 현행대로 5년 이하의 징역 또는 5천만원 이하의 벌금이라는 높은 법정형이 이들의 발목을 잡고 있는 한 특정금융정보법을 통해 가상자산사업이 합법의 경계 안으로 들어오게 된 의미가 없게 될 것이다.

[강 현 구/이 동 국]

제 3 절 가상자산사업자의 조치(제8조)

제 8 조(가상자산사업자의 조치)

가상자산사업자는 제4조 제1항 및 제4조의2에 따른 보고의무 이행 등을 위하여 고객별 거래내역을 분리하여 관리하는 등 대통령령으로 정하는 조치를 하여야 한다.

[본조신설 2020. 3. 24.]

〈참고 조문〉

특정금융정보법 시행령

제10조의20(가상자산사업자의 조치)

법 제8조에서 “고객별 거래내역을 분리하여 관리하는 등 대통령령으로 정하는 조치”란 다음 각 호의 조치를 말한다. <개정 2021. 10. 5.>

1. 고객별로 거래내역을 분리하여 관리할 것
2. 법 제5조의2 제1항 제3호 마목1)에 따라 예치금을 고유재산과 구분하여 관리할 것
3. 법 제5조의2 제1항 각 호에 따른 확인 조치가 모두 끝나지 않은 고객에 대해서는 거래를 제한할 것
4. 법 제7조 제1항 및 제2항에 따른 신고·변경신고 의무를 이행하지 않은 가상자산사업자와는 영업을 목적으로 거래하지 않을 것
5. 자금세탁행위와 공중협박자금조달행위를 효율적으로 방지하기 위해 다음 각 목의 행위에 대한 거래를 제한하는 기준을 마련하여 시행할 것
   가. 가상자산사업자나 가상자산사업자 본인의 특수관계인(「상법 시행령」 제34조 제4항 각 호에 따른 특수관계인을 말한다)이 발행한 가상자산의 매매·교환을 중개·알선하거나 대행하는 행위
   나. 가상자산사업자의 임직원이 해당 가상자산사업자를 통해 가상자산을 매매하거나 교환하는 행위
   다. 가상자산사업자가 가상자산의 매매·교환을 중개·알선하거나 대행하면서 실질적으로 그 중개·알선이나 대행의 상대방으로 거래하는 행위
6. 그 밖에 제1호부터 제5호까지에 준하는 조치로서 투명한 가상자산거래를 위해 금융정보분석원장이 정하여 고시하는 조치

[본조신설 2021. 3. 23.]

특정 금융거래정보 보고 및 감독규정(보고감독규정)
제28조(가상자산사업자의 조치)

영 제10조의20 제5호에서 "금융정보분석원장이 정하여 고시하는 조치"란 다음 각 호의 조치를 말한다.

1. 자신의 고객과 다른 가상자산사업자의 고객 간 가상자산의 매매·교환을 중개하지 않을 것. 다만, 다른 가상자산사업자가 국내 또는 해외에서 인가·허가·등록·신고 등(이하 "인허가등"이라 한다)을 거쳐 자금세탁방지 의무를 이행하는 가상자산사업자이며, 가상자산사업자가 자신의 고객과 거래한 다른 가상자산사업자의 고객에 대한 정보를 확인할 수 있는 경우에는 중개할 수 있으며, 이 경우 다음 각 목의 사항을 이행해야 한다.

가. 다른 가상자산사업자가 해외에서 인허가등을 받은 경우 외국 정부가 발행한 인허가등의 증표 사본을 금융정보분석원장에게 제출할 것

나. 자신의 고객과 거래한 다른 가상자산사업자의 고객에 대한 정보를 매일 확인·기록해야 하며, 그 확인 절차 및 방법을 금융정보분석원장에게 사전에 제출할 것

2. 가상자산이 하나의 가상자산주소에서 다른 가상자산주소로 이전될 때 전송기록이 식별될 수 없도록 하는 기술이 내재되어 가상자산사업자가 전송기록을 확인할 수 없는 가상자산인지를 확인해야 하며, 이를 알게 된 경우 해당 가상자산을 취급하지 않도록 관리할 것

1. 도입 취지

본 조항은 가상자산사업자가 불법재산 등으로 의심되는 거래의 보고 및 고액 현금거래 보고 등의 이행을 위하여 고객별 거래내역을 분리하고 관리하도록 하는 등의 조치해야 할 사항을 규정하기 위한 취지로 도입되었다. 본조 신설에 따라 종전 제8조였던 '외국금융정보분석기구와의 정보 교환' 조항은 제11조로 이동하였다.

국회 입법과정에서는 고객별 거래내역 분리관리에 대하여 별도로 규정하는 취지에 대하여, 입법 당시 일부 중소규모 거래소(취급업소)는 은행으로부터 영업

에 필요한 고객별 가상계좌 발급을 받지 못하였다는 점을 지적하였다. 이러한 중소규모 거래소는 가상계좌가 아닌 일반 법인계좌를 이용하여 다수 고객의 현금 입출금을 하나의 계좌로 관리하였다. 이러한 계좌를 집금계좌 또는 벌집계좌로 불렀다. 그런데 집금계좌는 고객별로 구분이 되지 않기 때문에 고객별로 자금흐름 확인이 어렵고, 자금 구분에 오류의 가능성이 크다는 지적이 지속적으로 제기되었다. 따라서 자금세탁 방지를 위해서는 이러한 집금계좌를 이용한 영업을 제한하거나, 집금계좌를 이용하더라도 최소한 고객별 자금흐름 관리를 강화해야 한다는 입법방향으로 본 조항이 도입되었다.

2. 조문 형태

본 조항은 법 제4조 제1항 및 제4조의2에 따른 보고의무 이행을 위하여 가상자산사업자가 취해야 할 조치들을 정하고 있다. 그런데 구체적인 내용은 대통령령으로 위임하도록 되어 있어, 대통령령에서 포괄적으로 가상자산사업자의 의무를 정할 수 있도록 하였다. 한편 본 조에 따라 위임입법된 시행령 제10조의20은 여러가지 의무를 규정하면서도 시행규칙인 보고감독규정에 추가적인 의무를 고시하도록 하고 있다. 결국 가상자산사업자는 법 제8조에 따른 의무를 전체적으로 파악하기 위해서는 법과 시행령은 물론 감독규정까지 살펴보아야 한다.

3. 가상자산사업자의 조치 내용

가. 고객별로 거래내역을 분리하여 관리할 것

본 조항 입법 취지에 따른 가장 기본적인 의무로, 가상자산사업자는 개별 고객별로 거래내역을 분리하여 관리하여야 한다. 특정금융정보법 개정 이전, 가상자산거래소는 금융위원회 가이드라인에 따라 은행으로부터 실명확인가상계좌 서비스를 이용하여야 했다. 그러나 은행이 실명확인가상계좌 서비스를 제공한 거래소는 4개 업체에 불과하였다. 나머지 거래소들은 부득이 일반 법인 계좌를 이용하여 고객의 자산을 집금하여 서비스를 운영하는 형편이었다. 그런데 고객의 자산을 하나의 계좌에 집금할 경우 고객별로 자산 관리가 어렵다는 문제가 계속하여 지적되어 왔다. 이에 따라 개정 특정금융정보법은 가상자산사업자에게 실명확인이 가능한 입출금계정 구비를 신고 요건으로 하되, 가상자산과 금전의 교환행위가 없는 경우에는 예외로 하였다.

본 조항은 가상자산사업자 일반에 관한 의무로, 거래소의 경우 당연히 고객별로 거래내역을 분리하여 관리하여야 하며, 거래소가 아닌 가상자산사업자라 하더라도 마찬가지이다. 여기서 거래내역이란 금전에 한정되지 아니하므로, 가상자산을 포함한 모든 거래내역을 의미한다. 따라서 사업자가 금전이 아닌 가상자산을 집금하는 경우라 하더라도, 원칙적으로 고객의 가상자산을 분리하여 관리하여야 하므로, 고객이 가상자산을 사업자에게 전송 시 고객별 별도의 퍼블릭 키를 부여함이 바람직하다.

나. 예치금을 고유재산과 구분하여 관리할 것

법 제5조의2에 따라 가상자산사업자는 금융거래등을 이용한 자금세탁행위 및 공중협박자금조달행위를 방지하기 위하여 합당한 주의로서 예치금(가상자산사업자의 고객인 자로부터 가상자산거래와 관련하여 예치받은 금전)을 고유재산(가상자산사업자의 자기재산)과 구분하여 관리하여야 하고, 정보통신망법 제47조 또는 개인정보보호법 제32조의2에 따른 정보보호 관리체계 인증(ISMS 또는 ISMS-P)를 획득하여야 한다.

시행령은 위 법 제5조의2에 따른 예치금과 고유재산 구분 관리 의무를 다시 한번 강조하고 있다.

다. 고객 확인 조치가 끝나지 않은 고객과의 거래를 제한할 것

법 제5조의2 제1항 각 호에서는 금융회사등(가상자산사업자 포함)의 고객확인의무를 부여하고 있다. 본 조(제8조) 시행령은 고객이 위 고객확인의무를 이행하지 않을 경우, 가상자산사업자가 해당 고객과의 거래를 제한하여야 하는 의무를 부과하고 있다.

본 조에서 거래의 "제한"이란 구체적으로 어떤 행위를 의미하는지 의문이 있을 수 있다. 본 조의 취지 상, 고객확인의무를 마치지 않은 고객에 대해서는 어떠한 거래도 진행해서는 안된다는 전면적인 의미의 제한으로 해석함이 타당하다.

라. 신고 의무를 이행하지 않은 가상자산사업자와는 영업을 목적으로 거래하지 않을 것

가상자산사업자 및 이를 운영하려는 자는 법 제7조 제1항에 따라 신고를 하고 신고사항이 변경된 경우에는 법 제7조 제2항에 따라 변경신고를 하여야 한다. 가상자산사업자는 이러한 신고 의무를 이행하지 아니한 가상자산사업자를 상대로 영업을 목적으로 거래해서는 아니된다.

가상자산사업자의 신고는 수리를 요하기 때문에, 신고 접수만을 한 가상자산사업자라면 본 조에 따라 신고를 완료한 가상자산사업자와 거래할 수 없다. 금융정보분석원의 신고 수리가 완료된 경우에만 신고 의무를 이행하였다고 할 것이다.

한편 신고 의무를 이행하지 않은 가상자산사업자와의 모든 거래가 제한되는 것은 아니며, "영업을 목적으로"하는 거래가 제한된다. 여기서 영업을 목적으로 한다는 의미가 명확하지는 않지만, 일반적으로 규정되는 "영리의 목적"과 동일한 의미로 해석함이 타당하다. "영리의 목적"을 명확히 정의하는 것은 매우 중요한데, 영리 목적 인정 여부에 따라 본 조항 적용 여부도 정해지기 때문이다.

일반적인 판례상 "영리의 목적"이란 널리 경제적인 이익을 취득할 목적을 말하는데, 그 이익의 귀속자가 반드시 경영의 주체나 손익귀속의 주체와 일치하여야 할 필요는 없다(대법원 1992. 10. 9. 선고 92도848 판결 참조). 일반적으로 학술, 종교, 자선, 기예, 사교 등의 목적이 영리 목적이 아닌 것으로 인정될 것이다. 만약 미신고 가상자산사업자와의 거래에 경제적인 이익을 취득할 여하한의 목적이 있다고 한다면, 해당 거래는 금지된다.

마. 그 밖에 위에 준하는 조치로서 금융정보분석원장이 정하여 고시하는 조치(보고감독규정 제28조)

1) 자신의 고객과 다른 가상자산사업자의 고객 간 가상자산의 매매·교환을 중개하지 않을 것(오더북 공유 금지)(제1호)

본 조항은 보고감독규정에 따른 의무로 이른바 오더북(order book) 공유 금지 조항이다. 특정금융정보법 개정 전, 가상자산거래소들은 이미 설립되어 유저풀을 확보한 해외 거래소들과 제휴한 후, 국내 거래소에서도 바로 해외 거래소의 유저들과 거래할 수 있도록 서비스를 제공하여 왔다. 국내 거래소의 제한된 유저풀을 극복하기 위한 전략적 수단이었다. 그러나 이러한 오더북 공유 행위는 가상자산 거래의 투명성을 확보하지 못한다는 문제가 지속적으로 제기되었다. 이에 따라 보고감독규정에서는 거래소 간 오더북 공유를 원칙적으로 금지하였다.

단, 모든 오더북 공유가 금지되는 것은 아니며, 다른 가상자산사업자가 국내 또는 해외에서 각종 인허가등을 거쳐 자금세탁방지의무를 이행하고 있고, 국내 가상자산사업자가 자신의 고객과 거래한 다른 거래소의 고객에 대한 정보를 확인할 수 있는 경우에는 중개할 수 있도록 하였다.

위와 같은 예외에 해당하기 위해서는, 해외 거래소의 인허가 증표 사본을 금융정보분석원장에게 제출하여야 하며, 자신의 고객과 거래한 해외 거래소 고객에 대한 정보를 매일 확인하고 기록하고, 그 확인 절차 및 방법을 금융정보분석원장에게 사전 제출하여야 한다.

오더북 공유 금지 의무는 명시적으로 가상자산의 매매 및 교환의 “중개”를 하는 사업자에 한하여 부과된다. 따라서 가상자산거래소가 주된 의무 대상이다. 가상자산의 매매 및 교환을 중개하지 않는 가상자산거래소 외 사업자의 경우 본 조항에 따른 오더북 공유 금지 의무가 없다.

오더북 공유를 위해 해외 거래소가 갖추어야 할 자금세탁방지 의무 인허가 등의 경우 해당 종류가 열거되어 있지는 않다. 따라서 결국 금융정보분석원의 재량에 따라 해외 거래소가 갖추어야 할 자금세탁방지 의무 인허가등이 결정될 전망이다.

또한 가상자산사업자가 다른 가상자산사업자의 고객에 대한 정보를 확인할 수 있어야 하는데, 정보 확인의 범위가 확정되어 있지 않아 문제된다. 법 제5조의2 제1항 각 호에 따른 확인 조치에 준하는 고객확인의무가 필요한 것인지, 또는 고객을 식별할 정도면 충분한 것인지에 대한 해석은 아직 없다. 결국 이 또한 금융정보분석원의 재량에 해당할 것으로 보여, 향후 거래소들의 오더북 공유 진행 시 불확실한 정책에 따른 혼란이 예상된다.

2) 전송기록을 확인할 수 없는 가상자산을 취급하지 않도록 관리할 것(제2호)

본 조항은 거래내역 파악이 어려워 자금세탁 위험이 큰 가상자산, 이른바 다크코인의 취급을 금지하는 의무를 부과하고 있다.

일반적으로 비트코인이나 이더리움과 같은 가상자산은 가상자산이 하나의 가상자산주소(퍼블릭 키)에서 다른 가상자산주소로 이전될 때, 전송기록이 식별된다. 전송기록 식별에 따른 거래 투명성이 블록체인 네트워크의 가장 큰 특징이다. 누구나 블록체인 상 전송기록을 식별할 수 있기 때문에 쉽게 가상자산의 이동 경로를 파악할 수 있었다. 다만 전송이 이루어지는 가상자산주소, 즉 퍼블릭키에는 해당 주소의 소유자가 표시되지 않는다. 따라서 퍼블릭키만으로는 해당 주소의 소유자가 누구인지 파악하기 어려웠다. 반대로, 퍼블릭키의 소유자가 누구인지만 안다면, 해당 소유자의 가상자산 거래 기록 자체는 투명하게 확인할 수 있다. 이에 따라 개정 특정금융정보법은 고객확인의무를 강조하고 있다.

그런데 일각에서는 거래 전체의 익명성을 보장하기 위한 요구가 늘어났고, 이에 따라 퍼블릭키는 물론 전송기록 전체를 익명처리 가능한 가상자산이 등장하였다. 전송기록을 확인할 수 없는 것을 특징으로 하는 이러한 가상자산을 다크코인 또는 프라이버시 코인이라고 부른다. 대표적인 다크코인으로는 모네로(Monero), 지캐시(Zcash), 대시(Dash) 등이 있다.

다크코인의 특징 상 소유자는 물론, 가상자산 전송기록 자체가 불가능하므로, 각종 범죄행위에 따른 경제적 이익 이전시에 다크코인이 활용되는 경우가 다수 발생하였다. 이에 따라 비트렉스(Bittrex), 코인베이스 UK(Coinbase UK) 등 해외 거래소들은 자율적으로 다크코인을 상장 폐지하기도 하였다.

본 조항은 가상자산사업자의 다크코인의 취급을 명시적으로 금지하고 있다. 본 조항은 거래소만을 대상으로 하지 않기 때문에, 거래소 뿐만 아니라 모든 가상자산사업자는 다크코인을 취급해서는 안된다.

한편 법 제5조의3 및 시행령 제10조의10에 따라 가상자산사업자는 가상자산이전 시 가상자산주소를 제공하여야 한다(이른바 트래블룰, Travel Rule). 다크코인은 가상자산주소가 익명화되어 있어 트래블룰에 따른 전신송금 정보제공이 어렵다. 따라서 트래블룰에 의하여 다크코인을 취급해서는 안 된다고 해석 가능하다.

[권 오 훈]

제 4 장 특정금융거래정보의 제공 등

제 1 절 외국환거래자료 등의 통보(제9조)

제 9 조(외국환거래자료 등의 통보)

① 한국은행 총재, 세관의 장, 그 밖에 대통령령으로 정하는 자는 「외국환거래법」 제17조에 따른 신고에 관련된 자료와 같은 법 제21조에 따른 통보에 관련된 자료를 금융정보분석원장에게 통보하여야 한다.

② 제1항에 따른 통보 대상 자료의 범위 및 통보 절차 등에 관하여 필요한 사항은 대통령령으로 정한다.

[전문개정 2011. 5. 19.]

[제6조에서 이동, 종전 제9조는 제12조로 이동 <2020. 3. 24.>]

Ⅰ. 본조의 취지

제9조는 한국은행 총재, 세관의 장 등이 금융정보분석원장에게 통보해야 하는 외국환거래자료의 범위와 통보 절차의 구체적 근거 규정이다.

Ⅱ. 외국환거래자료 등의 통보

본조는 외국환거래자료 등을 통보해야 할 주체와, 통보해야 할 자료의 범위와 통보 절차에 대하여 규정하고 있다.

1. 외국환거래자료 등의 통보 주체

본조에서는 외국환거래자료를 통보해야 할 주체로 한국은행 총재, 세관의 장, 외국환거래, 지급 또는 수령에 관한 자료를 중계·집중·교환하는 기관으로 지정된 기관(이하 "외환정보집중기관"이라 한다)을 열거하고 있다(특정금융정보법 시행령 제11조 제1항, 외국환거래법 시행령 제13조 제2항 제2호, 외국환거래법 제25조 제2항 참조).

외환정보집중기관은 기획재정부장관이 지정하게 되어 있는데(외국환거래법 시행령 제39조), 외환정보집중기관의 운영에 관한 규정 제4조에서는 외환정보 집중기관을 한국은행으로 정하고 있다.

따라서, 외국환거래자료를 통보해야 할 주체는 현재까지는 한국은행 총재와 세관의 장이 된다.

2. 외환정보 보고의무기관

외환정보집중기관의 운영에 관한 규정 제12조는 외환정보집중기관에게 보고해야 할 외환정보 보고의무기관으로 국세청, 관세청, 한국은행, 금융감독원, 외국환거래법상의 외국환업무 취급기관, ㈜코스콤, 자본시장과금융투자업에관한 법률에 의한 한국거래소, 자본시장법에 의한 한국예탁결제원, 금융결제원, 전국은행연합회, 상호저축은행법에 의한 전국상호저축은행중앙회, 새마을금고법에 의한 새마을금고연합회, 신용협동조합법에 의한 신용협동조합중앙회, 여신전문금융업법에 의한 한국여신전문금융업협회, 생명보험협회, 손해보험협회, 외국환거래법에 의한 외국환중개회사, 외국환거래법에 의한 소액해외송금업자, 외국환거래법에 의한 기타전문외국환업무를 등록한 자, 자본시장법에 의한 한국증권금융㈜, 기타 집중기관의 장이 기획재정부장관과 협의를 거쳐 지정한 기관 등을 열거하고 있다.

또한, 외환전산망에 직접 연결되어 있지 않은 보고의무기관의 외환거래등에 관한 자료를 집중기관의 장에게 보고하는 중계기관으로는 ㈜코스콤, 한국예탁결제원, 한국여신전문금융업협회, 생명보험협회, 손해보험협회, 농협중앙회, 수협중앙회 등을 열거하고 있다.

3. 통보 대상 자료의 범위

금융정보분석원장에게 통보해야 하는 통보 대상 자료는 우리나라가 체결한 조약 및 일반적으로 승인된 국제법규의 성실한 이행을 위하여 필요한 경우와 자본의 불법적인 유출·유입을 방지하기 위하여 필요한 경우에 지급수단 또는 증권을 수출 또는 수입하려는 거주자나 비거주자가 지급수단 등의 수출입에 대하여 한국은행총재가 허가를 하거나 세관의 장이 신고를 받은 자료(외국환거래법 제17조, 특정금융정보법 시행령 제11조 제2항 제1호 참조) 및 외국환거래법에 의한 거래, 지급, 수령, 자금의 이동 등에 관한 자료 중 금융정보분석원의 업무수행에 필요한 자료로서 외환정보집중기관의 장이 기획재정부장관과 협의하여 정하는 자료(외국환거래법 제21조, 특정금융정보법 시행령 제11조 제2항 제2호 참조)이다.

4. 통보 절차

한국은행총재, 세관의 장 및 외환정보집중기관의 장은 통보 대상 자료를 매월별로 다음달 10일까지 전자문서에 의하여 금융정보분석원장에게 통보하여야 한다. 다만, 금융정보분석원장이 한국은행총재, 세관의 장 및 외환정보집중기관의 장과 각각 협의하여 통보시기·방법 등을 따로 정할 수도 있다(특정금융정보법 시행령 제11조 제3항 참조).

[김 욱 준]

제 2 절 수사기관 등에 대한 정보 제공(제10조)

제10조(수사기관 등에 대한 정보 제공)

① 금융정보분석원장은 불법재산·자금세탁행위 또는 공중협박자금조달행위와 관련된 형사사건의 수사, 조세탈루혐의 확인을 위한 조사업무, 조세체납자에 대한 징수업무, 관세 범칙사건 조사, 관세탈루혐의 확인을 위한 조사업무, 관세체납자에 대한 징수업무 및 「정치자금법」 위반사건의 조사, 금융감독업무 또는 테러위험인물에 대한 조사업무(이하 "특정형사사건의 수사등"이라 한다)에 필요하다고 인정되는 경우에는 다음 각 호의 정보(이하 "특정금융거래정보"라 한다)를 검찰총장, 행정안전부장관(「지방세기본법」에 따른 지방자치단체의 장에게 제공하기 위하여 필요한 경우에 한정한다. 이하 같다), 고위공직자범죄수사처장, 국세청장, 관세청장, 중앙선거관리위원회, 금융위원회 또는 국가정보원장에 제공한다. <개정 2011. 5. 19., 2012. 3. 21., 2012. 12. 11., 2013. 8. 13., 2016. 3. 3., 2020. 3. 24., 2020. 5. 19., 2021. 1. 5., 2021. 12. 28.>

1. 제4조 제1항 또는 제4조의2에 따라 금융회사등이 보고한 정보 중 특정형사사건의 수사등과의 관련성을 고려하여 대통령령으로 정하는 정보
2. 제11조 제1항에 따라 외국금융정보분석기구로부터 제공받은 정보 중 특정형사사건의 수사등과의 관련성을 고려하여 대통령령으로 정하는 정보
3. 제1호 및 제2호의 정보 또는 제4조의2 및 제9조에 따라 보고·통보받은 정보를 정리하거나 분석한 정보

② 금융정보분석원장은 불법재산·자금세탁행위 또는 공중협박자금조달행위와 관련된 형사사건의 수사에 필요하다고 인정하는 경우에는 대통령령으로 정하는 특정금융거래정보를 경찰청장, 해양경찰청장에게 제공한다. <개정 2011. 5. 19., 2012. 12. 11., 2014. 11. 19., 2017. 7. 26.>

③ 삭제 <2005. 1. 17.>

④ 검찰총장, 고위공직자범죄수사처장, 경찰청장, 해양경찰청장, 행정안전부장관, 국세청장, 관세청장, 중앙선거관리위원회, 금융위원회, 국가정보원장(이하 "검찰총장등"이라 한다)은 특정형사사건의 수사등을 위하여 필요하다고 인정하는 경우에는 대통령령으로 정하는 바에 따라 금융정보분석원장에게 제1항 제3호에 규정된 정보의 제공을 요구할 수 있다. <개정 2011. 5. 19., 2012. 12. 11., 2014. 11. 19., 2016. 3. 3., 2017. 7. 26., 2020. 5. 19., 2021. 1. 5.>

⑤ 검찰총장등은 제4항에 따라 특정금융거래정보의 제공을 요구하는 경우에는 다음 각 호의 사항을 적은 문서로 하여야 한다. <개정 2011. 5. 19., 2013. 8. 13.>

1. 대상자의 인적사항
2. 사용 목적
3. 요구하는 정보의 내용
4. 범죄혐의와 조세탈루혐의 등 정보의 필요성과 사용 목적과의 관련성

⑥ 금융정보분석원의 소속 공무원은 제5항을 위반하여 특정금융거래정보의 제공을 요구받은 경우에는 이를 거부하여야 한다. <개정 2011. 5. 19.>

⑦ 금융정보분석원장은 제1항, 제2항 및 제4항에 따라 특정금융거래정보를 제공하였을 때에는 다음 각 호의 사항을 문서 또는 전산정보처리조직에 의하여 금융정보분석원장이 정하는 표준양식으로 그 제공한 날부터 5년간 기록·보존하여야 한다. <개정 2011. 5. 19., 2013. 8. 13.>

1. 심사분석 및 제공과정에 참여한 금융정보분석원 직원(담당자 및 책임자)의 직위 및 성명
2. 특정금융거래정보를 제공받은 기관의 명칭 및 제공일자
3. 특정금융거래정보를 수령한 공무원(담당자 및 책임자)의 소속 기관, 직위 및 성명
4. 요구한 특정금융거래정보의 내용 및 사용목적
5. 제공된 특정금융거래정보의 내용 및 제공사유
6. 명의인에게 통보한 날
7. 통보를 유예한 경우 통보유예를 한 날, 사유, 기간 및 횟수

⑧ 금융정보분석원장 소속으로 정보분석심의회를 두고, 금융정보분석원장은 특정금융거래정보를 검찰총장등에게 제공하는 경우에는 정보분석심의회의 심의를 거쳐 제공한다. <신설 2013. 8. 13.>

⑨ 제8항에 따른 정보분석심의회는 금융정보분석원장과 심사분석 총괄책임자를 포함한 금융정보분석원 소속 공무원 3명으로 구성하되, 금융정보분석원장과 심사분석 총괄책임자를 제외한 1명은 대통령령으로 정하는 자격을 가진 사람으로 한다. <신설 2013. 8. 13.>

⑩ 그 밖에 정보분석심의회의 심의절차 및 운영 등에 대하여는 금융정보분석원 업무의 독립성과 중립성을 고려하여 대통령령으로 정한다. <신설 2013. 8. 13.>

⑪ 행정안전부장관, 국세청장 및 관세청장은 제4항에 따라 금융정보분석원장으로부터 특정금융거래정보를 제공받아 조세·관세 탈루사건 조사 및 조세·관세 체납자에 대한 징수업무에 활용한 경우에는 1년 이내에 「금융실명거래 및 비밀보장에 관한 법률」 제4조 제1항에 따라 금융회사등에 해당 거래정보 등의 제공을 요구하여야 한다. <신설 2013. 8. 13., 2020. 5. 19.>

⑫ 검찰총장등은 제1항, 제2항 및 제4항에 따라 제공받은 특정금융거래정보의 보존·관리에 관한 기준을 마련하고 이를 금융정보분석원장에게 통지하여야 한다. <신설 2014. 5. 28.>

[제목개정 2011. 5. 19.]

[제7조에서 이동, 종전 제10조는 제13조로 이동 <2020. 3. 24.>]

Ⅰ. 본조의 취지

특정금융정보법 제10조는 금융정보분석원장의 검찰총장, 행정안전부장관, 고위공직자범죄수사처장, 국세청장, 관세청장, 중앙선거관리위원회, 금융위원회, 국가정보원장, 경찰청장, 해양경찰청장에게 제공해야 할 정보의 범위를 정하고, 해당 정보를 제공할 근거 규정이며, 위 기관들이 금융정보분석원장에게 특정금융정보를 요청할 수 있도록 만든 근거 규정이다.

Ⅱ. 특정금융정보 제공 대상 기관

법은 검찰총장, 행정안전부장관, 고위공직자범죄수사처장, 국세청장, 관세청장, 중앙선거관리위원회, 금융위원회, 국가정보원장, 경찰청장, 해양경찰청장을 특정금융정보 제공 대상으로 열거하고 있으며, 경찰청장과 해양경찰청장은 제한적인 사유에 해당될 경우에만 특정금융정보를 제공하도록 하고 있다.

Ⅲ. 특정금융거래정보 제공 사유

법은 특정금융정보 제공 사유에 대하여 각 기관별로 특정을 하지 않고 있고 전체적으로 열거하고 있다. 불법재산·자금세탁행위 또는 공중협박자금조달

행위와 관련된 형사사건의 수사, 조세탈루혐의 확인을 위한 조사업무, 조세체납자에 대한 징수업무, 관세 범칙사건 조사, 관세탈루혐의 확인을 위한 조사업무, 관세체납자에 대한 징수업무 및 정치자금법 위반사건의 조사, 금융감독업무 또는 테러위험인물에 대한 조사업무를 통칭하여"특정형사사건의 수사등"이라 규정하고 있다(특정금융정보법 제10조 제1항 참조).

하지만, 제공 사유를 분석하면 각 기관별로 사유가 특정되어 있다고 해석할 수 있고, 시행령에서도 제공기관 별 제공대상 정보를 규정하고 있는 것으로 보아 기관별로 사유가 특정되었다고 해석해야 한다.

즉, 검찰총장과 고위공직자범죄수사처장에 대해서는 불법재산·자금세탁행위 또는 공중협박자금조달행위와 관련된 형사사건의 수사에 필요한 경우에만, 행정안전부장관과 국세청장에 대하여는 조세탈루혐의 확인을 위한 조사업무, 조세체납자에 대한 징수업무에 필요한 경우에만, 관세청장에 대하여는 관세 범칙사건 조사, 관세탈루혐의 확인을 위한 조사업무, 관세체납자에 대한 징수업무에 필요한 경우에만, 중앙선거관리위원회에 대하여는 「정치자금법」 위반사건의 조사에 필요한 경우에만, 금융위원회에 대하여는 금융감독업무에 필요한 경우에만, 국가정보원장에 대하여는 테러위험인물에 대한 조사업무에 필요한 경우에만 특정금융거래정보를 제공할 수 있다고 해석해야 한다.

Ⅳ. 제공 대상 특정금융거래정보

1. 검찰총장, 고위공직자범죄수사처장, 경찰청장, 해양경찰청장에게 제공하는 정보(영 제11조의2 제1호, 제12조)

검찰총장, 고위공직자범죄수사처장, 경찰청장, 해양경찰청장에게 제공하는 정보는 불법재산·자금세탁행위 또는 공중협박자금조달행위와 관련된 정보로서 형사사건의 수사에 필요하다고 인정되는 정보이다.

검찰총장과 경찰청장 및 해양경찰청장의 경우 필요한 정보의 범위가 대부분 중첩될 수 있어서, 경찰청장, 해양경찰청장에게 제공하는 정보는 범죄수익의 금액, 범죄의 종류 및 죄질, 관련자의 신분, 수사의 효율성 등을 고려하여 금융정보분석원장이 검찰총장, 경찰청장 및 해양경찰청장과 협의하여 기준을 정할 수 있고, 그 기준에 따라 금융정보분석원장은 각 기관별로 정한 기준에 따라 특정금융거래정보를 제공한다(특정금융정보법 시행령 제12조 참조).

문제는 고위공직자와 관련한 특정금융거래정보를 검찰총장에게 제공해야 할 것인지, 고위공직자범죄수사처장에게 제공해야 할 것인지가 명확하지 않다는 점이다. 공직자의 직급별, 죄명별로 수사 주체가 달라지고 수사 관할권과 관련하여 검찰과 고위공직자범죄수사처가 아직도 명확하게 기준을 설정하지 못하고 있는 현실에서 금융정보분석원장이 이를 구별하여 검찰총장과 고위공직자범죄수사처에게 각각 통보하는 것은 지나치게 금융정보분석원에 부담을 주는 것이고, 불법재산·자금세탁행위 또는 공중협박자금조달행위와 관련된 형사사건은 고위공직자범죄수사처에서 수사하는 범죄[1]에 해당하지 않을 가능성이 높기 때문에, 검찰총장에게 일괄적으로 제공하되, 해당 특정금융거래정보가 고위공직자와 관련이 있는 경우에는 검찰총장에게 특정금융거래정보를 제공하였다는 사실을 고위공직자범죄수사처에 통보하여, 고위공직자범죄수사처장의 이첩요구권을 행사하는 기회를 부여하는 것이 법 취지에 맞는 통보라고 생각한다.

2. 행정안전부장관 및 국세청장에게 제공하는 정보(영 제11조의2 제2호)

조세탈루혐의의 확인을 위한 조사업무에 필요하다고 인정되는 정보로서 법 제4조 제1항에 따라 보고된 정보(조세탈루혐의와 관련된 정보로 한정한다)의 내용과 법 제4조의2에 따라 보고된 정보의 내용이 중복되거나 밀접하게 관련되는 경우의 해당 정보, 매출액이나 재산·소득 규모에 비추어 현금거래의 빈도가 높거나 액수가 과다하여 조세탈루의 의심이 있는 경우의 해당 정보, 역외탈세(域外脫稅)의 우려가 있는 경우의 해당 정보, 그 밖에 조세탈루의 우려가 있는 경우로서 행정안전부장관 및 국세청장이 혐의를 제시하는 경우의 해당 정보를 제공해야 하고, 조세체납자에 대한 징수업무에 필요하다고 인정되는 정보도 제공해야 한다.

---

1) 「형법」 제122조부터 제133조까지의 죄(다른 법률에 따라 가중처벌되는 경우를 포함한다), 직무와 관련되는 「형법」 제141조, 제225조, 제227조, 제227조의2, 제229조(제225조, 제227조 및 제227조의2의 행사죄에 한정한다), 제355조부터 제357조까지 및 제359조의 죄(다른 법률에 따라 가중처벌되는 경우를 포함한다), 「특정범죄 가중처벌 등에 관한 법률」 제3조의 죄, 「변호사법」 제111조의 죄, 「정치자금법」 제45조의 죄, 「국가정보원법」 제21조 및 제22조의 죄, 「국회에서의 증언·감정 등에 관한 법률」 제14조 제1항의 죄, 위 각 죄에 해당하는 범죄행위로 인한 「범죄수익은닉의 규제 및 처벌 등에 관한 법률」 제2조 제4호의 범죄수익등과 관련된 같은 법 제3조 및 제4조의 죄

그동안은 특정금융거래정보를 제공하는 대상기관을 국세청장, 관세청장으로 한정하여 지방세 징수 업무에는 활용할 수 없었으나 지방세 범칙사건 조사, 지방세 체납자에 대한 징수 등에 활용할 수 있도록 행정안전부장관에게도 금융정보분석원의 특정금융거래정보를 제공할 수 있도록 법률이 개정되었다.

3. 관세청장에게 제공하는 정보(영 제11조의2 제3호)

관세 범칙사건 조사 또는 관세탈루혐의 확인을 위한 조사업무에 필요하다고 인정되는 정보로서 법 제4조 제1항에 따라 보고된 정보(관세탈루혐의와 관련된 정보로 한정한다)의 내용과 법 제4조의2에 따라 보고된 정보의 내용이 중복되거나 밀접하게 관련되는 경우의 해당 정보, 수출입 규모에 비추어 현금거래의 빈도가 높거나 액수가 과다하여 관세탈루의 의심이 있는 경우의 해당 정보, 외국환거래법 위반 등 불법적인 외국환거래가 의심되는 경우의 해당 정보, 그 밖에 관세탈루의 우려가 있는 경우로서 관세청장이 협의를 제시하는 경우의 해당 정보와 관세체납자에 대한 징수업무에 필요하다고 인정되는 정보가 그 대상이다.

4. 중앙선거관리위원회에 제공하는 정보(영 제11조의2 제4호)

정치자금법 위반사건의 조사에 필요하다고 인정되는 정보에 한정된다.

5. 금융위원회에 제공하는 정보(영 제11조의2 제5호)

금융감독 업무에 필요하다고 인정되는 정보로만 규정되어 있어 다른 기관에 제공하는 정보에 비하여 통보 대상이 지나치게 광범위하다는 비판이 가능하다.

6. 국가정보원장에게 제공하는 정보(영 제11조의2 제6호)

테러위험인물에 대한 조사업무에 필요하다고 인정되는 정보가 제공 대상이 된다.

V. 특정금융거래정보 제공 요구

검찰총장, 고위공직자범죄수사처장, 경찰청장, 해양경찰청장, 행정안전부장관, 국세청장, 관세청장, 중앙선거관리위원회, 금융위원회, 국가정보원장(이하 “검찰총장등"이라 한다)은 특정형사사건의 수사등 을 위하여 필요하다고 인정하는 경우에는 금융정보분석원장에게 특정금융거래정보의 제공을 요구할 수 있다(제1항).

다만, 특정금융거래정보의 제공 요구가 압수수색영장에 의하여 확보해야 할 금융거래정보를 우회적으로 확보하려는 것을 방지하고자, 특정금융거래정보의 제공을 요구하는 경우에는 대상자의 인적사항, 사용 목적, 요구하는 정보의 내용, 범죄혐의와 조세탈루혐의 등 정보의 필요성과 사용 목적과의 관련성을 적은 문서로서 요청하여야 한다(제5항).

또한 금융정보분석원은 위 요청서가 없이 특정금융거래정보를 요청하는 것은 거절할 수 있는바,[2)] 요청서에 기재된 사항이 추상적이거나 요건에 부합하지 않을 경우 금융정보분석원이 해당 요청을 거절할 수 있는지는 이론의 여지가 있다. 조문형식이 "다음 각 호의 사항을 적은 문서로 하여야 한다. 1. 대상자의 인적사항, 2. 사용 목적, 3. 요구하는 정보의 내용, 4. 범죄혐의와 조세탈루혐의 등 정보의 필요성과 사용 목적과의 관련성"로 규정하면서 제6항에서는 "제5항을 위반하여"라고만 규정하고 있기 때문이다.

즉, 문서로 하지 않은 경우만 거절사유로 할 수 있는 것처럼 문언상 보이지만, 이 경우에 금융정보분석원에게 요건 심사권한을 주지 않는다면, 문서로 요청하되 실질적인 요건을 모두 잠탈할 수 있기 때문에, 문서로 요청하는지 여부뿐만 아니라 요건에 맞는지 여부를 금융정보분석원에서 심사하여 거절할 수 있다고 해석하는 것이 타당하다고 생각한다.

이와 관련하여, 조세탈루혐의, 관세범칙사건, 관세탈루혐의, 정치자금법위반사건, 테러위험인물에 대한 조사의 경우에는 검찰의 6대 범죄 수사 범위에 포함되는 내용이 될 수 있으므로 위 조사에 필요한 경우에는 검찰총장과 고위공직자범죄수사처장은 금융정보분석원에 특정금융거래정보를 요청할 수 있다고 해석함이 타당하다.

---

2) 금융정보분석원의 소속 공무원은 제5항을 위반하여 특정금융거래정보의 제공을 요구받은 경우에는 이를 거부하여야 한다(법 제10조 제6항).

Ⅵ. 특정금융거래정보 제공사실의 처리(제7항)

금융정보분석원장은 특정금융거래정보를 제공하였을 때에는 심사분석 및 제공과정에 참여한 금융정보분석원 직원(담당자 및 책임자)의 직위 및 성명, 특정금융거래정보를 제공받은 기관의 명칭 및 제공일자, 특정금융거래정보를 수령한 공무원(담당자 및 책임자)의 소속 기관, 직위 및 성명, 요구한 특정금융거래정보의 내용 및 사용목적, 제공된 특정금융거래정보의 내용 및 제공사유, 명의인에게 통보한 날, 통보를 유예한 경우 통보유예를 한 날, 사유, 기간 및 횟수를 문서 또는 전산정보처리조직에 의하여 금융정보분석원장이 정하는 표준양식으로 그 제공한 날부터 5년간 기록 · 보존하여야 한다.

Ⅶ. 특정금융거래정보 제공 절차

금융정보분석원에는 금융정보분석원장 소속으로 정보분석심의회를 두고, 금융정보분석원장이 특정금융거래정보를 검찰총장등에게 제공하는 경우에는 정보분석심의회의 심의를 거쳐야 한다(제8항). 금융정보분석원 내 심사분석실에서 심사 분석 결과 그 결과를 검찰총장등에게 제공함이 상당하다고 판단하는 경우 정보분석심의회 상정을 요청하여 심의를 받도록 한다.

정보분석심의회는 금융정보분석원장과 심사분석 총괄책임자를 포함한 금융정보분석원 소속 공무원 3명으로 구성하고, 나머지 한명은 10년 이상의 판사 경력을 가진 사람 중에서 대법원장이 추천하는 사람으로서 금융정보분석원장이 채용한 사람[3])을 그 자격요건으로 한다(제9항).

정보분석심의회 회의는 위원장을 포함한 재적위원 과반수의 찬성으로 의결하고, 비공개로 하며, 심의회의 사무를 처리하기 위하여 간사 1명을 두며, 간사는 금융정보분석원 소속 공무원 중에서 위원장이 지명한다. 그 외 나머지 심의회의 운영 등에 필요한 세부사항은 위원장이 정하도록 대통령령에 규정하고 있다(영 제13조의2).

3) 특정금융정보법 시행령 제13조의2 제1항 제2호.

Ⅷ. 특정금융거래정보를 제공받은 후의 조치 사항

행정안전부장관, 국세청장 및 관세청장은 금융정보분석원장으로부터 특정금융거래정보를 제공받아 조세·관세 탈루사건 조사 및 조세·관세 체납자에 대한 징수업무에 활용한 경우에는 1년 이내에 금융실명법 제4조 제1항에 따라 금융회사등에 해당 거래정보 등의 제공을 요구하여야 한다(제11항).

수사기관이 특정금융거래정보를 재판의 증거로 사용할 수 없기 때문에 압수수색영장을 통하여 해당 거래정보를 다시 확보해야 하는 것처럼 영장없이 해당 거래정보를 확보할 수 있는 기관에 대하여는 그 거래 정보 확보의무를 규정하고 있는 것이다.

검찰총장등은 제공받은 특정금융거래정보의 보존·관리에 관한 기준을 마련하고 이를 금융정보분석원장에게 통지하여야 한다(제12항).

〈금융정보분석원 및 자금세탁방지제도 체계〉[4)]

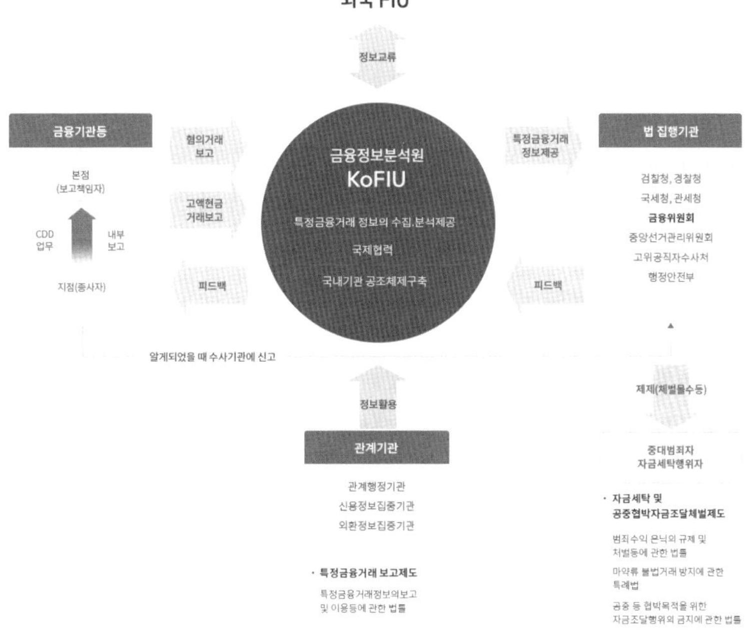

[김 욱 준]

4) 금융정보원 홈페이지(https://www.kofiu.go.kr/kor/policy/amls01.do).

제 3 절 특정금융거래정보 제공사실의 통보(제10조의2)

제10조의2(특정금융거래정보 제공사실의 통보)

① 금융정보분석원장은 제4조의2에 따라 금융회사등이 보고한 정보(제10조 제1항 제3호에 해당하는 정보는 제외한다)를 제10조에 따라 검찰총장등에게 제공한 경우에는 제공한 날(제2항 또는 제3항에 따라 통보를 유예한 경우에는 통보 유예의 기간이 끝난 날)부터 10일 이내에 제공한 거래정보의 주요 내용, 사용 목적, 제공받은 자 및 제공일 등을 명의인에게 금융정보분석원장이 정하는 표준양식으로 통보하여야 한다. <개정 2020. 3. 24.>

② 금융정보분석원장은 검찰총장등으로부터 다음 각 호의 어느 하나에 해당하는 사유로 통보의 유예를 서면으로 요청받은 경우에는 제1항에도 불구하고 6개월의 범위에서 통보를 유예하여야 한다.

1. 해당 통보가 사람의 생명이나 신체의 안전을 위협할 우려가 있는 경우
2. 해당 통보가 증거인멸, 증인 위협 등 공정한 사법절차의 진행을 방해할 우려가 명백한 경우
3. 해당 통보가 질문·조사 등의 행정절차의 진행을 방해하거나 과도하게 지연시킬 우려가 명백한 경우

③ 금융정보분석원장은 검찰총장등이 제2항 각 호의 어느 하나에 해당하는 사유가 지속되고 있음을 제시하고 통보의 유예를 서면으로 반복하여 요청하는 경우에는 요청받은 날부터 2회에 한정하여(제2항 제1호의 경우는 제외한다) 매 1회 3개월의 범위에서 유예요청기간 동안 통보를 유예하여야 한다.

④ 금융정보분석원장은 제1항에 따라 명의인에게 통보하기 위하여 필요한 경우에는 관계 행정기관 등의 장에게 그 이용 목적을 분명하게 밝힌 문서로 다음 각 호의 자료의 제공을 요청할 수 있다.

1. 「주민등록법」 제30조 제1항에 따른 주민등록전산정보자료
2. 사업장 소재지 등 사업자에 관한 기본사항

[본조신설 2013. 8. 13.]

[제7조의2에서 이동 <2020. 3. 24.>]

Ⅰ. 본조의 취지

특정금융정보법은, 수사기관이 압수수색영장에 의하여 금융거래의 내용에 대한 정보 또는 자료(이하 "거래정보등"이라 한다)를 확보한 경우에는 금융실명법 제4조의2에 의하여 거래정보등이 명의인에게 통보가 됨에 반해, 금융정보분석원이 제공한 특정금융거래정보의 경우는 그 제공사실이 명의인에게 전혀 통지되지 않아 명의인이 불측의 손해를 당할 우려가 있어, 금융정보분석원이 특정금융거래정보를 제공하는 경우에도 그 명의인을 보호하기 위하여 그 내역을 통보해 주는 조문을 신설하였다.

Ⅱ. 금융정보분석원장의 통보 의무

금융정보분석원장은 1천만원 이상의 현금(외국통화는 제외한다)이나 카지노사업자가 지급 또는 영수하는 수표 중 권면액이 100만원을 초과하는 수표를 금융거래등의 상대방에게 지급하거나 그로부터 영수(領收)한 경우 금융회사등이 보고한 정보를 제10조에 따라 검찰총장등에게 제공한 경우에는 제공한 날부터 10일 이내에 제공한 거래정보의 주요 내용, 사용 목적, 제공받은 자 및 제공일 등을 명의인에게 금융정보분석원장이 정하는 표준양식으로 통보하여야 한다(제1항).

다만, 금융회사등이나 외국금융정보분석기구로부터 제공받은 정보 또는 제4조의2 및 제9조에 따라 보고·통보받은 정보를 정리하거나 분석한 정보의 경우에는 이를 제공하더라도 명의자에게 통보하지 않는다.

Ⅲ. 금융정보분석원장의 통보의 유예

해당 통보가 사람의 생명이나 신체의 안전을 위협할 우려가 있는 경우, 해당 통보가 증거인멸, 증인 위협 등 공정한 사법절차의 진행을 방해할 우려가 명백한 경우, 해당 통보가 질문·조사 등의 행정절차의 진행을 방해하거나 과도하게 지연시킬 우려가 명백한 경우로서, 검찰총장등으로부터 통보의 유예를 서면으로 요청받은 경우에는 6개월의 범위에서 통보를 유예하여야 한다. 나아가 검찰총장등이 위 사유가 지속되고 있음을 제시하고 서면에 의해 반복적으로 요청하는 경우 2회에 한정하여 매 1회 3개월의 범위에서 유예요청기간 동안 통보를 유예하여야 한다(제2항 · 제3항).

현실적으로는 수사목적으로 금융거래정보가 제공된 경우에는 대부분 해당 통보가 증거인멸 등 공정한 사법절차의 진행을 방해할 우려가 명백하다고 판단되어 수사기관에서는 통보유예 요청을 할 것이고 연장을 특별히 불허할 만한 사유가 없는 한 통합하여 1년간 통보가 유예되는 것이 통상적이라고 할 것이다.

금융정보분석원장은 명의인에게 통보하기 위하여 필요한 경우에는 관계 행정기관 등의 장에게 주민등록전산정보자료, 사업장 소재지 등 사업자에 관한 기본사항을 요청할 수 있다(제4항).

[김 욱 준]

제 4 절 외국금융정보분석기구와의 정보 교환 등(제11조)

제11조(외국금융정보분석기구와의 정보 교환 등)

① 금융정보분석원장은 이 법에 따른 목적을 달성하기 위하여 필요하다고 인정하는 경우에는 외국금융정보분석기구에 상호주의 원칙에 따라 특정금융거래정보를 제공하거나 이와 관련된 정보를 제공받을 수 있다.

② 제1항에 따라 금융정보분석원장이 외국금융정보분석기구에 특정금융거래정보를 제공하려면 다음 각 호의 요건을 모두 충족하여야 한다.

1. 외국금융정보분석기구에 제공된 특정금융거래정보가 제공된 목적 외의 다른 용도로 사용되지 아니할 것
2. 특정금융거래정보 제공 사실의 비밀이 유지될 것
3. 외국금융정보분석기구에 제공된 특정금융거래정보가 금융정보분석원장의 사전 동의 없이는 외국의 형사사건의 수사나 재판에 사용되지 아니할 것

③ 금융정보분석원장은 외국으로부터 요청을 받은 경우에는 법무부장관의 동의를 받아 제1항에 따라 제공한 특정금융거래정보를 그 요청과 관련된 형사사건의 수사나 재판에 사용하는 것에 동의할 수 있다.

[전문개정 2011. 5. 19.]

[제8조에서 이동, 종전 제11조는 제15조로 이동 <2020. 3. 24.>]

Ⅰ. 본조의 취지

자금세탁행위는 국내에 한정하여 벌어지기 보다는 일반적으로는 국경을 넘어 이루어지는 국제적인 범죄행위이므로 외국기구와의 협조가 필수적이다. 국제적인 협력체제를 구축하여 국제적인 규모의 자금세탁을 효과적으로 방지하기 위하여 외국금융정보분석기구와의 정보교환 등에 대한 근거조항으로 활용하기 위하여 본조가 신설되었다.

Ⅱ. 자금세탁방지를 위한 국제기준 및 국제기구

1. FATF(Financial Action Task Force)[5)]

FATF는 1989년 G7 정상회의에서 금융기관을 이용한 자금세탁에 대처하기 위하여 Task Force를 설립키로 합의함에 따라 출범했으며, 우리나라는 2009년 10월 정회원으로 가입하였다. 현재 37개 국가와 European Commission, Gulf Co-operation Council 등 2개 국제기구가 회원으로 참여하고 있다. FATF는 자금세탁방지 국제기준의 제정과 국제협력 강화 등을 목표로 활동하고 있다.

FATF가 제정한 자금세탁/테러자금조달 방지에 관한 권고사항은 현재 전세계 약 180여개국에서 자금세탁 및 테러자금조달방지 분야의 국제기준으로 채택하고 있으며, FATF 및 관련 지역기구의 회원국에 대한 상호평가 등을 통하여 사실상의 구속력을 확보하고 있다. 특히 FATF 준회원인 APG 등의 지역기구들은 동일한 기준에 의거하여 회원국들에 대한 정기적인 상호평가를 실시함으로써 각국의 제도 이행 및 전세계에 걸친 정책적 공조체제를 유도하고 있다.

우리나라는 2014년 7월부터 1년간 부의장국 업무를 수행한 후 2015년 7월부터 1년간 의장국 업무를 수행했고, 2008년과 2020년에 자금세탁방지 제도 및 제도 이행상황에 관한 FATF 상호평가를 성공적으로 수검하였다.

FATF 회원국은 유럽·중동에 21개국, 1개기구가 있는데, 구체적으로 영국, 아일랜드, 아이슬란드, 독일, 프랑스, 네덜란드, 벨기에, 룩셈부르크, 오스트리아, 스위스, 이탈리아, 스페인, 포르투갈, 그리스, 스웨덴, 노르웨이, 핀란드, 덴마크, 러시아, 이스라엘, 사우디아라비아, European Commission이 있고, 미주·기타에 6개국, 1개기구가 있는데, 미국, 캐나다, 멕시코, 브라질, 아르헨티나, 남아공, Gulf Cooperation Council이 있고, 아·태 10개국은 한국, 호주, 뉴질랜드, 일본, 터키, 홍콩, 싱가폴, 중국, 인도, 말레이시아가 있다.

2. Egmont Group of FIUs[6)]

Egmont Group은 각국 금융정보분석기구(FIU; Financial Intelligence Unit)간 정

---

5) https://www.kofiu.go.kr/kor/policy/iois01_1.do 참조.

6) https://www.kofiu.go.kr/kor/policy/iois01_2.do 참조.

보교환 등 국제협력을 강화하고 FIU의 신규 설립을 지원하기 위해 1995년 6월 설립되었다. 설립 당시 미국, 영국, 벨기에 등이 주축이 되어 13개 회원국으로 출범하였으며, 현재 139개국 FIU가 회원으로 활동하고 있다.

Egmont Group이 추진하는 주요 사업으로는 FIU 설립 장려, 정보교환 촉진, 훈련 프로그램·워크샵·인적교류 촉진, 실무그룹 확대, 정보 교환을 위한 적절한 양식 개발 등이 있다.

우리나라는 2002년 6월 모나코 총회에서 Egmont Group 정회원 가입이 승인되었으며, 이후 매년 연차총회 및 FIU 원장회의와 1년에 3차례 개최되는 각종 실무작업반(Working Group) 회의에 참여하여 FIU 간의 협력방안을 논의하고 있다.

Egmont Group은 회원국간 원활한 정보 교환을 촉진하기 위하여 회원국간 정보교환에 관한 원칙을 제정하고 보안 인터넷 시스템인 ESW(Egmont Secure Web)을 운영하고 있고, 우리나라 금융정보분석원도 동 보안 웹사이트를 통해 수시로 자금세탁 관련 업무상 필요한 정보를 교환하는 등 각국 금융정보분석기구와 긴밀한 관계를 유지해 오고 있다.

3. APG(Asia Pacific Group on Money Laundering)[7)]

APG는 자금세탁방지를 위한 아·태지역 국가간 협조를 위해 1998년 3월 설립되었다. 현재 총 41개국이 회원으로 참여하고 있으며, 우리나라는 1998년 10월부터 APG 정회원으로 활동하고 있다. APG는 FATF 평가방법론에 의거 회원국에 대한 상호평가(Mutual Evaluation)를 실시하고, 이행현황을 모니터 하는 등 역내 국제기준 이행 및 국제협력 도모를 목적으로 활동하고 있다.

우리나라는 2002년 7월부터 2004년 6월까지 APG 공동의장국을 역임하였고, 후발국 지원국 모임인 DAP(Donors and Providers)그룹 회원으로 활동하고 있다. APG는 2인의 공동의장이 운영하는 체제로서 APG 사무국 유치국인 호주는 상시 의장국 역할을 담당하며 나머지 1인의 공동의장은 2년 임기로 회원국 중에서 선정되는데, APG 연차총회를 의장국에서 개최하는 관행에 따라 우리나라는 금융정보분석원이 주관이 되어 2004년 6월 14일에서 18일까지 APG 제7차 연차총회를 서울에서 개최하였다.

---

7) https://www.kofiu.go.kr/kor/policy/iois01_3.do 참조.

우리나라는 2002년 자금세탁방지 제도 및 제도 이행상황에 관하여 APG의 상호평가를 받은 바 있다.

4. UN 협약 및 안보리결의안

1998년 6월 UN은 자금세탁방지를 위한 정치적 선언 및 이행계획(Political Declaration and Action Plan Against Money Laundering)을 통하여 각국이 2003년까지 1. 자금세탁의 범죄화 및 자금세탁 범죄의 예방, 적발, 수사, 기소를 위한 법적 제도 마련, 2. 범죄수익의 몰수, 보전 제도 마련, 3. 금융 시스템이 자금세탁에 이용되는 것을 방지하기 위한 규제 강화를 이행할 것을 촉구하였다.

동 선언서가 발표된 이후 향정신성 물질의 불법거래 방지에 관한 협약(UN Convention against Illicit Traffic in Narcotic Drugs and Psychotropic Substances), 국제조직범죄방지협약(UN Convention against Transnational Organized Crime), 테러자금조달금지협약(UN Convention for Suppression of Terrorist Financing) 등 다수의 UN 협약이 자금세탁/테러자금조달 방지 분야의 국제규범으로 받아들여지고 있다.

특히, 테러자금조달 차단과 관련하여 안전보장이사회는 1997년 이후 결의안 1267호, 1373호 등 일련의 중요한 결의안들을 채택하였고, 동 결의안들은 각국이 테러자금조달 범죄화, 테러 관련자 자산동결 등의 조치를 취할 것을 촉구하고 있다.

Ⅲ. 금융정보분석원의 해외 각국과의 MOU 체결 현황

우리나라는 날로 국제화, 첨단화되는 자금세탁 및 테러자금조달에 대응하기 위하여 외국FIU와 협력네트워크를 강화하는 차원에서 미국, 영국, 중국, 일본 등 71국 FIU와 금융거래정보의 교환에 관한 MOU를 체결하였다.

MOU를 체결한 국가들은 벨기에, 영국, 폴란드, 브라질, 호주, 볼리비아, 루마니아, 인도네시아, 베네수엘라, 콜롬비아, 일본, 핀란드, 필리핀, 태국, 캐나다, 아일랜드, 과테말라, 프랑스, 포르투갈, 스페인, 미국, 알바니아, 파라과이, 러시아, 칠 레, 바하마, 우크라이나, 몰도바, 중국, 홍콩, 멕시코, 덴마크, 대만, 말레이시아, 레바논, 사이프러스, 뉴질랜드, 마카오, 스리랑카, 버뮤다, 터키, 싱가포르, 방글라데시, 몽골, 룩셈부르크, 산마리노, 피지, 네팔, 브루나이, 노르웨이,

남아공, 페루, 팔라우, 베트남, 캄보디아, 미얀마, 부탄, 케이만군도, 모나코, 라오스, 키르기즈, 이란, 카자흐스탄, 이스라엘, 스웨덴, 아르헨티나, 아프간, 우즈베키스탄, 사우디아라비아, 투르크메니스탄, 아랍에미리트 등 총 71개국이다.[8)]

Ⅳ. 외국금융정보분석기구와의 정보 교환

금융정보분석원장은 금융거래 등을 이용한 자금세탁 및 공중협박자금조달 행위를 방지하기 위한 목적을 달성하기 위하여 필요하다고 인정하는 경우에는 외국금융정보분석기구에 상호주의 원칙에 따라 특정금융거래정보를 제공하거나 이와 관련된 정보를 제공받을 수 있다(제1항).

금융정보분석원장이 외국금융정보분석기구에 특정금융거래정보를 제공하려면, 첫째, 외국금융정보분석기구에 제공된 특정금융거래정보가 제공된 목적 외의 다른 용도로 사용되지 아니할 것, 둘째 특정금융거래정보 제공 사실의 비밀이 유지될 것, 셋째 외국금융정보분석기구에 제공된 특정금융거래정보가 금융정보분석원장의 사전 동의 없이는 외국의 형사사건의 수사나 재판에 사용되지 아니할 것 이라는 요건이 충족되어야만 한다(제2항).

금융정보분석원장은 외국으로부터 요청을 받은 경우에는 특정금융거래정보를 그 요청과 관련된 형사사건의 수사나 재판에 사용하는 것에 동의할 수 있는데, 이를 위해서는 법무부장관의 사전 동의를 받아야 한다(제3항).

[김 욱 준]

8) https://www.kofiu.go.kr/kor/policy/mou.do 참조.

제5장 보 칙

제1절 금융거래정보의 비밀보장 등(제12조)

제12조(금융거래정보의 비밀보장 등)

① 다음 각 호의 어느 하나에 해당하는 자는 그 직무와 관련하여 알게 된 특정금융거래정보, 제5조의3에 따라 제공받은 정보, 제13조에 따라 제공받은 정보 또는 자료, 제15조 제7항에 따라 제공받은 정보 및 제10조 제8항의 정보분석심의회에서 알게 된 사항을 다른 사람에게 제공 또는 누설하거나 그 목적 외의 용도로 사용하여서는 아니 된다. <개정 2012. 3. 21., 2013. 8. 13., 2020. 3. 24.>

1. 금융정보분석원 소속 공무원
2. 금융정보분석원의 전산시스템(특정금융거래정보의 처리를 위한 전산시스템을 말한다)의 관리자 및 해당 전산시스템 관련 용역 수행자
3. 중계기관에 종사하는 사람

3의2. 수취 금융회사에 종사하는 사람

4. 제10조에 따라 제공된 특정금융거래정보와 관련된 특정형사사건의 수사등에 종사하는 사람
5. 제15조 제1항 및 제6항에 따른 감독 및 검사를 한 자
6. 제10조 제9항에 따라 정보분석심의회에 참여하거나 정보분석심의회의 업무에 종사하게 된 사람

② 누구든지 제1항 각 호의 어느 하나에 해당하는 자에게 특정금융거래정보, 제5조의3에 따라 제공받은 정보, 제13조에 따라 제공받은 정보 또는 자료 및 제15조 제7항에 따라 제공받은 정보를 제공할 것을 요구하거나 목적 외의 다른 용도로 사용할 것을 요구하여서는 아니 된다. <신설 2012. 3. 21., 2013. 8.

13., 2020. 3. 24.>

③ 제10조에 따라 제공된 특정금융거래정보는 재판에서 증거로 할 수 없다. <개정 2012. 3. 21., 2020. 3. 24.>

④ 제4조 제1항에 따른 보고에 관여한 금융회사등의 종사자는 제16조 및 제17조와 관련된 재판을 제외하고는 그 보고와 관련된 사항에 관하여 증언을 거부할 수 있다. 다만, 중대한 공익상의 필요가 있는 경우에는 그러하지 아니하다. <개정 2012. 3. 21., 2013. 8. 13., 2020. 3. 24.>

[전문개정 2011. 5. 19.]

[제9조에서 이동, 종전 제12조는 제14조로 이동 <2020. 3. 24.>]

Ⅰ. 도입 취지

본 조항은 특정금융정보법 개정 전 제9조에 해당하던 조항으로, 금융거래정보의 비밀보장 전반에 대한 내용을 담고 있다. 특히 금융정보분석원의 전산시스템관리자와 금융회사의 감독 및 검사자 등에게 특정금융거래정보의 비밀보장 의무를 부과하기 위한 취지다.

Ⅱ. 조문 형태

본 조항은 법률에서 별도로 위임한 하위법규가 존재하지 않는다. 따라서 법률 조항에 따른 수범 의무가 존재한다. 본 조항의 수범자 및 의무 행위 태양은 열거적이다. 따라서 열거되지 않은 수범자에게는 본 조항상 의무가 적용될 여지가 없다.

Ⅲ. 금융거래정보의 비밀보장

1. 취득한 정보의 제공, 누설 금지

본 조항의 수범자는 금융정보분석원 소속 공무원, 금융정보분석원의 전산시스템의 관리자 및 해당 시스템 용역 수행자, 중계기관에 종사하는 사람, 수취금융회사에 종사하는 사람, 법 제10조에 따라 제공된 특정금융거래정보와 관련된 특정형사사건의 수사 등에 종사하는 사람, 법 제15조 제1항 및 제6항에 따라 금융회사등에 대한 감독 및 검사를 한 자, 법 제10조 제9항에 따라 수사기관에 특정금융거래정보를 제공할 때 정보분석심의회에 참여하였거나 정보분석심의회의 업무에 종사하게 된 사람(이하 "수범자")이다.

위 수범자는 그 직무와 관련하여 알게 된 특정금융거래정보, 법 제5조의3(트래블 룰)에 따라 제공 받은 정보, 법 제13조에 따라 금융정보분석원이 관계 행정기관 등으로부터 제공받은 정보 또는 자료, 제15조 제7항에 따라 금융정보분석원이 금융회사등을 감독 및 검사하면서 제공받은 정보, 제10조 제8항에 따라 수사기관에 특정금융거래정보를 제공할 때 정보분석심의회에서 알게 된 사항(이하 "취득한 정보")을 다른 사람에게 제공 또는 누설하거나 그 목적 외의 용도로 사용하여서는 아니 된다.

2. 취득한 정보의 제공 또는 사용 요구 금지

누구든지 위 수범자에게 취득한 정보를 제공할 것을 요구하거나 목적 외의 다른 용도로 사용할 것을 요구하여서는 아니된다.

본 조항은 모든 사람을 대상으로 하고 있으므로, 행위자의 신분에 상관없이 누구나 수범자가 취득한 정보의 제공 또는 사용을 요구할 수 없다.

3. 본 법에 따라 수집한 특정금융거래정보의 재판 증거 금지

제10조에 따라 금융정보분석원장이 검찰총장, 국가정보원장 등에게 제공한 특정금융거래정보는 재판에서 증거로 할 수 없다.

본 조항은 본 법률에 따라 수사기관이 금융정보분석원을 통하여 피고인의 금융거래정보를 간이하게 수집하여 유죄의 증거로 쓸 경우에는 영장주의가 형해화될 우려가 있기 때문에 이를 금지하기 위하여 규정되었다.

결국 수사기관이 특정금융정보를 재판에서 증거로 하기 위해서는 법관이 발부한 영장에 의하여 별도로 금융거래정보를 수집하여야 한다.

4. 의심 거래 보고 종사자의 증언 거부 권한

법 제4조 제1항에 따라 의심 거래 보고에 관여한 금융회사등의 종사자는 본 법률 위반과 관련한 재판을 제외하고는 그 보고와 관련된 사항에 관하여 증언을 거부할 수 있다. 다만 중대한 공익상의 필요가 있을 때에는 증언을 하여야 한다.

이러한 증언 거부 권한은 본 법률에 따른 자금세탁방지제도에 대한 금융기관등의 추가적인 부담을 낮추기 위하여 규정되었다. 형사소송법 상 증인은 법정에 출석하여 선서하고 신문에 따라 증언을 할 의무가 있다. 증언 거부권은 자기나 친족 등이 공소제기를 당하거나 유죄판결을 받을 사실이 발로될 염려가 있거나, 변호사나 의사 등이 업무상 위탁을 받은 관계로 알게 된 사실로 타인의 비밀에 관한 것에 대해서만 예외적으로 인정하고 있다. 그런데 본 조항에 따라서 금융기관등 종사자가 알게 된 특정금융정보에 대해서도 예외적인 증언 거부권이 인정되는 것이다.

[권 오 훈]

제2절 특정금융거래정보 등의 보존 및 폐기(제12조의2)

제12조의2(특정금융거래정보 등의 보존 및 폐기)

① 금융정보분석원장은 특정금융거래정보, 제5조의3 · 제9조 · 제13조 · 제15조 제7항에 따라 제공받거나 통보받은 정보 또는 자료(이하 이 조에서 "정보등"이라 한다)를 다른 법령에도 불구하고 대통령령으로 정하는 바에 따라 기간을 정하여 보존하여야 한다. <개정 2020. 3. 24.>

② 금융정보분석원장은 제1항에 따른 보존기간이 경과된 때에는 「공공기록물 관리에 관한 법률」에서 정한 절차에 따라 그 정보등을 폐기하여야 한다. 다만, 이 법에 따른 목적을 달성하기 위하여 필요하다고 인정하여 대통령령으로 정하는 경우에는 그러하지 아니하다.

③ 금융정보분석원장은 제2항에 따라 정보등을 폐기하는 때에는 복구 또는 재생되지 아니하도록 조치하여야 한다.

④ 그 밖에 정보등의 폐기 방법 및 절차 등에 필요한 사항은 대통령령으로 정한다.

[본조신설 2014. 5. 28.]

[제9조의2에서 이동 <2020. 3. 24.>]

〈참고 조문〉

특정금융정보법 시행령

제13조의3(특정금융거래정보 등의 보존 및 폐기)

① 금융정보분석원장이 법 제12조의2 제1항에 따른 정보등(이하 이 조에서 "정보등"이라 한다)을 보존해야 하는 기간은 다음 각 호의 구분에 따른 기간으로 한다. <개정 2018. 2. 27., 2021. 3. 23.>

1. 특정금융거래정보: 25년
2. 법 제5조의3 제2항에 따라 제공받은 정보, 법 제9조에 따라 통보받은 자료, 법 제13조 제1항에 따라 제공받은 자료 및 같은 조 제3항에 따라 제공받은 금융거래등 관련 정보 또는 자료: 5년. 다만, 해당 자료가 형사사건 등의 수사·조사에 활용될 가능성이 적다고 판단되는 경우 금융정보분석원장은 5년이 지나지 않은 때에도 해당 자료를 폐기할 수 있다.
3. 법 제13조 제2항에 따라 제공받은 신용정보: 5년

4. 법 제15조 제7항에 따라 제공받은 금융거래등의 정보 또는 정보(금융회사등이 법 제4조 및 제4조의2에 따라 보고한 정보를 말한다): 10년(같은 조 제1항에 따라 금융정보분석원장이 감독 · 검사를 하는 경우로 한정한다)

② 제1항에 따른 기간은 그 정보등을 제공받거나 통보받은 날이 속하는 연도의 다음 연도 1월 1일부터 기산한다.

③ 금융정보분석원장은 법 제12조의2 제2항 단서에 따라 형사사건 등의 수사 · 조사 등에 활용될 가능성, 개인정보 보호의 필요성 등을 고려하여 「공공기록물 관리에 관한 법률」에 따른 절차 외에 금융정보분석원장이 정하는 절차에 따라 제1항 제2호부터 제4호까지의 규정에 따른 정보등으로서 제1항에 따른 기간이 끝난 정보등을 폐기할 수 있다. <개정 2021. 3. 23.>

④ 법 제15조 제6항에 따라 업무를 위탁받은 기관(이하 "수탁기관"이라 한다)의 장은 금융정보분석원장과 협의하여 같은 조 제7항에 따라 제공받은 금융거래등의 정보 또는 정보(금융회사등이 법 제4조 및 제4조의2에 따라 보고한 정보를 말한다)의 보존 · 관리 · 폐기에 관한 기준을 마련하고, 그 보존 · 관리 · 폐기 현황을 매년 금융정보분석원장에게 통보해야 한다. <개정 2021. 3. 23.>

[본조신설 2015. 12. 30.]

Ⅰ. 도입 취지

본 조항은 특정금융정보법 개정 전 제9조의2에 해당하던 조항으로, 특정금융거래정보 등의 보존 및 폐기에 대한 내용을 담고 있다.

구체적으로, 특정금융거래정보 등의 보존기간을 대통령령으로 정하는 바에 따라 규정하고, 금융정보분석원장은 특정금융거래정보 등의 보존기간이 경과한 때에는 「공공기록물의 관리에 관한 법률」의 절차에 따른 폐기를 하도록 하였다.

Ⅱ. 금융정보분석원장의 특정금융거래정보 등 보존 의무

금융정보분석원장은 특정금융거래정보, 법 제5조의3에 따른 전신송금 정보(트래블 룰), 법 제9조에 따른 외국환거래자료, 법 제13조에 따라 제공받은 정보 또는 자료, 법 제15조 제7항에 따른 금융회사등 감독 및 검사 시 요구한 자료(이하 "정보 등")를 시행령에 따른 각 기간에 따라 보존하여야 한다.

시행령에 따르면 최소 5년부터 최대 25년까지 정보를 보존하여야 한다. 위 기간이 지나면 해당 정보는 폐기하여야 하므로, 정보가 불필요하게 보존되는 상황을 방지하고 있다.

[권 오 훈]

제 3 절 자료 제공의 요청 등(제13조)

제13조(자료 제공의 요청 등)

① 금융정보분석원장은 특정금융거래정보(제10조 제1항 제3호의 정보는 제외한다. 이하 이 조에서 같다)나 제4조의2 또는 제9조에 따라 보고·통보받은 정보를 분석하기 위하여 필요한 경우에는 관계 행정기관 등의 장에게 그 이용 목적을 분명하게 밝힌 문서로 다음 각 호의 자료(금융거래정보는 제외한다)의 제공을 요청할 수 있다. <개정 2013. 8. 13., 2016. 3. 29., 2020. 3. 24.>

1. 「가족관계의 등록 등에 관한 법률」 제11조 제6항에 따른 등록전산정보자료
2. 「주민등록법」 제30조 제1항에 따른 주민등록전산정보자료
3. 「형의 실효 등에 관한 법률」 제5조의2 제2항에 따른 범죄경력자료 및 수사경력자료

3의2. 「국민건강보험법」 제69조 제5항에 따른 보험료금액에 관한 자료

4. 사업의 종목, 사업장 소재지 등 사업자에 관한 기본사항으로서 대통령령으로 정하는 자료
5. 그 밖에 심사·분석을 위하여 필요한 자료로서 대통령령으로 정하는 자료

② 금융정보분석원장은 특정금융거래정보의 분석을 위하여 필요한 경우에는 대통령령으로 정하는 바에 따라 「신용정보의 이용 및 보호에 관한 법률」 제25조에 따른 신용정보집중기관의 장에게 그 이용 목적을 분명하게 밝힌 문서로 신용정보(금융거래정보는 제외한다)의 제공을 요구할 수 있다.

③ 금융정보분석원장은 특정금융거래정보를 분석할 때에는 보고받거나 제공받은 사항이 제4조 제1항의 요건에 해당한다고 판단하는 경우에만 다음 각 호의 사항을 적은 문서로 금융회사등의 장에게 「외국환거래법」에 규정된 외국환업무에 따른 거래를 이용한 금융거래등 관련 정보 또는 자료의 제공을 요구할 수 있다. <개정 2013. 8. 13., 2020. 3. 24.>

1. 거래자의 인적사항
2. 사용 목적
3. 요구하는 금융거래등 관련 정보 또는 자료의 내용

④ 제1항부터 제3항까지의 규정에 따른 정보 또는 자료 제공의 요청이나 요구는 필요한 최소한으로만 하여야 한다.

[전문개정 2011. 5. 19.]

[제10조에서 이동, 종전 제13조는 제16조로 이동 <2020. 3. 24.>]

〈참고 조문〉

특정금융정보법 시행령

제14조(자료제공의 요구)

① 법 제13조 제1항 제4호에서 "대통령령으로 정하는 자료"란 다음 각 호의 자료를 말한다. <신설 2013. 11. 13., 2021. 2. 17., 2021. 3. 23.>

1. 「부가가치세법」 제8조 제1항에 따른 사업자등록 신청에 관한 자료
2. 「부가가치세법」 제8조 제7항에 따른 휴업·폐업 신고 및 등록사항 변경신고에 관한 자료

② 법 제13조 제1항 제5호에 따라 금융정보분석원장이 관계 행정기관 등의 장에게 요청할 수 있는 자료는 별표 1과 같다. <신설 2004. 1. 20., 2008. 11. 11., 2013. 8. 6., 2013. 11. 13., 2018. 2. 27., 2021. 3. 23.>

③ 법 제13조 제2항에 따라 금융정보분석원장은 「신용정보의 이용 및 보호에 관한 법률」 제25조 제2항 제1호에 따른 종합신용정보집중기관에 대하여 서면·팩스 또는 전자문서의 방법에 의하여 신용정보의 제공을 요구할 수 있다. <개정 2013. 11. 13., 2020. 8. 4., 2021. 1. 5., 2021. 3. 23.>

④ 법 제13조 제1항 및 제2항에 따른 금융거래정보는 「금융실명거래 및 비밀보장에 관한 법률 시행령」 제6조에 규정된 정보 또는 자료를 말한다. <개정 2005. 9. 27., 2013. 11. 13., 2021. 3. 23.>

Ⅰ. 도입 취지

본 조항은 특정금융정보법 개정 전 제10조에 해당하던 조항으로, 금융정보분석원장에게 타 행정기관, 신용정보집중기관, 금융회사등의 장에게 각종 자료를 요청할 수 있는 권한을 부여하고 있다.

Ⅱ. 금융정보분석원장의 자료요청권한

금융정보분석원장은 우선 수사자료(제10조 제1항 제3호)를 제외한 특정금융거래정보나 고액현금거래, 외국환거래등을 분석하기 위한 각종 자료를 행정기관

의 장에게 요청할 수 있다. 신용정보집중기관의 장에 대한 신용정보, 금융회사등의 장에 대한 외국환업무에 따른 거래를 이용한 금융거래등 관련 정보 등도 마찬가지다. 다만, 금융실명법 시행령 제6조에 따른 금융거래등은 요구하여서는 안된다.

본 조항은 금융정보분석원장이 정보 또는 자료 요청시 필요 최소한만 하도록 되어있으며 구체적인 제공 방법을 명시하고 있다. 더불어 행정기관 등의 장에게 요구 가능한 자료는 시행령 별표 1로 열거하고있다. 다만, 별표 1에 따르면 요구가능한 자료는 열거된 자료 외에 행정기관의 장과 협의하여 요청할 수 있도록 되어 있는데, 이는 형식적으로 협의 절차만 거치면 실질적으로 종류를 불문하고 모든 자료를 요청할 수 있는 것으로 해석될 수 있어 문제로 보인다.

[권 오 훈]

제 4 절 다른 법률과의 관계(제14조)

제14조(다른 법률과의 관계)

① 제4조, 제4조의2, 제5조의3, 제9조, 제10조, 제10조의2, 제11조, 제13조 및 제15조 제7항은 「금융실명거래 및 비밀보장에 관한 법률」 제4조, 「신용정보의 이용 및 보호에 관한 법률」 제32조 · 제42조 및 「외국환거래법」 제22조에 우선하여 적용한다. <개정 2012. 3. 21., 2013. 8. 13., 2020. 3. 24.>

② 금융회사등과 중계기관이 이 법에 따라 제공한 정보에 대하여는 「신용정보의 이용 및 보호에 관한 법률」 제35조를 적용하지 아니한다.

[전문개정 2011. 5. 19.]

[제12조에서 이동, 종전 제14조는 제17조로 이동 <2020. 3. 24.>]

Ⅰ. 제14조 제1항

특정금융정보법 제4조(불법재산 등으로 의심되는 거래의 보고 등), 제4조의2(금융회사등의 고액 현금거래 보고), 제5조의3(전신송금 시 정보제공), 제9조(외국환거래 자료 등의 통보), 제10조(수사기관 등에 대한 정보 제공), 제10조의2(특정금융거래정보 제공사실의 통보), 제11조(외국금융정보분석기구와의 정보 교환 등), 제13조(자료 제공의 요청 등), 제15조(금융회사등의 감독 · 검사 등) 제7항은 금융실명법 제4조,[1] 신

---

1) **금융실명법 제4조(금융거래의 비밀보장)** ① 금융회사등에 종사하는 자는 명의인(신탁의 경우에는 위탁자 또는 수익자를 말한다)의 서면상의 요구나 동의를 받지 아니하고는 그 금융거래의 내용에 대한 정보 또는 자료(이하 "거래정보등"이라 한다)를 타인에게 제공하거나 누설하여서는 아니 되며, 누구든지 금융회사등에 종사하는 자에게 거래정보등의 제공을 요구하여서는 아니 된다. 다만, 다음 각 호의 어느 하나에 해당하는 경우로서 그 사용 목적에 필요한 최소한의 범위에서 거래정보등을 제공하거나 그 제공을 요구하는 경우에는 그러하지 아니하다. <개정 2013.5.28, 2019.11.26, 2020.12.29>

1. 법원의 제출명령 또는 법관이 발부한 영장에 따른 거래정보등의 제공
2. 조세에 관한 법률에 따라 제출의무가 있는 과세자료 등의 제공과 소관 관서의 장이 상속 · 증여 재산의 확인, 조세탈루의 혐의를 인정할 만한 명백한 자료의 확인, 체납자(체납액 5천만원 이상인 체납자의 경우에는 체납자의 재산을 은닉한 혐의가 있다고 인정되는 다음 각 목에 해당하는 사람을 포함한다)의 재산조회, 「국세징수법」 제9조 제1항 각 호의 어느 하나에 해당하는 사유로 조세에 관한 법률에 따른 질문 · 조사를 위하여 필요로 하는 거래정보등의 제공

가. 체납자의 배우자(사실상 혼인관계에 있는 사람을 포함한다)

나. 체납자의 6촌 이내 혈족

용정보법 제32조[2]·제42조[3] 및 「외국환거래법」 제22조[4]에 우선하여 적용된다.

다. 체납자의 4촌 이내 인척
3. 「국정감사 및 조사에 관한 법률」에 따른 국정조사에 필요한 자료로서 해당 조사위원회의 의결에 따른 금융감독원장(「금융위원회의 설치 등에 관한 법률」 제24조에 따른 금융감독원의 원장을 말한다. 이하 같다) 및 예금보험공사사장(「예금자보호법」 제3조에 따른 예금보험공사의 사장을 말한다. 이하 같다)의 거래정보등의 제공
4. 금융위원회(증권시장·파생상품시장의 불공정거래조사의 경우에는 증권선물위원회를 말한다. 이하 이 조에서 같다), 금융감독원장 및 예금보험공사사장이 금융회사등에 대한 감독·검사를 위하여 필요로 하는 거래정보등의 제공으로서 다음 각 목의 어느 하나에 해당하는 경우와 제3호에 따라 해당 조사위원회에 제공하기 위한 경우
   가. 내부자거래 및 불공정거래행위 등의 조사에 필요한 경우
   나. 고객예금 횡령, 무자원(無資源) 입금 기표(記票) 후 현금 인출 등 금융사고의 적발에 필요한 경우
   다. 구속성예금 수입(受入), 자기앞수표 선발행(先發行) 등 불건전 금융거래행위의 조사에 필요한 경우
   라. 금융실명거래 위반, 장부 외 거래, 출자자 대출, 동일인 한도 초과 등 법령 위반행위의 조사에 필요한 경우
   마. 「예금자보호법」에 따른 예금보험업무 및 「금융산업의 구조개선에 관한 법률」에 따라 예금보험공사사장이 예금자표(預金者表)의 작성업무를 수행하기 위하여 필요한 경우
5. 동일한 금융회사등의 내부 또는 금융회사등 상호간에 업무상 필요한 거래정보등의 제공
6. 금융위원회 및 금융감독원장이 그에 상응하는 업무를 수행하는 외국 금융감독기관(국제금융감독기구를 포함한다. 이하 같다)과 다음 각 목의 사항에 대한 업무협조를 위하여 필요로 하는 거래정보등의 제공
   가. 금융회사등 및 금융회사등의 해외지점·현지법인 등에 대한 감독·검사
   나. 「자본시장과 금융투자업에 관한 법률」 제437조에 따른 정보교환 및 조사 등의 협조
7. 「자본시장과 금융투자업에 관한 법률」에 따라 거래소허가를 받은 거래소(이하 "거래소"라 한다)가 다음 각 목의 경우에 필요로 하는 투자매매업자·투자중개업자가 보유한 거래정보등의 제공
   가. 「자본시장과 금융투자업에 관한 법률」 제404조에 따른 이상거래(異常去來)의 심리 또는 회원의 감리를 수행하는 경우
   나. 이상거래의 심리 또는 회원의 감리와 관련하여 거래소에 상응하는 업무를 수행하는 외국거래소 등과 협조하기 위한 경우. 다만, 금융위원회의 사전 승인을 받은 경우로 한정한다.
8. 그 밖에 법률에 따라 불특정 다수인에게 의무적으로 공개하여야 하는 것으로서 해당 법률에 따른 거래정보등의 제공

② 제1항 제1호부터 제4호까지 또는 제6호부터 제8호까지의 규정에 따라 거래정보등의 제공을 요구하는 자는 다음 각 호의 사항이 포함된 금융위원회가 정하는 표준양식에 의하여 금융회사등의 특정 점포에 이를 요구하여야 한다. 다만, 제1항 제1호에 따라 거래정보등의 제공을 요구하거나 같은 항 제2호에 따라 거래정보등의 제공을 요구하는 경우로서 부동산(부동산에 관한 권리를 포함한다. 이하 이 항에서 같다)의 보유기간, 보유 수, 거래 규모 및 거래 방법 등 명백한 자료에 의하여 대통령령으로 정하는 부동산거래와 관련한 소득세 또는 법인세의 탈루혐의가 인정되어 그 탈루사실의 확인이 필요한 자(해당 부동산 거래를 알선·중개한 자를 포함한다)에 대한 거래정보등의 제공을 요구하는 경우 또는 체납액 1천만원 이상인 체납자의 재산조회를 위하여 필요한 거래정보등의 제공을 대통령령으로 정하는 바에 따라 요구하는 경우에는 거래정보등을 보관 또는 관리하는 부서에 이를 요구할 수 있다.
1. 명의인의 인적사항
2. 요구 대상 거래기간

3. 요구의 법적 근거
4. 사용 목적
5. 요구하는 거래정보등의 내용
6. 요구하는 기관의 담당자 및 책임자의 성명과 직책 등 인적사항

③ 금융회사등에 종사하는 자는 제1항 또는 제2항을 위반하여 거래정보등의 제공을 요구받은 경우에는 그 요구를 거부하여야 한다.

④ 제1항 각 호[종전의 금융실명거래에관한법률(대통령긴급재정경제명령 제16호로 폐지되기 전의 것을 말한다) 제5조 제1항 제1호부터 제4호까지 및 금융실명거래및비밀보장에관한긴급재정경제명령(법률 제5493호로 폐지되기 전의 것을 말한다. 이하 같다) 제4조 제1항 각 호를 포함한다]에 따라 거래정보등을 알게 된 자는 그 알게 된 거래정보등을 타인에게 제공 또는 누설하거나 그 목적 외의 용도로 이용하여서는 아니 되며, 누구든지 거래정보등을 알게 된 자에게 그 거래정보등의 제공을 요구하여서는 아니 된다. 다만, 금융위원회 또는 금융감독원장이 제1항 제4호 및 제6호에 따라 알게 된 거래정보등을 외국 금융감독기관에 제공하거나 거래소가 제1항 제7호에 따라 외국거래소 등에 거래정보등을 제공하는 경우에는 그러하지 아니하다. <개정 2013.5.28>

⑤ 제1항 또는 제4항을 위반하여 제공 또는 누설된 거래정보등을 취득한 자(그로부터 거래정보등을 다시 취득한 자를 포함한다)는 그 위반사실을 알게 된 경우 그 거래정보등을 타인에게 제공 또는 누설하여서는 아니 된다.

⑥ 다음 각 호의 법률의 규정에 따라 거래정보등의 제공을 요구하는 경우에는 해당 법률의 규정에도 불구하고 제2항에 따른 금융위원회가 정한 표준양식으로 하여야 한다. <개정 2020.3.24>

1. 「감사원법」 제27조 제2항
2. 「정치자금법」 제52조 제2항
3. 「공직자윤리법」 제8조 제5항
4. 「독점규제 및 공정거래에 관한 법률」 제50조 제5항
5. 「상속세 및 증여세법」 제83조 제1항
6. 「특정 금융거래정보의 보고 및 이용 등에 관한 법률」 제13조 제3항
7. 「과세자료의 제출 및 관리에 관한 법률」 제6조 제1항

[전문개정 2011.7.14]

2) **신용정보법 제32조(개인신용정보의 제공·활용에 대한 동의)** ① 신용정보제공·이용자가 개인신용정보를 타인에게 제공하려는 경우에는 대통령령으로 정하는 바에 따라 해당 신용정보주체로부터 다음 각 호의 어느 하나에 해당하는 방식으로 개인신용정보를 제공할 때마다 미리 개별적으로 동의를 받아야 한다. 다만, 기존에 동의한 목적 또는 이용 범위에서 개인신용정보의 정확성·최신성을 유지하기 위한 경우에는 그러하지 아니하다. <개정 2015.3.11, 2018.12.11, 2020.6.9>

1. 서면
2. 「전자서명법」 제2조 제2호에 따른 전자서명(서명자의 실지명의를 확인할 수 있는 것을 말한다)이 있는 전자문서(「전자문서 및 전자거래 기본법」 제2조 제1호에 따른 전자문서를 말한다)
3. 개인신용정보의 제공 내용 및 제공 목적 등을 고려하여 정보 제공 동의의 안정성과 신뢰성이 확보될 수 있는 유무선 통신으로 개인비밀번호를 입력하는 방식
4. 유무선 통신으로 동의 내용을 해당 개인에게 알리고 동의를 받는 방법. 이 경우 본인 여부 및 동의 내용, 그에 대한 해당 개인의 답변을 음성녹음하는 등 증거자료를 확보·유지하여야 하며, 대통령령으로 정하는 바에 따른 사후 고지절차를 거친다.
5. 그 밖에 대통령령으로 정하는 방식

② 개인신용평가회사, 개인사업자신용평가회사, 기업신용조회회사 또는 신용정보집중기관으

금융실명법 제4조, 신용정보법 제32조·제42조 및 외국환거래법 제22조는

로부터 개인신용정보를 제공받으려는 자는 대통령령으로 정하는 바에 따라 해당 신용정보주체로부터 제1항 각 호의 어느 하나에 해당하는 방식으로 개인신용정보를 제공받을 때마다 개별적으로 동의(기존에 동의한 목적 또는 이용 범위에서 개인신용정보의 정확성·최신성을 유지하기 위한 경우는 제외한다)를 받아야 한다. 이 경우 개인신용정보를 제공받으려는 자는 개인신용정보의 조회 시 개인신용평점이 하락할 수 있는 때에는 해당 신용정보주체에게 이를 고지하여야 한다. <개정 2015.3.11, 2020.2.4>

③ 개인신용평가회사, 개인사업자신용평가회사, 기업신용조회회사 또는 신용정보집중기관이 개인신용정보를 제2항에 따라 제공하는 경우에는 해당 개인신용정보를 제공받으려는 자가 제2항에 따른 동의를 받았는지를 대통령령으로 정하는 바에 따라 확인하여야 한다. <개정 2020.2.4>

④ 신용정보회사등은 개인신용정보의 제공 및 활용과 관련하여 동의를 받을 때에는 대통령령으로 정하는 바에 따라 서비스 제공을 위하여 필수적 동의사항과 그 밖의 선택적 동의사항을 구분하여 설명한 후 각각 동의를 받아야 한다. 이 경우 필수적 동의사항은 서비스 제공과의 관련성을 설명하여야 하며, 선택적 동의사항은 정보제공에 동의하지 아니할 수 있다는 사실을 고지하여야 한다. <신설 2015.3.11>

⑤ 신용정보회사등은 신용정보주체가 선택적 동의사항에 동의하지 아니한다는 이유로 신용정보주체에게 서비스의 제공을 거부하여서는 아니 된다. <신설 2015.3.11.>

⑥ 신용정보회사등(제9호의3을 적용하는 경우에는 데이터전문기관을 포함한다)이 개인신용정보를 제공하는 경우로서 다음 각 호의 어느 하나에 해당하는 경우에는 제1항부터 제5항까지를 적용하지 아니한다. <개정 2015.3.11., 2020.2.4>

1. 신용정보회사 및 채권추심회사가 다른 신용정보회사 및 채권추심회사 또는 신용정보집중기관과 서로 집중관리·활용하기 위하여 제공하는 경우
2. 제17조 제2항에 따라 신용정보의 처리를 위탁하기 위하여 제공하는 경우
3. 영업양도·분할·합병 등의 이유로 권리·의무의 전부 또는 일부를 이전하면서 그와 관련된 개인신용정보를 제공하는 경우
4. 채권추심(추심채권을 추심하는 경우만 해당한다), 인가·허가의 목적, 기업의 신용도 판단, 유가증권의 양수 등 대통령령으로 정하는 목적으로 사용하는 자에게 제공하는 경우
5. 법원의 제출명령 또는 법관이 발부한 영장에 따라 제공하는 경우
6. 범죄 때문에 피해자의 생명이나 신체에 심각한 위험 발생이 예상되는 등 긴급한 상황에서 제5호에 따른 법관의 영장을 발부받을 시간적 여유가 없는 경우로서 검사 또는 사법경찰관의 요구에 따라 제공하는 경우. 이 경우 개인신용정보를 제공받은 검사는 지체 없이 법관에게 영장을 청구하여야 하고, 사법경찰관은 검사에게 신청하여 검사의 청구로 영장을 청구하여야 하며, 개인신용정보를 제공받은 때부터 36시간 이내에 영장을 발부받지 못하면 지체 없이 제공받은 개인신용정보를 폐기하여야 한다.
7. 조세에 관한 법률에 따른 질문·검사 또는 조사를 위하여 관할 관서의 장이 서면으로 요구하거나 조세에 관한 법률에 따라 제출의무가 있는 과세자료의 제공을 요구함에 따라 제공하는 경우
8. 국제협약 등에 따라 외국의 금융감독기구에 금융회사가 가지고 있는 개인신용정보를 제공하는 경우
9. 제2조 제1호의4나목 및 다목의 정보를 개인신용평가회사, 개인사업자신용평가회사, 기업신용등급제공업무·기술신용평가업무를 하는 기업신용조회회사 및 신용정보집중기관에 제공하거나 그로부터 제공받는 경우

9의2. 통계작성, 연구, 공익적 기록보존 등을 위하여 가명정보를 제공하는 경우. 이 경우 통계작성에는 시장조사 등 상업적 목적의 통계작성을 포함하며, 연구에는 산업적 연구를 포함한다.

9의3. 제17조의2 제1항에 따른 정보집합물의 결합 목적으로 데이터전문기관에 개인신용정

일정한 거래정보, 개인정보, 신용정보, 외환관련 정보를 제공하는 고객의 정보주체로서의 권리와 고객정보 또는 거래정보의 보호를 주된 목적으로 하는 조항이

보를 제공하는 경우

9의4. 다음 각 목의 요소를 고려하여 당초 수집한 목적과 상충되지 아니하는 목적으로 개인신용정보를 제공하는 경우

가. 양 목적 간의 관련성

나. 신용정보회사등이 신용정보주체로부터 개인신용정보를 수집한 경위

다. 해당 개인신용정보의 제공이 신용정보주체에게 미치는 영향

라. 해당 개인신용정보에 대하여 가명처리를 하는 등 신용정보의 보안대책을 적절히 시행하였는지 여부

10. 이 법 및 다른 법률에 따라 제공하는 경우

11. 제1호부터 제10호까지의 규정에 준하는 경우로서 대통령령으로 정하는 경우

⑦ 제6항 각 호에 따라 개인신용정보를 타인에게 제공하려는 자 또는 제공받은 자는 대통령령으로 정하는 바에 따라 개인신용정보의 제공 사실 및 이유 등을 사전에 해당 신용정보주체에게 알려야 한다. 다만, 대통령령으로 정하는 불가피한 사유가 있는 경우에는 인터넷 홈페이지 게재 또는 그 밖에 유사한 방법을 통하여 사후에 알리거나 공시할 수 있다. <개정 2011.5.19, 2015.3.11>

⑧ 제6항 제3호에 따라 개인신용정보를 타인에게 제공하는 신용정보제공·이용자로서 대통령령으로 정하는 자는 제공하는 신용정보의 범위 등 대통령령으로 정하는 사항에 관하여 금융위원회의 승인을 받아야 한다. <개정 2015.3.11>

⑨ 제8항에 따른 승인을 받아 개인신용정보를 제공받은 자는 해당 개인신용정보를 금융위원회가 정하는 바에 따라 현재 거래 중인 신용정보주체의 개인신용정보와 분리하여 관리하여야 한다. <신설 2015.3.11>

⑩ 신용정보회사등이 개인신용정보를 제공하는 경우에는 금융위원회가 정하여 고시하는 바에 따라 개인신용정보를 제공받는 자의 신원(身元)과 이용 목적을 확인하여야 한다. <개정 2015.3.11>

⑪ 개인신용정보를 제공한 신용정보제공·이용자는 제1항에 따라 미리 개별적 동의를 받았는지 여부 등에 대한 다툼이 있는 경우 이를 증명하여야 한다. <개정 2015.3.11>

3) **신용정보법 제42조(업무 목적 외 누설금지 등)** ① 신용정보회사등과 제17조 제2항에 따라 신용정보의 처리를 위탁받은 자의 임직원이거나 임직원이었던 자(이하 "신용정보업관련자"라 한다)는 업무상 알게 된 타인의 신용정보 및 사생활 등 개인적 비밀(이하 "개인비밀"이라 한다)을 업무 목적 외에 누설하거나 이용하여서는 아니 된다.

② 신용정보회사등과 신용정보업관련자가 이 법에 따라 신용정보회사등에 신용정보를 제공하는 행위는 제1항에 따른 업무 목적 외의 누설이나 이용으로 보지 아니한다.

③ 제1항을 위반하여 누설된 개인비밀을 취득한 자(그로부터 누설된 개인비밀을 다시 취득한 자를 포함한다)는 그 개인비밀이 제1항을 위반하여 누설된 것임을 알게 된 경우 그 개인비밀을 타인에게 제공하거나 이용하여서는 아니 된다.

④ 신용정보회사등과 신용정보업관련자로부터 개인신용정보를 제공받은 자는 그 개인신용정보를 타인에게 제공하여서는 아니 된다. 다만, 이 법 또는 다른 법률에 따라 제공이 허용되는 경우에는 그러하지 아니하다.

4) **외국환거래법 제22조(외국환거래의 비밀보장)** 이 법에 따른 허가·인가·등록·신고·보고·통보·중개(仲介)·중계(中繼)·집중(集中)·교환 등의 업무에 종사하는 사람은 그 업무와 관련하여 알게 된 정보를 「금융실명거래 및 비밀보장에 관한 법률」 제4조에서 정하는 경우를 제외하고는 이 법에서 정하는 용도가 아닌 용도로 사용하거나 다른 사람에게 누설하여서는 아니 된다.

[전문개정 2009.1.30]

다. 좀 더 구체적으로 보면, 금융실명법 제4조는 금융회사는 거래정보를 제3자에게 누설하지 말라는 것이고, 신용정보법 제32조, 제42조는 신용정보를 개별 신용정보주체의 동의없이 제3자에 제공하지 말라는 것과 신용정보를 업무목적 외에 누설, 이용하지 말라는 것이며, 외국환거래법 제22조는 외국환업무 종사자는 업무와 관련하여 취득한 정보를 다른 용도로 다른 사람에게 누설하지 말라는 것이다.

한편 특정금융정보법은 금융거래 등을 이용한 자금세탁행위와 공중협박자금조달행위를 규제하는 데 필요한 특정금융거래정보의 보고 및 이용 등에 관한 사항을 규정함으로써 범죄행위를 예방하고 나아가 건전하고 투명한 금융거래 질서를 확립하는 데 이바지함을 목적으로 하고 있고, 위 목적들이 신용정보법등의 목적보다 우선한다는 취지에서 고객정보 또는 거래정보의 보호를 목적으로 하는 금융실명법 제4조, 신용정보법 제32조·제42조 및 외국환거래법 제22조보다 특정금융정보법상의 위 조항들에게 우선적 효력을 부여하고 있다.

이러한 특정금융정보법 제14조 제1항에 의한 우선적 효력 부여가 유효한지를 살펴본다.

위와 같이 서로 다른 법률에 서로 충돌하는 내용의 규정이 있는 경우에 일반적으로 구법보다 신법이 우선하고, 일반법보다 특별법이 우선하는 것으로 본다. 그러나 특정금융정보법 제14조 제1항에서 우선적 효력을 부여하는 규정들 전부가 다른 법률들의 해당 조항보다 이후에 규정된 것은 아니고, 특정금융정보법이 다른 법률들과의 관계에서 특별법의 지위를 갖는 것은 아니라고 보여진다.

한편 신용정보법 제3조의2 제1항에서, 신용정보보호에 관하여 다른 법률의 규정이 있는 경우를 제외하고 이 법을 적용한다고 규정하여, 다른 법률이 우선 적용되는 것을 허용하고 있다.

더 나아가 신용정보법 제32조 제6항 제10호에서는, 다른 법률에 따라 제공하는 경우는, 신용정보의 제3자 제공시에 정보주체의 동의를 받지 않아도 된다고 규정하고, 신용정보법 제42조 제4항에서도 다른 법률에 따라 제공하는 경우에는 신용정보를 업무 목적 외에 이용할 수도 있다고 예외를 규정하고 있다.

금융실명법 제4조 제8호는 그 밖의 법률에 따라 불특정 다수인에게 의무적으로 공개하여야 하는 것으로서 해당 법률에 따라 정보를 제공하는 것은 금융거래정보를 타인에게 제공해도 된다고 규정하고 있는바, 특정금융정보법의 관련 조항에 따른 정보제공이 엄격한 의미에서 불특정 다수인에게 대한 것인지 논란이 있을 수는 있으나, 정보를 제공받는 주체가 다양한 점 등에서 금융실명법 제4조 제8호의 예외에 해당할 여지가 있다고 보인다.

외국환거래법은 다른 법률과의 관계에 대하여 제26조에서 특정 조항들이 금융실명법 제4조에 우선한다는 내용만 규정하고 있을 뿐 그 외의 법률과의 관계에 대해서는 규정하고 있지 않다. 따라서 특정금융정보법 제14조 제1항에서 열거한 조항들이 외국환거래법 제22조에 대해 우선적 효력을 갖기 위해서는 외국환거래법 제26조에서 특정금융정보법의 관련 조항이 우선할 수 있다는 취지를 반영하는 것이 필요해 보인다.

그리고 위 특정금융정보법 제14조 제1항은, 가상자산사업자가 수집한 개인정보 내지 신용정보를 제3자에게 이전하거나 알리는 것에 대한 정보주체의 동의를 면제해 주는 것에 한하는 것일 뿐, 신용정보법 제15조(수집 및 처리의 원칙)에 따라 가상자산사업자가 신용정보를 수집할 때에 정보주체의 동의를 받아야 하는 의무와 파기의무(신용정보법 제21조)는 여전히 적용된다고 할 것이다.

규제샌드박스제도에 의하여 규제특례사업으로 인정받은 프로젝트들도 오프체인에서 저장된 개인정보는 여전히 파기의무를 부담하게 되고, 다만 블록체인의 블록에 저장된 가명화된 정보에 대해서만 파기의무의 예외를 줄 뿐이다.

이와 같이 블록체인 기술 등 신산업 분야에서 보유기간 경과 등으로 개인정보를 파기해야 하는 경우, 기술적으로 일부 정보의 영구 삭제가 사실상 불가능한 탓에 관계기업 등이 어려움을 겪어왔고, 신기술 환경에 맞는 개인정보 관련 법령 개정의 필요성이 계속 제기되어 왔다. 개인정보보호위원회는 신기술 환경에 맞게 개인정보 파기규정 개선을 추진하면서, 2022. 2. 9. 개인정보보호위원회공고 제2022-10호로 개인정보 보호법 시행령 일부개정령(안)을 입법예고하였다. 개정안은 블록체인 등 신기술 분야의 특성을 반영하여 개인정보 파기 방법을 개선하면서, 기술적 특성으로 영구 삭제가 현저히 곤란한 경우 개인을 알아볼 수 없도록 익명처리하여, 복원이 불가능하도록 조치한 경우도 파기한 것으로 볼 수 있는 근거를 마련하였다.[5)]

5) 개인정보 보호법 시행령 일부개정령안 내용(개인정보보호위원회공고 제2022-10호)

현 행	개 정 안

그런데 특정금융정보법 제5조의2에 따라 송금 가상자산사업자가 수취 가상자산사업자에게 제공하여야 하는 정보는 송금인의 성명, 송금인의 계좌번호, 송금인의 주소 또는 주민등록번호, 수취인의 성명 및 계좌번호인바, 이러한 정보 자체는 신용정보법 제2조 제1호에 규정된 '신용정보' 중 나목 '신용정보주체의 거래내용을 판단할 수 있는 정보'에 관한 것이거나 다목 '신용정보주체의 신용도를 판단할 수 있는 정보' 또는 라목 '신용정보주체의 신용거래능력을 판단할 수 있는 정보'에 해당하기는 어렵고, 특정신용정보주체를 식별할 수 있는 정보에 해당하나, 그 정보는 송금내역과 같이 결합되기 때문에 결국 신용정보에 해당하는 것으로 볼 수 있다. 그러나 한편, 규제특례사업으로 인정받은 프로젝트들에 대하여 개인정보 보호법상 파기의무에 대한 특례를 인정한 것도 블록체인 블록에 저장되는 정보가 신용정보라기보다는 개인정보에 해당하고, 투자자들의 개인정보의 수집, 이용 용도나 처리목적이 달성되면 개인정보처리자는 개인정보를 파기해야 할 의무가 있음을 전제로 한 것으로 보인다.

그렇다면 송금 가상자산사업자가 수취 가상자산사업자에게 위 정보를 제공하기 위해서는, 개인정보 보호법 제17조에 따라 정보주체의 동의를 받아야 할 것인바, 특정금융정보법 제5조의3이 개인정보 보호법 제17조에 우선한다는 내용은 규정되어 있지 않아, 가상자산사업자가 정보주체의 별도의 동의를 받아야 하는 것이 아닌가 의문이 생길 수 있다. 더 나아가 개인정보 보호법 제17조에는 신용정보법 제32조 제6항 제10호와 같은 예외도 규정되어 있지 않다.

이에 대해 개인정보 보호법 제6조(다른 법률과의 관계)에서의 '다른 법률에

제16조(개인정보의 파기방법) ① 개인정보처리자는 법 제21조에 따라 개인정보를 파기할 때에는 다음 각 호의 구분에 따른 방법으로 하여야 한다.	제16조(개인정보의 파기방법) ① --.
1. 전자적 파일 형태인 경우: 복원이 불가능한 방법으로 영구 삭제	1. ------------- 경우
<신 설>	가. 복원이 불가능한 방법으로 영구 삭제
<신 설>	나. 기술적 특성으로 인하여 가목에 따른 영구 삭제가 현저히 곤란한 경우로서, 법 제58조의2에 해당하는 정보로 처리하여 복원이 불가능하도록 조치

특별한 규정이 있는' 경우는 넓게 볼 수 있고, 특정금융정보법에 개인정보 관련 규정들은 모두 그에 해당하기 때문에 그 규정들은 개인정보 보호법 제17조에 우선한다는 주장도 가능해 보인다.

그러나 신용정보법 등에 대해서는 구체적인 조문을 적시하면서, 특정금융정보법의 조항이 우선한다고 규정하는 것과 비교할 때 타당성이 떨어지는 점을 고려하면, 입법적인 불비로 보여지고 개정을 통해 그 점을 명확히 하는 것이 필요해 보인다.

그리고 개인정보 보호법 제20조에 따르면 위와 같이 특정금융정보법 제5조의3, 즉 travel rule에 따라 정보주체의 동의 없이 개인정보를 송금 가상자산사업자로부터 이전받은 수취 가상자산사업자는 개인정보주체의 요구가 있으면 개인정보주체에게 수집 출처, 처리 목적, 개인정보 처리의 정지를 요구할 권리가 있다는 사실을 알려야 한다. 그러나 특정금융정보법은 개인정보 보호법 제20조를 적용하지 아니한다는 명시적 규정을 두고 있지 아니하여 수신 가상자산사업자가 travel rule에 따라 개인정보를 제공받은 경우에, 정보주체의 요구가 있으면 정보주체에게 그 사실을 알려야 하는지가 문제된다. 자금세탁방지제도가 실효를 거두기 위해서는 수신 가상사업자에게 위 의무가 배제된다고 보는 것이 합리적이지만, 이도 입법의 불비로 보여지므로 명시적 근거를 마련하기 위해 개인정보 보호법 제20조의 적용도 배제하는 조항을 신설하는 것이 필요해 보인다.

Ⅱ. 제14조 제2항

금융회사등과 중계기관이 특정금융정보법에 따라 제공한 정보에 대하여는 신용정보법 제35조(신용정보 이용 및 제공사실의 조회)[6]를 적용하지 아니한다.

6) 신용정보법 제35조(신용정보 이용 및 제공사실의 조회) ① 신용정보회사등은 개인신용정보를 이용하거나 제공한 경우 대통령령으로 정하는 바에 따라 다음 각 호의 구분에 따른 사항을 신용정보주체가 조회할 수 있도록 하여야 한다. 다만, 내부 경영관리의 목적으로 이용하거나 반복적인 업무위탁을 위하여 제공하는 경우 등 대통령령으로 정하는 경우에는 그러하지 아니하다.

1. 개인신용정보를 이용한 경우: 이용 주체, 이용 목적, 이용 날짜, 이용한 신용정보의 내용, 그 밖에 대통령령으로 정하는 사항
2. 개인신용정보를 제공한 경우: 제공 주체, 제공받은 자, 제공 목적, 제공한 날짜, 제공한 신용정보의 내용, 그 밖에 대통령령으로 정하는 사항

② 신용정보회사등은 제1항에 따라 조회를 한 신용정보주체의 요청이 있는 경우 개인신용정보를 이용하거나 제공하는 때에 제1항 각 호의 구분에 따른 사항을 대통령령으로 정하는 바

신용정보법 제35조에 의하면 신용정보주체는 신용정보회사등이 본인의 신용정보를 제3자등에 제공 시 제공내용을 조회하거나 통보하도록 요구할 수 있다. 그러나 금융회사등과 중계기관이 특정금융정보법에 따라 제공한 정보에 대하여도 신용정보주체가 본인의 정보 제공내용을 조회하거나 통보하도록 요구할 수 있다면, 금융회사등과 중계기관이 보고한 의심거래보고, 고액현금거래보고 등에 관한 세부정보가 신용정보주체에게 공개되어, 자금세탁방지 관련 금융회사등과 중계기관, 국가의 업무에 지장을 초래할 뿐만 아니라 업무의 공정성을 저해하며, 나아가 공익에 심대한 영향을 줄 수 있다.

이에 특정금융정보법은 금융회사등과 중계기관이 특정금융정법에 따라 제공한 정보에 대하여는 신용정보주체의 신용정보법 제35조에 따른 조회나 통보 요구를 제한하고 있다.

〈참고〉 개인정보보호법(개인정보파기 의무)의 준수에 대한 규제샌드박스 등 지정 현황

블록체인의 경우 기술의 특성상 노드들 간의 일정한 합의 알고리즘 방식에 따라 블록에 저장된 정보는 누구도 임의로 변경 또는 삭제할 수 없다는 점에 본질적 가치가 있는 것이어서 블록에 저장된 암호화된 가명정보를 삭제하는 것이 어렵기 때문에, 처리 목적을 달성하거나 이용 기간이 지난 개인정보를 파기해야 하는 개인정보보호법 제21조와 상충되는 측면이 있다. 이로 인하여 개인정보를 활용하는 블록체인 서비스를 규제자유특구 및 지역특화발전특구에 관한 규제특례법상의 규제특례사업 또는 금융혁신지원특별법상의 혁신금융서비스로 지정할 때 오프체인에 저장한 데이터 파기만으로 개인정보 파기로 인정하는 방식을 취함으로써 온체인에 저장된 암호화된 가명정보의 파기는 면제해 주고 있다.[7)]

[표] 블록체인 개인정보 삭제 관련 규제샌드박스/실증특례 사례[8)]

구분	서비스명	규제특례 내용	관련 부처
부산 블록체인 규제자유특구 1차	블록체인 기반 스마트 해양물류 플랫폼 서비스	오프체인 방식의 개인정보, 개인위치정보 파기를 인정	행정안전부 방송통신위원회
	블록체인 기반 부산 스마트투어 플랫폼 서비스	오프체인 방식의 개인정보, 전자금융거래기	행정안전부 금융위원회

에 따라 신용정보주체에게 통지하여야 한다.
③ 신용정보회사등은 신용정보주체에게 제2항에 따른 통지를 요청할 수 있음을 알려주어야 한다.
[전문개정 2015.3.11]

		록 파기를 인정	
	블록체인 기반 공공안전 영상제보 서비스	오프체인 방식의 개인정보, 개인위치정보 파기를 인정	행정안전부 방송통신위원회
	디지털 원장 기반 지역화폐 활성화 서비스	오프체인 방식의 전자금융거래 기록 파기를 인정	금융위원회
부산 블록체인 규제자유특구 3차	블록체인 기반 부동산 집합투자 및 수입배분 서비스	오프체인 방식의 개인정보 파기를 인정	행정안전부
	블록체인 기반 데이터 리워드 및 거래 서비스	오프체인 방식의 개인정보, 개인위치정보, 전자금융거래기록 파기를 인정	행정안전부 방송통신위원회 금융위원회
	블록체인 기반 의료 마이데이터 비대면 플랫폼 서비스	오프체인 방식의 개인정보 파기를 인정	행정안전부

[표] 블록체인 개인정보 삭제 관련 혁신금융서비스 사례[9)]

구분	서비스명	특례 내용	관련 부처
혁신금융 서비스	블록체인 기반 부동산 수익증권 거래 플랫폼	오프체인 방식의 개인정보, 개인정보 파기 인정	금융위원회

[박 종 백/홍 성 환]

7) 개인정보보호위원회, 2021 개인정보보호 연차보고서, 37면 참조.

8) 중소벤처기업부 규제자유특구 홈페이지(http://rfz.go.kr/?menuno=206) 참조(최종검색일 : 2021.9.5).

9) 금융규제 샌드박스 홈페이지(https://sandbox.fintech.or.kr/result/appoint_service.do?lang=ko&pageIndex=2) 참조(최종검색일 : 2021.9.5).

제 6 장 감독 · 검사

제 1 절 금융회사등의 감독 · 검사 등(제15조)

제15조(금융회사등의 감독 · 검사 등)

① 금융정보분석원장은 제4조, 제4조의2, 제5조, 제5조의2, 제5조의3, 제5조의4 또는 제8조에 따라 금융회사등이 수행하는 업무를 감독하고, 감독에 필요한 명령 또는 지시를 할 수 있으며, 그 소속 공무원으로 하여금 금융회사등의 업무를 검사하게 할 수 있다. <개정 2013. 8. 13., 2019. 1. 15., 2021. 12. 28.>

② 금융정보분석원장은 제1항에 따른 검사 결과 이 법 또는 이 법에 따른 명령 또는 지시를 위반한 사실을 발견하였을 때에는 해당 금융회사등에 대하여 다음 각 호의 어느 하나에 해당하는 조치를 할 수 있다. <개정 2012. 3. 21.>

1. 위반 행위의 시정명령
2. 기관경고
3. 기관주의

③ 금융정보분석원장은 제1항에 따른 검사 결과 이 법 또는 이 법에 따른 명령 또는 지시를 위반한 사실을 발견하였을 때에는 위반 행위에 관련된 임직원에 대하여 다음 각 호의 구분에 따른 조치를 하여 줄 것을 해당 금융회사등의 장에게 요구할 수 있다. <신설 2012. 3. 21.>

1. 임원: 다음 각 목의 어느 하나에 해당하는 조치
   가. 해임권고
   나. 6개월 이내의 직무정지
   다. 문책경고
   라. 주의적 경고
   마. 주의
2. 직원: 다음 각 목의 어느 하나에 해당하는 조치
   가. 면직

나. 6개월 이내의 정직

다. 감봉

라. 견책

마. 주의

④ 금융정보분석원장은 다음 각 호의 어느 하나에 해당하는 경우에는 해당 금융회사등의 영업에 관한 행정제재처분의 권한을 가진 관계 행정기관의 장에게 6개월의 범위에서 그 영업의 전부 또는 일부의 정지를 요구할 수 있다. <신설 2012. 3. 21.>

1. 제2항 제1호에 따른 시정명령을 이행하지 아니한 경우
2. 제2항 제2호에 따른 기관경고를 3회 이상 받은 경우
3. 그 밖에 고의 또는 중대한 과실로 자금세탁행위와 공중협박자금조달행위를 방지하기 위하여 필요한 조치를 하지 아니한 경우로서 대통령령으로 정하는 경우

⑤ 제4항에 따른 요구를 받은 관계 행정기관의 장은 정당한 사유가 없으면 그 요구에 따라야 한다. <신설 2012. 3. 21.>

⑥ 금융정보분석원장은 대통령령으로 정하는 바에 따라 한국은행총재 또는 금융감독원장이나 그 밖에 대통령령으로 정하는 자에게 위탁하여 그 소속 직원으로 하여금 제1항에 따른 검사와 제2항 및 제3항에 따른 조치를 하게 할 수 있다. <개정 2012. 3. 21., 2020. 3. 24.>

⑦ 제1항 또는 제6항에 따라 감독 · 검사를 하는 자는 감독 · 검사에 필요한 경우에는 금융회사등의 장에게 금융거래등의 정보나 제4조 및 제4조의2에 따라 보고한 정보를 요구할 수 있다. 이 경우 정보의 요구는 필요한 최소한에 그쳐야 한다. <신설 2012. 3. 21., 2020. 3. 24.>

⑧ 제1항 또는 제6항에 따라 검사를 하는 자는 그 권한을 표시하는 증표를 지니고 이를 관계인에게 보여 주어야 한다. <개정 2012. 3. 21.>

⑨ 제7항에 따라 금융회사등의 장에게 금융거래등 정보를 요구하는 경우에는 「금융실명거래 및 비밀보장에 관한 법률」 제4조 제6항 및 제4조의3 제3항을 준용한다. <신설 2012. 3. 21., 2020. 3. 24.>

[전문개정 2011. 5. 19.]

[제11조에서 이동, 종전 제15조는 제18조로 이동 <2020. 3. 24.>]

Ⅰ. 본조의 의의

본 법 제4조, 제4조의2, 제5조, 제5조의2, 제5조의3, 제5조의4는 자금세탁행위와 공중협박자금조달행위의 방지를 위해 금융회사등이 취해야 할 중요 조치에 대해 규정하고 있고, 제8조는 금융회사등에 포함되는 가상자산사업자에 대하여 별도로 고객별 거래내역 분리관리 등의 의무를 부과하고 있다.

본 조는 금융정보분석원장에게 금융회사등이 수행하는 이와 같은 업무에 대한 감독권한이 있음을 규정하면서 그 실효성을 확보하기 위한 구체적 조치에 대해 규정하고 있다.

Ⅱ. 내　　용

본조 제1항은 금융회사등이 제4조, 제4조의2, 제5조, 제5조의2, 제5조의3, 제5조의4, 제8조에 따라 취해야 할 조치를 제대로 수행하고 있는지에 대해 금융정보분석원장에게 포괄적인 감독의 권한이 있음을 규정한 조항이다. 또한 본 항은 금융정보분석원장이 감독을 위해 필요한 명령 또는 지시를 할 수 있고, 나아가 그 소속 공무원에게 금융회사등의 업무를 검사하게 할 수 있도록 하고 있다. 금융정보분석원장의 명령, 지시 등에 대한 권한은 감독을 위해 필요한 범위로 제한되지만 상당한 정도의 재량이 인정될 것으로 보인다.

검사 결과 이 법이나 명령 또는 지시를 위반한 사실이 발견되었을 경우 금융회사등 및 위반행위에 관련된 금융회사등의 임직원 모두 제재의 대상이 될 수 있다.

제2항은 금융정보분석원장이 금융회사등을 상대로 시정명령, 기관경고, 기관주의 중 하나의 조치를 취할 수 있음을 규정하고 있고, 제3항은 금융정보분석원장이 금융회사등의 장에게 위반행위 관련 임직원에 대해 해임권고, 6개월 이내의 직무정지, 면직, 6개월 이내의 정직 등의 징계조치를 취하도록 요구할 수 있음을 규정하고 있다. 금융회사등의 장이 금융정보분석원장의 임직원에 대한 징계요구에 따르지 않더라도 금융정보분석원장이 직접 해당 임직원에 대한 징계조치를 취할 수는 없다. 그러나 이 경우 금융정보분석원장은 명령 또는 지시에 불응하였음을 이유로 금융회사등에 대해 제2항에서 정한 조치를 취할 수 있을 것이므로 이에 의해 임직원의 징계에 대한 사실상의 강제력이 확보된다.

제4항은 금융회사등의 영업에 관한 행정제재처분의 권한을 가진 관계 행정기관의 장[1]에게 6개월의 범위 내에서 영업의 전부 또는 일부의 정지를 요구할 수 있는 권한을 금융정보분석원장에게 부여하고 있다. 이는 금융정보분석원장의 금융회사등에 대한 제2항에 따른 징계의 실효성을 확보하기 위한 것이다. 다만 영업정지 요구를 할 수 있는 경우는 제2항 제1호에 따른 시정명령을 이행하지 아니한 경우와 제2항 제2호에 따른 기관경고를 3회 이상 받은 경우로 한정되고 제2항 제3호에 따른 기관주의를 받은 경우는 제외된다. 제4항은 이와 더불어 포괄적으로 "고의 또는 중대한 과실로 자금세탁행위와 공중협박자금조달행위를 방지하기 위하여 필요한 조치를 하지 아니한 경우로서 대통령령으로 정하는 경우"에도 금융정보분석원장이 영업정지 요구를 할 수 있도록 규정하고 있다. 이와 관련하여 동법 시행령은 대통령령으로 정하는 경우란 "금융회사등이 금융거래등의 상대방 또는 그의 관계자와 공모하여 법 제4조 제1항 또는 제4조의2 제1항 · 제2항에 따른 보고를 하지 않거나 거짓으로 하여 금융거래 질서를 해치거나 해칠만한 상당한 우려가 있다고 인정되는 경우를 말한다."고 규정하고 있다 (법 시행령 제15조 제1항).

한편 금융회사등에 대한 행정제재처분을 할 수 있는 기관과 관련하여 가상자산사업자에 대하여는 현재 이를 규율하는 법률이 존재하지 않는다. 법은 이를 감안하여 제7조 제5항에서 ① 제15조 제2항 제1호에 따른 시정명령을 이행하지 아니한 경우와 ② 제15조 제2항 제2호에 따른 기관경고를 3회 이상 받은 경우, ③ 그 밖에 고의 또는 중대한 과실로 자금세탁행위와 공중협박자금조달행위를 방지하기 위하여 필요한 조치를 하지 아니한 경우로서 대통령령으로 정하는 경우에는 금융정보분석원장이 가상자산사업자에 대하여 대통령령으로 정하는 바에 따라 6개월의 범위에서 영업의 전부 또는 일부의 정지를 명할 수 있도록 규정하고 있다. 위 ①과 ②는 본조 제4항과 요건이 동일하나 위 ③과 관련하여서는 대통령령이 "법 제8조[2]에 따른 조치를 이행하지 않은 경우와 법 제15조 제1항 및 제6항에 따른 감독 · 명령 · 지시 · 검사 · 조치에 따르지 않거나 이를 거부 ·

1) '금융회사등'은 법 제2조 제1호에 가.목부터 거.목까지 규정되어 있는데 이 중 해당 금융회사등을 규율하는 관련법률이 제정되어 있는 금융회사등의 경우에는 해당 법률에 따라 행정제재기관이 정해질 것이다.

2) 가상자산사업자는 법 제4조 제1항 및 제4조의2에 따른 보고의무 이행 등을 위하여 고객별 거래내역을 분리하여 관리하는 등 대통령령으로 정하는 조치를 하여야 한다.

방해 또는 기피한 경우"로 규정하고 있어 본조 제4항과 관련하여 대통령령이 규정하고 있는 것보다 좀 더 포괄적이고 강화된 의무를 부과하고 있다(법 시행령 제10조의14 제2항).[3)]

제5항은 제4항에 따른 요구를 받은 관계 행정기관의 장이 정당한 사유가 없으면 그 요구에 따라야 함을 규정함으로써 금융정보분석원장에게 금융회사등에 대한 실질적인 징계처분의 권한이 확보되도록 하고 있다.

제6항은 금융정보분석원장이 대통령령으로 정하는 바에 따라 본조 제1항에 따른 검사와 제2항, 제3항에 따른 조치를 한국은행총재 또는 금융감독원장이나 대통령령으로 정하는 자에게 위탁하여 그 소속직원으로 하여금 하게 할 수 있음을 규정하고 있다. 대통령령으로 정한 수탁기관은 '과학기술정보통신부장관 · 행정안전부장관 · 산업통상자원부장관 · 중소벤처기업부장관 · 관세청장 · 제주특별자치도지사 · 농업협동조합중앙회장 · 수산업협동조합중앙회장 · 산림조합중앙회장 · 신용협동조합중앙회장 및 새마을금고중앙회장'이다(법 시행령 제15조 제2항). 위 각 수탁기관이 검사와 조치를 취할 수 있는 대상은 "1. 과학기술정보통신부장관 : 「우체국예금 · 보험에 관한 법률」에 따른 체신관서, 2. 행정안전부장관 : 「새마을금고법」에 따른 새마을금고중앙회, 3. 중소벤처기업부장관 : 「벤처투자 촉진에 관한 법률」 제2조 제10호 및 제11호에 따른 중소기업창업투자회사 및 벤처투자조합, 4. 관세청장 : 「외국환거래법」 제8조 제3항 제1호에 따라 등록한 환전영업자, 7. 금융감독원장 : 한국산업은행 등의 은행 등[4)], 8. 농업협동조합중

3) 한편 금융정보분석원장이 영업의 정지를 명하는 경우에는 대통령령으로 정하는 바에 따라야 하는데, 이에 관해 동법 시행령은 위반행위의 동기 및 배경, 위반행위의 유형 및 성격, 위반행위의 효과 및 영향력, 법 위반상태의 시정 노력을 종합적으로 고려해야 한다고 규정하고 있다(법 시행령 제10조의14 제1항).

4) 구체적으로는 다음과 같다.

가. 한국산업은행 · 한국수출입은행 · 중소기업은행 및 「은행법」에 의한 은행

나. 법 제2조 제1호 마목, 바목 및 카목에 따른 금융회사등

다. 시행령 제2조 제3호부터 제5호까지, 제7호, 제13호 및 제14호의 규정에 따른 금융회사등

라. 「농업협동조합법」 제161조의11 및 제161조의12에 따른 농협은행, 농협생명보험, 농협손해보험 및 「수산업협동조합법」 제141조의4에 따른 수협은행,

마. 「수산업협동조합법」에 따른 수산업협동조합중앙회, 「신용협동조합법」에 따른 신용협동조합중앙회 및 「산림조합법」에 따른 산림조합중앙회,

바. 「외국환거래법」 제8조 제3항 제2호에 따라 등록한 소액해외송금업자

사. 「농업협동조합법」에 따른 조합, 「수산업협동조합법」에 따른 조합, 「산림조합법」에 따른 조합, 「신용협동조합법」에 따른 신용협동조합(제8호부터 제11호까지의 규정에 따른 수탁기관이 실시한 검사 결과 해당 금융회사등에 대한 추가적인 검사가 필요하다고 금융정보분석원장이 인정하는 경우에 한정한다)

앙회장 : 「농업협동조합법」에 의한 조합, 9. 수산업협동조합중앙회장 : 「수산업협동조합법」에 의한 조합, 10. 산림조합중앙회장 : 「산림조합법」에 의한 조합, 11. 신용협동조합중앙회장 : 「신용협동조합법」에 의한 신용협동조합, 12. 새마을금고중앙회장 : 「새마을금고법」에 따른 금고, 13. 제주특별자치도지사 : 「제주특별자치도 설치 및 국제자유도시 조성을 위한 특별법」 제243조 제1항 또는 제244조 제1항에 따라 허가를 받아 카지노업을 하는 카지노사업자"이다(법 시행령 제15조 제3항). 검사나 징계조치의 대상이 되는 금융회사등이나 그 임직원이 광범위한 점을 고려하여 실질적인 업무 효율성을 달성하기 위하여 금융정보분석원장이 업무를 위탁할 수 있도록 한 것이다.

제7항은 제1항 또는 제6항에 따라 감독 · 검사를 하는 자가 금융회사등의 장에게 감독 · 검사에 필요한 금융거래등의 정보를 요구하거나 금융회사등이 제4조 및 제4조의2에 따라 의심거래, 고액현금거래에 관해 보고한 정보를 요구할 수 있도록 규정하고 있다. 이는 금융회사등의 영업소에서 검사가 이루어지는 경우 등에 있어서 검사 상황에 맞추어 필요한 자료를 즉시 제공받을 수 있도록 함으로써 감독 · 검사의 원활을 도모하기 위한 조항이다.

제8항은 제1항 또는 제6항에 따라 검사를 하는 자는 그 권한을 표시하는 증표를 지니고 이를 관계인에게 보여 주어야 한다고 규정하고 있다.

제9항은 제7항에 따라 금융거래등 정보를 요구하는 경우에 금융실명법 제4조 제6항 및 제4조의3 제3항을 준용한다고 규정하고 있다. 금융실명법 제4조 제6항은 금융거래의 내용에 대한 정보 또는 자료('거래정보등')의 제공을 요구하는 경우 명의인의 인적사항, 요구대상 거래기간, 요구의 법적근거, 사용목적 등에 관한 사항이 포함된 금융위원회의 표준양식을 사용하여야 한다는 내용의 규정이다. 금융실명법 제4조의3 제3항은 거래정보등을 명의인 외의 자에게 제공하거나 제공을 요구받은 경우 요구자의 인적사항, 요구하는 내용 및 요구일, 사용목적, 제공자의 인적사항 및 제공일, 제공된 거래정보등의 내용 등의 사항이 포함된 금융위원회가 정하는 표준양식으로 기록 · 관리하여야 하고, 이를 거래정보등을 제공한 날(제공을 거부한 경우에는 그 제공을 요구받은 날)부터 5년간 보관하여야 한다는 내용의 규정이다.

[김 창 권]

제 2 절 외국 금융감독 · 검사기관과의 업무협조 등(제15조의2)

제15조의2(외국 금융감독 · 검사기관과의 업무협조 등)

① 금융정보분석원장(이하 이 조에서 제15조 제6항에 따라 금융정보분석원장의 권한을 위탁받은 자를 포함한다)은 외국 금융감독 · 검사기관(제4조 · 제4조의2 · 제5조 · 제5조의2 · 제5조의3 또는 제5조의4에 따른 금융회사등의 의무를 감독 · 검사하는 업무를 수행하는 외국의 기관을 말한다. 이하 이 조에서 같다)이 외국의 법령(자금세탁행위 방지 및 공중협박자금조달행위 금지 관련 국제협약과 국제기구의 권고사항을 반영한 외국의 법령을 말한다. 이하 이 조에서 “외국법령”이라 한다)을 위반한 행위에 대하여 목적 · 범위 등을 밝혀 이 법에서 정하는 방법에 따른 감독 · 검사를 요청하는 경우 이에 협조할 수 있다. 이 경우 금융정보분석원장은 상호주의 원칙에 따라 감독 · 검사자료를 외국 금융감독 · 검사기관에 제공하거나 이를 제공받을 수 있다. <개정 2020. 3. 24.>

② 금융정보분석원장은 다음 각 호의 요건을 모두 충족하는 경우에만 제1항 후단에 따라 외국 금융감독 · 검사기관에 감독 · 검사자료를 제공할 수 있다.

1. 외국 금융감독 · 검사기관에 제공된 감독 · 검사자료가 제공된 목적 외의 다른 용도로 사용되지 아니할 것
2. 감독 · 검사자료 및 그 제공사실의 비밀이 유지될 것. 다만, 감독 · 검사자료가 제공된 목적 범위에서 외국법령에 따른 처분 또는 그에 상응하는 절차에 사용되는 경우에는 그러하지 아니하다.

③ 제1항에 따른 감독 · 검사의 경우 제15조 제7항을 준용한다. <개정 2020. 3. 24.>

[본조신설 2019. 1. 15.]

[제11조의2에서 이동 <2020. 3. 24.>]

Ⅰ. 본조의 의의

본조는 자금세탁행위 방지 및 공중협박자금조달행위 금지와 관련하여 외국 금융감독 · 검사기관과의 국제적인 협력에 대하여 규정하고 있다. 자금세탁행위 등은 빈번하게 국경을 넘어서 일어나는 성격을 가지고 있기 때문에 한 국가만

의 노력으로는 이를 완벽히 방지하는 것에 한계가 존재하므로 외국과의 공조를 통하여 자금세탁행위 방지 등에 관한 법집행의 효율성을 높이고자 한 규정이다.

Ⅱ. 내　　용

제1항은 공조를 요청한 국가가 자금세탁행위 방지 및 공중협박자금조달행위 금지 관련 국제협약과 국제기구의 권고사항을 반영한 법령을 제정하였음을 전제로 하여 그 법령을 위반한 행위와 관련하여 우리나라가 감독 · 검사를 대행할 수 있고 필요한 경우 그와 관련한 자료를 제공하거나 제공받을 수 있도록 규정하고 있다. 자금세탁행위 방지 등에 관한 각 국가의 관련법령의 내용이 상이하면 원활한 국제협력이 이루어지는 데 장애요소가 될 것이다. 자금세탁행위 방지 등에 관하여 제재 대상 행위의 지정이나, 방법, 절차 등에 있어서 국제적 협력을 도모할 목적으로 아래에서 보는 바와 같은 각종 협약 및 국제규범이 제정되어 있다. 위 조문은 국제적인 협력의 전제로서 공조를 요청한 국가가 위와 같이 국제협약과 국제기구의 권고사항을 반영한 법령을 제정할 것을 요건으로 함으로써 국제협력의 기본적인 틀 안에서 국가간 상호공조가 이루어지도록 하려는 조항이다.

1998년 6월 UN은 자금세탁방지를 위한 정치적 선언 및 이행계획(Political Declaration and Action Plan Against Money Laundering)을 통하여 각국이 2003년까지 ① 자금세탁의 범죄화 및 자금세탁 범죄의 예방, 적발, 수사, 기소를 위한 법적 제도 마련, ② 범죄수익의 몰수, 보전 제도 마련, ③ 금융 시스템이 자금세탁에 이용되는 것을 방지하기 위한 규제 강화의 이행을 촉구한 바 있다. 이에 관하여는 현재 ① 마약 및 향정신성물질의 불법거래 방지에 관한 국제연합협약(United Nations Convention against Illicit Traffic in Narcotic Drugs and Psychotropic Substances, 1988),[5] ② 국제연합 초국가적 조직범죄 방지협약(United Nations Convention against Transnational Organized Crime, 2000),[6] ③ 테러자금조달의 억제를 위한 국제협약(International Convention for the Suppression of the Financing of Terrorism, 1999),[7] ④

5) 우리나라에서의 발효일은 1999. 3. 28. (가입서 기탁일 1998. 12. 28.)이다. 우리나라는 그 이전인 1995. 12. 6. 마약거래방지법을 제정하였다.

6) 우리나라에서의 발효일은 2015. 12. 5. (비준서 기탁일 2015. 11. 5.)이다.

7) 우리나라에서의 발효일은 2004. 3. 18. (비준서 기탁일 2004. 2. 17.)이다. 우리나라는 2007.

국제연합 부패방지협약(United Nations Convention against Corruption, 2003)[8)]과 같은 UN 협약이 체결되어 국제규범으로 받아들여지고 있다. 위 협약은 모두 회원국간의 공조에 관하여 규율하고 있다.

자금세탁행위 방지 등의 이행을 위한 국제기구로는 FATF(Financial Action Task Force),[9)] Egmont Group of FIUs,[10)] APG(Asia Pacific Group on Money Laundering)[11)]를 들 수 있다. FATF가 불법자금세탁 및 테러자금조달에 효과적으로 대처하기 위해 제정한 40개 권고사항(Financial Action Task Force on Money Laundering, 「The Forty Recommendations」)은 각국이 취해야 할 사법시스템, 금융시스템, 국제협력방안 등에 대해 포괄적인 가이드라인을 제시하고 있는 대표적인 규범이다. 이는 조약이나 협약과 같은 법적 구속력을 가지는 것은 아니지만 회원국에 대한 상호평가와 비협조국지정의 근거가 되는 것으로 통용되어 사실상의 구속력을 가지는 국제규범으로 인정받고 있다.[12)13)] 위 권고사항은 1990년 금융시스템을 이용한 마약자금세탁 방지를 위하여 최초로 제정된 후 1996년과 2003년의 개정을 통해 그 적용범위가 확대되었고, 2012년에는 테러자금조달의 규율에 관한 9개 특별권고사항(The Nine Special Recommendations on Terrorist

---

12. 21. 테러자금금지법을 제정하여 위 협약의 이행을 위한 국내입법을 마쳤다.

8) 우리나라에서의 발효일은 2008. 4. 26. (비준서 기탁일 2008. 3. 27.)이다.

9) 자금세탁방지에 관한 가장 대표적인 국제협력기구이다. 1989년 G7 정상회의에서 금융기관을 이용한 자금세탁에 대응하기 위해 설립에 합의하였다. 우리나라는 2009년 10월 정회원으로 가입하였다[https://www.kofiu.go.kr/kor/policy/iois01_1.do(2022. 2. 16. 마지막 방문)]. 우리나라와 미국, 영국, 프랑스, 독일, 일본, 중국을 비롯한 37개 국가와 European Commission, Gulf Co-operation council이 회원으로 참가하고 있고, 인도네시아가 옵저버 국가로 참여하고 있다[https://www.fatf-gafi.org/about/membersandobservers/(2022. 2. 16. 마지막 방문)].

10) 각국 금융정보분석기구(FIU; Financial Intelligence Unit, 우리나라는 금융정보분석원이 이에 해당한다)간 정보교환 등 국제협력을 강화하고 FIU의 신규 설립을 지원하기 위해 1995년 6월 설립되었다. 현재 139개국 FIU가 회원으로 활동하고 있다. 우리나라는 2002년 6월 모나코 총회에서 정회원 가입이 승인되었다[https://www.kofiu.go.kr/kor/policy/iois01_2.do(2022. 2. 16. 마지막 방문)].

11) 자금세탁방지를 위한 아시아·태평양지역 국가간 협조를 위해 1998년 3월 설립되었다. 현재 총 41개국이 회원으로 참여하고 있고, 우리나라는 1998년 10월부터 정회원으로 활동하고 있다. FATF 평가방법론에 의거 회원국에 대한 상호평가(Mutual Evaluation)를 실시하고 이행현황을 모니터링 하고 있다[https://www.kofiu.go.kr/kor/policy/iois01_3.do(2022. 2. 16. 마지막 방문)].

12) 현재 180여개국에서 자금세탁방지 및 테러자금조달방지에 관한 국제기준으로 채택되고 있다[https://www.kofiu.go.kr/kor/policy/iois01_1.do(2022. 2. 16. 마지막 방문)].

13) 본 주해서 제1부에 기재된 바와 같이 FATF가 가상자산과 관련하여 제정한 규범으로는 FATF(2019.06), *Guidance for a Risk-Based Approach: Virtual Assets and Virtual Asset Service Providers* 등이 있다.

Financing)[14]을 통합하면서 대량살상무기 확산 금지를 위한 권고사항을 추가하였다.[15] FATF는 권고사항의 이행에 관한 회원국 상호간의 평가를 위한 기준을 제정하여 상호평가를 시행하고 있다.

FATF의 40개 권고사항은 A. 자금세탁방지 및 테러자금조달방지 정책 및 협력, B. 자금세탁행위와 몰수 조치, C. 테러자금 지원 및 대량살상무기에 대한 자금지원, D. 예방조치, E. 투명성, 법인과 신탁재산 소유자, F. 감독기관의 권한과 책임, 다른 기관조치, G. 국제협력의 카테고리로 이루어져 있다.

우리나라에서 자금세탁 및 테러자금조달 방지업무를 담당하는 기관은 본법에 따라 2001년 설립된 금융정보분석원(Korea Financial Intelligence Unit, KoFIU)으로서 현재 미국, 영국, 프랑스, 일본, 중국 등 71개국과 MOU를 체결하고 활동하고 있다.[16]

제1항은 감독 · 검사자료를 외국 금융감독 · 검사기관에 제공하는 경우 상호주의를 적용하도록 하고 있다. 따라서 감독 · 검사자료를 제공해 달라는 우리나라의 요청에 응하지 않는 외국에 대해서는 우리나라도 위 자료를 제공할 의무가 없다.

제2항은 외국 금융감독 · 검사기관에 대한 자료 제공의 요건을 추가적으로 규정하고 있는데, 외국 금융감독 · 검사기관에 제공된 감독 · 검사자료가 제공된 목적 외의 다른 용도로 사용되지 아니할 것과 감독 · 검사자료 및 그 제공사실의 비밀이 유지될 것이 그 요건이다. 다만 자료제공의 단계에서는 이를 확정할 방법이 없으므로 사후적으로 해당 국가가 이를 어겼음이 밝혀지는 경우에 문제가 될 것으로 보인다. 감독 · 검사자료 및 그 제공사실의 비밀이 유지될 것의 예외로서 제공된 목적 범위에서 외국법령에 따른 처분 또는 그에 상응하는 절차에 사용되는 경우를 들고 있는데 이는 외국에서의 공적인 행정절차 등에서 사용되는 경우를 상정한 규정이라고 보인다.

제3항은 제15조 제7항을 준용함으로써, 제1항에 의거하여 금융정보분석원장이나 그 권한을 위탁받은 한국은행총재 등이 외국기관의 요청에 따른 감독 ·

14) 2001년 8개 특별권고사항으로 제정되었다가 2004년 9개 특별권고사항으로 확대되었다.

15) International Standards on Combating Money Laundering and The Financing of Terrorism & Proliferation, 「The FATF Recommendations」 참조. 2020. 10.에 일부 수정이 있었다; [https://www.fatf-gafi.org/about/historyofthefatf/#d.en.3157(2022. 2. 16. 마지막 방문)].

16) https://www.kofiu.go.kr/kor/policy/mou.do(2022. 2. 16. 마지막 방문).

검사를 하는 경우에 필요한 한도에서 금융회사등의 장에게 정보를 요구할 수 있도록 하고 있다.

[김 창 권]

제 7 장　벌칙 등

제 1 절　벌칙(제16조)

제16조(벌칙)

다음 각 호의 어느 하나에 해당하는 자는 5년 이하의 징역 또는 5천만원 이하의 벌금에 처한다. <개정 2012. 3. 21., 2013. 8. 13., 2014. 5. 28., 2020. 3. 24.>

1. 제4조 제5항 또는 제13조 제3항의 요건에 해당하지 아니함에도 불구하고 직권을 남용하여 금융회사등이 보존하는 관련 자료를 열람·복사하거나 금융회사등의 장에게 금융거래등 관련 정보 또는 자료의 제공을 요구한 자
2. 제12조 제1항을 위반하여 직무와 관련하여 알게 된 특정금융거래정보, 제5조의3에 따라 제공받은 정보, 제13조에 따라 제공받은 정보 또는 자료 및 제15조 제7항에 따라 제공받은 정보를 다른 사람에게 제공 또는 누설하거나 그 목적 외의 용도로 사용한 자 또는 특정금융거래정보, 제5조의3에 따라 제공받은 정보, 제13조에 따라 제공받은 정보 또는 자료 및 제15조 제7항에 따라 제공받은 정보를 제공할 것을 요구하거나 목적 외의 용도로 사용할 것을 요구한 자
3. 제12조 제1항을 위반하여 제10조 제8항의 정보분석심의회에서 알게 된 사항을 다른 사람에게 제공 또는 누설하거나 그 목적 외의 용도로 사용한 자 또는 이를 제공할 것을 요구하거나 목적 외의 용도로 사용할 것을 요구한 자

[전문개정 2011. 5. 19.]

[제13조에서 이동, 종전 제16조는 제19조로 이동 <2020. 3. 24.>]

Ⅰ. 본조의 취지

본조는 특정금융정보법상 요건이 충족되지 아니하였음에도 직권을 남용하여, 혹은 동법 제12조가 규정하고 있는 비밀보장 의무 등을 위반하여 금융회사등으로부터 자료를 취득하거나 그에게 금융거래등 관련 정보 또는 자료 제공을 요구하는 행위(제1호), 직무와 관련하여 알게 된 정보 등을 다른 사람에게 제공, 누설하거나 그 목적 외 용도로 사용하거나 그와 같은 정보 등의 제공이나 목적 외 용도로의 사용을 요구하는 행위(제2호), 정보분석심의회에서 알게 된 사항을 다른 사람에게 제공 또는 누설하거나 그 목적 외의 용도로 사용하거나 또는 이를 제공할 것을 요구하거나 목적 외 용도로 사용할 것을 요구하는 행위(제3호)에 대한 형벌을 각 규정하고 있다.

본조는 특정금융정보법이 2020. 3. 24. 개정됨에 따라 기존의 제13조에서 이동한 규정이다. 동법 제2조 제2호가 개정 전 법상 '금융거래'의 개념에 가상자산거래를 포함하여 '금융거래등'으로 정의한 것을 본조 제1호에 반영한 것을 제외하면 종전 규정과 차이가 없다.

금융실명법 제4조는 금융회사등에 종사하는 자의 금융거래의 비밀보장의무를 명시하고 있다. 다만, 동조는 법관이 발부한 영장에 따른 거래정보등의 제공 등 일정한 경우 그 사용 목적에 필요한 최소한의 범위에서 거래정보등을 제공하거나 그 제공을 요구할 수 있다고 규정하고 있고, 이에는 법률에 따라 불특정 다수인에게 의무적으로 공개하여야 하는 것으로서 해당 법률에 따른 거래정보등의 제공이 포함된다(동조 제8호). 위 예외규정 및 특정금융정보법상 관련 규정을 근거로, 금융회사등은 금융정보분석원에 금융거래등 관련 자료 내지 정보 등을 제공하고 금융정보분석원은 이를 분석하여 법집행기관에 제공한다.

그런데 금융정보분석원은 금융위원회 소속이지만 그 권한에 속하는 사무를 독립적으로 수행하는 기관으로(법 제3조 제2항), 기능상 수사권이 부여되어 있지 않고, 순수한 금융정보분석기구로서 자금세탁방지 등과 관련한 필요, 최소한의 특정금융거래정보만을 수집, 분석, 제공할 수 있다. 즉, 금융정보분석원은 임의로 특정인에 관한 금융정보등을 수집할 권한이 없고, 단지 수동적으로 금융회사등으로부터 보고받은 의심거래정보 및 관련 정보를 분석하여 법집행기관에 제공할 수 있을 뿐이다.

그런데 금융정보분석원의 법집행기관에 대한 정보 제공은 법관이 발부한 영장에 따른 것이 아니므로 무분별하게 악용될 경우 사생활의 비밀과 자유 등 헌법상 기본권이 침해될 소지가 크다. 특히, 금융거래등 관련 정보는 개인의 경제적인 상황뿐만 아니라 그가 맺고 있는 인간관계까지 파악할 수 있는 핵심적인 개인정보이므로 위 정보제공 및 관련 절차 등은 더욱 신중히 운용해야 할 필요성이 있다. 본조는 금융정보분석원 및 그 소속 공무원들이 직권을 남용하여 정보를 취득하는 등의 행위, 혹은 직무상 취득한 정보를 다른 사람에게 제공, 누설하거나 목적 외 용도로 사용하는 행위 등을 금지하고 위반 시 상당한 수준의 형사처벌을 부과하여 공익을 이유로 사익이 부당하게 침해되는 상황을 방지하려는 취지로 볼 수 있다.

Ⅱ. 벌칙규정의 적용대상자 등

1. 직권을 남용하여 금융회사등이 보존하는 관련 자료를 열람·복사하거나 금융회사등의 장에게 금융거래등 관련 정보 또는 자료의 제공을 요구한 자(제1호)

금융회사등은 금융거래등과 관련하여 수수한 재산이 불법재산이라고 의심되는 합당한 근거가 있는 경우, 금융거래의 상대방이 금융실명법 제3조 제3항을 위반하여 불법적인 금융거래등을 하는 등 자금세탁행위나 공중협박자금조달행위를 하고 있다고 의심되는 합당한 근거가 있는 경우, 범죄수익은닉규제법 제5조 제1항 및 테러자금금지법 제5조 제2항에 따라 금융회사등의 종사자가 관할 수사기관에 신고한 경우 중 어느 하나에 해당하는 경우에는 지체없이 그 사실을 금융분석원장에게 보고하여야 한다(법 제4조 제1항). 이처럼 의심거래보고를 한 금융회사등(그 종사자 포함)은 고의 또는 중대한 과실로 인하여 거짓 보고를 한 경우 외에는 그 보고와 관련한 금융거래등의 상대방 및 그의 관계자에 대하여 손해배상책임을 지지 아니한다(동조 제7항).

다만, 금융정보분석원장은 위와 같이 금융회사등으로부터 보고받은 사항을 분석할 때에는 보고받은 사항이 위 요건에 해당하는지를 심사하기 위하여 필요한 경우에만 금융회사등이 보존하는 관련 자료를 열람하거나 복사할 수 있다(동조 제5항). 또한, 금융정보분석원장이 특정금융거래정보를 분석할 때에는 보고받거나 제공받은 사항이 제4조 제1항의 요건에 해당한다고 판단하는 경우에만 거래자의 인적사항, 사용 목적, 요구하는 금융거래등 관련 정보 또는 자료의 내용을 각 적은 문서로 금융회사등의 장에게 외국환업무에 따른 거래를 이용한 금융거래등 관련 정보 또는 자료의 제공을 요구할 수 있다(법 제13조 제 3항).

위 각 규정은 금융회사등이 보존하는 관련 자료를 열람, 복사하거나 금융회사등의 장에게 금융거래등 관련 정보 또는 자료 제공을 요구할 수 있는 자로 금융정보분석원장만을 예정하고 있지만, 본조의 문언상 다른 사람이라고 하더라도 직권을 남용하여 위와 같은 행위를 한 자는 여기에 해당될 수 있다. 이때 '직권을 남용하여'의 의미와 관련하여, 형법 제123조의 직권남용 권리행사방해죄의 내용을 참고해볼 수 있다. 직권남용 권리행사방해죄에 있어 '직권남용'이란 공무원이 일반적 직무권한에 속하는 사항에 관하여 그 권한을 위법·부당하게 행사하는 것을 뜻한다. 남용에 해당하는가를 판단하는 기준은 구체적인 공무원의 직무행위가 본래 법령에서 그 직권을 부여한 목적에 따라 이루어졌는지, 직무행위가 행해진 상황에서 볼 때 필요성·상당성이 있는 행위인지, 직권행사가 허용되는 법령상의 요건을 충족했는지 등을 종합하여 판단하여야 한다(대법원 2020. 1. 30. 선고 2018도2236 전원합의체 판결). 따라서, 금융정보분석원장 뿐만 아니라 위와 같은 열람, 복사 내지 정보 등의 제공 요구 등 행위를 한 금융정보분석원 소속 공무원 등의 경우에도 위 기준에 따른 직권의 남용에 해당하면 본조의 죄책이 성립할 수 있다고 보아야 할 것이다.

2. 금융거래정보의 비밀보장 등 의무를 위반하여 직무와 관련하여 알게 된 특정금융거래정보 등을 다른 사람에게 제공 또는 누설하거나 그 목적 외의 용도로 사용하거나 그와 같은 정보 제공 또는 목적 외 용도 사용을 요구한 자(제2호)

금융정보분석원 소속 공무원과 금융정보분석원의 전산시스템(특정금융거래정보의 처리를 위한 것)의 관리자 및 해당 전산시스템 관련 용역 수행자, 중계기관에 종사하는 사람, 수취 금융회사에 종사하는 사람, 특정금융정보법 제10조에 따라 제공된 특정금융거래정보와 관련된 특정형사사건의 수사등에 종사하는 사람, 동법 제15조 제1항 및 제6항에 따라 감독 및 검사를 한 금융정보분석원 소속 공무원 또는 업무수탁기관 소속 직원, 동법 제10조 제9항에 따라 정보분석심의회에 참여하거나 정보분석심의회의 업무에 종사하게 된 사람은 그 직무와 관련하여 알게된 특정금융거래정보, 동법 제5조의3에 따라 제공받은 정보, 제13조에 따라 제공받은 정보 또는 자료, 제15조 제7항에 따라 제공받은 정보 등을 다른 사람에게 제공 또는 누설하거나 그 목적 외 용도로 사용해서는 안된다(법 제12조 제1항).

본조는 위와 같은 의무를 위반하여 위 각 정보 또는 자료를 다른 사람에게 제공 또는 누설하거나, 그 목적 외 용도로 사용한 자는 물론 그와 같은 제공 등을 요구한 자를 처벌함으로써 핵심적 개인정보에 해당하는 금융거래정보 등이 제공, 누설, 목적 외 사용됨에 따라 사생활의 비밀과 자유가 침해되는 상황을 방지하기 위한 취지로 볼 수 있다. 특히, 위와 같은 정보 등의 제공 또는 목적 외 용도 사용을 요구하는 경우 그러한 정보 등을 제공 등 한 경우와 동일한 수준의 처벌이 부과될 수 있는데, 이때 해당 정보가 실제로 제공되었거나 목적 외 용도로 사용되었는지 여부는 문제되지 않는다.

한편, 특정금융정보법은 누구든지 제12조 제1항 각호에 해당하는 사람에게 특정금융거래정보, 동법 제5조의3에 따라 제공받은 정보, 동법 제13조에 따라 제공받은 정보 또는 자료 및 제15조 제7항에 따라 제공받은 정보를 제공할 것을 요구하거나 목적 외의 다른 용도로 사용할 것을 요구해서는 안되는 의무를 명시적으로 부과하고 있다(법 제12조 제2항). 이와 관련하여, 본조는 “제12조 제1항을 위반하여 직무와 관련하여 알게 된 특정금융거래정보 등을 다른 사람에게 제공 또는 누설하거나 그 목적 외의 용도로 사용한 자”와 함께 “특정금융정보 등의 정보를 제공할 것을 요구하거나 목적 외의 용도로 사용할 것을 요구한 자”에 대한 형사처벌을 각 규정하고 있다.

그런데 후자의 경우 “제12조 제2항을 위반하여”라는 문구가 포함되어 있지 않아 위 각 정보 등의 제공 또는 목적 외 사용을 누구에게 요구하여야 본조의 죄책이 성립하는 것인지 명확하지 않다는 문제가 있다. 또한, 법 제12조 제2항는 명시적인 의무 부과 규정임에도 불구하고 그 위반 시 적용되는 벌칙규정이 없어 선언적인 규정에 불과한 것으로 오인될 여지도 있다. 법 해석을 통해 법 제12조 제1항 각호에 해당하는 자에게 요구한 경우를 상정한 것으로 실무상 처리할 수는 있겠으나 가급적 법률 개정을 통해 입법적으로 개선하는 것이 타당해 보인다.

나아가, 최근 헌법재판소는 금융회사등에 종사하는 자에게 거래정보등의 제공을 요구하는 것을 금지하고 위반 시 형사처벌하는 금융실명법 제4조 제1항 본문 중 '누구든지 금융회사등에 종사하는 자에게 거래정보등의 제공을 요구하여서는 아니 된다'는 부분 및 제6조 제1항 중 위 해당 부분 등이 헌법에 위반된다는 결정을 선고하였다(헌법재판소 2022. 2. 24. 선고 2020헌가5 결정).[1] 위 단순위헌 결정의 취지상 법 제12조 제2항 및 본조 중 '그와 같은 정보 제공 또는 목적 외 용도 사용을 요구한 자' 부분 역시 일반 국민의 일반적 행동자유권을 침해하는 것으로서 헌법에 위반된다고 보지 않아야 할 특별한 이유가 없어 보인다. 이를 고려할 때, 앞서 언급한 입법적인 개선은 위 각 부분을 아예 삭제하는 방향으로 이루어지는 것이 바람직할 것으로 생각된다.

3. 금융거래정보의 비밀보장 등 의무를 위반하여 제10조 제8항의 정보분석심의회에서 알게 된 사항을 다른 사람에게 제공 또는 누설하거나 그 목적 외의 용도로 사용한 자 또는 이를 제공할 것을 요구하거나 목적 외의 용도로 사용할 것을 요구한 자(제3호)

금융정보분석원장 소속으로 정보분석심의회를 두고, 금융정보분석원장은 특정금융거래정보를 검찰총장등에게 제공하는 경우에는 정보분석심의회의 심의를 거쳐 제공한다(법 제10조 제8항). 위 정보분석심의회는 금융정보분석원장과 심사분석 총괄책임자를 포함한 금융정보분석원 소속 공무원 3명으로 구성하되, 위원장은 금융정보분석원장이 되고, 금융정보분석원장과 심사분석 총괄책임자를 제외한 1명은 10년 이상의 판사 경력을 가진 사람 중에서 대법원장이 추천하는 사람으로서 금융정보분석원장이 채용한 사람으로 한다(법 제10조 제9항 및 동법 시행령 제13조의2 제1항). 정보분석심의회의 회의는 비공개로 하고(법 제10조 제10

---

1) 헌법재판소의 위 단순위헌 결정 이유의 요지는 금융거래는 금융기관을 매개로 하여서만 가능하므로 금융기관 및 그 종사자에 대하여 정보의 제공 또는 누설에 대하여 형사적 제재를 가하는 것만으로도 금융거래의 비밀은 보장될 수 있다는 점, 위 각 규정 부분은 금융거래정보의 제공요구행위 자체만으로 형사처벌의 대상으로 삼고 있으나 제공요구행위에 사회적으로 비난받을 행위가 수반되지 않거나 금융거래의 비밀 보장에 실질적인 위협이 되지 않는 행위도 충분히 있을 수 있는 점 등을 고려할 때, 정보제공요구의 사유나 경위, 행위 태양, 요구한 거래정보의 내용 등을 전혀 고려하지 아니하고 일률적으로 금지하고 그 위반 시 형사처벌을 하도록 하는 것은 최소침해성의 원칙에 위반될 뿐만 아니라 그 공익에 비하여 지나치게 일반 국민의 일반적 행동자유권을 제한하는 것으로 법익의 균형성을 갖추지 못하였다는 것이다.

항 및 동법 시행령 제13조의2 제5항), 심의회의 사무를 처리하기 위하여 간사 1명을 두며, 이는 금융정보분석원 소속 공무원 중에서 위원장이 지명한다.

위와 같이, 정보분석심의회에 참여하거나 그 업무에 종사하게 된 사람은 정보분석심의회에서 알게 된 사항을 다른 사람에게 제공 또는 누설하거나 그 목적 외의 용도로 사용하여서는 아니 된다(법 제12조 제1항). 본조는 이러한 의무를 위반하여 정보분석심의회에서 알게된 사항을 다른 사람에게 제공 또는 누설하거나 그 목적 외 용도로 사용하는 행위를 한 자는 물론 그러한 요구를 한 자에 대해서도 동일한 수준의 형사처벌이 부과되도록 함으로써 그러한 행위를 방지하고 이를 통해 정보분석심의회의 독립성과 중립성을 달성하려는 취지로 볼 수 있다.

한편, 특정금융정보법에 따르면 정보분석심의회에 참여하거나 그 업무에 종사하게 된 사람에게 (정보분석심의회에서 알게된 사항이 아닌) 특정금융거래정보, 법 제5조의3에 따라 제공받은 정보, 제13조에 따라 제공받은 정보 또는 자료 및 제15조 제7항에 따라 제공받은 정보의 제공이나 목적 외 용도로의 사용을 요구하는 것도 금지된다(법 제12조 제1항 제6호 및 제2항). 그런데 정작 특정금융정보법에는 정보분석심의회에 참여하거나 그 업무에 종사하게 된 사람에게 정보분석심의회에서 알게된 사항의 제공 또는 목적외 용도 사용을 요구해서는 안된다는 명시적인 규정은 따로 없고(법 제12조 제2항에 따라 제공 요구 또는 목적 외 사용 요구가 금지되는 정보 등에는 제10조 제8항의 정보분석심의회에서 알게된 사항이 포함되어 있지 않다), 곧바로 본조를 통해 그러한 요구를 한 자에게 형사처벌이 부과될 수 있도록 하고 있다.[2)]

이와 관련하여, 어떠한 행위에 대해 형사처벌을 부과하기 위해서는 법률에 근거가 있어야 한다는 점 외에 그에 앞서 그와 같은 행위가 일반적으로 금지된다는 규정을 반드시 두어야 할 필요는 없는 점(예컨대, 형법각칙상 규정된 여러 죄책 등과 같이), 특정금융정보법령상 정보분석심의회의 회의는 비공개로 한다고 규정하고 있는 점, 위 심의회에서 알게된 사항에는 금융거래에 해당된다고 보기

2) 다만, 본조의 문언상 그와 같은 요구를 받은 상대방이 반드시 정보분석심의회에 참여하거나 정보분석심의회의 업무에 종사하게 된 사람으로 제한되는 것인지 명확하지 않은 측면이 있어 보인다(여기에 "제12조 제2항을 위반하여"라는 문구를 삽입하더라도 앞서 살펴본 바와 같이 제12조 제2항에서 제공 등 요구가 금지되는 정보에는 정보분석심의회에서 알게된 사항이 포함되지 않으므로 위 문제는 해소되지 않는다).

어려운 경우가 있을 수 있어 금융거래정보의 비밀보장 등을 규정하고 있는 법 제12조를 통해 그에 대한 제공 요구 등을 금지하는 것은 적절치 않은 측면이 있을 수 있는 점 등을 고려하면, 위와 같이 특정금융정보법상 정보분석심의회에 참여하거나 그 업무에 종사하게 된 사람에 대한 정보분석심의회에서 알게된 사항의 제공 요구 또는 목적외 용도 사용 요구를 명시적으로 금지하는 규정을 두지 않은 것을 두고 입법의 흠결에 해당된다고 보기는 어렵다.

다만, 앞서 언급한 헌법재판소 2020헌가5 단순위헌 결정의 취지를 고려할 때 본조 중 '또는 이를 제공할 것을 요구하거나 목적 외의 용도로 사용할 것을 요구한 자' 부분을 삭제하는 방향으로 입법적 개선을 하는 것이 보다 바람직해 보인다.

[정 수 호]

제 2 절 벌칙(제17조)

제17조(벌칙)

① 제7조 제1항을 위반하여 신고를 하지 아니하고 가상자산거래를 영업으로 한 자(거짓이나 그 밖의 부정한 방법으로 신고를 하고 가상자산거래를 영업으로 한 자를 포함한다)는 5년 이하의 징역 또는 5천만원 이하의 벌금에 처한다. <신설 2020. 3. 24.>

② 제7조 제2항을 위반하여 변경신고를 하지 아니한 자(거짓이나 그 밖의 부정한 방법으로 변경신고를 한 자를 포함한다)는 3년 이하의 징역 또는 3천만원 이하의 벌금에 처한다. <신설 2020. 3. 24.>

③ 다음 각 호의 어느 하나에 해당하는 자는 1년 이하의 징역 또는 1천만원 이하의 벌금에 처한다. <개정 2013. 8. 13., 2014. 5. 28., 2020. 3. 24.>

1. 제4조 제1항 및 제4조의2 제1항·제2항에 따른 보고를 거짓으로 한 자
2. 제4조 제6항을 위반한 자

[전문개정 2011. 5. 19.]

[제14조에서 이동, 종전 제17조는 제20조로 이동 <2020. 3. 24.>]

〈참고 조문〉

제7조(신고)

① 가상자산사업자(이를 운영하려는 자를 포함한다. 이하 이 조에서 같다)는 대통령령으로 정하는 바에 따라 다음 각 호의 사항을 금융정보분석원장에게 신고하여야 한다.

1. 상호 및 대표자의 성명
2. 사업장의 소재지, 연락처 등 대통령령으로 정하는 사항

② 제1항에 따라 신고한 자는 신고한 사항이 변경된 경우에는 대통령령으로 정하는 바에 따라 금융정보분석원장에게 변경신고를 하여야 한다.

제4조(불법재산 등으로 의심되는 거래의 보고 등)

① 금융회사등은 다음 각 호의 어느 하나에 해당하는 경우에는 대통령령으로 정하는 바에 따라 지체 없이 그 사실을 금융정보분석원장에게 보고하여야 한다. <개정 2013. 8. 13., 2014. 5. 28., 2020. 3. 24.>

1. 금융거래등과 관련하여 수수(授受)한 재산이 불법재산이라고 의심되는 합

당한 근거가 있는 경우

2. 금융거래등의 상대방이 「금융실명거래 및 비밀보장에 관한 법률」 제3조 제3항을 위반하여 불법적인 금융거래등을 하는 등 자금세탁행위나 공중협박자금조달행위를 하고 있다고 의심되는 합당한 근거가 있는 경우
3. 「범죄수익은닉의 규제 및 처벌 등에 관한 법률」 제5조 제1항 및 「공중 등 협박목적 및 대량살상무기확산을 위한 자금조달행위의 금지에 관한 법률」 제5조 제2항에 따라 금융회사등의 종사자가 관할 수사기관에 신고한 경우

⑥ 금융회사등에 종사하는 자는 제1항에 따른 보고를 하려고 하거나 보고를 하였을 때에는 그 사실을 그 보고와 관련된 금융거래등의 상대방을 포함하여 다른 사람에게 누설하여서는 아니 된다. 다만, 다음 각 호의 어느 하나에 해당하는 경우에는 그러하지 아니하다. <개정 2013. 8. 13., 2020. 3. 24.>

1. 자금세탁행위와 공중협박자금조달행위를 방지하기 위하여 같은 금융회사등의 내부에서 그 보고 사실을 제공하는 경우
2. 제3조 제1항 각 호의 업무에 상당하는 업무를 수행하는 외국의 기관(이하 "외국금융정보분석기구"라 한다)에 대하여 해당 외국의 법령에 따라 제1항에 따른 보고에 상당하는 보고를 하는 경우

제4조의2(금융회사등의 고액 현금거래 보고)

① 금융회사등은 5천만원의 범위에서 대통령령으로 정하는 금액 이상의 현금(외국통화는 제외한다)이나 현금과 비슷한 기능의 지급수단으로서 대통령령으로 정하는 것(이하 "현금등"이라 한다)을 금융거래등의 상대방에게 지급하거나 그로부터 영수(領收)한 경우에는 그 사실을 30일 이내에 금융정보분석원장에게 보고하여야 한다. 다만, 다음 각 호의 어느 하나에 해당하는 경우에는 그러하지 아니하다. <개정 2020. 3. 24.>

1. 다른 금융회사등(대통령령으로 정하는 자는 제외한다)과의 현금등의 지급 또는 영수
2. 국가, 지방자치단체, 그 밖에 대통령령으로 정하는 공공단체와의 현금등의 지급 또는 영수
3. 자금세탁의 위험성이 없는 일상적인 현금등의 지급 또는 영수로서 대통령령으로 정하는 것

② 금융회사등은 금융거래등의 상대방이 제1항을 회피할 목적으로 금액을 분할하여 금융거래등을 하고 있다고 의심되는 합당한 근거가 있는 경우에는 그 사실을 금융정보분석원장에게 보고하여야 한다. <개정 2020. 3. 24.>

Ⅰ. 본조의 취지

1. 가상자산사업자 신고제도 이행확보

가상자산을 이용한 자금세탁 등 범죄발생 위험이 지적됨에 따라 이를 예방하기 위하여 G20 FATF(Financial Action Task Force) 등은 국제기준을 개정하고, 각 국가에 대하여 개정된 국제기준의 이행을 촉구한 것이 동 규정을 도입하게 된 배경이 되었다는 점은 제7조에 대한 주해에서 설명한 바와 같다.

즉, 2019년 6월 FATF 제30기 제3차 총회에서 가상자산 관련 주석서(Interpretive Note to R.15), 지침서를 확정하고, 공개성명서를 채택하였는데 가상자산사업의 미신고영업은 제재(sanction)해야 하며, 가상자산취급업소가 자금세탁 방지 요건을 준수하지 못한 경우 동 취급업소의 이사 및 경영진에 대해 효과적이고, 비례적이며 억제력 있는 형사, 민사, 행정 제재를 가하여야 함을 규정함에 따른 국내법상 조치로 본조를 도입하게 된 것으로 보인다.

2. 가상자산 사업자 관련 형사처벌 제도의 도입

우리나라도 위 FATF 권고기준에 따라 가상자산사업자의 경우 금융정보분석원(이하 "FIU")의 장에게 상호 및 대표자의 성명 등을 신고하도록 하고, 미신고 영업 자 또는 변경신고를 누락하거나 부정한 방법으로 변경신고를 한 자를 처벌하는 규정을 신설하게 되었다(제7조, 제17조 및 제19조).

다만, FATF의 공개성명서는 가상자산 사업자의 미신고영업은 제재(sanction) 해야 한다고 규정할 뿐 이에 대해 형사제재를 가해야 한다는 내용을 규정하지 않았는데 본조에서는 가상자산사업자의 미신고영업에 대해 높은 수준(5년 이하의 징역 또는 5천만원 이하의 벌금)의 형벌을 가하는 내용으로 입법된 것은 지나친 입법으로 보인다. 행정제재를 통해 미신고 영업을 중단하게 하는 방법을 통해서도 충분히 예방효과를 볼 수 있으며, 가상자산 사업을 신고하지 않고 수행한다는 것이 과연 우리 사회가 형벌로서 처단해야 할 범죄적 현상에 해당하는 것인지에 대해 사회적 합의가 충분히 도출되지 않은 상태에서 의원입법 형식으로 본조의 형사처벌이 신설되었음은 유감이다. 가상자산사업으로 규정된 행위 유형도 다양하며 단순한 매매, 교환, 보관, 이전, 그 중개 등과 같은 행위가 그 자체로 사회적 해악을 가져오는 것이 명백한 것도 아니며, 2010년 비트코인의 출시 이후 11년간 가상자산의 거래 행위가 테러자금 확산 등 사회적 해악을 가져온다는 점에 대해 명백하게 실태조사가 된 적도 없음을 감안하면 새로운 사회현상에 대해 이와 같은 과잉형사처벌을 쉽게 도입하는 입법행태는 지양해야 할 것이다. 특히 행정법규에 형사처벌을 도입할 경우 정작 행정부는 그 단속행위에 소홀하게 되고 경찰도 특별히 애착을 갖고 단속하지 않아 범법행위가 대부분 방치되는 것이 현실이라는 점에서 더욱 그러하다. 행정부는 행정규제를 도입할 경우 행정제재를 기본으로 하여 위법행위를 직접 단속하여야 할 것이다.

Ⅱ. 벌칙규정의 적용대상자 등

1. 제7조 제1항을 위반하여 신고를 하지 아니하고 가상자산거래를 영업으로 한 자 등(제17조 제1항)

개정 특정금융정보법 제17조 제1항은 가상자산사업자(이를 운영하려는 자를 포함)는 1) 상호 및 대표자의 성명, 2) 사업장의 소재지, 연락처 등 대통령령으로 정하는 사항을 대통령령이 정하는 바에 따라 금융정보분석원장에게 신고하도록 규정하고 가상자산사업자가 신고를 하지 않고 영업한 경우 5년 이하의 징역 또는 5천만원 이하의 벌금을 받도록 규정하고 있다.

가상자산사업이란 개정 특정금융정보법 제2조 제1호 하목 1)부터 6)까지의 행위를 영업으로 하는 것이고 이를 행하는 자를 가상자산사업자[3]라고 한다. 가상자산의 정의 주해에서 살펴본 바와 같이 어떤 것이 가상자산인지에 대해 아직 충분한 경험과 사례가 쌓이지 않은 상태에서 법정 가상자산사업의 행태에 대해서도 끊임 없이 새로운 형태가 나타나고 사라지는 현상을 지속적으로 목격하고 있다.

예를 들어, 가상자산사업의 일종인 '보관'의 경우 기술적으로 어떠한 상태를 충족하고 보관자와 위탁자, 양 당사자간에 어떠한 의사의 합치가 있어야 이를 보관이라고 볼 수 있을지 알기 어렵다. 실제 물건도 소유자의 점유를 벗어나 제3자의 점유로 이전됐다고 볼 수 있는 경우, 점유 이전이 없이 여전히 소유자가 점유했다고 볼 수 있는 경우, 제3자가 점유하더라도 이를 자주점유로 볼 수 있는 경우와 타주점유로 보아야 하는 경우 등 다양한 경우의 수가 있다. 가상자

3) 특정금융정보법 제2조 제1호 하목.

산은 일방의 지갑이 이를 관리하다가 타방의 지갑이 이를 관리하도록 관리권을 넘겨주는 것을 기술적 특성으로 한다. 이 에 대해 종래 법정화폐를 전송할 때 쓰는 용어인 '송금'이라는 용어를 쓰기도 하나, 가상자산은 우리나라에서는 법정화폐, 통화 또는 금융통화상품이 아니므로 이를 송금이라고 부르는 것도 적절하지 않다. 개정 특정금융정보법에는 '보관'의 정의규정이 없다. 이렇게 모호한 가상자산의 처리행태를 형사처벌하는 것은 많은 문제가 발생할 것이다. 형벌의 규정에는 헌법상 원칙인 죄형법정주의의 여러 세부 원칙이 적용됨은 두말할 나위가 없다. 법원이 구체적 사안에서 해석을 통해 가상자산사업에 해당하는지 여부를 선언하게 될 것이나, 가장 중요한 가상자산의 사업행위들에 대한 정의 규정이 마련되지 않은 결과 많은 이들이 형사처벌의 기로에 서게 될 것은 명백히 예상된다. 죄형법정주의의 원칙인 명확성의 원칙, 유추해석 금지의 원칙과 의심스러울 때에는 피고인의 이익으로 라는 형사소송의 대원칙이 실무에서 적절히 지켜지기를 바란다.

한편, 법 제7조 제1항에 의해 신고를 하였으나 제7조 제4항에 의해 신고가 직권으로 말소된 채 가상자산사업을 지속하는 자도 본조의 대상이 된다.

2. 법 제7조 제2항을 위반하여 변경신고를 하지 아니한 자 등(제17조 제2항)

이 조항의 행위자는 특정금융정보법 제7조 제1항의 신고를 마친 자이다. 특정금융정보법 제7조 제2항에는 제1항의 신고를 마친 자는 신고한 사항이 변경된 경우에는 대통령령으로 정하는 바에 따라 금융정보분석원장에게 변경신고를 하여야 한다고 규정하고 있다. 신고를 마치지 않은 자는 이 조항이 적용되지 않는다.

3. 법 제4조 제1항 및 제4조의2 제1항·제2항에 따른 보고를 거짓으로 하거나, 제4조 제6항을 위반한 자(제17조 제3항)

이 조항의 행위자는 특정금융정보법 제7조 제1항의 신고를 마친 자 로 보는 것이 타당하다.[4] 특정금융정보법 제4조 및 제4조의2는 금융회사등(가상자산사업자를 포함한다)에 의심거래보고(STR), 고액현금거래보고(CTR) 의무를 부여하고 있다. 이 부분은 가상자산사업자에게 특유한 규정은 아니므로 그 구체적인

4) 특정금융정보법이 신고를 마친 자만을 위 법 제4조 제1항 등에 관한 의무이행의 주체로 한정하고 있는 것은 아니지만, 현실적으로 이와 같이 해석하는 것이 타당하다고 생각된다.

행위유형은 각 본조에서 주해하는 부분을 참고하기 바란다.

Ⅲ. 법 제17조 제1항, 제2항 각 위반행위의 해석과 관련된 특기 사항

1. 가상자산 사업과 죄형법정주의

개정 특정금융정보법은 가상자산사업자가 신고를 하지 않고 영업한 경우 5년 이하의 징역 또는 5천만원 이하의 벌금을 받도록 규정하고 있다는 점에서(제17조 제1항), 어떤 사업이 '가상자산'을 대상으로 하는지, 가상자산으로 하는 행위가 가상자산사업에 해당하는지 여부는 형법상 범죄행위의 구성요건을 이루는 중요한 부분이므로 죄형법정주의 원칙에 비추어 유추해석이나 무리한 확장해석을 하여서는 안 되고, 구성요건이 명확해야 할 것이다.

2. 포괄적인 가상자산의 정의

그러나, 현행법은 "가상자산"이란 경제적 가치를 지닌 것으로서 전자적으로 거래 또는 이전될 수 있는 전자적 증표(그에 관한 일체의 권리를 포함한다)를 말한다라고 하고 있어 지나치게 포괄적인 정의를 담고 있다(법 제2조 제3호). 동호 각 목에서 가상자산의 정의에서 제외되는 것들을 나열하고 있으나 이들은 다른 법률에서 이미 규율하고 있었던 것이라는 점을 감안하면 장래 새롭게 출현하는 가치의 이전수단을 모두 가상자산으로 규정하여 이를 포괄적으로 규제하는 입장을 취하고 있다. 법 제2조의 주해에서 자세히 다루고 있지만, 1) 경제적 가치를 지니고 2) 전자적으로 거래 또는 이전될 수 있는 3) 전자적 증표라는 요건에 해당할 수 있는 것은 모두 특정금융정보법의 적용을 받게 된다. 소위 비트코인(Bitcoin)으로부터 시작된 암호화폐(Cryptocurrency)의 돈세탁방지를 위한 규제가 목적인 특정금융정보법의 개정이 앞으로 발생할 가상자산 전부를 규제하고, 이의 취급에 신고를 요하며 미신고 영업시 형사처벌이라는 강한 규제를 도입한 것 은 과유불급이라 생각된다. 개정 특정금융정보법상 가상자산의 범위는 시행령의 예외 규정의 확대를 통해 합리적으로 조정되어야 한다.

한편, 특정금융정보법 시행령 제4조는 법 제2조 제3호 사목의 위임을 받아, 가상자산의 범위에서 배제되는 항목들을 정하고 있는데 여기서 '모바일 상품권(법 시행령 제4조 제2호)에 주목할 필요가 있다. 동호는 '2. 발행자가 일정한 금액이나 물품·용역의 수량을 기재하여 발행한 상품권 중 휴대폰 등 모바일기기에 저장되어 사용되는 상품권'을 가상자산의 범위에서 제외하고 있다. 암호화폐도 이 요건을 충족하면 법상 가상자산의 범위에서 제외된다. 암호화폐를 일정한 법정화폐액과 교환을 보장하는 형식으로 발행하거나(소위 Stable Coin), 특정물품과 교환을 보장하거나(교환권 형태), 특정 용역(서비스)의 이용권 형태로 발행하면 가상자산의 범위에서 제외되는 것이다. 여기서 '일정한'이란 금액, 물품의 수량, 서비스의 양이 고정된 것을 말하며 그 기술적 방식이 블록체인 방식인지 여부는 따로 규정하지 않고 있다. 전자금융거래법상 선불전자지급수단의 정의의 반대해석으로 통계청이 정한 중분류 1개 업종에서 사용되는 금액형 상품권의 실질을 지닌 암호화폐는 가상자산이 아닌 것으로 해석할 수 있다. 전자상품권 형태의 암호화폐는 법상 규제되는 가상자산이 아니므로 해당 산업이 활성화될 수 있을 것으로 보인다.

3. 가상자산사업의 정의 규정의 부재

가상자산을 다루는 가상자산사업의 행위 유형도 많은 문제를 안고 있다. 법 제2조 제1호 하목에서 규정하는 '가상자산사업' 중 가상자산의 매도, 매수, 교환, 이전, 보관, 관리 행위에 대해서 별도로 정의 규정이 없다. 이 중에 '보관'이나 '관리'행위는 가상자산의 지배형태의 기술적 측면과 관련해서 매우 모호한 상태에 놓여 있는 경우가 많을 것이다. 암호화폐의 경우 특정 지갑주소가 해당 지갑에 연결된 암호화폐의 소유자로 보아야 할 것이므로, 타인의 지갑으로 암호화폐의 연결(지배)을 변환하면 그 암호화폐 수량만큼의 소유권이 바뀌게 될 것이다. 그렇다면, 타인의 암호화폐를 '보관'이나 '관리'한다는 것은 어떤 기술적 상태를 말하는 것일지 모호하지 않을 수 없다. 자신의 지갑에 연결된 암호화폐 수량이 자신의 소유가 아닐 수 있는가? 채권적 반환채무를 지는 것 이상으로 종류채무에 불과한 암호화폐의 보관을 인정할 수 있을 것인가? 결국 행정해석 또는 사법해석의 축적을 통해 이 행위들에 대해 구체적인 사례로서 정의를 형성해 나가야 할 것으로 보인다.

[구 태 언]

제 3 절 징역과 벌금의 병과(第18조)

第18조(징역과 벌금의 병과)

제16조 및 제17조에 규정된 죄를 범한 자에게는 징역과 벌금을 병과(竝科)할 수 있다. <개정 2020. 3. 24.>

[전문개정 2011. 5. 19.]

[제15조에서 이동 <2020. 3. 24.>]

Ⅰ. 취 지

본 조항은 제16조와 제17조의 죄를 범한 자에게 징역과 벌금을 병과할 수 있다는 규정으로 2020. 3. 24. 특정금융정보법 개정에 따라 기존의 제15조에서 이동한 규정이다.

징역과 벌금의 병과는 형벌의 일반 예방적 기능을 위한 형벌강화 경향 중의 하나로 범죄수익몰수의 기능을 갖는다는 것은 물론이고 가중처벌적 기능을 가진다.

징역과 벌금의 병과에 대해 법관의 양형재량권, 평등의 원칙, 과잉금지의 원칙, 이중처벌금지의 원칙 등에 위배된다는 것을 이유로 헌법소원이 제기되었지만 모두 합헌으로 결정되었다.

Ⅱ. 내 용

제16조는 특정금융정보법상 요건이 충족되지 아니하였음에도 직권을 남용하여, 혹은 동법 제12조가 규정하고 있는 비밀보장 의무 등을 위반하여 금융회사등으로부터 자료를 취득하거나 그에게 금융거래 등 관련 정보 또는 자료 제공을 요구하는 행위(제1호), 직무와 관련하여 알게 된 정보 등을 다른 사람에게 제공, 누설하거나 그 목적 외 용도로 사용하거나 그와 같은 정보 등의 제공이나 목적 외 용도로의 사용을 요구하는 행위(제2호), 정보분석심의회에서 알게 된 사

항을 다른 사람에게 제공 또는 누설하거나 그 목적 외의 용도로 사용하거나 또는 이를 제공할 것을 요구하거나 목적 외 용도로 사용할 것을 요구하는 행위(제3호)에 대한 형사처벌 규정이며, 제17조는 신고를 하지 아니하고 가상자산거래를 영업으로 한 자(거짓이나 그 밖의 부정한 방법으로 신고를 하고 가상자산거래를 영업으로 한 자를 포함한다)와 변경신고를 하지 아니한 자(거짓이나 그 밖의 부정한 방법으로 변경신고를 한 자를 포함한다), 거짓 보고를 한 자 등에 대한 형사처벌 규정으로 위 조항들을 위반한 경우, 징역과 벌금을 병과할 수 있다는 것을 규정한 것이다.

[이 지 은]

제 4 절 양벌규정(제19조)

제19조(양벌규정)

법인의 대표자나 법인 또는 개인의 대리인, 사용인, 그 밖의 종업원이 그 법인 또는 개인의 업무에 관하여 제17조의 위반행위를 한 경우에는 행위자를 벌하는 외에 그 법인 또는 개인에 대하여도 해당 조문의 벌금형을 과(科)한다. 다만, 법인 또는 개인이 그 위반행위를 방지하기 위하여 해당 업무에 관하여 상당한 주의와 감독을 게을리하지 아니한 경우에는 그러하지 아니하다. <개정 2020. 3. 24.>

[전문개정 2011. 5. 19.]

[제16조에서 이동 <2020. 3. 24.>]

Ⅰ. 취 지

본 조항은 특정금융정보법 제17조 위반 범죄가 이루어진 경우에 행위자를 벌할 뿐만 아니라 그 행위자와 일정한 관계가 있는 타인(자연인 또는 법인)에 대해서도 형을 과하도록 정한 양벌규정이다.

양벌규정은 죄형법정주의 원칙상 벌칙규정이 행위자만을 처벌하는 것을 전제하고 있어 법인이나 단체 등 사업주를 처벌할 수 없게 되는 형사적 결함을 시정하기 위한 목적에서 비롯한다. 법인의 범죄능력에 대해서는 견해의 대립이 있는데 이윤추구나 조직유지와 생존에 대한 기업·법인의 본성에 비추어 볼 때 그 단체를 구성하는 대표자나 구성원 개인에 대한 처벌로는 범죄 억제나 응보 효과 등이 충분하지 않다는 인식하에 영미법계의 영향을 받아 대륙법 국가에서도 양벌규정 등의 방식으로 법인의 처벌을 명문화하기 시작하였고 우리나라의 양벌규정은 1949년 제정된 '관세법'에서 최초로 양벌규정을 규정한 이래 1961년 이후 본격적으로 도입되었다.[5)]

5) 국회법제실, 최신 헌재결정과 법제(제4호), 2020. 2. 28.

Ⅱ. 양벌규정의 위헌성 논란 및 면책규정

헌법재판소는 2019년 4월 11일 재판관 전원일치의 의견으로 「노동조합 및 노동 관계조정법」 제94조 중 "법인의 대리인·사용인 기타의 종업원이 그 법인의 업무에 관하여 제90조의 위반행위를 한 때에는 그 법인에 대하여도 해당 조의 벌금형을 과한다" 부분 가운데 제81조 제4호 본문 전단에 관한 부분은 책임주의원칙을 위배하여 헌법에 위반된다고 선고했다. 법인의 대리인·사용인 기타의 종업원이 그 법인의 업무에 관하여 근로자가 노동조합을 조직 또는 운영하는 것을 지배하거나 이에 개입하는 행위를 한 때에는 그 법인에 대하여도 벌금형을 과하도록 한 규정이 타인범죄에 대해 책임 유무를 묻지 않고 처벌하는 것은 위헌이라는 취지인데, 헌법재판소는 2007년 이후 일관하여 면책규정 없는 양벌규정을 위헌으로 결정해 왔다[6].

본 규정은 단서조항에 "법인 또는 개인이 그 위반행위를 방지하기 위하여 해당 업무에 관하여 상당한 주의와 감독을 게을리하지 아니한 경우"라는 면책규정을 두고 있으므로 위헌적 양벌규정에 해당하지는 않을 것이다.

[이 지 은]

---

6) 1) 개인 영업주 처벌 관련 양벌규정은 2007년 11월 29일 「보건범죄단속에 관한 특별조치법」 제6조 위헌결정(헌재 2007. 11. 29. 2005헌가10)을 비롯하여 총 12건 위헌결정, 2) 법인 처벌 관련 양벌규정은 2009년 7월 30일 「사행행위 등 규제 및 처벌특례법」 제31조 위헌결정(헌재 2009.7.30. 2008헌가14)을 비롯하여 총 39건 위헌결정, 3) 면책규정 없는 양벌규정이라는 이유로 위헌결정된 사건은 총 51건에 이르며 전체 위헌결정 사건(총 645건)의 약 8%에 달한다 (2020년 2월 24일 현재).

제 5 절 과태료(제20조)

제20조(과태료)

① 다음 각 호의 어느 하나에 해당하는 자에게는 1억원 이하의 과태료를 부과한다. <개정 2012. 3. 21., 2013. 8. 13., 2014. 5. 28., 2019. 1. 15., 2020. 3. 24.>

1. 제5조 제1항을 위반하여 같은 항 각 호에 따른 조치를 하지 아니한 자
2. 제5조의2 제1항 제2호를 위반하여 확인 조치를 하지 아니한 자
3. 제8조를 위반하여 조치를 하지 아니한 자
4. 제15조 제1항부터 제3항까지 또는 제6항에 따른 명령 · 지시 · 검사에 따르지 아니하거나 이를 거부 · 방해 또는 기피한 자

② 다음 각 호의 어느 하나에 해당하는 자에게는 3천만원 이하의 과태료를 부과한다. <신설 2019. 1. 15.>

1. 제4조 제1항 제1호 · 제2호 또는 제4조의2 제1항 · 제2항을 위반하여 보고를 하지 아니한 자
2. 제5조의2 제1항 제1호를 위반하여 확인 조치를 하지 아니한 자
3. 제5조의4 제1항을 위반하여 자료 및 정보를 보존하지 아니한 자

③ 제1항 및 제2항에 따른 과태료는 대통령령으로 정하는 바에 따라 금융정보분석원장이 부과 · 징수한다. <개정 2019. 1. 15.>

[전문개정 2011. 5. 19.]

[제17조에서 이동 <2020. 3. 24.>]

Ⅰ. 취 지

본 조항은 특정금융정보법 위반에 대한 과태료 부과조항인데, 동조 제3항은 금융정보분석원장이 제1항 및 제2항 위반에 따른 행정벌인 과태료를 부과, 징수 하도록 규정하고 있다.

동 조항에 기하여 특정금융정보법 시행령 제17조에서는 과태료 부과기준을 설정하고, 보다 구체적인 과태료 부과기준은 「금융기관 검사 및 제재에 관한 규정」을 준용한 특정 금융거래정보의 보고 및 이용 등에 관한 검사 및 제재규정

제18조에서 규정한 바에 따른 과태료 부과기준을 따른다.

특정 금융거래정보 보고 등에 관한 검사 및 제재규정(검사제재규정)
제18조(과태료의 부과)
① 검사수탁기관의 장은 금융회사등의 위법행위가 법 제20조 제1항 및 제20조 제2항 각 호에 해당하는 경우 금융정보분석원장에게 통보하여야 한다.
② 법 제20조 제3항에 의하여 금융정보분석원장이 과태료를 부과하는 경우에는 별표의 과태료 부과기준에 의한다.

* 현재까지는 FIU 내부기준에 따라 과태료를 산정・부과해왔음(과태료 부과・징수 절차는 「과태료 부과・징수업무에 관한 규정(훈령)」에 따라 진행)

Ⅱ. 주요 내용

특정금융정보법 제20조는 동법 시행령 제17조에서 과태료 부과기준을 별표 2를 통해 설정했는데 이는 아래와 같다.

「특정 금융거래정보 보고 등에 관한 검사 및 제재규정」 제18조 [별표] 과태료 부과기준

■ **특정금융정보법 시행령** [**별표** 2] <**개정** 2021. 3. 23.>

과태료의 부과기준(제17조 관련)

1. 일반기준

금융정보분석원장은 위반행위의 정도, 위반행위의 동기와 그 결과 등을 고려하여 제2호에 따른 과태료 금액을 감경 또는 면제하거나 2분의1의 범위에서 가중할 수 있다. 다만, 가중하는 경우에도 법 제20조 제1항 및 제2항에 따른 과태료 금액의 상한을 초과할 수 없다.

2. 개별기준

(만원)

위반행위	근거 법조문	과태료 금액
가. 금융회사등이 법 제4조 제1항 제1호・제2호를 위반하여 보고를 하지 않은 경우	법 제20조 제2항 제1호	1,800
나. 금융회사등이 법 제4조의2 제1항・제2항을 위반하여 보고를 하지 않은 경우	법 제20조 제2항 제1호	900

다. 금융회사등이 법 제5조 제1항을 위반하여 같은 항 각 호에 따른 조치를 하지 않은 경우	법 제20조 제1항 제1호	6,000
라. 금융회사등이 법 제5조의2 제1항 제1호를 위반하여 확인 조치를 하지 않은 경우	법 제20조 제2항 제2호	1,800
마. 금융회사등이 법 제5조의2 제1항 제2호를 위반하여 확인 조치를 하지 않은 경우	법 제20조 제1항 제2호	6,000
바. 금융회사등이 법 제5조의4 제1항을 위반하여 자료 및 정보를 보존하지 않은 경우	법 제20조 제2항 제3호	1,800
사. 가상자산사업자가 법 제8조를 위반하여 조치를 취하지 않은 경우	법 제20조 제1항 제3호	6,000
아. 금융회사등이 법 제15조 제1항부터 제3항까지 또는 제6항에 따른 명령·지시·검사에 따르지 않거나 이를 거부·방해 또는 기피한 경우	법 제20조 제1항 제4호	10,000

금융위원회는 검사제재규정 제18조에 따른 과태료 부과 항목으로 의심거래나 고액현금거래 보고에 관한 책임자 지정과 업무지침 작성, 의심거래나 고액현금거래 보고와 관련한 자료·정보 보존의무, 고객별 거래내역 분리관리와 고객확인을 거친 고객만 거래 가능 등의 내용을 추가했다. 가상자산 사업자들의 조치의무가 신설됨에 따라 암호화폐 거래소가 지켜야 할 규율이 강화된 것이다.

과태료 부과 기준을 중대, 보통, 경미 3단계로 분류해 새롭게 제시했다. 관련법 위반결과가 중대하고 동기가 고의로 밝혀지면 법정최고금액의 60%가 과태료로 부과된다. 위반결과가 보통이면 고의·과실 판단 시 각각 법정최고금액의 50%와 40%의 과태료를 부과한다. 경미의 경우 고의·과실 판단 하에 각각 법정최고금액의 40%, 30%가 부과된다.

소규모 사업자의 경우 과태료 부담능력과 위반행위 정황 등을 종합적으로 판단해 과태료를 50% 감경할 수 있는 조항도 신설했다. 소규모 사업자 기준은 다소 애매하다는 평가를 받고 있다. 현재 국내이용자 수가 가장 많은 빗썸, 업비트, 코인원 등 암호화폐 거래소는 거래량과 이용자가 많아 대형 사업자로 분류되겠지만, 이외에는 소규모 사업자로 분류되는 것이냐에 대해 아직 논란이 남아있다.

1. 과태료 산정방식

가. 과태료 부과액은 다음의 방법에 따라 순차적으로 산정한다. 이 경우 "법률상 최고한도액"은 특정금융정보법 제20조 제1항 및 제2항에서 정한 금액을 의미하며, "법정최고금액"은 특정금융정보법 시행령 별표 2에서 정한 금액을 의미한다.

(1) 예정금액은 위반행위의 유형, 동기 및 그 결과를 고려하여 법정최고금액의 일정비율(이하 "예정비율"이라고 한다)로 산정한다.

(2) 위반자에게 가중·감면사유가 있는 경우에는 위 예정금액을 가중·감면하여 최종 과태료 부과금액을 결정한다.

나. 최종 과태료 부과금액을 결정함에 있어서 10만원 단위 미만의 금액은 절사한다.

다. 과태료 부과에 있어 이 규정에서 정하고 있는 내용을 제외하고는 「질서위반행위규제법」에서 정하는 바를 따른다.

2. 예정금액의 산정

예정금액은 위반행위의 동기 및 결과를 고려하여 다음 각 호와 같이 법정최고금액에 예정비율을 곱하여 산정한다. 단, 위반행위의 결과를 고려함에 있어 그 구분기준은 다음과 같다.

※ 위반결과의 구분기준

(1) 중대: 사회·경제적 물의를 야기하거나 금융회사등의 건전한 운영을 위한 기본적 의무 위반 등으로 금융질서를 저해하는 경우 등을 의미

(2) 보통: '중대', '경미'에 해당하지 않는 경우 등을 의미

(3) 경미: 단순법규 위반 등을 의미

가. 특정금융정보법 제4조 제1항 또는 제4조의2 제1항·제2항을 위반하여 보고를 하지 아니한 경우

거래금액	5억원 미만		5억원 이상	
동기 / 위반결과	고의	과실	고의	과실

거래금액	5억원 미만		5억원 이상	
중대	법정최고금액의 60%	법정최고금액의 20%	법정최고금액의 100%	법정최고금액의 40%
보통	법정최고금액의 50%	법정최고금액의 15%	법정최고금액의 80%	법정최고금액의 30%
경미	법정최고금액의 40%	법정최고금액의 10%	법정최고금액의 60%	법정최고금액의 20%

나. 특정금융정보법 제5조 제1항, 제5조의2 제1항 또는 제8조를 위반하여 같은 항 각 호에 따른 확인 조치를 하지 아니하거나 제5조의4 제1항을 위반하여 자료 또는 정보를 보존하지 아니한 경우

동기 / 위반결과	고의	과실
중대	법정최고금액의 60%	법정최고금액의 50%
보통	법정최고금액의 50%	법정최고금액의 40%
경미	법정최고금액의 40%	법정최고금액의 30%

다. 특정금융정보법 제15조 제1항부터 제3항까지 또는 제6항에 따른 명령·지시·검사에 따르지 아니하거나 이를 거부·방해 또는 기피한 경우

동기	
고의	과실
법정최고금액의 100% 이하	법정최고금액의 60% 이하

3. 최종 과태료 부과금액의 결정

위반자에게 다음과 같은 가중 및 감경사유가 있는 경우에는 예정금액의 50% 범위 내에서 가감하여 최종 과태료 부과금액을 결정한다. 다만 가중하는 경우에도 법률상 최고한도액을 넘지 못하며, 아래 나목 (4)에 따라 감경하는 경우 예정금액의 50%를 초과하여 감경할 수 있다.

가. 가중 사유

(1) 금융정보분석원장으로부터 특정금융정보법 위반을 이유로 과태료 부과처분을 받은 날로부터 3년 이내에 다시 특정금융정보법을 위반하여 과태료 부

과대상이 된 경우에는 예정금액의 10% 이내에서 가중할 수 있다.

(2) 과태료 부과처분을 받은 날로부터 5년 이내에 기존의 과태료 부과처분과 동일한 법규위반을 한 자에 대하여 과태료를 부과하는 경우에는 예정금액의 20% 이내에서 가중할 수 있다.

(3) 과태료 부과처분을 받은 날로부터 1년 이내에 기존의 과태료 부과처분과 동일한 법규위반을 한 자에 대하여 과태료를 부과하는 경우에는 예정금액의 50% 이내에서 가중할 수 있다.

나. 감경 사유

(1) 당해 금융회사등이 자체감사 등을 통하여 동일 또는 유사한 위규사실을 계속적으로 적발하는 등 상당한 주의 및 감독을 한 사실이 인정되는 경우에는 예정금액의 50% 이내에서 감경할 수 있다.

(2) 특정금융정보법 제4조 제1항 또는 제4조의2 제1항·제2항의 보고를 지체하거나, 제5조의2 제1항을 위반하여 같은 항 각호에 따른 확인 조치를 하지 않았으나, 이를 금융정보분석원장 또는 수탁기관의 장이 인지하기 전에 스스로 시정하거나 자진신고한 경우에는 예정금액의 50%이내에서 감경할 수 있다.

(3) 2개 이상의 동일한 종류의 위반행위에 대하여 부과하려는 예정금액의 총액이 해당 위반행위에 대한 법률상 최고한도액의 10배를 초과하는 경우에는 그 초과부분 이내에서 감경할 수 있다.

(4) 2개 이상의 동일한 종류의 위반행위에 대하여 부과하려는 예정금액의 총액이 다음과 같은 경우에는 그 초과부분 이내에서 감경할 수 있다.

(가) 금융회사 : 직전 사업연도 종료일 현재의 대차대조표에 표시된 자본금 또는 자본총액 중 큰 금액의 10%를 초과하는 경우

* 금융회사란 특정금융정보법 제2조 제1호 가목부터 타목까지의 회사, 동법 시행령 제2조 제1호부터 8호, 11호부터 15호까지의 회사를 말하며, 개인사업자는 제외한다.

(나) 일반회사 : 직전 사업연도 종료일 현재의 재무제표에 표시된 자산총액 또는 매출액 중 큰 금액의 10%를 초과하는 경우

* 일반회사란 특정금융정보법 제2조 제1호의 금융회사등 중 위 (가) 금융회사를 제외한 회사를 말하며, 개인사업자는 제외한다.

(다) 개인사업자 : 직전 사업연도 종료일 현재의 총수입금액(소득세법 제24조

에서 규정하고 있는 총수입금액)의 10%를 초과하는 경우

(5) 2개 이상의 동일한 종류의 위반행위에 대하여 부과하려는 예정금액의 총액이 위반행위자의 연령(법인은 제외한다), 현실적인 부담능력, 환경 또는 위반행위의 내용 및 정황 등을 고려할 때 감경이 불가피하다고 인정되는 경우에는 예정금액의 50% 이내에서 감경할 수 있다.

4. 과태료 부과의 면제

위반자에게 다음과 같은 사유가 있는 경우에는 과태료 부과를 면제할 수 있다.

(1) 위반자의 지급불능 등 과태료 납부가 사실상 불가능하여 과태료 부과의 실효성이 없는 경우
(2) 동일한 위반행위에 대하여 형벌 등 실효성 있는 제재조치를 이미 받은 경우
(3) 천재지변 등 부득이한 사정으로 위반행위를 한 경우
(4) 기타 이에 준하는 사유가 있어 과태료부과 면제가 불가피하다고 인정되는 경우
(5) 공무원의 서면회신이나 행정지도, 기타 공적인 견해표명에 따라 위법행위를 행한 경우 등 「질서위반행위규제법」 제8조(위법성의 착오)에서 정한 바와 같이 자신의 행위가 위법하지 아니한 것으로 오인하고 행한 행위로서 그 오인에 정당한 사유가 있는 경우
(6) 고의나 중대한 과실이 아닌 사소한 부주의나 오류로 인한 위반행위로서 실제 자금세탁행위등이 발생하지 않거나, 그에 대한 영향이 미미한 경우에는 견책·주의 또는 시정조치 등으로 갈음할 수 있다.

[이 지 은]

사항색인

집필위원

강현구, 구태언, 권오훈, 김욱준, 김지인, 김창권, 도은정, 박종백,
변서연, 신용우, 이동국, 이지은, 이해붕, 정수호, 한서희, 홍성환

편집위원

김미진, 김지인, 김창권, 서연희, 이정엽, 이해붕

간 사

김지인, 김창권, 이정엽

특정금융정보법 주해

초판발행 2022년 6월 8일

지은이 블록체인법학회
펴낸이 안종만·안상준

편 집 이승현
기획/마케팅 장규식
표지디자인 BENSTORY
제 작 고철민·조영환

펴낸곳 (주) 박영사
서울특별시 금천구 가산디지털2로 53, 210호(가산동, 한라시그마밸리)
등록 1959. 3. 11. 제300-1959-1호(倫)
전 화 02)733-6771
f a x 02)736-4818
e-mail pys@pybook.co.kr
homepage www.pybook.co.kr
ISBN 979-11-303-4224-5 93360

정 가 22,000원